# LaTeX HACKS™

# LaTeX HACKS™

*Anselm Lingnau*

O'REILLY®
Beijing · Cambridge · Farnham · Köln · Paris · Sebastopol · Taipei · Tokyo

Kommentare und Fragen können Sie gerne an uns richten:
O'Reilly Verlag
Balthasarstr. 81
50670 Köln
Tel.: 0221/9731600
Fax: 0221/9731608
E-Mail: kommentar@oreilly.de


1. Auflage 2007



Das Zitat auf Seite V stammt aus *Pavane* von John David Gladwin.

Bibliografische Information Der Deutschen Bibliothek
Die Deutsche Bibliothek verzeichnet diese Publikation in der Deutschen Nationalbibliografie; detaillierte bibliografische Daten sind im Internet über *http://dnb.ddb.de* abrufbar.

Lektorat: Volker Bombien, Köln
Fachliche Unterstützung: Karsten Günther, Elmshorn
Korrektorat: Oliver Mosler, Eike Nitz, Köln
Satz: Anselm Lingnau, Frankfurt am Main
Umschlaggestaltung: Linda Palo, Sebastopol, und Michael Oreal, Köln
Produktion: Andrea Miß, Köln
Belichtung, Druck und buchbinderische Verarbeitung:
Druckerei Media-Print, Paderborn

ISBN 978-3-89721-477-4

Dieses Buch ist auf 100% chlorfrei gebleichtem Papier gedruckt.

*Für Eva:*

*"Out of all the flowers growing wild in yon forest*
*You're the fairest rose on which I've laid an eye"*

# Inhalt

# Credits

## Über den Autor

Anselm Lingnaus erstes TEX-System kostete im Jahr 1987 knapp 300 Mark, kam auf einem Berg Disketten daher (allein eine davon für die vollkommen unnütze Schrift `cminch`), lief auf einem Atari ST und hatte eine Art Druckertreiber für den Bildschirm (in der Voransicht eines Dokuments konnte man nicht zurückblättern). Diese Widrigkeiten hielten ihn allerdings nicht davon ab, sich weiter mit TEX und LATEX zu befassen, und eines seiner ersten Projekte war ein verbessertes Bildschirm-Anzeigeprogramm für DVI-Dateien. Ansonsten leistete LATEX ihm gute Dienste während des größten Teils seines Informatikstudiums, einiger Vortrags-Jahrbücher der Volkssternwarte Hofheim und etlicher Jahre in der Produktion der *Astronomischen Mitteilungen Rhein-Main-Nahe*. Er ist Autor der LATEX-Erweiterung `float` und verschiedener anderer Zusatzpakete von geringerer Bedeutung sowie Koautor eines Buchs über die Linux-Zertifizierungsprüfung LPIC-1.

Anselm lebt im Rhein-Main-Gebiet und arbeitet für ein Linux-Schulungs- und -Beratungsunternehmen, wo er verantwortlich ist für die Erstellung und Qualitätssicherung von Unterrichtsmaterialien, die natürlich mit LATEX gesetzt werden. In seiner Freizeit vergnügt er sich mit schottischem Tanz und schottischer Tanzmusik (auch dort gibt es viele Möglichkeiten, LATEX zum Einsatz zu bringen), Klavierspielen, Lesen, Schreiben, Fotografieren, Kochen, Reisen und zahlreichen anderen epikureischen Zeitvertreiben sowie seiner Pinguinsammlung, die älter ist als Linux 2.0.

## Danksagungen

Die wenigsten Bücher kommen wohl zustande, ohne dass viele fähige Köpfe und treue Seelen sich dafür einsetzen. Volker Bombien gebührt als Lektor die Anerkennung, mich zu dem Projekt überredet zu haben; er hat mir (dem vermutlich nervenaufreibendsten Autor in der Geschichte von O'Reilly) geduldig die Treue gehalten und die Sache mit der richtigen Mischung aus Toleranz und sanftem Druck auch bis zum Ende durchgestanden. Karsten Günther steuerte viele wertvolle LaTeXnische Anmerkungen bei und machte mich auf Fehler und Auslassungen aufmerksam. Und vielen Dank auch an den Rest des O'Reilly-Teams für dieses Buch: Andrea Miß für die Produktion, Oliver Mosler und Eike Nitz im Korrektorat, und Linda Palo und Michael Oreal für die Grafik.

Ganz besonders inniger Dank gilt natürlich meiner Freundin, Eva Schiedrum, die das Buchprojekt von Anfang an unterstützt hat, obwohl es für sie zahlreiche Entbehrungen und Ärgernisse bedeutete. Sie hat mich viel zu oft vermissen müssen, weil ich wieder mal irgendwelchen losen LaTeXnischen Enden nachgejagt habe, und hat mich unermüdlich daran erinnert, dass es auch eine Welt jenseits von Büchern, Computern und mit dem Computer gesetzten Büchern gibt. Meiner Familie, Dr. Gerold, Antje und Ivo Lingnau, gebührt später Dank für ihre Toleranz in meiner TeX-Frühzeit – vor allem der sägenden Geräusche, die mein NEC-P6-Matrixdrucker zu allen Tages- und Nachtzeiten von sich gab, wenn es mal wieder ein Praktikumsprotokoll zu drucken gab. Auch erwähnt werden sollte die einstmalige Redaktion der *Astronomischen Mitteilungen Rhein-Main-Nahe* – Burkhard Wiche, Torsten Schäfer, Norman Diehl und Volker Heinrich –, über Jahre immer wieder Testfeld für neue Makro-Ideen oder ungewöhnliche LaTeX-Pakete, Weggefährten zahlloser langer astronomisch-typografischer Nächte und Rückendeckung gegenüber denen, die behaupteten, mit Microsoft Word wäre alles doch so viel einfacher!

Nicht unerwähnt bleiben sollen auch die genialen Köpfe hinter TeX und LaTeX: Donald E. Knuth und Leslie Lamport, ohne die es keinen Bedarf für dieses Buch gäbe. LaTeXnisch steht dieses Buch auf den Schultern von diversen Riesen, die hier gar nicht alle erwähnt werden können. Exemplarisch seien in alphabetischer Reihenfolge nur Javier Bezos, David Carlisle, Frank Mittelbach und Rainer Schöpf genannt, deren Arbeit etliche der hier beschriebenen Hacks softwaretechnisch untermauert oder inspirativ katalysiert hat. Vielen Dank!

# Vorwort

TEX und LATEX zählen inzwischen zu den Urgesteinen des Computer-Schriftsatzes. Seit Mitte der 1980er-Jahre stehen sie für unerreichte Ausgabequalität und Flexibilität im Umgang mit den unterschiedlichsten Anforderungen. Nebenbei gebührt ihnen die Krone des vermutlich fehlerfreisten großen Softwaresystems im allgemeinen Umlauf. Allen Anfechtungen durch »Desktop Publishing« und »WYSIWYG« zum Trotz (Ganz Gallien? Nein!) entwickelt eine eingeschworene Gemeinde von Benutzern und Autoren die Software stetig weiter, ohne dabei jedoch die Basis, Donald E. Knuths seinerzeit bahnbrechendes TEX-System, aus den Augen zu verlieren. Als LATEX-Benutzer kommen Sie sowohl in den Genuss weitgehender Kompatibilität für Dokumente aus den letzten beiden Jahrzehnten als auch behutsamer Umsetzung neuer technischer Ideen, etwa wenn es um die Ausgabe von Dokumenten als PDF geht. Und das Schöne ist: Was Sie heute lernen, wird Ihnen vermutlich auch noch in fünf oder zehn Jahren von Nutzen sein. Und von welchem anderen Computerprogramm können Sie das schon behaupten?

Dieses Buch ist eine Sammlung von Ideen, Methoden und Tricks (»Hacks«) aus allen möglichen Anwendungsbereichen von LATEX. Wir erheben nicht den Anspruch, alle Dinge für alle Leute zu erklären, sondern greifen uns ein paar besonders interessante oder spannende Themen heraus, um Sie auch zu weiteren Experimenten und kreativen Momenten zu inspirieren. Manches, was wir erklären, beruht auf »vorgekochten« Erweiterungen, die Sie im Netz finden können – in diesem Fall versuchen wir oft zu erklären, wie die grundlegenden Techniken aussehen, die in diesen Erweiterungen aufgegriffen und umgesetzt werden. Anderes ist in dieser Form noch nicht veröffentlicht worden und beschreitet darum LATEXnisches Neuland. In jedem Fall geht es uns aber immer darum, die gezeigten TEXniken in ihren Kontext zu setzen und Ihnen ein

Handwerkszeug zur Verfügung zu stellen, das Sie auch in anderen Situationen einsetzen können.

TeX und LaTeX sind keine »freistehenden« Programme, sondern immer Teil eines größeren Softwaresystems aus Editoren, Ausgabetreibern und Hilfsprogrammen unterschiedlicher Art. Einige unserer Hacks beschränken sich darum nicht auf TeX und LaTeX, sondern verwenden zusätzlichen Code in Programmiersprachen wie der Linux- oder Unix-Shell oder Larry Walls Perl. Lassen Sie sich davon nicht abschrecken: Während ein gewisses grundlegendes Verständnis von Linux und Perl Ihnen dabei hilft, aus diesen Hacks das meiste zu machen, können Sie sie doch auch als *black box* verwenden. Und selbst wenn Sie LaTeX nicht auf einem Linux- oder Unix-System einsetzen, stehen die Chancen gut, dass Sie auch Perl und eine Unix-artige Shell mit Hilfsprogrammen für Ihren Rechner finden können.

Im Übrigen ist eine Sammlung wie diese niemals völlig abgeschlossen. Sie können das, was Sie aus diesem Buch gelernt haben, dazu verwenden, Ihre eigenen Hacks zu entwickeln. Seien Sie kreativ und denken Sie seitwärts! Und wer weiß, vielleicht landet einer *Ihrer* Hacks in der nächsten Auflage dieses Buchs.

## Wie Sie dieses Buch benutzen

Wenn Sie möchten, können Sie dieses Buch von Anfang bis Ende durchlesen, aber da jeder Hack eine selbstständige Einheit bildet, können Sie auch einfach blättern und zwischen den Abschnitten hin- und herspringen, die Sie am meisten interessieren. Sofern irgendwo ein spezielles Wissen vorausgesetzt wird, leitet ein Querverweis Sie zu dem entsprechenden Hack. Außerdem verweisen wir auf andere interessante Dokumentation.

Wir sollten ehrlicherweise auch erwähnen, dass es sich bei diesem Buch nicht um ein LaTeX-Lehrbuch handelt (von denen sind schon genug auf dem Markt). Wir setzen voraus, dass Sie schon eine Weile mit LaTeX arbeiten und dass Kommandos wie `\newcommand` und `\RequirePackage` keine Fremdwörter für Sie sind. Allerdings bemühen wir uns, die allermeisten weiterführenden Konzepte zumindest kurz zu erklären.

Nicht alle in diesem Buch erwähnten LaTeX-Pakete und Zusatzprogramme sind tatsächlich in den gängigen Softwaredistributionen enthalten. Sie finden aber alles auf dem *Comprehensive TeX Archive Network* (CTAN), das Sie im Internet unter *http://www.ctan.org* erreichen.

## Wie dieses Buch aufgebaut ist

Dieses Buch ist mehr als nur eine Sammlung mit Tipps und Tricks in der Form »Tun Sie dies, tippen Sie das«. Wir geben Kochrezepte für interessante und wichtige Anwendungen, aber wie jedes gute Kochbuch sagen wir hin und wieder etwas über die Zutaten und den Umgang mit ihnen. Trotzdem geht es uns natürlich darum, Ihnen Methoden an die Hand zu geben, die Sie in kurzer Zeit tatsächlich einsetzen können, und Ihnen auch Ideen zu liefern, wie Sie die Hacks durch eigenes Zutun noch verbessern können. Das Buch gliedert sich in zehn Kapitel:

Kapitel 1, *Texte*
: Der überwiegende Teil der meisten LaTeX-Dokumente besteht aus Text in diversen Manifestationen: Fließtext, Zitate, Listen, Lyrik, Programmauszüge und vieles mehr. Wir zeigen Ihnen, wie Sie manches Problem lösen und nette Effekte erzielen können – von Initialen am Absatzanfang bis zu parallelem Satz in mehreren Sprachen. Dazu lernen Sie, ein Auge auf die Silbentrennung von TeX zu haben und Farbtabellen auszugeben.

Kapitel 2, *Mathematik, Informatik und Naturwissenschaft*
: Die große Stärke von TeX und LaTeX ist der Satz mathematischer Formeln, und dazu bieten wir hier einige Tricks an. Daneben können Sie einiges lernen über den Satz von Bitfeld-Schaubildern und Syntaxdiagrammen sowie die korrekte Behandlung chemischer Formeln.

Kapitel 3, *Seitenformatierung*
: Die Gestaltung von Seiten ist eine wichtige Aufgabe im Schriftsatz. Dieses Kapitel gibt Ihnen Hinweise zum Umgang mit der Seitennummerierung, zu Kopf- und Fußzeilen und zur unterschiedlichen Gestaltung von linken und rechten Seiten. Sie lernen, wie man »Schusterjungen« und »Hurenkinder« vermeidet, Seitenlayouts visualisiert und wie Sie komplexe Layouts grafisch vorzeichnen und mit LaTeX »ausfüllen« können.

Kapitel 4, *Tabellen und Abbildungen*
: Dieses Kapitel beginnt mit einigen Tipps zur Eingabe von Tabellen und erklärt Ihnen dann, wie Sie Tabellen realisieren können, die in einzelnen Spalten Absätze von flexibler Breite enthalten. Nach einem Ausflug in die Welt farbiger Tabellen helfen wir Ihnen beim Umgang mit Tabellen, die zu lang oder zu breit für Ihre Seiten sind. Außerdem lernen Sie, wie Sie CSV-Dateien direkt an LaTeX verfüttern können, wie Sie dafür sorgen, dass Ihre Gleitobjekte Ihnen nicht entgleiten, und einiges mehr.

Kapitel 5, *Gliederung und Verzeichnisse*
: Traditionell war es nicht einfach, LaTeXs Vorstellung davon, wie Kapitelanfänge oder Überschriften aussehen sollen, an seine eigenen Wünsche

anzupassen. Inzwischen ist das kein Problem mehr, und wir erklären Ihnen, wie das geht. Ferner lernen Sie einiges über die automatische Erstellung von Inhaltsverzeichnissen in vielerlei Gestalt, Stichwortverzeichnissen und Literaturlisten und über die Werkzeuge, die die LaTeX-Szene hierfür anzubieten hat.

Kapitel 6, *Dokumente*
: In diesem Kapitel zeigen wir Ihnen Strategien und Hacks für den Umgang mit ganzen Dokumenten, etwa für eine konsistente Formatierung oder das Erzeugen mehrerer Versionen eines Dokuments aus demselben Quellcode. Sie sehen, wie Sie mehrere unabhängige LaTeX-Dateien zu einem großen Dokument zusammenfügen können, und lernen Tricks für die Erstellung von Serienbriefen mit oder ohne SQL, von CD-Hüllen mit wenig Tipparbeit und von Visitenkarten und Etiketten.

Kapitel 7, *Schriften*
: Ebenso intransigent wie bei den Überschriften zeigte sich LaTeX früher auch bei den Schriften im Dokument (Henry Ford lässt grüßen). Zum Glück hat sich auch hier das Rad der Geschichte weitergedreht, so dass Sie in diesem Kapitel lernen, wie Sie die Schrift für Ihr Dokument radikal ändern, gebrochene Schriften korrekt verwenden oder beliebige PostScript- oder TrueType-Schriften für den Einsatz mit LaTeX aufbereiten können. Außerdem finden Sie heraus, wie Sie Schrifteffekte wie Schrägstellung oder Kapitälchen realisieren können, auch wenn Ihre Schrift keine entsprechenden Schnitte aufweist.

Kapitel 8, *Grafik*
: Dieses Kapitel steht ganz im Zeichen von Illustrationen: Sie lernen Bilder in Ihre Dokumente zu integrieren, auch wenn es sich um Formate handelt, die LaTeX nicht direkt verdauen kann. Sie bringen LaTeX dazu, das Zeichnen von Funktionsgraphen an Gnuplot zu delegieren, und lernen das moderne TeX-Grafikpaket pgf kennen. Außerdem zeigen wir Ihnen einige Anwendungen wie den Satz von Fotokalendern und Stickschrift mit LaTeX.

Kapitel 9, *LaTeX und PDF*
: Aus dem professionellen Druckgewerbe ist PDF nicht mehr wegzudenken. Klar, dass auch LaTeX damit umgehen können muss. In diesem Kapitel lernen Sie nicht nur, wie Sie mit pdfTeX direkt PDF statt DVI erzeugen können, sondern auch, wie Sie Ihre Dokumente mit Querverweisen zum Anklicken oder Vorschaubildern für die einzelnen Seiten versehen. Hängen Sie Dateien direkt an Ihre Dokumente an, schreiben und lesen Sie PDF-Metadaten und integrieren Sie andere PDF-Dokumente ganz oder seitenweise in Ihr Dokument. Ferner lernen Sie mit PDF-Zugriffsrechten umzugehen und Ihre Dokumente mit Schnittmarken zu versehen.

Kapitel 10, *LaTeX-Werkzeuge*

LaTeX ist kein alleinstehendes Programm, sondern Teil eines großen Systems von Werkzeugen. In diesem Kapitel lernen Sie einige Hilfsprogramme für LaTeX kennen und finden heraus, wie andere Programme LaTeX speziell zuarbeiten können. Dabei geht es um Tricks bei der Erstellung von Shell-Skripten für LaTeX, die Auswahl von Teilen von Dokumenten auf DVI- und PDF-Basis und das Aufstellen von Listen der in Dokumenten verwendeten Schriften. Sie lernen einige Editoren kennen, die speziell für LaTeX gedacht sind oder besondere Eigenschaften für die Bearbeitung von LaTeX haben, und erfahren einiges über die Konvertierung von LaTeX-Dokumenten nach HTML und die Verwaltung von LaTeX-Quelltext mit Subversion.

## In diesem Buch verwendete Konventionen

In diesem Buch gelten folgende typografische Konventionen:

*Kursivschrift*

Neue Begriffe, URLs, Dateinamen und -erweiterungen, Verzeichnisse und Ordner werden kursiv gedruckt.

`Nichtproportionalschrift`

In diesem Schrifttyp werden Codebeispiele, Suchbegriffe, Befehle, Dateiinhalte und Befehlsausgaben dargestellt.

**`Nichtproportionalschrift fett`**

Dient in Beispielen und Tabellen zur Kennzeichnung von Befehlen und anderem Text, der wortwörtlich eingegeben werden soll.

*`Nichtproportionalschrift kursiv`*

Damit werden in Beispielen, Tabellen und Befehlen die Teile hervorgehoben, für die benutzerdefinierte Werte eingegeben werden sollen.

*Graue Schrift*

Graue Schrift kennzeichnet einen Querverweis innerhalb des Textes.

Bitte achten Sie besonders auf Anmerkungen, die mit den folgenden Symbolen hervorgehoben werden:

Dies ist ein Tipp, ein Vorschlag oder eine allgemeine Anmerkung. Hier finden Sie ergänzende Informationen zum jeweiligen Thema.

Dies ist eine Warnung oder ein Hinweis, dass Sie vorsichtig sein sollten.

Die Thermometer-Symbole neben den einzelnen Hacks geben an, wie kompliziert der jeweilige Hack ist:

leicht    mittel    schwer

Haben Sie einen guten Hack, den Sie mit anderen teilen möchten? Dann gehen Sie auf die O'Reilly-Hacks-Webseite:

*http://hacks.oreilly.com*

# Texte

## Hacks #1–17

Texte sind das Brot- und Buttergeschäft von Programmen wie LaTeX, aber die Anforderungen, mit denen Sie als Anwender konfrontiert werden, sind vielgestaltig – sie reichen von einfachen Fragen der Formatierung bis hin zu subtilen Tricks, mit denen Sie sich Arbeit sparen und gleichzeitig die Qualität Ihrer Dokumente erhöhen können. Das Thema bietet also genug Raum für diverse kleine und große Hacks.

In diesem Kapitel lernen Sie nicht nur überraschende oder verbesserte Lösungen für einiges kennen, das LaTeX scheinbar schon »ab Werk« beherrscht, sondern erfahren auch, wie Sie LaTeX mit ein paar externen Programmen auf die Sprünge helfen können, etwa um effizient Ihre Silbentrennungen zu prüfen. Sie lernen einige versteckte Tugenden des `verbatim`-Pakets kennen, setzen mehrsprachige Texte parallel und drucken Übersichtstafeln für die Farben Ihres X11-Systems. Dies und noch einiges mehr …

HACK #1

### Text rechts- oder linksbündig setzen

*Zwei rechts, zwei links, keine fallen lassen …*

Normalerweise bemüht sich LaTeX nach Kräften, Texte in ausgewogenem »Blocksatz« zu setzen – beide Ränder, links und rechts, werden »glatt« gemacht, indem die Wortabstände in jeder Zeile sorgfältig angepasst werden. Das wirkt elegant, ist aber in manchen Situationen unpraktisch (beispielsweise in engen Tabellenspalten) oder zu förmlich (in Briefen, obwohl die Ansichten da auseinandergehen), so dass »Flattersatz« angesagt ist: Der linke Rand ist glatt, alle Wortabstände sind gleich breit, und wenn ein Wort rechts überstehen würde, wird es an den Anfang der nächsten Zeile übernommen, gegebenenfalls nach dem Versuch einer Silbentrennung. Hin und wieder möchte man Material auch »rechtsbündig« setzen, so dass der rechte Rand glatt ist und der linke »flattert«.

LaTeX sieht für Flattersatz die Kommandos `\raggedright` und `\raggedleft` vor, die respektive den rechten bzw. linken Rand »flattern« lassen. Beide gibt es auch als Umgebungen, namentlich `flushleft` (entsprechend `\raggedright`) und `flushright` (entsprechend `\raggedleft`). Damit passiert ungefähr das Richtige, bis auf ein Problem – eine Silbentrennung wird praktisch ausgeschlossen, so dass der Text zu sehr flattert:

Früh drei Uhr stahl ich mich aus
Karlsbad, weil man mich sonst
nicht fortgelassen hätte. Die
Gesellschaft, die den
achtundzwanzigsten August,
meinen Geburtstag, auf eine sehr
freundliche Weise feiern mochte,
erwarb sich wohl dadurch ein
Recht, mich festzuhalten; allein
hier war nicht länger zu säumen.

```
\raggedright
Früh drei Uhr stahl ich mich
aus Karlsbad, weil man mich
sonst nicht fortgelassen
hätte. Die Gesellschaft, die
den achtundzwanzigsten
August, meinen Geburtstag,
auf eine sehr freundliche
Weise feiern mochte, erwarb
sich wohl dadurch ein Recht,
mich festzuhalten; allein
hier war nicht länger zu
säumen.
```

Der Grund dafür ist, dass `\raggedright` Zeilen im Wesentlichen mit »nichts plus beliebig viel Leerraum« auffüllt und TeX mit dieser Einstellung sehr kurze Zeilen gegenüber Zeilen mit Silbentrennung bevorzugt. Bessere Resultate liefert das Paket `ragged2e` von Martin Schröder, das ein neues Kommando `\RaggedRight` definiert. Hier wird stattdessen mit »nichts plus maximal einer bestimmten Menge Leerraum« aufgefüllt, gemäß der Voreinstellung `2em` (also zweimal die Breite eines »M« in der aktuellen Schrift); viel zu kurze Zeilen sind für TeX damit auch »schlecht«, und Silbentrennung wird attraktiver:

Früh drei Uhr stahl ich mich aus
Karlsbad, weil man mich sonst
nicht fortgelassen hätte. Die Gesell-
schaft, die den achtundzwanzigs-
ten August, meinen Geburtstag,
auf eine sehr freundliche Weise
feiern mochte, erwarb sich wohl
dadurch ein Recht, mich festzuhal-
ten; allein hier war nicht länger zu
säumen.

```
\RaggedRight
Früh drei Uhr stahl ich mich
aus Karlsbad, weil man mich
sonst nicht fortgelassen
hätte. Die Gesellschaft, die
den achtundzwanzigsten
August, meinen Geburtstag,
auf eine sehr freundliche
Weise feiern mochte, erwarb
sich wohl dadurch ein Recht,
mich festzuhalten; allein
hier war nicht länger zu
säumen.
```

Das Paket ragged2e definiert außerdem noch das Kommando \RaggedLeft sowie die Umgebungen FlushLeft und FlushRight.

Ähnliche Einschränkungen gelten übrigens auch für zentrierten Text, den LaTeX über das Kommando \centering oder die Umgebung center ermöglicht (center fügt zusätzlichen Leerraum vor und nach den zentrierten Zeilen ein):

Früh drei Uhr stahl ich mich aus<br>Karlsbad, weil man mich sonst<br>nicht fortgelassen hätte. Die<br>Gesellschaft, die den<br>achtundzwanzigsten ...

```
\centering
Früh drei Uhr stahl ich mich
aus Karlsbad, weil man mich
sonst nicht fortgelassen
hätte. Die Gesellschaft, die
den achtundzwanzigsten
\dots
```

Zur Abhilfe hält ragged2e das Kommando \Centering und die Umgebung Center bereit:

Früh drei Uhr stahl ich mich<br>aus Karlsbad, weil man mich<br>sonst nicht fortgelassen hät-<br>te. Die Gesellschaft, die den<br>achtundzwanzigsten ...

```
\Centering
Früh drei Uhr stahl ich mich
aus Karlsbad, weil man mich
sonst nicht fortgelassen
hätte. Die Gesellschaft, die
den achtundzwanzigsten
\dots
```

In Überschriften und an anderen exponierten Stellen kann es sein, dass eine Silbentrennung eher ungeschickt ausfällt. Dort sollten Sie sich nicht auf ragged2e verlassen, sondern lieber manuell eingreifen.

## HACK #2 Die letzte Zeile eines Absatzes zentrieren

**Geschicktes Jonglieren mit \leftskip und \rightskip**

Wollen Sie einen Absatz zwar im Blocksatz setzen, aber die letzte Zeile zentrieren? Dann ist etwas Handarbeit angesagt. Der Trick besteht in den folgenden Definitionen:

```
\newenvironment{lcpar}{%
  \begingroup
    \setlength{\leftskip}{0pt plus 1fil}%
    \setlength{\rightskip}{-\leftskip}%
    \setlength{\parfillskip}{0pt plus 2fil}
}{%
  \par\endgroup
}
```

Auf den ersten Blick wirkt das konterintuitiv, aber eigentlich ist es ganz einfach: TEX fügt am linken Ende jeder Zeile Leerraum im Wert von `\leftskip` und am rechten Ende im Wert von `\rightskip` ein. Bei unserer Definition heben sich `\leftskip` und `\rightskip` im Normalfall der ersten bis vorletzten Zeile eines Absatzes gerade gegenseitig auf, so dass sie keine sichtbare Wirkung haben. Nur bei der letzten Zeile eines Absatzes wird zusätzlich noch der `\parfillskip` hinzugefügt, also steht dort am Ende der `\rightskip` plus der `\parfillskip` im Gesamtwert von `0pt plus 1fil`. Das wiederum entspricht gerade dem `\leftskip` der Zeile, ergo wird die letzte Zeile zentriert!

Früh drei Uhr stahl ich mich aus Karlsbad, weil man mich sonst nicht fortgelassen hätte. Die Gesellschaft, die den achtundzwanzigsten August ...

```
\begin{lcpar}
  Früh drei Uhr stahl ich mich
  aus Karlsbad, weil man mich
  sonst nicht fortgelassen
  hätte. Die Gesellschaft, die
  den achtundzwanzigsten
  August \dots
\end{lcpar}
```

HACK #3

## Trennstriche und Bindestriche differenzieren

**Wie Sie LATEX beibringen, Wörter mit Bindestrich an allen möglichen Stellen zu trennen.**

Es ist schon bemerkenswert, was ein kleiner Strich so alles hergibt: Die Standard-PC-Tastatur bietet gleich links von der rechten Umschalttaste ein Zeichen, das in guter Schreibmaschinen-Tradition je nach Bedarf als Trennstrich, Bindestrich, Gedankenstrich oder auch Minuszeichen auftreten kann. Da Sie anscheinend schönen Schriftsatz lieben, ist Ihnen natürlich klar, dass in ernstgemeinten Druckwerken große Unterschiede zwischen Trenn- und Bindestrich (»-«), Gedankenstrich (»–«) und Minuszeichen (»−«) bestehen. (Im angelsächsischen Schriftsatz ist der Gedankenstrich noch ein Stück länger, nämlich etwa »—«, aber hierzulande machen wir das nicht so. Unser Gedankenstrich dient hier wie dort noch als »Streckenstrich« zur Angabe von Zahlenbereichen wie in »11–15 Freunde müsst Ihr sein (wenn Ihr auch noch Ersatzspieler haben wollt)«.)

In diesem Hack beschäftigen wir uns aber zunächst mit einer spitzfindigen Sache, die den Unterschied zwischen Trenn- und Bindestrich betrifft. »Da gibt es einen Unterschied?«, werden Sie fragen, und dieses Buch antwortet mit einem entschiedenen »Ja«. Zwar sehen die beiden Zeichen sehr ähnlich aus, aber das eine steht immer am Zeilenende und macht darauf aufmerksam, dass ein angefangenes Wort in der nächsten Zeile weitergeht, und das andere dient dazu, zwei oder mehr Wörter zu verbinden, die ansonsten nichts miteinander zu tun haben (»Schokoladen-Rollmops« oder »Konrad-Zuse-Straße«[1]). So viel zur deutschen Sprache.

Was LaTeX anbelangt, ist der Bindestrich der Bindestrich, und über den Trennstrich entscheidet der Wert eines Parameters namens `\hyphenchar`, der den Code des Zeichens angibt, das bei einer automatischen Silbentrennung von LaTeX ins Dokument eingebaut wird. Genau genommen existiert sogar ein separater `\hyphenchar` für jede Schrift; ist für eine Schrift kein `\hyphenchar` definiert, gilt der Wert von `\defaulthyphenchar`. Hat der `\hyphenchar` für eine Schrift den Wert −1, findet gar keine Silbentrennung statt. Das ist zum Beispiel bei den Schreibmaschinenschriften der Fall (vermutlich weil man verwirrende Effekte in Programm-Listings vermeiden möchte).

Mit »Code« ist übrigens nicht etwa der Zeichencode nach ASCII gemeint, sondern eine Position in der betreffenden Schrift, deren Codierung gemeinhin in weiten Teilen an den ASCII angelehnt ist, aber auch erheblich davon abweichen kann. Schriften, die der modernen TeX-Codierung `T1` folgen, haben zum Beispiel an der Position 127 ein Zeichen, das einem Bindestrich verdächtig ähnlich sieht, aber via `\hyphenchar` als Trennstrich fungieren kann. Setzen Sie zum Beispiel

```
\defaulthyphenchar=127
```

um ein Problem mit LaTeX zu lösen, das vor allem die deutsche Sprache mit ihrem Hang zu Bandwurm-Wörtern auf Bindestrichbasis betrifft. LaTeX weigert sich nämlich strikt, Wörter zu trennen, die den `\hyphenchar` der Schrift schon enthalten, außer direkt hinter dem betreffenden Zeichen. In Wortungetümen wie

```
Donaudampfschifffahrts-Gesellschafterversammlung
```

kommt dadurch nur eine Trennstelle in Frage, nämlich hinter dem »-«, und das kann zu Problemen führen, die Sie elegant vermeiden können, wenn Bindestrich und Trennstrich aus LaTeX-Sicht nicht dasselbe Zeichen sind.

Das automatische Einfügen des `\hyphenchar` an Trennstellen ist ein Sonderfall eines allgemeineren Mechanismus. Bei der Berechnung von Silbentrennungen fügt LaTeX intern an jeder möglichen Trennstelle ein

```
\discretionary{\char\hyphenchar\font}{}{}
```

ein. Die drei Parameter von `discretionary` haben dabei die folgenden Bedeutungen:

[1] Die heutzutage häufig anzutreffenden Entgleisungen »Konrad Zuse Straße« oder »Konrad Zuse-Straße« lassen wir an dieser Stelle mal aus dem Spiel.

- Der Wert des ersten Parameters wird *vor* einer etwaigen Trennung an dieser Stelle eingefügt (am Ende der alten Zeile).
- Der Wert des zweiten Parameters steht *nach* einer etwaigen Trennung (also am Anfang der neuen Zeile).
- Der Wert des dritten Parameters wird benutzt, wenn an dieser Stelle gar keine Trennung stattfindet.

Dieses auf den ersten Blick etwas verwirrende Konstrukt erlaubt es LaTeX, auf interessante Trennsituationen zu reagieren. Wenn Sie sich noch an die traditionelle deutsche Rechtschreibung erinnern, dann wissen Sie vielleicht noch, dass wir früher Wörter wie »Zuckerschlecken« als »Zuk-ker-schlek-ken« zu trennen pflegten (heute wäre »Zu-cker-schle-cken« richtig, was stupiden Computerprogrammen entgegenkommt, aber Vorlesern das Leben schwerer macht). Mit LaTeX könnten Sie Folgendes verwenden (verwendet haben?):

```
\newcommand{\ck}{\discretionary{k-}{k}{ck}}
...
Zu\ck erschle\ck en
```

Während das nicht gerade schön aussieht, tut es doch das, was es tun soll. Pakete wie `german` oder `babel` haben dieselbe Funktionalität hinter etwas Gefälligerem wie

```
Zu"ckerschle"cken
```

versteckt.

Eine andere nützliche Anwendung ist etwa:

```
\newcommand{\str}{\discretionary{/}{}{/}}
```

In Aufzählungen wie

```
Rot\str Gelb\str Grün\str Blau
```

ermöglicht dies eine Ausgabe wie

```
Rot/Gelb/Grün/Blau
```

oder (je nach Zeilenlänge)

```
Rot/Gelb/
Grün/Blau
```

mit einer »Trennung« am Schrägstrich. Etwas un-LaTeXnisch könnten Sie mit

```
\catcode'\/=\active \let/=\str
```

auch gleich in der Eingabe

```
Rot/Gelb/Grün/Blau
```

schreiben, aber das ist möglicherweise mit Vorsicht zu genießen, wenn Sie auch noch »normale« Schrägstriche im Dokument haben (etwa als Bestandteil von expliziten Dateinamen). Die Regeln für »aktive Zeichen« sind etwas zu kompliziert, als dass man sie in diesem Hack erklären könnte! Gruppen und Umgebungen sind Ihre Freunde, um Zeichen nur da »aktiv« zu machen, wo Sie das wollen.

## Siehe auch

- Das Paket hyphenat von Peter R. Wilson erlaubt es, Silbentrennung im ganzen Dokument oder in Teilen davon zu unterdrücken oder Silbentrennung für Text einzuschalten, der in Schreibmaschinenschrift geschrieben ist (wo LaTeX normalerweise keine macht). Es erleichtert auch Silbentrennung in Wörtern, die Nichtbuchstaben enthalten.

HACK #4

# Die Silbentrennung überprüfen

Vertrauen ist gut, Kontrolle mit hyphen_show ist besser ...

Im Gegensatz zu vielen anderen Textverarbeitungsprogrammen verfügt LaTeX über eine recht zuverlässige automatische Silbentrennung, die aber nicht unfehlbar ist. Sie ist nämlich eigentlich für Sprachen wie Englisch gedacht, die eher kurze Wörter verwenden. Bei den oft etwas längeren Wörtern der deutschen Sprache kann es sein, dass der Algorithmus einen Anfall von Übereifer bekommt und Trennstellen identifiziert, die offiziell keine sind. Außerdem gibt es natürlich Zweifelsfälle, die ohne künstliche oder natürliche Intelligenz nicht zu entscheiden sind – sprichwörtlich sind Paare wie »Stau-becken«/»Staub-ecken« und »er-blassen«/»erb-lassen« – und Trennungen, die aus ästhetischen Gründen nicht in Frage kommen, etwa die nach dem ersten »n« in »Urinstinkt«.

Hieraus ergibt sich, dass Sie LaTeX beim Trennen nicht völlig freie Hand lassen sollten. Korrekturlesen ist natürlich immer wichtig, aber wenn Ihr Manuskript so weit fertig ist, dass sich vermutlich am Text nicht mehr viel ändert, sollten Sie sich ruhig einmal speziell auf die Silbentrennung konzentrieren (vorher hat es zumeist wenig Sinn). Eine nützliche Hilfestellung bietet hierbei das Programm hyphen_show von Günther Lamprecht, Wolfhard Lotz und Roland Weibezahn, das die Autoren unter der GPL freigegeben haben und das Sie zum Beispiel unter *ftp://ftp.iwd.uni-bremen.de/pub/tex/hyphenation* finden können. Außerdem ist es Bestandteil des LaTeX-Editors xtem. (In gängigen Linux-Distributionen, etwa Debian GNU/Linux, ist es auch enthalten.)

hyphen_show versucht, aus einer DVI-Datei die Silbentrennungen zu rekonstruieren. Ganz einfach ist das nicht, da in einer DVI-Datei keine Angaben über eine Zeilenstruktur des Dokuments enthalten sind. Stattdessen muss hyphen_show im Wesentlichen Wörter finden, die mit einem Trennstrich aufhören und rechts von denen nichts anderes mehr steht. Mit einiger Wahrscheinlichkeit kann es dann auch den zweiten Teil des Worts aufspüren, aber hin und wieder täuscht es sich leider auch – etwa bei einer Trennung in der letzten Zeile einer Seite, wenn es eine Fußzeile mit Text gibt. Aber es ist eine durchaus hilfreiche Sache.

Um die Silbentrennungen in einer DVI-Datei zu überprüfen, übergeben Sie dem Programm hyphen_show deren Dateinamen:

```
$ hyphen_show hytest.dvi
```

Die Ausgabe könnte dann so aussehen:

```
hyphen_show version 25.4.2000
coding: T1
same words are given only once

[1]
                    Kraftfahr-zeugwerkstät-
                 zeugwerkstät-te
                        Hundeku-chenfabrik
                  Gurkensalat-schüssel
                             Af-fenbrotbaum-
                  fenbrotbaum-wurzel
                          Lager-hallenverwal-
                 hallenverwal-tung
                          Marzi-panbrotmesser

number of hyphenations:    9
already known/multiple:    0
```

In eckigen Klammern ist jeweils die Seitennummer angegeben, gefolgt von den Trennungen auf der betreffenden Seite. Diese können Sie dann bequem prüfen, ohne vom Rest des Textes abgelenkt zu werden. hyphen_show schreibt außerdem eine Datei mit demselben Namen wie die Eingabedatei, aber mit der Endung *.hyp*, in der nur die gefundenen Silbentrennungen (ohne Seitenzahlen und das andere Drumherum) stehen. Tritt dieselbe Silbentrennung mehr als einmal auf, gibt hyphen_show sie nur einmal aus.

Um lästige Wiederholungen zu vermeiden, können Sie in der *.hyp*-Datei alle falschen Silbentrennungen löschen (etwa parallel zum Reparieren in der LaTeX-

Eingabedatei) und die Datei anschließend umbenennen, etwa so, dass sie die Endung *.hypc* hat. Beim nächsten Durchlauf können Sie hyphen_show diese Datei mit übergeben, das dann in der Ausgabe alle Silbentrennungen unterdrückt, die schon darin vorkamen. Auf diese Weise werden nur noch »neue« Trennungen ausgegeben, die Sie wiederum prüfen und an die Positivliste anhängen können:

```
$ cat hytest.hypc
                          Hundeku-chenfabrik
                               Af-fenbrotbaum-
                      fenbrotbaum-wurzel
$ hyphen_show hytest.dvi hytest.hypc
hyphen_show version 25.4.2000
coding: T1
same words are given only once

[1]
                        Kraftfahr-zeugwerkstät-
                     zeugwerkstät-te
                      Gurkensalat-schüssel
                           Lager-hallenverwal-
                     hallenverwal-tung
                           Marzi-panbrotmesser

number of hyphenations:    9
already known/multiple:    3
$ cat hytest.hyp >>hytest.hypc
$ hyphen_show hytest.dvi hytest.hypc
hyphen_show version 25.4.2000
coding: T1
same words are given only once

[1]
number of hyphenations:    9
already known/multiple:    9
```

Das kleine Shell-Skript hy in Abbildung 1-1 hilft Ihnen dabei, gemäß der Beobachtung »Eine richtige Trennung in Dokument *x* ist auch in Dokument *y* richtig« die für gut befundenen Trennungen *mehrerer* Dateien in einer zentralen »Datenbank«, einer Datei namens *hyphens*, zu sammeln. Vor jedem Lauf von hyphen_show auf einer Datei *bla.dvi* werden die Trennungen aus *bla.hyp*, sofern vorhanden, in die Datei *hyphens* übernommen. Der hyphen_show-Lauf benutzt dann *hyphens* zum Ausschluss der bereits gesehenen Trennungen. Sie

```
#!/bin/sh

dvi=‘basename $1 .dvi‘

[ -f hyphens ] || touch hyphens
if [ -f $dvi.hyp ]; then
    before=‘wc -l <hyphens‘
    sort -bu $dvi.hyp hyphens >>hyphens.0 \
        && mv hyphens.0 hyphens
    echo >&2 ‘expr \‘wc -l <hyphens\‘ - $before‘ \
        neue Trennungen aus $dvi.hyp in \"hyphens\"
fi
hyphen_show $dvi.dvi hyphens
```

*Abbildung 1-1: hyphen_show mit automatischer Positivliste aufrufen*

müssen bloß noch

```
$ hy bla
```

schreiben und bekommen nur Trennungen angezeigt, die Sie nie zuvor gesehen haben (hoffen wir mal). Vor dem nächsten hy-Aufruf entfernen Sie dann die »schlechten« Trennungen aus *bla.hyp*, und hy kümmert sich darum, die übrigen (guten) nach *hyphen* zu schreiben.

Leider funktioniert hyphen_show nur mit DVI-Dateien. Wenn Sie also sonst PDF erzeugen, müssen Sie dafür eine Ausnahme machen.

Aber was tun, wenn LaTeX sich tatsächlich mal irrt? Sie können in jedem Fall manuelle Trennhilfen geben, indem Sie an den entsprechenden Stellen im Text die Kontrollsequenz »\-« einsetzen:

```
Af\-fen\-brot\-baum\-wurzel
```

Wenn Sie das tun, müssen Sie gründlich sein, da \- eine Trennung abseits von so gekennzeichneten Stellen im Wort ausschließt. Die Pakete german/ngerman oder auch babel kennen die Kontrollsequenz »"-«, die eine automatische Trennung anderswo im Wort gestattet:

```
Affenbrot"-baumwurzel
```

Oft ist es aber besser, LaTeX ein für alle Mal klarzumachen, wie es ein bestimmtes Wort trennen soll. Sie können dafür den Befehl \hyphenation verwenden:

```
\hyphenation{Affen-brot-baum-wurzel Hun-de-ku-chen-fa-brik}
```

LaTeX merkt sich dann diese Trennungen und verwendet sie bei Bedarf. Aufpassen müssen Sie, wenn Sie Schriften gemäß der »alten« `OT1`-Codierung verwenden: Dabei sind die deutschen Umlaute nicht Bestandteil der Schrift, sondern ein separates »Trema« (Paar von Umlautpünktchen) wird auf a, o & Co. montiert. Eigentlich ist der Ansatz ganz praktisch, wenn Sie zufällig mal ein »q̈« brauchen sollten, aber er kollidiert mit der automatischen Silbentrennung von LaTeX, die nur dann greift, wenn die Wörter aus »echten« Buchstaben bestehen. Etwas wie

```
\hyphenation{Dü-rüm-wälz-röll-chen}
```

funktioniert also bloß zum Beispiel mit der neueren `T1`-Codierung, bei der die deutschen Umlaute vollwertige Mitglieder der Schrift sind. Am besten schreiben Sie in der Präambel Ihrer Dokumente

```
\usepackage[T1]{fontenc}
```

und erzwingen so den Gebrauch `T1`-codierter Schriften.

## Siehe auch

- Trennstriche und Bindestriche differenzieren **[Hack #3]** erläutert weitere Feinheiten der Silbentrennung aus der Sicht von LaTeX.
- Die meisten Geheimnisse der Silbentrennung von TeX werden im Anhang H des *TeXbook* von Donald E. Knuth (Addison-Wesley) gelüftet. Wenn Sie danach noch nicht genug haben, können Sie noch die Doktorarbeit von Frank Liang, »Word Hy-phen-a-tion by Com-put-er« lesen (Report STAN-CS-83-977, Stanford University, August 1983, zu finden unter *http://www.tug.org/docs/liang/liang-thesis.pdf*), die den kompletten Hintergrund beschreibt.

HACK #5

# Im Anfang schuf ...

Versehen Sie Absätze mit dekorativen Initialen.

PRUNKBIBELN, MÄRCHENBÜCHER und ähnliche Werke gewichtigen traditionellen Anspruchs verwenden manchmal »Initialen«: Der erste Buchstabe eines neuen Absatzes wird riesengroß gesetzt und nimmt so quasi die »linke obere Ecke« des Absatzes ein. Gerne werden auch die nächsten paar Wörter in einem besonderen Schriftschnitt gesetzt (in unserem Beispiel hier Kapitälchen). Das manuell zu erledigen wäre eine Strafarbeit erster Güte, und zum Glück hat uns Daniel Flipo mit dem Paket `lettrine` den größten Teil der Mühe abgenommen. Betrachten Sie das folgende Beispiel:

Früh drei Uhr stahl ich mich aus Karlsbad, weil man mich sonst nicht fortgelassen hätte. Die Gesellschaft, die den achtundzwanzigsten ...

```
\lettrine{F}{rüh drei Uhr}
stahl ich mich aus Karlsbad,
weil man mich sonst nicht
fortgelassen hätte. Die
Gesellschaft, die den
achtundzwanzigsten \dots
```

Sie können die Schriften für die Initiale und die ersten Wörter danach ändern:

**Früh drei Uhr** stahl ich mich aus Karlsbad, weil man mich sonst nicht fortgelassen hätte. Die Gesellschaft, die den achtundzwanzigsten ...

```
\renewcommand*{\LettrineFontHook}
  {\bfseries}
\renewcommand*{\LettrineTextFont}
  {\bfseries}
\lettrine{F}{rüh drei Uhr}
stahl ich mich aus Karlsbad,
weil man mich sonst nicht
fortgelassen hätte. Die
Gesellschaft, die den
achtundzwanzigsten \dots
```

Normalerweise nimmt die Initiale zwei Zeilen ein. Das können Sie über den optionalen Parameter `lines` ändern:

Früh drei Uhr stahl ich mich aus Karlsbad, weil man mich sonst nicht fortgelassen hätte. Die Gesellschaft, die den achtundzwanzigsten ...

```
\lettrine[lines=4]{F}{rüh drei
Uhr} stahl ich mich aus Karlsbad,
weil man mich sonst nicht
fortgelassen hätte. Die
Gesellschaft, die den
achtundzwanzigsten \dots
```

Auch die Positionierung der Initiale ist trickreich, da sie von der Gestalt des Buchstabens abhängt. Leider weiß LaTeX nichts vom tatsächlichen Aussehen einzelner Lettern, da es nur Rechtecke auf der Basis ihrer »offiziellen« Abmessungen aneinandersetzt. Hier ist also Handarbeit nötig. Ein Buchstabe wie das »F« im Beispiel, der eine markante vertikale Linie mit nach links überstehenden Serifen hat, könnte zum Beispiel etwas nach links ausgerückt werden:

Früh drei Uhr stahl ich mich aus Karlsbad, weil man mich sonst nicht fortgelassen hätte. Die Gesellschaft, die den achtundzwanzigsten ...

```
\lettrine[lines=4,%
  lhang=.2]{F}{rüh
drei Uhr} stahl ich mich aus
Karlsbad, weil man mich sonst
nicht fortgelassen hätte. Die
Gesellschaft, die den
achtundzwanzigsten \dots
```

Der Abstand zwischen der Initiale und den Zeilen rechts davon muss möglicherweise ebenfalls manuell angepasst werden. `lettrine` kennt dafür die Parameter `findent` (Abstand zwischen der Initiale und der ersten Zeile) und `nindent` (Abstand zwischen der Initiale und den folgenden Zeilen):

FRÜH DREI UHR stahl ich mich aus Karlsbad, weil man mich sonst nicht fortgelassen hätte. Die Gesellschaft, die den achtundzwanzigsten …

```
\lettrine[lines=4,%
  lhang=.2,%
  nindent=0pt]{F}{rüh
drei Uhr} stahl ich mich aus
Karlsbad, weil man mich sonst
nicht fortgelassen hätte. Die
Gesellschaft, die den
achtundzwanzigsten \dots
```

Bei »schrägen« Buchstaben wie »V« oder »A« können Sie die Zeilen noch etwas genauer an die Initiale anlegen:

ALS ICH UM FÜNF UHR von München wegfuhr, hatte sich der Himmel aufgeklärt. An den Tiroler Bergen standen die Wolken in ungeheuern Massen fest.

```
\lettrine[lines=4,%
  findent=-1em,%
  nindent=.6em,slope=.6em]%
  {A}{ls ich
  um fünf Uhr} von München
  wegfuhr, hatte sich der
  Himmel aufgeklärt. An
  den Tiroler Bergen
  standen die Wolken in
  ungeheuern Massen fest.
```

Der Parameter `slope` gibt eine Länge an, die jedes Mal ab der *dritten* Zeile zur Einrückung addiert wird (die zweite Zeile wird um `nindent` eingerückt, die dritte um `nindent` + `slope`, die vierte um `nindent` + 2 · `slope` und so weiter).

Initialen funktionieren am besten mit skalierbaren Schriften (also solchen im Type-1- **[Hack #69]** oder TrueType-Format **[Hack #71]**). Schriften auf METAFONT-Basis müssen gegebenenfalls speziell angepasst werden.

## Siehe auch

- Pakete, die Initialen produzieren, gibt es vielleicht nicht im Dutzend, aber eine gewisse Auswahl haben Sie schon: Außer `lettrine` kommen vielleicht `dropcaps` von Fred Lauwers oder `dropping` von Mats Dahlgren in Frage.
- Besonders beeindruckend sind die barocken Initialen aus dem `yinit`-Paket, die Yannis Haralambous entworfen hat. Von Andreas Schrell gibt es eine im Paket enthaltene Anpassung an LaTeX.

HACK #6

# Absätze platzsparend signieren

Wie Sie einen Autorennamen unter ein Zitat setzen, so dass nur bei Bedarf eine neue Zeile begonnen wird.

Sollten Sie jemals in die Verlegenheit gekommen sein, eine Zitatensammlung (»Ana«, weiß der Kreuzworträtsel-Löser) oder die Leserbriefspalte einer Zeitschrift setzen zu müssen, kennen Sie das Problem: Den Verfassernamen schreibt man gerne rechtsbündig ans Ende des (letzten) Absatzes, ohne dabei jedoch zu viel Platz zu verschwenden. Passt ein Name wie »Lao Tse« – natürlich mit gebührendem Abstand zum letzten Wort des Inhalts – noch in die letzte Zeile des Absatzes, ist er dort sicher gut aufgehoben, aber wenn er etwas länger ist (denken Sie an »Antoine Jean-Baptiste Marie Roger, Vicomte de Saint-Exupéry«), dann muss er möglicherweise eine eigene Zeile bekommen. Wir denken selbstverständlich nicht im Geringsten daran, diese Entscheidung in jedem Einzelfall selber zu treffen, sondern wollen das LaTeX aufbürden:

Man muss wissen, wann man aufhören muss. Zu wissen, wann man aufhören muss, vermeidet Schwierigkeiten. *Lao Tse*

```
Man muss wissen, wann man
aufhören muss. Zu wissen, wann
man aufhören muss, vermeidet
Schwierigkeiten.
  \signed{Lao Tse}
```

Man sieht nur mit dem Herzen gut – das wirklich Wichtige ist für die Augen unsichtbar.
*Antoine de Saint-Exupéry*

```
Man sieht nur mit dem
Herzen gut -- das wirklich
Wichtige ist für die Augen
unsichtbar.\signed{Antoine de
  Saint-Exupéry}
```

Und das geht zum Beispiel so: Den Namen können wir mit etwas wie

```
\hspace*{\fill}\mbox{\emph{#1}}
```

rechtsbündig setzen. Warum funktioniert das so weit? LaTeX setzt hinter das Ende eines Absatzes Freiplatz im Wert von `\parfillskip`. Normalerweise ist das »`0pt plus 1fil`«, also ein von Breite null auf potenziell »unendlich« dehnbares Stück, das dafür sorgt, dass der Text in der letzten Zeile linksbündig ist. Der Grund, dass unsere Autorenangabe mit dem `\hspace*{\fill}` nicht mittig zwischen Absatztext und rechtem Rand gesetzt wird, ist der, dass `fill`-Freiplatz unendlich viel dehnbarer ist als `fil`-Freiplatz (Beachten Sie die Anzahl der Buchstaben »`l`«). Unser `\hspace` gewinnt also gegenüber dem `\parfillskip` – die Autorenangabe erscheint am rechten Rand. Allerdings müssen wir uns auch noch um den Zeilenumbruch kümmern. Wir hätten lieber keinen, falls die Autorenangabe sich noch in die letzte Zeile des Absatzes quetschen lässt, und können LaTeX das über ein »`\nolinebreak[3]`« vor unserer Platzangabe nahelegen.

Das funktioniert schon nicht schlecht, ist aber nur die halbe Miete, wie das folgende Beispiel zeigt:

... Schwierigkeiten. *Lao Tse*
... Augen unsichtbar. *Antoine de Saint-Exupéry*

```
\newcommand*{\signed}[1]{%
  \nolinebreak[3]%
  \hspace*{\fill}%
  \mbox{\emph{#1}}}

\dots\ Schwierigkeiten.
  \signed{Lao Tse}

\dots\ Augen unsichtbar.
  \signed{Antoine de
    Saint-Exupéry}
```

Wird für die Verfasserangabe eine neue Zeile begonnen, dann füllt LaTeX die letzte Zeile des Zitats auf die komplette Zeilenbreite auf, was mitunter nicht so elegant aussieht. Die Abhilfe besteht darin, *vor* das `\nolinebreak` noch ein `\hspace*{\fill}` zu setzen und damit den `\parfillskip` quasi nachzutragen. Um sicherzustellen, dass tatsächlich ein adäquater Freiraum zwischen Zitatende und Verfasserangabe vorhanden ist, können Sie auch statt `\fill` etwas wie »`1em plus 1fill`« einsetzen – das garantiert Ihnen mindestens so viel Platz, wie ein Buchstabe »M« in der aktuellen Schrift einnimmt, und dehnt sich bei Bedarf so weit wie nötig. Wenn Sie dann als erstes Kommando noch `\unskip` verwenden, wird der Leerraum vor dem `\signed`-Kommando entfernt, und Sie machen sich davon unabhängig, ob in der Eingabe

```
Schwierigkeiten.\signed{Lao Tse}
```

oder

```
Schwierigkeiten. \signed{Lao Tse}
```

steht. Insgesamt sieht die Definition unseres `\signed`-Kommandos also aus wie folgt:

```
\newcommand*{\signed}[1]%
  {\unskip\hspace*{1em plus 1fill}%
   \nolinebreak[3]\hspace*{\fill}\mbox{\emph{#1}}}
```

Diese Konstruktion ist nicht nur für Verfasserangaben bei Zitaten oder Briefen nützlich, sondern auch für Seitenzahlen in Glossaren mit längeren Einträgen und Ähnliches.

# HACK #7 Aufzählungen mit Stil

Verwenden Sie besondere Zeichen zum Einleiten von Aufzählungspunkten.

LaTeX unterstützt nummerierte und nicht nummerierte Aufzählungen mit den Umgebungen enumerate und itemize:

1. Apfel
2. Nuss
3. Mandelkern

```
\begin{enumerate}
\item Apfel
\item Nuss
\item Mandelkern
\end{enumerate}
```

- Apfel
- Nuss
- Mandelkern

```
\begin{itemize}
\item Apfel
\item Nuss
\item Mandelkern
\end{itemize}
```

Es ist einfach, bei itemize-Umgebungen das Zeichen am Anfang eines Aufzählungspunkts zu ändern. Etwas wie

```
\item[$\Rightarrow$] Mal was anderes!
```

ergibt

$\Rightarrow$ Mal was anderes!

Das ist natürlich vor allem für Einzelfälle nützlich. Wenn Sie für *alle* Aufzählungspunkte ein anderes Zeichen verwenden wollen, ist es einfacher, das Kommando \labelitemi umzudefinieren:

$\Rightarrow$ Apfel
$\Rightarrow$ Nuss
$\Rightarrow$ Mandelkern

```
\renewcommand{\labelitemi}%
  {$\Rightarrow$}
\begin{itemize}
\item Apfel
\item Nuss
\item Mandelkern
\end{itemize}
```

Bequemerweise können Sie natürlich auch eine Umgebung definieren:

```
\newenvironment{arrowitemize}%
  {\renewcommand{\labelitem}{$\Rightarrow$}%
   \begin{itemize}}%
  {\end{itemize}}
```

Geeignetes Material finden Sie beispielsweise unter den mathematischen Symbolen, oder Sie können mit dem Paket pifont Unterstützung für die verbreitete

PostScript-Schrift »Zapf Dingbats« einbinden, die diverse nützliche Symbole enthält:

✔ Apfel
✔ Nuss
✔ Mandelkern

```
\renewcommand{\labelitemi}%
  {\ding{'64}}
\begin{itemize}
\item Apfel
\item Nuss
\item Mandelkern
\end{itemize}
```

Das Kommando `\labelitemi` bezieht sich dabei immer auf die *erste* Gliederungsstufe. Die Zeichen für die zweite, dritte und vierte Gliederungsstufe ändern Sie über die Kommandos `\labelitemii` bis `\labelitemiv`. (LaTeX unterstützt nur vier Gliederungsstufen. Wenn Sie nicht gerade Jurist sind, sollte Ihnen das eigentlich reichen.)

Zur weiteren Vereinfachung bietet `pifont` eine `dinglist`-Umgebung an, mit der sich unser Beispiel noch etwas kürzen läßt:

✔ Apfel
✔ Nuss
✔ Mandelkern

```
\begin{dinglist}{'64}
\item Apfel
\item Nuss
\item Mandelkern
\end{dinglist}
```

## HACK #8 Die Nummerierung von Listen ändern

**Benutzen Sie Buchstaben statt Zahlen und vieles andere mehr.**

Auch bei `enumerate`-Aufzählungen gibt es Raum für Erweiterungen. Um Ihnen zu erklären, wie Sie die Art der Nummerierung ändern können, müssen wir allerdings etwas weiter ausholen. Die »Nummer« für jeden Aufzählungspunkt ergibt sich aus einem LaTeX-Zähler (`enumi` für die erste Gliederungsstufe und so weiter bis `enumiv`). Wie immer bei LaTeX bestimmt für einen Zähler *x* ein Kommando `\the`*x* die Darstellung – standardmäßig ist `\theenumi` zum Beispiel als »`\arabic{enumi}`« definiert, so dass die Aufzählungspunkte auf der ersten Ebene mit arabischen Zahlen nummeriert werden. Die tatsächliche Darstellung regeln allerdings die Kommandos `\labelenumi` bis `\labelenumiv` (wieder für die vier Gliederungsstufen), die sich auf das jeweilige `\the`-Kommando beziehen. `\labelenumi` ist etwa als »`\theenumi.`« definiert (beachten Sie den Punkt).

Sie können das Aussehen der Aufzählungspunkt-Nummer also auf zwei Arten beeinflussen: Indem Sie »`\theenumi`« modifizieren, bestimmen Sie, ob die

Nummern als arabische oder römische Zahlen oder große oder kleine Buchstaben ausgegeben werden. Über eine passende Definition von `\labelenumi` legen Sie fest, ob und wie diese (variable) Zahlenangabe noch mit zusätzlichen (festen) Zeichen verbrämt wird. Mit einem

```
\renewcommand{\labelenumi}{\S\theenumi}
```

erhalten Sie zum Beispiel eine Aufzählung der Form

§1 Apfel

§2 Nuss

§3 Mandelkern

Unglücklicherweise verkompliziert ein Umstand die Verwendung von nummerierten Aufzählungen, der bei der `itemize`-Umgebung in dieser Form nicht vorkommt: Es ist möglich, sich mit `\label` und `\ref` auf einzelne Aufzählungspunkte zu beziehen, und der Bezug muss auch irgendwie formatiert werden. Standardmäßig werden auf der zweiten Gliederungsstufe zum Beispiel Kleinbuchstaben zum »Nummerieren« benutzt; vor einem solchen Aufzählungspunkt steht dann etwas wie »(c)«. Wenn Sie von anderswo auf diesen Punkt verweisen wollen, hilft ein »(c)« allein allerdings nicht unbedingt weiter – Sie bräuchten eine Darstellung, die auch noch angibt, ob es der Unterpunkt (c) des Hauptpunkts 1, 2 oder 3 ist. LaTeX kümmert sich darum (ein entsprechender Verweis sieht aus wie »2c«), aber wenn Sie das Format von nummerierten Aufzählungen ändern, müssen Sie möglicherweise auch das Verweisformat anpassen.

Leider macht LaTeX Ihnen das nicht unbedingt leicht. Auch bei Verweisen wird auf das `\the`-Kommando für den Zähler auf der passenden Gliederungsstufe zurückgegriffen, etwa `\theenumiii`. Davor setzt LaTeX allerdings noch ein Kommando, das gegebenenfalls für die »Vorgeschichte« sorgt. Im Fall von `\theenumiii` ist das ein Kommando namens `\p@enumiii` (bei den anderen Gliederungsstufen gilt dasselbe Strickmuster) mit der Standarddefinition »`\theenumi(\theenumii)`«. Ein Verweis auf einen Aufzählungspunkt der dritten Stufe sieht also aus wie »1(b)iii«, wenn `\theenumi` bis `\theenumiii` die Definitionen »`\arabic{enumi}`«, »`\alph{enumii}`« und »`\roman{enumiii}`« haben (wie üblich). Der Haken an der Sache ist, dass LaTeX Sie nicht ohne Weiteres ein Kommando umdefinieren lässt, dessen Namen ein »`@`« enthält. Wenn Sie also statt »1(b)iii« etwas haben wollen wie »1[b]iii«, dann müssen Sie daran denken, die »`@`«-Kommandos »freizuschalten«:

```
\makeatletter
\renewcommand{\p@enumiii}{\theenumi[\theenumii]}
\makeatother
```

Beachten Sie, dass, wie in diesem Beispiel gezeigt, `\p@enumiii` dafür zuständig ist, alles beizusteuern, was im Verweis *vor* der Nummer auf der aktuellen Stufe erwünscht ist. In der Definition von `\p@enumiii` kommt `\theenumiii` also nicht vor, sondern das Kommando bezieht sich nur auf `\theenumi` und `\theenumii`. Es ist übrigens durchaus üblich, bei der Definition eines `p@`-Kommandos das `p@`-Kommando der darüberliegenden Gliederungsstufe auszunutzen. Die Standarddefinition von `p@enumiv` ist zum Beispiel »`\p@enumiii\theenumiii`«.

Radikalere Änderungen benötigen radikalere Schritte. Wenn Sie Ihre Aufzählungspunkte zum Beispiel mit griechischen Buchstaben »nummerieren« wollen, geht das am einfachsten durch die Definition eines Kommandos »`\greek`« in Analogie zu »`\alph`«. Versuchen Sie Folgendes:

```
\newcommand*{\greek}[1]{%
  \expandafter\@greek\csname c@#1\endcsname}
\newcommand*{\@greek}[1]{%
  $\ifcase#1\or\alpha\or\beta\or\gamma\or\delta\or\varepsilon
    \or\zeta\or\eta\or\theta\or\iota\or\kappa\or\lambda
    \or\mu\or\nu\or\xi\or o\or\pi\or\varrho\or\sigma
    \or\tau\or\upsilon\or\phi\or\chi\or\psi\or\omega
    \else\@ctrerr\fi$}
```

Hier haben wir einfach aus der Datei *latex.ltx* die Definitionen der Kommandos `\alph` und `\@alph` gemopst und entsprechend angepasst – achten Sie auf die »`$`« in der Definition von `\@greek`, mit denen wir TEX in den mathematischen Modus versetzen, so dass es die griechischen Buchstaben versteht. Wir haben uns für `\varepsilon` ($\varepsilon$) statt `\epsilon` ($\epsilon$) und `\varrho` ($\varrho$) statt `\rho` ($\rho$) entschieden, da diese Versionen außerhalb mathematischer Formeln netter aussehen. `\ifcase` ist ein TEX-Kommando, dem ein numerischer Wert und eine Liste von durch `\or` getrennten Alternativen folgt; Resultat der Auswertung von `\ifcase` ist diejenige Alternative, deren Position in der Liste dem angegebenen numerischen Wert entspricht. Hat der Parameter von `\@greek` also den numerischen Wert 4, liefert `\ifcase` das Ergebnis `\delta`. Für den Fall, dass der Parameter von `\@greek` größer als 24 ist, das griechische Alphabet also nicht ausreicht, sorgt das »`\else\@ctrerr`« am Schluss für eine Fehlermeldung.

In `\greek` können Sie studieren, wie LATEX intern mit den Namen von Zählern umgeht: Zu jedem Zähler `xyz` gehört ein internes TEX-Register namens `\c@xyz`. Wenn Sie den Zählernamen kennen, können Sie den Namen des Registers über die Konstruktion

```
\csname c@Zählername\endcsname
```

herausfinden. `\csname...\endcsname` konvertiert nahezu beliebige Zeichenfolgen in TEX-Kommandos; »\csname blafasel\endcsname« ist also dasselbe wie »\blafasel«. Das Kommando \@greek rechnet mit einem TEX-Registernamen als Parameter (es möchte gerne etwas sehen wie »\@greek{enumi}« und damit der \csname-Trick funktioniert, muss \csname seine Aufgabe erledigt haben, bevor \@greek ans Ruder kommt. Sonst würden wir nämlich »\@greek\csname« ausführen, und das geht schief, da \csname kein TEX-Register ist. Entsprechend sorgen wir mit dem \expandafter dafür, dass das \csname *vor* dem \@greek ausgewertet wird – effektiv ist »\greek{enumi}« oder (expandiert)

```
\expandafter\@greek\csname c@enumi\endcsname
```

also dasselbe wie

```
\@greek\c@enumi
```

Statt der \csname-Konstruktion finden Sie im LATEX-Code übrigens auch oft das LATEX-Kommando \@nameuse, etwa in »\@nameuse{c@#1}«. \@nameuse ist als »\csname#1\endcsname« definiert, also ginge auch

```
\newcommand*{\greek}[1]{\expandafter\@greek\@nameuse{c@#1}}
```

Ihr neues \greek-Kommando können Sie prinzipiell überall dort einsetzen, wo die Werte von LATEX-Zählern lesbar ausgegeben werden sollen. Damit steht Folgendem nichts mehr im Weg:

$\alpha$) Apfel
$\beta$) Nuss
$\gamma$) Mandelkern

```
\renewcommand{\theenumi}%
  {\greek{enumi}}
\renewcommand{\labelenumi}%
  {\theenumi)}
\begin{enumerate}
\item Apfel
\item Nuss
\item Mandelkern
\end{enumerate}
```

Die in Aufzählungen mit Stil **[Hack #7]** erwähnten »Zapf Dingbats« enthalten einige Zahlenreihen der Form

① ② ③ ④ . . . ⑩
❶ ❷ ❸ ❹ . . . ❿

Auch diese können Sie sich natürlich für Aufzählungen zunutze machen, wenn Sie beachten, dass jeweils nur die Zahlen 1 bis 10 zur Verfügung stehen. Grundsätzlich ist nichts gegen eine Definition der Form

```
\newcommand*{\dingbat}[1]{%
  \ifcase#1\or\ding{'312}\or\ding{'313}\or ...
```

zu sagen, bis auf den damit verbundenen Aufwand. Der *LaTeX Companion* zeigt einen Ansatz, der den Code des benötigten Zeichens aus der Position in der Liste errechnet:

```
\usepackage{pifont,calc} % in der Präambel
\newcounter{local}
\renewcommand{\theenumi}{%
  \protect\setcounter{local}{171+\the\value{enumi}}%
  \protect\ding{\value{local}}}
\renewcommand{\labelenumi}{\theenumi}
```

(Der LaTeX-Zähler `local` dient als Hilfsvariable für die Berechnung.)

Wir müssen hier wieder darauf achten, dass `\theenumi` auch für die Herstellung von Verweisen zu gebrauchen ist. Für jeden Verweis wird ein entsprechender Vermerk in die *aux*-Datei des Dokuments geschrieben, und das Resultat von `\theenumi` muss diesen Vorgang überleben. Das erreichen wir auf einem Umweg: Die `\protect`-Kommandos vor `\setcounter` und `\ding` verhindern, dass diese beim Schreiben in die *aux*-Datei ausgeführt werden. Ausgeführt werden soll dagegen im Argument von `\setcounter` der Verweis auf den Wert von `enumi`. Um das würdigen zu können, müssen Sie wissen, dass »`\value{enumi}`« trotz seines Namens nicht den *Wert* von `enumi` liefert, sondern nur den Namen des zugrunde liegenden TeX-Registers (`\c@enumi`). In den meisten Fällen macht das keinen Unterschied, aber eine der Ausnahmen ist das Schreiben in eine externe Datei. Damit nicht alle Verweise auf denselben Aufzählungspunkt zeigen, erzwingen wir durch das davorgesetzte `\the`, dass doch die Werte (und nicht nur der Name) von `enumi` in die *aux*-Datei geschrieben werden. Hier ist ein Beispiel für diese Art von Aufzählung:

① Apfel

② Nuss

③ Mandelkern

Für ein »`\label{apfel}`« hinter dem ersten Aufzählungspunkt landet in der *aux*-Datei dann etwa Folgendes (etwas formatiert, damit es leichter zu lesen ist):

```
\newlabel{apfel}{%
  {\setcounter{local}{171+1}%
   \ding{\c@local}}%
  {15}}
```

Die 15 wurde dabei willkürlich gewählt; im wirklichen Leben gibt sie die Seitenzahl an, auf der das Verweisziel steht.

Auch hier kommt Ihnen auf Wunsch das `pifont`-Paket zu Hilfe: Die darin definierte `dingautolist`-Umgebung kümmert sich um alles Nötige; Sie müssen also nur noch

① Apfel
② Nuss
③ Mandelkern

```
\begin{dingautolist}{172}
\item Apfel
\item Nuss
\item Mandelkern
\end{dingautolist}
```

angeben, um die eingekreisten serifenlosen Ziffern aus dem vorigen Beispiel zu erhalten.

### Siehe auch

- Listen-Änderungen aller Art – nicht nur der Nummerierung, sondern auch des Layouts – erlaubt das Paket `enumitem` von Javier Bezos.

## HACK #9 Anderthalbzeiliger Satz und andere Entgleisungen

**Wie Sie Ihr Prüfungsamt glücklich machen, ohne die Zähne zu sehr zusammenbeißen zu müssen.**

Allen Fortschritten der Informationstechnologie zum Trotz sind viele Institute an unseren Universitäten noch mitten im letzten Jahrtausend stecken geblieben – jedenfalls wenn es um das Einreichen von Prüfungsarbeiten geht. Anscheinend kann man sich dort nicht vorstellen, dass die Kandidaten ihr »magnum opus« nicht auf einer Schreibmaschine tippen, oder zumindest sehen die Vorgaben gerne mal noch aus wie »Anderthalbzeilig mit 50 Anschlägen pro Zeile und einem linken Rand von 10 Zentimetern«. Oder so ähnlich.

Was machen Sie da bloß als Inhaber eines professionellen Textsatzwerkzeugs wie LaTeX? Die Herausforderung besteht darin, alle sonst mit typografischer Ästhetik befassten Zentren des Gehirns lahmzulegen und LaTeX so weit zu »verdummen«, dass es das macht, was die Prüfungsordnung vorschreibt. Es ist ja nur für dieses eine Dokument ...

Fangen wir mit dem anderthalbzeiligen Satz an. Den Zeilenabstand (Typografen sagen »Durchschuss«) steuern Sie in LaTeX zunächst über den Parameter `\baselineskip`, der den Abstand zwischen den Grundlinien zweier aufeinanderfolgender Zeilen angibt. Sein Wert ist in der Regel von der verwendeten Schrift abhängig und beträgt üblicherweise in LaTeX 120% der Schrifthöhe, bei einer »10-Punkt-Schrift« also 12 Punkt. (Natürlich sollten Sie nicht jede Schrift über denselben Kamm scheren; einerseits ist nicht wirklich jede »10-Punkt-Schrift« auch tatsächlich 10 Punkt hoch, und andererseits haben

| singlespace | onehalfspace | doublespace |
|---|---|---|
| Habe nun, ach! Philosophie, Juristerei und Medizin, und leider auch Theologie! Durchaus studiert mit heißem Bemühn. | Habe nun, ach! Philosophie, Juristerei und Medizin, und leider auch Theologie! Durchaus studiert mit heißem Bemühn. | Habe nun, ach! Philosophie, Juristerei und Medizin, und leider auch Theologie! Durchaus studiert mit heißem Bemühn. |

*Abbildung 1-2: Die Umgebungen* `singlespace`, `onehalfspace` *und* `doublespace`

auch Parameter wie die »Schwärze« der Schrift und die Zeilenlänge Einfluss auf den erforderlichen Durchschuss. Allgemein lässt sich aber sagen, dass kaum eine Schrift riesigen Durchschuss – etwa »zweizeilig« – verträgt. Die meisten Druckschriften sind dafür gemacht, aus der Entfernung mit zusammengekniffenen Augen ein einheitliches Grau darzustellen und nicht Zebrastreifen.) Wie die meisten Absatzformatierungs-Parameter von LaTeX können Sie `\baselineskip` nicht innerhalb desselben Absatzes variieren. Für jeden Absatz gilt komplett der Wert, der am Ende des Absatzes aktuell ist.

Da es mühselig wäre, bei jedem Schriftgrößenwechsel auch `\baselineskip` neu auf einen von der Norm abweichenden Wert zu setzen, stellt LaTeX den Parameter `\baselinestretch` zur Verfügung. Wir erwähnen ihn hier, um zu sagen, dass es ihn gibt, und um vor seiner direkten Verwendung zu warnen, da er in der Regel mehr tut, als gut ist. Stattdessen empfehlen wir Ihnen die Verwendung des Pakets `setspace` von Erica Harris und anderen (zuletzt aktualisiert von Geoffrey Tobin). Mit `setspace` können Sie über die Kommandos `\onehalfspacing` und `\doublespacing` in der Präambel das ganze Dokument »anderthalbzeilig« oder »zweizeilig« setzen oder mit den Umgebungen `singlespace`, `onehalfspace` und `doublespace` einzelne Abschnitte mit einem anderen Durchschuss versehen. In Abbildung 1-2 sehen Sie die Auswirkungen dieser drei Umgebungen auf denselben Text.

Das `setspace`-Paket versucht, so weit wie möglich das Richtige zu tun, ohne dass Sie manuell eingreifen müssen. Das ganze Dokument wird mit dem größeren Durchschuss gedruckt, bis auf Gleitobjekte (Tabellen und Bilder) und Fußnoten. Diverse Grenzfälle werden korrekt (oder doch zumindest sinnvoll) behandelt. Es ist der manuellen Vorgehensweise auf jeden Fall vorzuziehen. Sollten die voreingestellten Optionen nicht ausreichen oder nicht das gewünschte Resultat ergeben, können Sie auch mit dem Kommando

| | | |
|---|---|---|
| Adobe Courier | pcr | `Der Weltraum. Unendliche ...` |
| Computer Modern Typewriter | cmtt | `Der Weltraum. Unendliche Weiten.` |
| TheSans Mono Condensed | xts | `Der Weltraum. Unendliche Weiten.` |

*Abbildung 1-3: Einige »Schreibmaschinenschriften« für LATEX (nicht alle sind automatisch installiert)*

»`\setstretch{Faktor}`« in der Präambel oder der Umgebung `\spacing`, die ebenfalls einen beliebigen Faktor als Parameter übernimmt, einen anderen Durchschuss realisieren. Beachten Sie dabei, dass `\doublespacing` nicht dasselbe ist wie `\setstretch{2}`, sondern weniger – `\setstretch` wirkt sich auf den (verpönten) `\baselinestretch`-Parameter aus, der ja den normalerweise schon 120% der Schriftgröße betragenden `\baselineskip` verdoppelt. `\doublespacing` dagegen stellt den Durchschuss so ein, dass der Abstand zwischen den Grundlinien zweier aufeinanderfolgender Zeilen doppelt so gross ist wie die Höhe der Schrift, was etwa dasselbe ist wie `\setstretch{1.66}` (in Abhängigkeit davon, ob die Grundgröße im Dokument `10pt`, `11pt` oder `12pt` ist).

Mit mehr Arbeit verbunden ist die Anforderung nach Schreibmaschinenschrift (oder eigentlich Schrift mit konstanter Laufweite, was auf dasselbe herauskommt). Erfreulicherweise verfügt LATEX über eine gute Auswahl von schönen »schreibmaschinenartigen« Schriften, in der sich für jedes Prüfungsamt etwas finden lassen sollte (wir empfehlen »Computer Modern Typewriter«). Ein

```
\renewcommand{\rmdefault}{cmtt}
```

in der Präambel ändert die Schrift für den »Haupttext« (setzen Sie anstatt `cmtt` den »Familiennamen« Ihrer Lieblingsschrift ein).

Um das korrekte Feeling aufkommen zu lassen, müssen Sie dafür sorgen, dass die Wortzwischenräume gleich breit sind, dass LATEX also auf Blocksatz und die damit verbundene Optimierung der Wortzwischenräume verzichtet. Das impliziert vernünftigerweise Flattersatz, da Blocksatz auf der »Schreibmaschine« sich nur realisieren lässt, indem man zwei oder mehr Leerzeichen setzt, wo eigentlich nur eins hingehören würde, und das ist uns doch zu sehr »Achtziger Jahre«. Am besten benutzen Sie das ragged2e-Paket **[Hack #1]**, dessen `\RaggedRight`-Kommando eine etwas gefälligere Optik realisiert als das LATEX-eigene `\raggedright`.

`ragged2e` würde im Gegensatz zum eingebauten `\raggedright` auch Silbentrennung gestatten – wenn dem nicht entgegenstünde, dass die üblichen Schreibmaschinenschriften für LATEX sich eine solche explizit verbitten, indem sie den `\hyphenchar` auf $-1$ setzen (Mehr über Silbentrennung finden Sie in Trennstriche und Bindestriche **[Hack #3]**). Dies zu ändern würde entweder bedeuten, die Schriftdefinitionensdateien anzupassen (unter einem neuen Namen natürlich), oder die Änderungen während des LaTeX-Laufs durchzuführen. Dabei hilft uns das Paket everysel (ebenfalls von Martin Schröder), das es uns erlaubt, Kommandos zu hinterlegen, die bei jedem Wechsel zu einer neuen Schrift ausgeführt werden. Wir können also einfach etwas schreiben wie

```
\usepackage{ragged2e}   % holt auch everysel-Paket
\EverySelectfont{\hyphenchar\font=\defaulthyphenchar}
```

um sicherzugehen, dass für jede neue Schrift der Standard-Trennstrich eingeschaltet wird, was dann auch die Silbentrennung erlaubt. (Wie Trennstriche und Bindestriche differenzieren **[Hack #3]** erklärt, sind typische Werte für den `\defaulthyphenchar` das ASCII-Minuszeichen 45 oder der `T1`-Trennstrich 127.) Sie müssen dann nur noch einen »Schriftwechsel« erzwingen, etwa indem Sie hinter dem »`\begin{document}`« ein »`\rm`« setzen oder in der Präambel »`\AtBeginDocument{\rm}`« schreiben.

> Alternativ könnten Sie das Paket hyphenat von Peter R. Wilson verwenden, das Silbentrennung für Schreibmaschinenschrift einschalten kann. Siehe hierzu auch Trennstriche und Bindestriche differenzieren **[Hack #3]**.

Mit diesen einfachen Manipulationen dürften Sie Ihr Prüfungsamt schon in weiten Teilen zufriedengestellt haben. Sie müssen nur noch darauf achten, sich nicht durch eine fette 24-Punkt-Schreibmaschinenschrift in Überschriften verdächtig zu machen. Wie Sie die Überschriften von Kapiteln, Abschnitten und Ähnlichem anpassen, verrät Ihnen Überschriften erzeugen mit Stil **[Hack #45]**.

## HACK #10 Polyglotter Parallelismus

**Wie Sie bequem Dokumente in zwei Sprachen nebeneinandersetzen können.**

Die Philologen oder Religionswissenschaftler unter Ihnen werden möglicherweise hin und wieder in die Verlegenheit kommen, einen fremdsprachigen Text und seine Übersetzung nebeneinanderstellen zu müssen (siehe Abbildung 1-4). LaTeX unterstützt das über das Paket parallel von Matthias Eckermann. Die entsprechende Eingabe sieht etwa so aus:

```
\begin{Parallel}[v]{0.4\textwidth}{0.51\textwidth}
  \ParallelLText{Sunt item, quae appellantur alces.}
  \ParallelRText{Es gibt auch [Tiere], die Elche genannt
    werden.}
  \ParallelPar
  \ParallelLText{Harum est consimilis capris figura et
    varietas pellium, sed magnitudine paulo antecedunt
    mutilaeque sunt cornibus et crura sine nodis
```

```
    articulisque habent.}
  ...
\end{Parallel}
```

Die Parallel-Umgebung nimmt ein parallel gesetztes Textstück auf, bei dem das Material für die linke Spalte mit \ParallelLText und das für die rechte Spalte mit \ParallelRText eingeleitet wird. Nach der rechten Spalte beendet ein \ParallelPar den Absatz. Das »[v]« hinter dem »\begin{parallel}« sorgt für die vertikale Linie zwischen den Spalten, und die Maße danach bestimmen, wie breit die beiden Spalten sein sollen.

Sie sind in guter Gesellschaft zumindest des Autors dieser Zeilen, wenn Sie diese Form der Eingabe nicht wirklich für bequem halten. Im Folgenden können Sie eine leicht verkürzte Schreibweise für die parallelen Versionen kennenlernen, die ungefähr so aussieht:

```
\begin{ParallelX}[v]{0.4\textwidth}{0.51\textwidth}
  # Sunt item, quae appellantur alces.
  # Es gibt auch [Tiere], die Elche genannt werden.
  # Harum est consimilis capris figura et varietas
    pellium, sed magnitudine paulo antecedunt mutilaeque ...
```

Dabei gehen wir davon aus, dass die Raute (»#«) in lateinischen Texten eher selten anzutreffen sein wird, so dass wir uns die Freiheit nehmen, sie als Einleitungszeichen für einen neuen Absatz zweckzuentfremden. Unser Ansatz besteht darin, dem #-Zeichen abwechselnd genau die Bedeutung zu geben, die es braucht, um eine linke oder rechte Spalte einzuleiten oder abzuschließen. Es muss also als »\ParallelLText{« anfangen, als »}\ParallelRText{« weitermachen und so weiter.

Damit das Zeichen # überhaupt eine solche »magische« Bedeutung bekommen kann – Sie kennen es wahrscheinlich eher als Argumentzeichen in Kommando- und Umgebungsdefinitionen –, müssen wir es zu einem »aktiven Zeichen« machen. Aktive Zeichen funktionieren wie LaTeX-Kommandos, außer dass sie kein vorangestelltes »\« brauchen. Unter normalen Umständen sollte man mit so etwas sparsam umgehen, um merkwürdige Effekte zu vermeiden, die auftreten, wenn andere Teile des Dokuments das betreffende Zeichen als »gewöhnliches« Zeichen verwenden möchten. Normales LaTeX verwendet darum keine aktiven Zeichen bis auf die Tilde (»~«).

> Möglicherweise macht babel das eine oder andere zusätzliche Zeichen aktiv, für Deutsch zum Beispiel das »"«. Konsultieren Sie hierzu die babel-Dokumentation.

Im Umgang mit aktiven Zeichen ist wichtig, dass »# als aktives Zeichen« und »# sonst« für LaTeX zwei verschiedene Dinge sind. TeX ordnet jedem Zeichen

## Über die Elche

G. Iulius Caesar: *De bello Gallico* VI, 27

| | |
|---|---|
| Sunt item, quae appellantur alces. | Es gibt auch [Tiere], die Elche genannt werden. |
| Harum est consimilis capris figura et varietas pellium, sed magnitudine paulo antecedunt mutilaeque sunt cornibus et crura sine nodis articulisque habent. | Sie haben eine ziegenähnliche Gestalt und Fellfarbe, aber sind ein bißchen größer, ihre Hörner sind verstümmelt und sie haben Beine ohne Knöchel und Gelenke. |
| Neque quietis causa procumbunt neque, si quo adflictae casu conciderunt, erigere se aut sublevare possunt. | Weder legen sie sich zum Schlafen hin, noch können sie, wenn sie durch irgendeinen Zufall hinfallen, sich aufrichten oder aufstehen. |
| His sunt arbores pro cubilibus; ad eas se adplicant atque ita paulum modo reclinatae quietem capiunt. | Bäume dienen ihnen als Schlafplätze; sie nähern sich ihnen und genießen dadurch, etwas an sie angelehnt, Ruhe. |

*Abbildung 1-4: Paralleler Satz*

beim Einlesen einen Kategorie-Code oder `\catcode` zu, der über seine Interpretation mit entscheidet und sich später nicht mehr ohne weiteres ändern läßt. Allerdings können Sie für jedes Zeichen den `\catcode` ändern, den TeX für später in der Eingabe angetroffene Exemplare dieses Zeichens verwendet.

Ein Beispiel für die Anwendung von `\catcode`s: LaTeX unterscheidet zwischen Kommandos für den allgemeinen Gebrauch und solchen, die nur »intern«, also im LaTeX-Quellcode und in Erweiterungspaketen, benutzt werden sollen und nicht in Dokumenten. Letztere enthalten oft das Zeichen »`@`«, das normalerweise als »Nichtbuchstabe« gilt und darum in Dokumenten nicht in den Namen von Kommandos verwendet werden darf – sollten Sie es trotzdem probieren, bekommen Sie die sehr irreführende Fehlermeldung

```
! You can't use '\spacefactor' in vertical mode.
\@->\spacefactor
                 \@m
```

da TeX entweder Kommandonamen der Form »`\`*`Nichtbuchstabe`*« oder der Form »`\`*`viele Buchstaben`*« erlaubt. Ein Kommandoname wie »`\@blafasel`«

wird also als Kommando »`\@`«, gefolgt vom Text »`blafasel`«, interpretiert, und das Kommando »`\@`« beschäftigt sich nun mal mit dem »`\spacefactor`«. Innerhalb von LaTeX-Quellcode und Erweiterungspaketen gilt »`@`« dagegen als Buchstabe und darf deshalb Bestandteil längerer Kommandonamen sein. Gesteuert wird das über die Kommandos `\makeatletter` und `\makeatother`, die den `\catcode` von »`@`« entsprechend ändern. Sie sind definiert als

```
\def\makeatletter{\catcode‘@=11 }
\def\makeatother{\catcode‘@=12 }
```

(Buchstaben haben den `\catcode` 11, »andere« Zeichen ohne Sonderbedeutung den `\catcode` 12.) Wie Sie sehen, können Sie einem Zeichen explizit einen `\catcode` zuordnen. Ihnen muss aber bewusst sein, dass Sie sich damit möglicherweise den Ast absägen, auf dem Sie sitzen. Die besondere Bedeutung von Zeichen wie »`\`«, »`{`« und »`}`« ist nämlich nicht an das Zeichen gekoppelt, sondern an den `\catcode`, und Sie sollten daran nur herumbasteln, wenn Sie wissen, was Sie tun! Gerade wenn es um aktive Zeichen geht, kann es sein, dass andere Teile von LaTeX mit demselben Zeichen als »normalem« Zeichen rechnen und deshalb nicht mehr richtig funktionieren.

In unserem Fall ist die Sache aber relativ risikofrei – es könnte allenfalls Schwierigkeiten geben, wenn wir »`#`« aktiv machen und dann versuchen würden, Kommandos oder Umgebungen mit Parametern zu definieren. Also werden wir das vermeiden. Zuerst machen wir das Zeichen aktiv und geben ihm die Bedeutung `\PXswitch`; später ist es einfacher, das `\PXswitch`-Kommando umzudefinieren als das aktive »`#`«-Zeichen:

```
{\catcode‘\#=\active
 \gdef#{\PXswitch\ignorespaces}}
```

Dazu müssen wir leider in die Niederungen von TeX absteigen: Um # als aktives Zeichen neu definieren zu können, müssen wir es aktiv machen, aber natürlich soll es nicht aktiv bleiben. Deswegen die Klammern um das Ganze. Die *Definition* dagegen soll bestehen bleiben, aber mit `\newcommand` würde sie genauso rückgängig gemacht werden wie die `\catcode`-Zuweisung. Darum benutzen wir statt `\newcommand` das Low-Level-TeX-Kommando `\gdef`, um das aktive # »global« umzudefinieren. Diese Definition bleibt erhalten, auch wenn # seinen alten `\catcode` zurückbekommt, und wird benutzt, sobald TeX auf ein aktives # stößt. `\ignorespaces` sorgt dafür, dass LaTeX Leerraum zwischen dem # und dem eigentlichen Text ignoriert.

Im nächsten Schritt definieren wir die beiden Bedeutungen von `\PXswitch`. Zum einen muss `\PXswitch` einen »linken« Absatz einleiten, zum anderen einen »linken« Absatz abschließen und einen »rechten« anfangen. Ab dem zweiten »linken« `\PXswitch` müssen wir links auch noch ein `\ParallelPar` einfügen, damit die vorigen beiden Absätze korrekt beendet werden. Zunächst die »linke« Seite:

```
\newif\ifPXfirst
\newcommand{\PXsL}{%
  \ifPXfirst\PXfirstfalse\else\egroup\ParallelPar\fi
  \let\PXswitch=\PXsR
  \ParallelLText\bgroup}
```

Als Erstes sorgen wir mit `\let` dafür, dass das nächste `\PXswitch` ein »rechtes« ist. (`\let` unterscheidet sich von seinen Cousins `\newcommand` und `\def` dadurch, dass Sie damit einem Kommando – hier `\PXswitch` – direkt die *Bedeutung* eines anderen Kommandos zuweisen können. Der Unterschied zwischen »`\let\a=\x`« und »`\newcommand{\a}{\x}`« ist, dass nach dem `\let` das `\a` ein exaktes Äquivalent zu `\x` ist; Sie könnten `\x` anschließend umdefinieren, und `\a` wäre immer noch wie das ursprüngliche `\x`. Bei `\newcommand` dagegen wird das `\a` beim Gebrauch nur durch `\x` ersetzt – der Fachausdruck dafür lautet »expandiert« – und `\x` hat dann natürlich seine in diesem Moment *aktuelle* Bedeutung.) Danach öffnen wir den »linken« Absatz mit `\ParallelLText`; das `\bgroup` ist dasselbe wie `{`, weil wir innerhalb der Definition keine einzelne linke Klammer haben können. Durch die Konstruktion mit dem `\ifPXfirst` führen wir bei jedem `\PXsL`-Aufruf außer dem ersten ein »`\egroup\ParallelPar`« als Abschluss der vorherigen Zeile aus.

Die Definition der »rechten« Seite ist analog, aber einfacher:

```
\newcommand{\PXsR}{\egroup
  \let\PXswitch=\PXsL
  \ParallelRText\bgroup}
```

Auch hier machen wir das nächste `\PXswitch` wieder zu einem »linken«, bevor wir den vorigen »linken« Absatz abschließen und den »rechten« öffnen.

Jetzt fehlt uns noch die `ParallelX`-Umgebung außen herum. Die Hauptarbeit erledigt natürlich das normale `Parallel`; wir sorgen nur für die Vorbereitungen:

```
\newenvironment{ParallelX}{%
  \catcode`\#=\active \PXfirsttrue
  \let\PXswitch=\PXsL
  \begin{Parallel}}%
 {\egroup\ParallelPar
  \end{Parallel}}
```

Zuerst machen wir »`#`« aktiv (das »`\begin{...}` ... `\end{...}`« der Umgebung sorgt dafür, dass diese Definition auf die Umgebung begrenzt bleibt) und setzen den `\PXfirst`-Schalter auf »wahr«. Anschließend erklären wir das erste `\PXswitch` zu einem »linken« und starten die `Parallel`-Umgebung. Die `Parallel`-Umgebung liest dann auch wie üblich ihre Parameter. Beim »`\end{ParallelX}`« schließen wir die letzten beiden Absätze ab (so wie das auch `\PXswitch` machen würde) und beenden den Parallelsatz mit dem Kommando `\end{Parallel}`.

Mehr ist dazu schon fast gar nicht mehr zu sagen. Eine weitere durchaus sinnvolle Verfeinerung besteht darin, für die Spalten die korrekte `babel`-Sprachumgebung zu aktivieren. Dazu definieren wir einfach ein Kommando namens `\ParallelLanguages`, so dass Sie

```
\usepackage[latin,ngerman]{babel}
...
\ParallelLanguages{latin}{ngerman}
```

schreiben können, um Latein in der linken und Deutsch (nach der »neuen Rechtschreibung«) in der rechten Spalte zu verwenden. Die Definition sieht so aus:

```
\newcommand*{\ParallelLanguages}[2]{%
  \renewcommand*{\PXLeftLanguage}{\selectlanguage{#1}}%
  \renewcommand*{\PXRightLanguage}{\selectlanguage{#2}}}
```

Die neuen Kommandos `\PXLeftLanguage` und `\PXRightLanguage` werden in `\PXsL` respektive `\PXsR` eingebaut, um die passende Sprache zu wählen. Zum Beispiel (für `\PXsL`):

```
\let\PXswitch=\PXsR
\PXLeftLanguage
\ParallelLText\bgroup
```

## Siehe auch

- Mehr über `\catcodes` finden Sie im *TEXbook* oder in Victor Eijkhouts *TEX by Topic* (Addison-Wesley 1992) – das Buch ist längst vergriffen, aber Sie können eine PDF-Version von *http://www.eijkhout.net/tbt/* holen.

HACK #11

## Lyrik setzen

Von der Mitte zur optischen Mitte

Auch wenn LaTeX aus der gemeinhin als eher unromantisch abgetanen Welt der Mathematik und Informatik stammt, gibt es doch keinen Grund, warum Sie es nicht auch für die schöne Literatur einsetzen sollten, etwa Lyrik.

## Mit Bordmitteln

Schon seit jeher bringt LaTeX die verse-Umgebung mit, die zum Satz von Gedichten und Ähnlichem dient. Dabei werden die Zeilen des Gedichts links eingerückt und überlange Zeilen wickeln sich mit einem gewissen Einzug herum:

> Habe nun, ach! Philosophie,
> Juristerei und Medizin,
> Und leider auch Theologie (katholische, evangelische und außerdem
>     vergleichende Religionswissenschaft)
> ...

Das reicht vielleicht für eine literaturwissenschaftliche Monografie, aber für einen Gedichtband ist es noch nicht ganz das Richtige.

Sie könnten zum Beispiel auf die Idee kommen, die Zeilen eines Gedichts zentrieren zu wollen. Nichts leichter als das:

```
\begin{center}
  Festgemauert in der Erden\\
  Steht die Form, aus Lehm gebrannt.\\
  Heute muß die Glocke werden,\\
  Frisch, Gesellen! Seid zur Hand.
\end{center}
```

liefert

Festgemauert in der Erden
Steht die Form, aus Lehm gebrannt.
Heute muß die Glocke werden,
Frisch, Gesellen! Seid zur Hand.

was grundsätzlich funktioniert, aber auch nicht für jede Art von Lyrik ideal ist. Stattdessen könnten Sie versuchen, das Gedicht insgesamt zu zentrieren, indem Sie es in eine minipage-Umgebung einpacken und diese dann mit center mittig ausrichten:

Wer reitet so spät durch Nacht und Wind?
Soll man's für möglich halten?
Es ist der Vater mit seinem Kind.
Der Vater mit seinem Sohne Fritz
auf einem Moped mit Soziussitz
– So'n Unverstand von dem Alten!

Der Haken hierbei ist, dass Sie die Breite der minipage vorher definieren müssen. Am bequemsten messen Sie dazu einfach die längste Zeile:

```
\newlength{\vwidth}
\settowidth{\vwidth}{Wer reitet so spät durch Nacht und Wind?}
\begin{center}
  \begin{minipage}{\vwidth}
    Wer reitet so spät durch Nacht und Wind?\\
    Soll man's für möglich halten?\\
    ...
  \end{minipage}
\end{center}
```

Und das lässt sich natürlich auch in eine eigene Umgebung stecken (nennen wir sie cverse wie »centered verse«):

```
\newlength{\vwidth}
\newenvironment{cverse}[1]{%
  \settowidth{\vwidth}{#1}%
  \begin{center}
    \begin{minipage}{\vwidth} \hbadness=10000
}{%
    \end{minipage}
  \end{center}
}
```

Die `\hbadness`-Zuweisung dient dazu, LaTeX das Maulen über »underfull hboxes« abzugewöhnen – durch die expliziten Zeilenumbrüche sind die meisten Zeilen in der `minipage` nämlich zu leer. Falls Sie sich wundern, warum wir innerhalb der `minipage` nicht noch eine verse-Umgebung verwenden: Da müssten wir dann erst noch die Einrückung abstellen und so weiter, was doch etwas aufwendig wäre.

Diese Methode eignet sich vor allem für kurze Gedichte, die auf eine Druckseite passen, ist also eher für eine Sammlung von Haikus oder Limericks zu gebrauchen als für das *Lied von der Glocke*. Das Problem ist, dass `minipages` nicht bequem in Stücke gehackt werden können. Für lange Balladen müssen Sie vermutlich strophenweise vorgehen. Dazu machen wir das Argument der Umgebung optional und legen fest, dass der schon in `\vwidth` gespeicherte Wert benutzt werden soll, wenn das Argument `0pt` ist (mit dem LaTeX-Paket `ifthen`):

```
\newenvironment{cverse}[1][]{%
  \ifthenelse{\equal{#1}{\empty}}{}{%
    \settowidth{\vwidth}{#1}%
  }
  \begin{center}
    ...
```

Jetzt müssen Sie die längste Zeile natürlich in eckigen Klammern angeben:

```
\begin{cverse}[Steht die Form, aus Lehm gebrannt.]
```

Wenn die Strophen Ihres Gedichts trotzdem nicht auf eine Seite passen, können Sie auch `longtable` verwenden.

## Die varwidth-Umgebung

Alternativ könnten Sie auch das `varwidth`-Paket von Donald Arseneau benutzen, das eine gleichnamige Umgebung zur Verfügung stellt. Wie `minipage` wird die `varwidth`-Umgebung mit einer Breitenangabe aufgerufen, aber sie misst die tatsächliche Breite ihres Inhalts und verwendet diese, wenn sie kleiner als die angegebene Breite ist. Damit können Sie etwas schreiben wie

```
\begin{center}
  \begin{varwidth}{\textwidth}
    Wer reitet so spät durch Nacht und Wind?\\
    ...
  \end{varwidth}
\end{center}
```

und das Gedicht wird automatisch anhand der längsten Zeile zentriert. Allerdings hat dieser Ansatz dasselbe Problem wie der eben gezeigte, nämlich dass er nur für Gedichte überschaubarer Länge taugt – und `cverse` kann immerhin dafür sorgen, dass die Formatierung auf mehreren aufeinanderfolgenden Seiten gleich ist. (Vielen Dank an Karsten Günther für den Hinweis.)

## Optisches Zentrieren

Das blockweise Zentrieren führt zu annehmbaren Ergebnissen. Haben die Zeilen des Gedichts jedoch deutlich unterschiedliche Längen, dann kann es sein, dass das Gedicht optisch »linkslastig« wirkt. In diesem Fall ist es erfolgversprechender, sich nach der »optischen Mitte« zu orientieren. Diese erhalten Sie, indem Sie das arithmetische Mittel der Zeilenlängen des Gedichts bestimmen: Addieren Sie die Längen aller Zeilen und dividieren Sie sie durch die Anzahl der Zeilen. Zentrieren Sie das Gedicht dann so, als ob alle Zeilen so lang seien, wie der Quotient angibt. Illustriert finden Sie das Konzept in Abbildung 1-5, wo die Linien oben und unten die Zeilenlänge angeben, auf deren Basis der linke Rand des zentrierten Gedichts berechnet wird.

Die umständlichen Messungen und Berechnungen kann LaTeX Ihnen glücklicherweise abnehmen. Die hier vorgestellte Lösung sammelt die Zeilen des Gedichts zuerst in einer Box: Die Umgebung

Teach me to hear mermaids singing
Or to keep off envy's stinging
  And find
  What wind
Serves to advance an honest mind.

Teach me to hear mermaids singing
Or to keep off envy's stinging
  And find
  What wind
Serves to advance an honest mind.

*Abbildung 1-5:* Song *(Auszug) von John Donne. Oben blockweise, unten optisch zentriert.*

```
\newenvironment{ocverse}{%
  \setbox\versebox=\vbox\bgroup
}{%
  \par\measure
  \egroup
  ...
}
```

wird wie

```
\begin{ocverse}
  Teach me to hear mermaids singing
  ...
\end{ocverse}
```

aufgerufen. Die Angabe der längsten Zeile ist dabei nicht erforderlich. Leider müssen wir in die Niederungen von elementarem TeX hinabsteigen, da der `\savebox`-Mechanismus von LaTeX nur horizontale Boxen verarbeiten kann; das Pendant für mehrzeilige Inhalte, `minipage`, fügt für unsere Zwecke aber zu viele nutzlose Extras hinzu.

Der Trick basiert auf dem Kommando `\measure`, das die eben konstruierte Box Zeile für Zeile auseinandernimmt, um die Zeilen zu zählen und ihre Längen zu summieren. Die Technik hierfür wird in *TeX by Topic* von Victor Eijkhout (*http://www.eijkhout.net/tbt/*) erläutert:

```
\newlength{\vtotalwidth}      % Gesamtlänge der Zeilen
\newcounter{vlines}           % Gesamtanzahl der Zeilen
\newsavebox{\linebox}         % Eine Zeile
\newcommand{\measure}{%
  \setbox\linebox\lastbox
  \ifvoid\linebox             % Ende erreicht?
  \else\unskip\unpenalty
    {\measure}%               % "Rest" ausmessen
    \addtolength{\vtotalwidth}{\widthof{\unhcopy\linebox}}%
    \global\vtotalwidth=\vtotalwidth
    \stepcounter{vlines}%
    \box\linebox              % Zeile wieder hinzufügen
  \fi}
```

`\measure` definiert ein rekursives Verfahren, bei dem – beginnend bei der letzten Zeile – jeweils eine Zeile von der aktuellen Box entfernt wird. Anschließend wird der »Rest« gemäß derselben Vorschrift betrachtet, bis die entfernte Zeile »void«, also leer ist – das bedeutet, die ganze Box wurde abgearbeitet. Im Rückgang wird jede Zeile vermessen (das `\widthof`), wobei wir darauf achten, auch diese (horizontale) Box noch auszupacken, denn ein einfaches »`\widthof{\linebox}`« würde uns immer die maximal mögliche Zeilenlänge liefern! Mit `\unhcopy` wird die `\linebox` jedoch nichtdestruktiv in ihre Bestandteile zerlegt, und diese werden zum Vermessen neu gesetzt. Die `\widthof`-Funktion ist im Übrigen ein Bestandteil des `calc`-Pakets; einfaches LaTeX hätte `\settowidth` anzubieten, aber das `calc`-Paket können wir später noch gut gebrauchen. Die etwas konterintuitive Zeile

```
\global\vtotalwidth=\vtotalwidth
```

wird benötigt, da sich das `\addtolength`-Kommando von `calc` einer »Globalisierung« standhaft widersetzt: Innerhalb einer Gruppe, wie sie hier durch die Klammern um `\measure` eingerichtet wird (und ohne die die Rekursion nicht funktionieren würde), findet nur eine lokale Berechnung statt, und anstelle der Gesamtsumme aller Zeilenlängen hätte `\vtotalwidth` ohne »Nachhilfe« am Schluss nur die Länge der letzten Zeile als Wert. Mit unserem kleinen Trick wird die aktuelle Zwischensumme allerdings aus der Gruppe hinausgereicht, und alles ist in Ordnung.

Das arithmetische Mittel berechnen wir dann während des `\end{ocverse}` (dort, wo in der Skizze oben die Punkte standen):

```
\setlength{\vtotalwidth}{\vtotalwidth/\value{vlines}}%
\setlength{\@tempdima}{.5\textwidth-.5\vtotalwidth}%
\hspace*{\@tempdima}{\usebox{\versebox}}%
```

Hier wird die eben wieder zusammengesetzte Box tatsächlich auf der Seite platziert, wobei eine Einrückung entsprechend der »optischen Mitte« des Gedichts hinzugefügt wird – sie muss so groß sein wie die Hälfte der Textbreite minus die Hälfte der berechneten mittleren Zeilenlänge. Natürlich sollten Sie darauf achten, dass Sie die linken und rechten Seitenränder so wählen, dass die Mitte des Satzspiegels tatsächlich auch die Mitte des Papiers ist!

Dieser Ansatz zur automatischen optischen Zentrierung funktioniert natürlich auch nur dann, wenn das Gedicht komplett auf eine Seite passt, sonst gibt es wieder Probleme mit der `\vbox`. Man könnte sich eine Erweiterung denken, die außer der Breite auch noch die Höhe der Zeilen misst und ein Gedicht so eventuell auf mehrere Seiten verteilt. Allerdings ergibt die optische Zentrierung unserer Ansicht nach vor allem bei kürzeren Werken Sinn, so dass sich das Problem in der Praxis nicht in allzu großem Umfang stellen mag.

(Dieser Hack beruht auf einer Inspiration durch Axel Reichert.)

## Siehe auch

- Axel Reichert beschreibt das optische Zentrierverfahren unter *http://www.axel-reichert.de/richter-typo.html*, ohne jedoch LaTeX-Code dafür zu veröffentlichen. Sie sehen es im Einsatz auf *http://www.axel-reichert.de/richter.html*, in Gestalt einer Gedichtsammlung von Ulla Richter-Federmann.

# HACK #12 Programmtexte setzen

**Wie Sie Programmtexte setzen, mit Hervorhebungen, in Auszügen und so weiter.**

Das `listings`-Paket von Carsten Heinz ermöglicht es Ihnen, Programmcode in den verschiedensten Programmiersprachen zu setzen. Das kann zum Beispiel so aussehen:

```
/* Hauptprogramm */
void
main (void)
{
    greeting ("Hello");
    return EXIT_SUCCESS;
}
```

Die Eingabe hierfür ist einfach:

```
\begin{lstlisting}[language=C,frame=single,
                   flexiblecolumns=true]
```

```
/* Hauptprogramm */
void
main (void)
{
    greeting("Hello");
    return EXIT_SUCCESS;
}
\end{lstlisting}
```

Das Paket bietet nahezu unendliche Gestaltungsmöglichkeiten für die Formatierung, die Hervorhebung von Schlüsselwörtern, die Verwendung von Listings als Gleitobjekte und vieles andere mehr. Lesen Sie dazu das dem Paket beigefügte Handbuch.

Wir konzentrieren uns an dieser Stelle auf einen praktischen Aspekt: Das `listings`-Paket macht es einfach, Programmcode zum Beispiel in wissenschaftliche Arbeiten zu übernehmen (die Diplom-Mathematiker und -Informatiker unter Ihnen werden das zu schätzen wissen). Im wirklichen Leben kann es aber durchaus passieren, dass Ihnen beim Schreiben der Arbeit noch Fehler in Programmteilen auffallen, die in Ihrem Text stehen. Es ist dann sehr ärgerlich, dieselbe Änderung an mehreren Stellen machen zu müssen, damit die Arbeit und das tatsächliche Programm übereinstimmen.

Das `listings`-Paket hat hierfür zumindest ansatzweise Abhilfe zu bieten: Mit einem Kommando wie

```
\lstinputlisting[firstline=10,lastline=15]{prog.c}
```

können Sie ein paar Zeilen aus einer Datei extrahieren, die `listings` dann so behandelt, als stünden sie in Ihrem Dokument in einer `lstlisting`-Umgebung. Damit müssen Sie Ihren Code nur noch an einem Ort verwalten, aber wirklich bequem ist es immer noch nicht, da Sie dafür sorgen müssen, dass die Zeilennummern stimmen. Ansonsten könnte es sein, dass Sie (in unserem Beispiel) fünf neue Zeilen hinter Zeile 6 einfügen, und schon holt Ihnen `\lstinputlisting` treudoof den falschen Auszug aus Ihrer Datei. Ferner müssen Sie sich selber merken, welches Stück Code tatsächlich in den Zeilen 10 bis 15 von *prog.c* zu finden war.

Beginnen wir mit einer Lösung für das letztere Problem. Wir möchten unseren Codestücken symbolische Namen geben können, beispielsweise:

```
\lstdef{Hauptprogramm}{prog.c}{10}{15}
```

Im Text verwenden wir dann nicht mehr `\lstinputlisting` mit festen Beginn- und Endzeilennummern, sondern einfach:

```
\lstuse{Hauptprogramm}
```

Immerhin wird dadurch Verwirrung darüber vermieden, was genau das Kommando `\lstinputlisting` sonst lesen würde.

Dazu muss das `\lstdef`-Kommando die angegebenen Parameter protokollieren, damit `\lstuse` sie unter dem Namen des Listings (hier »`Hauptprogramm`«) wiederfinden kann. Die übliche Vorgehensweise ist, dafür einfach ein entsprechendes LaTeX-Kommando zu definieren. Unser

```
\lstdef{Hauptprogramm}{prog.c}{10}{15}
\lstuse{Hauptprogramm}
```

zum Beispiel soll unter dem Strich nichts anderes tun, als

```
\lstinputlisting[firstline=10,lastline=15]{prog.c}
```

auszuführen, also sollte `\lstdef` dieses Kommando konstruieren und zur späteren Verwendung bereithalten. Wir legen einfach fest, dass eine Definition der Form

```
\lstdef{Name}
```

ein Kommando namens `\lst@l@`*Name* definiert (das Präfix `\lst@l@` kommt nirgendwo sonst vor, so dass eine Kollision mit anderen Kommandos unwahrscheinlich ist), dessen Bedeutung exakt dem `\lstinputlisting`-Kommando mit den entsprechenden Parametern entspricht. `\lstuse` muss dieses Kommando dann nur noch aufrufen.

Wenn Sie sich an unsere Diskussion von `\@nameuse` in Die Nummerierung von Listen ändern **[Hack #8]** erinnern, dann ist Ihnen längst klar, wie `\lstuse` aussehen könnte:

```
\newcommand*{\lstuse}[1]{\@nameuse{lst@l@#1}}
```

genügt, um zum Beispiel über

```
\lstuse{Hauptprogramm}
```

das Kommando `\lst@l@Hauptprogramm` aufzurufen.

Jetzt müssen wir nur noch `\lstdef` erklären. Dafür machen wir Sie erst mit dem `\@namedef`-Kommando bekannt, quasi dem Gegenstück zu `\@nameuse`. Mit

```
\@namedef{Name}{Ersatztext}
```

definieren Sie ein Kommando »`\`*Name*«, das den *`Ersatztext`* ausführt. Der *Name* darf dabei wie bei `\@nameuse` durchaus aus festen und veränderlichen Bestand-

```
#!/usr/bin/perl
# lst-find: Findet benannte Bereiche in einer Datei

$comment = quotemeta('/*');

while (<>) {
    if (m,${comment}lst:([-\w]*),) { # Eine interessante Zeile
        if ($1 ne '-') {                    # Bereichsanfang
            ($name, $start) = ($1, $.+1);
        } else {                            # Bereichsende
            printf "\\lstdef{%s}{%s}{%d}{%d}\n",
                $name, $ARGV, $start, $.-1;
        }
    }
}
```

*Abbildung 1-6: lst-find findet benannte Bereiche in Programmcodedateien*

teilen zusammengebastelt werden. Die Definition von `\lstdef` könnte damit zum Beispiel so aussehen:

```
\newcommand{\lstdef}[3]{%
  \@namedef{lst@l@#1}{%
    \lstinputlisting[firstline=#2,lastline=#3]{#4}}}
```

Die Kombination aus `\lstdef` und `\lstuse` löst das Problem der über Ihr Dokument verteilten willkürlichen Zeilennummern. Gegen das eher noch unangenehmere Problem der willkürlichen Zeilennummern an sich, die anfällig sind gegenüber Änderungen im Programmcode, tut sie dagegen erst mal nichts. Allerdings geben die beiden Kommandos uns das Handwerkszeug, dieses Problem auch noch zu lösen, wenngleich – der Bequemlichkeit halber – unter Rückgriff auf ein paar Zeilen Perl.[2] Der Trick besteht einfach darin, interessante Stellen im Programmcode zu markieren, etwa so:

```
/*lst:Hauptprogramm*/
int
main (void)
{
  ...
}
/*lst:-*/
```

[2] Sie könnten dasselbe sicher auch mit Awk, C oder Visual Basic erreichen, aber wir machen es uns gerne einfach.

Ein Programm wie das in Abbildung 1-6 gezeigte `lst-find` kann dann die entsprechenden Stellen finden, ihnen Zeilennummern zuordnen und alle nötigen `\lstdef`-Kommandos in eine Datei schreiben. Diese Datei lesen Sie mit `\input` am Anfang Ihres Dokuments ein und haben anschließend die markierten Stellen für `\lstuse` zur Verfügung. Sie müssen dann nur noch darauf achten, nach jeder Programmänderung `lst-find` aufzurufen – aber dafür gibt es ja `make`: Etwas wie

```
SOURCEFILES = prog.c prog1.c prog2.c
paper.dvi: paper.tex paper.lst
    latex paper
paper.lst: $(SOURCEFILES)
    lst-find $(SOURCEFILES) >paper.lst
```

in Ihrem *Makefile* hilft gegen Vergesslichkeit.

Das `lst-find` in Abbildung 1-6 ist mit C-artigen Programmiersprachen verheiratet – es findet seine Marken in Kommentaren, die mit

```
/*lst:
```

anfangen. Sie können das aber am Anfang des Programms ändern. Das Programm besteht nicht auf einer speziellen Ende-Markierung für Kommentare, sondern interpretiert eine beliebige Folge von alphanumerischen Zeichen hinter dem »`lst:`« als Marke.

Es wäre natürlich auch ohne Weiteres möglich, automatisch den Anfang und das Ende von C-Funktionen zu finden. Solange Sie sich an gewisse lexikalische Konventionen halten – etwa Namen in Funktionsdefinitionen und die schließende geschweifte Klammer einer Funktion immer an den linken Rand zu schreiben, was ohnehin guter C-Stil ist –, schaffen Sie das auch, ohne `lst-find` zu einer Art C-Übersetzer zu machen. Der Ansatz mit den expliziten Marken ist dagegen dann vorteilhaft, wenn Sie nicht nur ganze Funktionen zitieren wollen, sondern interessante Stellen innerhalb einer Funktion oder Bereiche, die sich über Funktionsgrenzen hinaus erstrecken.

## HACK #13 Programm-Listings mit Stil

**Wie Sie Ihren Code-Auszügen listings-Optionen mitgeben.**

Der im vorigen Hack gezeigte Ansatz ist nützlich, aber erlaubt es nicht, individuelle Listings über `listings`-Parameter zu beeinflussen – es gibt keine Möglichkeit, sie an das `\lstinputlisting`-Kommando durchzureichen. (Allgemeingültige Vorgaben können Sie nach wie vor über das `\lstset`-Kommando machen – sehen Sie in der Dokumentation nach –, aber das ist nicht wirklich bequem.) Hier zeigen wir Ihnen noch, wie Sie diesen Mangel beheben können, und zwar um den Preis eines etwas unverständlicheren TEX-Codes.

Zuerst muss das `\lstuse`-Kommando ein optionales Argument bekommen, mit dem Sie zusätzliche Parameter angeben können, etwa so:

```
\lstuse[frame=L]{Hauptprogramm}
```

Dazu genügt uns ein wie folgt definiertes `\lstuse`:

```
\newcommand{\lstuse}[2][]{\@nameuse{lst@l@#2}{#1}}
```

(Erinnern Sie sich daran, dass Sie LATEX-Kommandos mit einem optionalen Argument definieren können, indem Sie den Ersatzwert dafür in eckigen Klammern hinter die Argumentanzahl schreiben.) Da die mit `\@namedef` eingeführten Kommandos diesen Mechanismus nicht unterstützen, geben wir das optionale Argument – ob es nun tatsächlich vorhanden war oder nur der leere Standardwert angenommen wurde – als »echtes« Argument an das `\lst@l@...`-Kommando weiter.

So weit, so gut – nur sieht `\@namedef` nicht offiziell vor, dass die damit definierten Kommandos überhaupt Argumente übernehmen. Trotzdem geht das; Sie müssen nur darauf achten, die Syntax des TEX-Kommandos `\def` einzuhalten und nicht die des `\newcommand` von LATEX. Unser `\lstdef` wird dann zu etwas wie:

```
\newcommand{\lstdef}[4]{%
  \@namedef{lst@l@#1}##1{%
    \lstinputlisting[##1,firstline=#3,lastline=#4]{#2}}}
```

Das »#« in »`\@namedef{...}##{`« muss verdoppelt werden, da es sich nicht auf das erste Argument von `\lstdef` bezieht, sondern Platzhalter für das erste Argument des Kommandos ist, das gerade mit `\@namedef` definiert wird – wir machen ja Folgendes:

```
\def\lst@l@Hauptprogramm#1{...}
```

Es ist übrigens nicht schlimm, wenn wir in `\lstuse` kein optionales Argument angeben. Das `keyval`-Paket, das `listings` und viele andere LATEX-Pakete zur Auswertung ihrer Parameter verwenden, stört sich nicht an überzähligen Kommas, so dass ein Kommando wie

```
\lstinputlisting[,firstline=100,lastline=110]{prog.c}
```

keinen Anstoß erregt.

HACK #14

# Aufgaben und Musterlösungen setzen

Wie Sie Aufgaben und ihre Musterlösungen in der Eingabe zusammenhalten und in der Ausgabe sauber trennen können.

Die Autoren von Lehrbüchern kennen das Problem – Musterlösungen zu Übungsaufgaben stellt man am liebsten in einen Anhang, um es dem Leser nicht zu einfach zu machen. Sind Aufgaben und Lösungen aber voneinander getrennt, ist es nur eine Frage der Zeit, bis man mal eine Aufgabe einfügt, ohne die Lösung am richtigen Platz unterzubringen, oder bis die Nummerierung durcheinandergerät. Es ist viel bequemer, Aufgaben und Lösungen zusammenzuhalten und LaTeX die Arbeit erledigen zu lassen, die Lösungen weiter hinten im Dokument unterzubringen. Sie könnten das folgendermaßen schreiben:

```
\begin{exercise}
  Was ist das Lieblingsobst eines Unix-Administrators?
  \begin{solution}
    Die Grepfruit.
  \end{solution}
\end{exercise}
```

Dabei soll der Aufgabentext (geeignet nummeriert) dort erscheinen, wo die `exercise`-Umgebung steht, während die Lösung irgendwo sicher verstaut und später mit den Lösungen für andere Aufgaben wieder hervorgezaubert wird.

Realisieren können Sie das wie folgt: Unser Ansatz beruht darauf, den Lösungstext als LaTeX-Eingabe in eine Datei zu schreiben, die später wieder eingelesen wird. Die Lösungsdatei hat denselben Namen wie die LaTeX-Eingabedatei, außer dass er mit *.sol* statt *.tex* aufhört. TeX kann bis zu 16 Dateien gleichzeitig zum Schreiben öffnen, und das Kommando `\newwrite` liefert eine neue Dateinummer:

```
\newwrite\ex@file
\immediate\openout\ex@file=\jobname.sol
```

Das `\immediate`-Präfix sorgt dafür, dass der Dateibefehl sofort ausgeführt wird und nicht erst dann, wenn LaTeX die Seite, auf der er steht, ausgibt. Wir müssen ja unmittelbar in der Lage sein, Material in die Datei zu schreiben, und nicht erst später.

Um den Inhalt der `solution`-Umgebung in die *.sol*-Datei zu kopieren, verwenden wir das `verbatim`-Paket von Rainer Schöpf, Bernd Raichle und Chris Rowley. `verbatim` enthält eine verbesserte Implementierung der `verbatim`-Umgebung von LaTeX, die vor allem die folgenden zwei für uns wichtigen Eigenschaften hat:

- Wir können eigene verbatim-artige Umgebungen definieren.
- Wir können bestimmen, was mit dem verbatim-mäßig gelesenen Material geschehen soll.

Einige Unbequemlichkeiten müssen wir allerdings in Kauf nehmen. So können wir eine verbatim-artige Umgebung nicht wie sonst in LaTeX üblich mit \newenvironment definieren, sondern müssen den Anfangs- und Endbefehl einzeln festlegen. \newenvironment{bla} definiert nämlich zwei Kommandos, \bla und \endbla, und das können Sie auch »zu Fuß« – LaTeX weiß hinterher nicht mehr, ob die Kommandos durch ein \newenvironment entstanden sind oder anderweitig.

Die Definition von \solution entstammt in weiten Teilen der Dokumentation zu verbatim:

```
\newcommand*{\solution}{\@bsphack
  \let\do\@makeother\dospecials
  \catcode`\^^M\active
  \def\verbatim@processline{%
    \immediate\write\ex@file{\the\verbatim@line}}%
  \immediate\write\ex@file{%
    \string\begin{ex@solution}{\theexercise}}%
  \verbatim@start}
```

Dieses Kommando wird später bei einem \begin{solution} ausgeführt. Die zweite Zeile (»\let\do...«) dient dazu, die Sonderzeichen von LaTeX zu »entschärfen«. Dazu enthält das Kommando \dospecials eine Liste aller Sonderzeichen in der Form

```
\do\ \do\\\do\{\do\}...
```

Sie können jetzt irgendein Kommando auf jedes dieser Zeichen anwenden, indem Sie dem Kommando \do eine passende Bedeutung geben (es sollte ein Kommando mit genau einem Argument sein) und \dospecials ausführen. In unserem Beispiel ist das \@makeother, das dem betreffenden Zeichen den \catcode 12 (»Nichtbuchstabe«) gibt. Damit wird es zu einem gewöhnlichen Zeichen ohne Sonderbedeutung. Die solution-Umgebung sorgt dafür, dass diese Änderung lokal bleibt und mit \end{solution} wieder rückgängig gemacht wird.

Wenn Sie das verbatim-Paket verwenden und den Inhalt einer verbatim-Umgebung lesen, dann wird am Ende jeder Zeile \verbatim@processline aufgerufen, das Sie so umdefinieren können, dass es das tut, was Sie möchten. Die gelesene Zeile steht in \verbatim@line zur Verfügung; das ist ein TeX-*Token-Register*, also eine Liste von TeX-Eingabeelementen, die Sie wiederverwenden können, etwa um – wie hier – Eingabetext in eine Datei zu schreiben. Auf den Inhalt eines Token-Registers greifen Sie über ein vorangestelltes »\the« zu. Auch hier sorgt das \immediate-Präfix dafür, dass das Material augenblicklich geschrieben wird und nicht erst später.

Das zweite \write schreibt eine Anfangszeile für eine ex@solution-Umgebung in die Ausgabe, damit die Lösung als solche zu erkennen ist. (Später kommt dann noch eine Endzeile dazu.) Dieser Umgebung übergeben wir die aktuelle Nummer der Aufgabe.

Schließlich betreten wir mit \verbatim@start den eigentlichen verbatim-Modus. Ab hier sind alle Zeichen ihre Sonderbedeutung los.

Am Ende der solution-Umgebung müssen wir lediglich die ex@solution-Umgebung in der Lösungsdatei beenden. Theoretisch hätten wir die Umgebung in der Lösungsdatei auch solution nennen können, nur hätten wir dann die solution-Umgebung nach der letzten Aufgabe und vor dem Wiedereinlesen der ersten Lösung umdefinieren müssen – nicht so schön:

```
\def\endsolution{%
  \immediate\write\ex@file{%
    \string\end{ex@solution}}\@esphack}
```

In der *.sol*-Datei steht also Folgendes:

```
\begin{ex@solution}{1.1}
  Die Grepfruit.

\end{ex@solution}
\begin{ex@solution}
  ...
```

Jetzt fehlen uns nur noch eine Definition der ex@solution-Umgebung sowie ein Kommando, mit dem wir die Lösungen an einer geeigneten Stelle im Dokument anzeigen können. Für Ersteres können Sie Ihre ganze Fantasie spielen lassen (wir waren diesmal nicht so einfallsreich):

```
\newenvironment{ex@solution}[1]{\paragraph{#1}}{}
```

Diese Definition setzt jede Musterlösung als \paragraph, also mit einer »Überschrift«, die sich aus dem Argument dieses Makros ergibt. Wie wir weiter oben gesehen haben, ist dieses Argument immer die Aufgabennummer.

Das Kommando zum Einbinden der Lösungen könnte ungefähr so aussehen:

```
\newcommand*{\includesolutions}{%
  \immediate\closeout\ex@file
```

```
\section{Musterlösungen}
\InputIfFileExists{\jobname.sol}{}{}}
```

Wir gehen davon aus, dass nach den Lösungen keine neuen Aufgaben mehr kommen, und schließen darum die Lösungsdatei mit `\immediate\closeout`. Nach der Abschnittsüberschrift lesen wir dann die Datei mit den Lösungen ein.

`\includesolutions` geht so, wie es hier steht, davon aus, dass die Musterlösungen einen Abschnitt (`\section`) bilden. Das trifft für kürzere Dokumente (Stichwort: Klassenarbeiten) zu, aber in einem Buch würde man die Musterlösungen eher als Kapitel oder Anhang erwarten (was aus der Sicht von LaTeX dasselbe ist – Anhänge sind auch nur Kapitel, die in der Eingabe nach einem `\appendix`-Kommando kommen). Statt zwei Versionen von `\includesolutions` vorzuhalten, können Sie einfach prüfen, ob das Kommando `\chapter` definiert ist, und, wenn ja, die Lösungen als Kapitel ausgeben: Setzen Sie statt der Zeile »`\section{Musterlösungen}`« die folgenden Kommandos ein:

```
\@ifundefined{chapter}%
  {\let\@tempa\section}%
  {\let\@tempa\chapter}
\@tempa{Musterlösungen}
```

## HACK #15 Shell-Kommandos ausführen

**Sorgen Sie dafür, dass Ihre Beispielausgabe immer zur Beispieleingabe passt.**

Wenn Sie mal in die Verlegenheit gekommen sind, eine Anleitung für ein Unix-basiertes Programm schreiben zu müssen, haben Sie vermutlich auch schon davon geträumt, Ihre Beispielkommandos direkt auszuführen und deren Ausgabe in die Dokumentation zu bekommen, statt die Beispiele mühsam mit »Cut & Paste« auf dem aktuellen Stand zu halten. Hier zeigen wir Ihnen eine Methode, wie Sie sich mit LaTeX das Leben vereinfachen können.

Auch hier greifen wir wieder auf das Paket `verbatim` von Rainer Schöpf, Bernd Raichle und Chris Rowley zurück, das wir schon in Aufgaben und Lösungen **[Hack #14]** eingesetzt haben. Unser Ziel ist, dass eine Umgebung wie

```
\begin{shell}
  ls -la
  cat test.txt
  pattern=^h; grep $pattern test.txt
\end{shell}
```

im Dokument eine Ausgabe liefert wie

```
$ ls -la
insgesamt 36
drwxr-xr-x  2 anselm anselm  4096 2007-03-06 22:49 .
drwxr-xr-x 15 anselm anselm 28672 2007-03-06 23:06 ..
-rw-r--r--  1 anselm anselm    23 2007-03-06 20:40 test.txt
$ cat test.txt
hallo
grüezi
huhu
moin
$ pattern=^h; grep $pattern test.txt
hallo
huhu
```

Das heißt, die Zeilen der shell-Umgebung sollen in der Ausgabe in Kursivschrift hinter einer stilisierten Shell-Eingabeaufforderung erscheinen und die Ausgabe des Kommandos soll folgen.

Wir verwenden dafür unter dem Namen shell (wieder einmal) eine angepasste verbatim-Umgebung. Das Kommando \shell (alias \begin{shell}) entspricht bis auf eine veränderte Definition von \verbatim@processline, dem Kommando, das eine fertig eingesammelte Zeile verarbeitet, dem Original:

```
\def\shelldefaultdir{shell}
\def\sh@fmtcmd#1{{\itshape#1}}
\newcommand{\shell}[1][\shelldefaultdir]{%
  \def\verbatim@processline{%
    \$ \sh@fmtcmd{\the\verbatim@line}\par
    \immediate\write18{runcmd \jobname\space
      #1\space'\the\verbatim@line'}%
    \input{\jobname.cmdout}
  }%
  \begingroup\@verbatim\frenchspacing\@vobeyspaces
  \verbatim@start}
```

Unser neues \verbatim@processline-Kommando kümmert sich zuerst um die Ausgabe des »Shell-Prompts« und des Kommandos in Kursivschrift. Zur tatsächlichen Ausführung des Kommandos nutzen wir eine besondere Eigenschaft der TEX-Implementierung aus, die den meisten TEX-Distributionen zugrunde liegt: Text, der an den Ausgabekanal 18 geschrieben wird (normalerweise unterstützt TEX nur 16 Ausgabekanäle), wird zur Ausführung an eine Shell übergeben. In unserem Fall ist das

runcmd \jobname *Verzeichnis* '*Kommando*'

Damit das überhaupt funktioniert, müssen Sie LaTeX mit dem Parameter »`-shell-escape`« aufrufen.

> Wir können hier nicht genug hervorheben, dass es sich bei dieser Eigenschaft um eine potenziell riesige Sicherheitslücke handelt. *Bitte* verkneifen Sie es sich dringend, anzugeben, wenn Sie dem Autor des LaTeX-Dokuments, das Sie gerade verarbeiten wollen, nicht zu mindestens 100% vertrauen! Er bekommt nämlich de facto die komplette Kontrolle über Ihr System (oder zumindest Ihr Benutzerkonto). Es gibt die Möglichkeit, `\write18` global einzuschalten, aber darüber denken Sie am besten nicht mal im Entferntesten nach.

Wir übergeben unser Kommando nicht direkt an eine Shell, sondern an ein Shell-Kommando namens `runcmd`. Dieses Kommando übernimmt ferner den Namen der aktuell bearbeiteten TeX-Datei (`\jobname`), den es benutzt, um den Dateinamen für die Kommando-Ausgabe zu konstruieren, sowie den Namen eines Verzeichnisses, in dem das Shell-Kommando ausgeführt werden soll (eine Alibi-Vorsichtsmaßnahme und außerdem sinnvoll, wenn ein `ls` nicht alle an Ihrem LaTeX-Dokument beteiligten Dateien mit aufzählen soll). Diesen Verzeichnisnamen können Sie entweder als optionales Argument bei »`\begin{shell}`« angeben oder global in `\shelldefaultdir` vorgeben. Das `runcmd`-Skript sehen Sie in Abbildung 1-7.

Das Kommando `\endshell` zum Beenden der Umgebung entspricht genau `\endverbatim`:

```
\let\endshell=\endverbatim
```

Ihnen fallen sicher auch noch andere Anwendungsmöglichkeiten derselben Technik ein. Sie müssen ja nicht notwendigerweise eine Shell steuern, sondern könnten sich auch ein anderes Programm vornehmen. Der Ansatz, so wie er

```
#!/bin/bash
# runcmd - Führe Shell-Kommandos für
#          \begin{shell}..\end{shell} aus

job=$1
dir=$2
cmd=$3

exec 3>"$job".cmdout
cd "$dir"
eval $cmd >&3 2>&3
```

*Abbildung 1-7: runcmd – Shell-Kommandos für LaTeX ausführen*

hier implementiert ist, ist denkbar primitiv, da für jedes Kommando in der `shell`-Umgebung eine neue Shell gestartet wird. Das macht es insbesondere unmöglich, etwa in einer Zeile eine Shell-Variable zu setzen und in der nächsten auf sie Bezug zu nehmen – da die beiden Zeilen in verschiedenen Shells ausgeführt werden, haben sie natürlich keine Shell-Variablen gemeinsam! Sie können dieses Problem in den Griff bekommen, indem Sie ein Programm wie `expect` von Don Libes verwenden, um eine einzige Shell »fernzusteuern« und nach und nach Kommandos an sie zu verfüttern, aber für dieses Buch wäre das zu kompliziert (wenn auch ein genialer Hack!).

Alternativ – auch im Hinblick auf die Sicherheitsproblematik – könnte man sich einen »Shell-Daemon« denken, mit dem das `runcmd`-Kommando Kontakt aufnimmt. Dieses Programm würde im Hintergrund laufen, alle Beispielkommandos in einem entsprechend geschützten Umfeld ausführen (etwa einer `chroot`-Umgebung oder gar einer virtuellen Maschine) und auf Wunsch deren Ausgabe zurückschicken. So viele Ideen, so wenig Zeit ...

## HACK #16 Farbe in Ihre Dokumente bringen

**Wie Sie mit benannten Farben umgehen können.**

Das `color`-Paket von David Carlisle erweitert LaTeX um die Fähigkeit, mit Farben umzugehen. Das ist keine ganz unwesentliche Aufgabe – als TeX neu war, also Anfang der 1980er-Jahre, war die Farbausgabe noch kein wirkliches Thema, weswegen das eigentliche TeX-Programm keine besondere Unterstützung dafür mitbringt. Auch im originalen LaTeX wurden keine entsprechenden Anstalten gemacht; erst in LaTeX 2ε konnte man von einer »Unterstützung« des Konzepts Farbe reden. Dass es sich dabei nicht um ein triviales Problem handelt, können Sie möglicherweise würdigen, wenn Sie über Dinge nachdenken wie bunte Fußnoten, die über mehrere Seiten verteilt sind. LaTeX alleine bringt keine Farbausgabe zustande; dazu müssen die Ausgabeprogramme mit Farbe umgehen können. Die gängige Software dafür – `xdvi` für den Bildschirm, `dvips` und pdfLaTeX für die Druckausgabe – beherrscht aber alles, was LaTeX so braucht.

Die Verwendung von Farbe in LaTeX ist relativ ausführlich in David Carlisles Dokument *Packages in the graphics bundle* beschrieben, das unter dem Namen *grfguide.ps* Bestandteil Ihrer LaTeX-Distribution sein sollte (sonst finden Sie es auf CTAN), so dass wir sie hier nicht im Detail wiederholen müssen. Sie können Texte einfärben, indem Sie – ähnlich wie bei Schriftumschaltungskommandos (denken Sie an `\emph` oder `\textbf`) – etwa Folgendes schreiben

```
\textcolor{green}{Grün, grün, grün ist alles, was ich habe.}
```

Alternativ dazu gibt es die Möglichkeit, ähnlich wie bei `\bfseries` die Farbe innerhalb einer Gruppe umzuschalten:

```
{\color{blue}I've got the Overfull Hbox blues!}
```

Von Haus aus kennt LaTeX die Farben `red`, `green`, `blue`, `cyan` (Blaugrün), `magenta` (Lila) und `yellow` sowie `black` und `white`. Alle anderen Farben müssen Sie sich zusammenmischen:

```
\definecolor{lightred}{rgb}{1.0,0.5,0.5}
\definecolor{pinegreen}{cmyk}{0.92,0,0.59,0.25}
```

Sie haben dabei die Wahl zwischen den Farbmodellen `rgb` (additive Farbmischung aus Rot, Grün und Blau wie auf Computerbildschirmen) und `cmyk` (subtraktive Farbmischung aus Cyan, Magenta, Gelb und Schwarz wie in der Druckerei). Außerdem bietet LaTeX das Farbmodell gray (Graustufen) und das Farbmodell `named` (benannte Farben) an. `named` definiert im Standardfall (für `dvips`) 68 Farben mit poetischen Namen wie `WildStrawberry`, `Periwinkle` und `DarkOrchid`, die auf der 64er-Crayola-Packung beruhen. Diese Farbwerte werden als solche – Namen oder Zahlentupel – an das Ausgabeprogramm weitergereicht, das daraus etwas Nettes machen muss; dabei sind vor allem die Farben aus dem `named`-Modell interessant, da diese sich relativ einfach für das Ausgabegerät optimieren oder auch durch »Schmuckfarben« ersetzen lassen, die nicht aus den vier Grundfarben gemischt werden müssen, sondern fertig in die Druckmaschine eingefüllt werden. (Als Auftraggeber großer Mengen von vorgedrucktem Firmenbriefpapier wissen Sie es sicherlich zu schätzen, wenn Ihr Logo aus Schwarz und einer Schmuckfarbe besteht und nicht im aufwendigen Vierfarbdruck hergestellt werden muss.) Da das Ausgabegerät die gewünschte Farbe namentlich mitgeteilt bekommt, muss LaTeX gar nicht wissen, ob es sich dabei um eine Schmuck- oder eine Prozessfarbe handelt.

> Mitunter kann es zu Problemen kommen, wenn Sie Dateien an eine Druckerei weitergeben, die Farbspezifikationen in »ungewöhnlichen« Farbmodellen wie `rgb` enthalten (Drucker mögen *wirklich* gerne `cmyk`). Das `xcolor`-Paket von Uwe Kern erlaubt es, mit
>
> ```
> \selectcolormodel{cmyk}
> ```
>
> dafür zu sorgen, dass alle Farbdefinitionen in der Ausgabedatei dem `cmyk`-Modell folgen.

Es hält Sie niemand davon ab, sich Ihre eigenen Farbmodelle zu definieren. Zum Beispiel könnten Sie an ein `x11`-Farbmodell denken, das Ihnen die benannten Farben des X11-Grafiksystems zur Verfügung stellt. Wenn Sie auf Ihrem System die Datei *rgb.txt* finden, werden Sie feststellen, dass die X11-Farbnamen in ihrer Verspieltheit denen des `named`-Modells in nichts

```
\NeedsTeXFormat{LaTeX2e}
\ProvidesPackage{x11color}[2007/03/02 x11 color model]
\RequirePackage{color}
\@namedef{color@x11}#1#2{\c@lor@@xII#2,,\@@#1}
\def\c@lor@@xII#1,#2,#3\@@#4{%
  \@ifundefined{col@#1}%
    {\PackageError{color}{Undefined color '#1'}\@ehd}%
    {\edef#4{\csname col@#1\endcsname}}%
}
\@namedef{define@color@x11}#1#2{%
  \expandafter\edef\csname col@#1\endcsname{#2}}
\RequirePackage{x11cdefs}
\endinput
```

*Abbildung 1-8: Das x11color-Paket realisiert ein x11-Farbmodell*

```
\NeedsTeXFormat{LaTeX2e}
\ProvidesPackage{x11cdefs}[2007/03/02 x11 color definitions]
\DefineNamedColor{x11}{Black}{rgb}{0,0,0}
\DefineNamedColor{x11}{Snow}{rgb}{1.00,0.98,0.98}
\DefineNamedColor{x11}{GhostWhite}{rgb}{0.97,0.97,1.00}
\DefineNamedColor{x11}{WhiteSmoke}{rgb}{0.96,0.96,0.96}
...
\DefineNamedColor{x11}{DarkRed}{rgb}{0.55,0.00,0.00}
\DefineNamedColor{x11}{LightGreen}{rgb}{0.56,0.93,0.56}
\endinput
```

*Abbildung 1-9: Die X11-Farbdefinitionen stehen in x11cdefs*

nachstehen – von `AliceBlue` über `HotPink`, `LavenderBlush` und `PeachPuff` bis `YellowGreen` ist alles dabei. Wer könnte da widerstehen?

Unser `x11`-Farbmodell ist an das Farbmodell `named` angelehnt. Im Gegensatz zu `named` wird `x11` von keinem bekannten Ausgabeprogramm implementiert, aber das muss uns nicht stören: Wir mopsen uns von `named` den Mechanismus, mit dem `named` dafür sorgt, dass auch auf solchen Ausgabegeräten vernünftige Farben erscheinen, die keine benannten Farben unterstützen. In diesem Fall wird nämlich eine RGB-Darstellung der Farbe in die Ausgabedatei geschrieben. (Wenn Sie es genau wissen müssen: Die Datei *drivers.dtx* im »graphics-Bündel« ordnet solchen Geräten den Typ `color4` zu.) Sollte später jemand ein Ausgabeprogramm schreiben, das das `x11`-Farbmodell direkt über die Namen implementiert, können wir unsere Definitionen leicht anpassen.

```
#!/usr/bin/perl
# rgbtotex.pl -- Übersetze rgb.txt von X11 in ein
#                LaTeX-Farbmodell


my ($d, $m, $y) = (localtime)[3..5];
printf <<ENDE, $y+1900, $m+1, $d;
\\NeedsTeXFormat{LaTeX2e}
\\ProvidesPackage{x11cdefs}%
   [%4d/%02d/%02d x11 color definitions]
\\DefineNamedColor{x11}{Black}{rgb}{0,0,0}
ENDE

while (<>) {
  if (my (@rgb) = /^(\d+)\s+(\d+)\s+(\d+)\s+(\w+)$/) {
    $c = pop @rgb;
    $c = ucfirst($c) if $c =~ /^[a-z0-9]+$/;
    printf
      "\\DefineNamedColor{x11}{%s}{rgb}{%.2f,%.2f,%.2f}\n",
        $c, map { $_ / 255 } @rgb;
  }
}

print "\\endinput\n";
```

*Abbildung 1-10: Das rgbtotex-Programm liest X11-Farben*

Das `x11color`-Paket in Abbildung 1-8 wurde also frech aus *drivers.dtx* abgeschrieben und angepasst. Der wesentliche Stolperstein ist die Tatsache, dass die Kommandonamen `\color@x11` und `\define@color@x11`, die die Schnittstelle zum `color`-Paket bilden, Ziffern enthalten und darum eigentlich nicht erlaubt sind, aber das ist nichts, was sich nicht über `\@namedef` in Ordnung bringen ließe. (Bei `\c@lor@@XII` haben wir ein bisschen geschummelt.) Die eigentlichen Farbdefinitionen holen wir uns über das `x11cdefs`-Paket, das in Abbildung 1-9 auszugsweise dargestellt ist. Das Paket definiert (auf dem System des Autors) 500 Farbnamen, die sich aber nicht alle auf verschiedene Farben beziehen; alle Farben mit »`Gray`« im Namen gibt es zum Beispiel auch mit »`Grey`«, vermutlich um weder Amerikanern noch Briten auf die Füße zu treten.

Das `x11cdefs`-Paket fällt nicht vom Himmel, sondern wir erzeugen es aus der *rgb.txt*-Datei des X11-Systems mit einem kleinen Perl-Programm, das in Abbildung 1-10 gezeigt wird. Mit

```
$ rgbtotex /usr/share/X11/rgb.txt >x11cdefs.sty
```

aufgerufen (das Verzeichnis von *rgb.txt* kann auf Ihrem System anders heißen) bearbeitet es in der `while`-Schleife die Zeilen der Farbdefinitionsdatei, wobei wir solche Zeilen ignorieren, die keine drei Zahlenwerte gefolgt von einem Farbnamen enthalten. Auch Farbnamen mit Leerzeichen lassen wir außer Acht, da viele Farben in unterschiedlichen Schreibweisen definiert sind:

```
220 220 220            gainsboro
255 250 240            floral white
255 250 240            FloralWhite
253 245 230            old lace
253 245 230            OldLace
```

Farbnamen, die nur aus Kleinbuchstaben und Ziffern bestehen (im Beispiel etwa »`gainsboro`«), wandeln wir im Sinne einer gewissen Konsistenz so um, dass sie mit einem Großbuchstaben anfangen. Aus unerfindlichen Gründen ist außerdem die Farbe `Black` nirgendwo in *rgb.txt* definiert, und wir definieren sie der Vollständigkeit halber einfach manuell.

Voilà! Sie können nun aus LaTeX heraus auf die Farben zugreifen, die Ihr X-Server definiert. Betrachten Sie zum Beispiel das folgende kurze Dokument, das ein paar X11-Farben enthält:

```
\documentclass{article}
\usepackage[latin1]{inputenc}
\usepackage{x11colors}
\begin{document}
  \begin{verse}
    \textcolor[x11]{Firebrick}{Rosen sind rot},\\
    \textcolor[x11]{Violet}{Veilchen sind blau},\\
    \LaTeX\ ist \textcolor[x11]{HotPink}{super},\\
    \textcolor[x11]{Chartreuse}{das weiß ich genau}.
  \end{verse}
\end{document}
```

Ausprobieren müssen Sie es leider selbst, wenn Sie die Farben sehen wollen; dieses Buch ist leider nur schwarz-weiß.

## Siehe auch

- Das `xcolor`-Paket von Uwe Kern realisiert Farbmanagement »mit Nachbrenner«. Sie können zum Beispiel Farben mischen oder unterschiedliche Schattierungen einer Schmuckfarbe verwenden. Außerdem unterstützt es zusätzliche Farbmodelle wie `hsb` oder `HTML`.

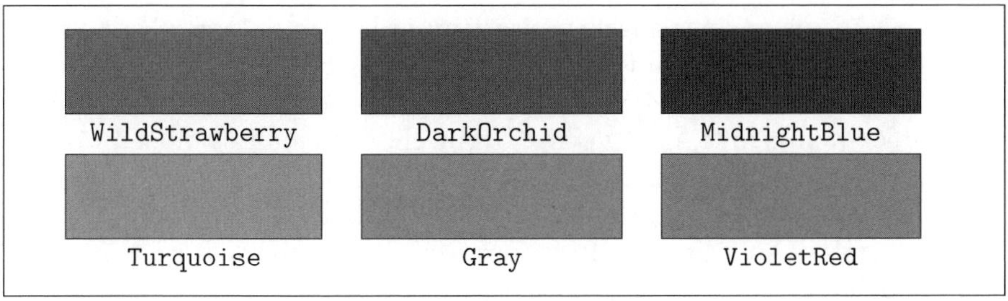


*Abbildung 1-11: Ein paar Farben (leider nur in Schwarz-Weiß)*

## HACK #17 Die Modefarben der Saison zur Auswahl

Drucken Sie sich eine Farbübersicht.

Ein namensbasiertes Farbmodell, wie in Bringen Sie Farbe in Ihre Dokumente **[Hack #16]** beschrieben, ist schön und gut, solange Sie wissen, was sich hinter den blumigen Namen verbirgt (sollten Sie jemals ein neues Auto oder eine Polstergarnitur gekauft haben, dann kennen Sie das Problem). Es wäre schön, eine Art Farbübersicht zu haben, einfach um zu wissen, was es gibt. Als Nebeneffekt sehen Sie dann auch gleich, was Ihr Drucker aus den Farben macht.

Ein Baustein dafür könnte die folgende Definition sein:

```
\newcommand*{\colordemo}[2][named]{%
  \begin{tabular}{c}
    \fcolorbox[#1]{black}{#2}{%
      \makebox[3.5cm][c]{\rule{0pt}{1cm}\hspace*{\fill}}}\\
    \makebox[3.5cm]{\texttt{#2}}
  \end{tabular}%
}
```

Sie gibt ein Rechteck in der als Argument übergebenen Farbe aus, unter dem der Farbname steht. Sie können mehrere dieser Test-Farbfelder nebeneinanderstellen wie in Abbildung 1-11, die einfach so erzeugt wurde:

```
\begin{figure}
  \centering
  \colordemo{WildStrawberry} \colordemo{DarkOrchid}
  \colordemo{MidnightBlue}\\
  \colordemo{Turquoise} \colordemo{Gray}
  \colordemo{VioletRed}
  \caption{Ein paar Farben (leider nur in Schwarz-weiß)}
  \label{fig:colordemo}
\end{figure}
```

Wenn Sie nichts anderes angeben, werden die Farben im named-Farbmodell gesucht; das Kommando unterstützt ein optionales Argument, mit dem Sie sich ein anderes Farbmodell wünschen können. Beachten Sie dabei, dass das \fcolorbox-Kommando, das wir hier benutzen, dasselbe Farbmodell für seine beiden Argumente – das eigentliche Farbfeld und den schwarzen Rahmen drumherum – verwenden möchte. So wie \colordemo im Moment implementiert ist, verlässt es sich also mehr oder weniger darauf, dass im benutzten Farbmodell eine Farbe namens black existiert.

Eine leicht veränderte Definition von \colordemo gibt uns Gelegenheit, Ihnen zu erklären, wie Sie Kommandos mit *zwei* optionalen Argumenten definieren können. Das geht bequem mit Heiko Oberdieks twoopt-Paket, das Kommandos nach dem folgenden Strickmuster erlaubt:

```
\newcommandtwoopt*{\enemene}[3][Ene][Mene]{#1 #2 #3!}
```

(Wie auch bei \newcommand darf bei der Version mit Sternchen kein \par in einem der Argumente vorkommen.)

Hier ist das \enemene-Kommando in Aktion:

| | |
|---|---|
| Ene Mene Muh! | \enemene{Muh}\\ |
| Bla Mene Blubb! | \enemene[Bla]{Blubb}\\ |
| Bli Bla Fasel! | \enemene[Bli][Bla]{Fasel} |

Übertragen auf \colordemo könnte das so aussehen:

```
\newcommandtwoopt*{\colordemo}[3][named][black]{%
  ...
    \fcolorbox[#1]{#2}{#3}{%
      \makebox[3.5cm][c]{\rule{0pt}{1cm}\hspace*{\fill}}}\\
    \makebox[3.5cm]{\texttt{#3}}
    ...
}
```

Damit können wir dann Farben aus unserem x11-Farbmodell testen:

```
\colordemo[x11][Black]{PeachPuff3}
```

Die nächste Überlegung besteht darin, dass Sie wahrscheinlich genauso wenig wie wir Lust haben, fünfhundert x11-Farbnamen einzutippen. Aber dafür haben wir ja die Farbdefinitionen in das Extrapaket x11cdefs ausgelagert – das erlaubt uns einen dreisten Hack in der Form

```
\documentclass[a4paper,12pt]{article}
\usepackage[margin=2cm]{geometry}
\setlength{\parindent}{0pt}
\usepackage{twoopt}
```

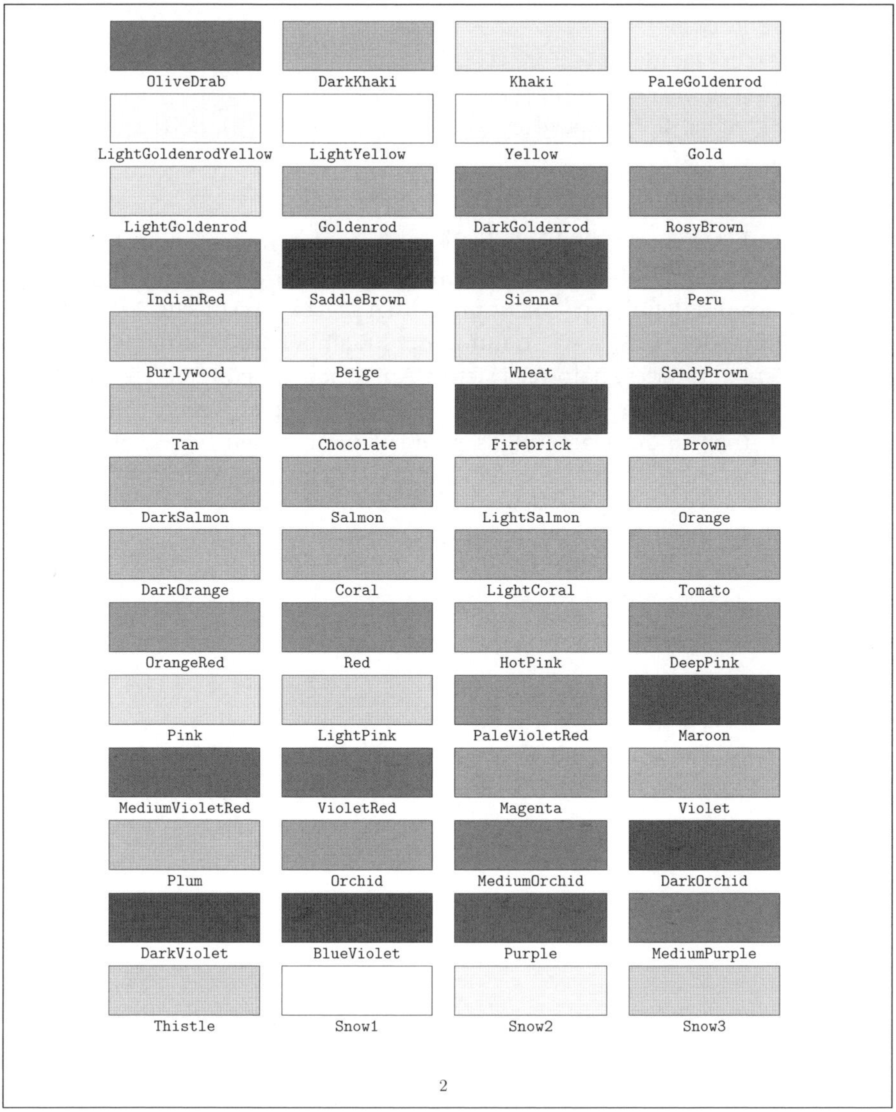


*Abbildung 1-12: Eine Seite mit Farbmustern aus x11cdefs*

```
\usepackage{x11color}
\newcommandtwoopt*{\colordemo}[3][named][black]{%
  % wie oben
}
\begin{document}
{\renewcommand\NeedsTeXFormat[1]{}
\def\ProvidesPackage#1[#2]{}
\renewcommand\DefineNamedColor[4]{\colordemo[#1][Black]{#2}}
\input{x11cdefs.sty}}
\end{document}
```

Wir »neutralisieren« einfach frech die Verwaltungskommandos aus dem Paket und definieren `\DefineNamedColor` so um, dass es `\colordemo` aufruft, statt eine neue Farbe zu definieren – nicht unbedingt die feine englische Art, aber da diese Kommandos sonst sowieso nur in der Präambel des Dokuments auftauchen dürfen, zumindest halbwegs sicher. Anschließend können wir die Datei *x11cdefs.sty* erneut lesen und bekommen so die Farben angezeigt. Die Reihenfolge der Farben in der Datei folgt keiner offensichtlichen Logik, aber so ist das halt. Eine beispielhafte Seite der Ausgabe sehen Sie in Abbildung 1-12.

# Mathematik, Informatik und Naturwissenschaft

Hacks #18–25

Mathematik, Informatik und Physik sind wahrscheinlich die Grundpfeiler der Popularität von LaTeX. Grund genug für uns, hier ein paar Hacks aus diesen Gebieten zu präsentieren – mit einer deutlichen Schlagseite hin zur Mathematik, aber was soll's, sie wird doch eh überall benutzt. Wir zeigen Ihnen ein paar Feinheiten des mathematischen Schriftsatzes und geben Tipps für die Realisierung oft gebrauchter Effekte. Den Informatikern erklären wir, wie sie Bitfelder und Syntaxdiagramme setzen können, und auch für Chemiker haben wir noch ein paar Ideen auf Lager.

## HACK #18 Diese leidigen Kommas

Wie man im Mathematikmodus Kommas in jeder Lebenslage korrekt verwendet.

Deutschsprachige LaTeXniker haben ein Problem, von dem ihre amerikanischen Kollegen verschont bleiben: das Komma, das hierzulande in mathematischen Formeln eine Doppelrolle spielt, nämlich einerseits als Dezimalkomma (denken Sie an $\pi = 3,14159265\ldots$) und andererseits als Trennzeichen zwischen den Komponenten eines Vektors oder den Argumenten einer Funktion (etwa wie $f(x,y) = 2x + y$).

Wenn Sie genau hingeschaut haben, wissen Sie, wo der Schuh drückt: TeX gibt sich große Mühe, die Formeln ohne menschliches Zutun »schön« zu setzen, und seine kalifornische Abstammung kommt ihm da voll in die Quere. Das Komma ist in TeX-Formeln ein Objekt der Klasse »Punctuation«, und hinter einem solchen Objekt fügt TeX hilfreicherweise Platz im Wert von »`\,`« ein (einen *thin space* oder typischerweise 1/6 `em`). Im Fall von $f(x,y)$ ist das völlig in Ordnung, aber bei 3, 1415 wirkt es doch eher störend, da es eine Lücke in die Zahl reißt.

Die plumpe Abhilfe besteht darin, das Komma in geschweifte Klammern zu setzen: `3{,}1415` liefert »3,1415«. (Warum das so ist, ist eine lange Geschichte und im *TEXbook* erklärt; die Kurzfassung ist, dass alles, was in geschweiften Klammern steht, von TEX der Klasse »Ordinary«, also »gewöhnliches Zeichen« zugeordnet wird. Das Komma unterscheidet sich dann also nicht von den Ziffern.)

Natürlich ist das keine Lösung, die Spaß macht. Wir können dem Problem eleganter begegnen, auch wenn sich die Lösung nicht zu 100% automatisieren lässt (wenn das ginge, hätte Don Knuth es bestimmt schon für uns erledigt). Die einzige Anforderung, die wir stellen müssen, ist, dass wir hinter einem »Trennkomma« tatsächlich ein Leerzeichen schreiben. Also:

```
3,1415
f(x, y)
```

Normalerweise bekommt ein Zeichen in einer mathematischen Formel beim Einlesen eine Klasse zugeordnet. So gehört das Komma, wie erwähnt, üblicherweise zur Klasse »Punctuation« (oder 6) und Ziffern zur Klasse »Ordinary« (oder 0). Genauer gesagt ist die Klasse Bestandteil des `\mathcode` eines Zeichens, der ihm außerdem noch eine »Familie« (vulgo eine Schrift, etwa kursive Buchstaben oder Symbole) und eine Zeichenposition innerhalb der Familie zuordnet. Der `\mathcode` des Kommas ist zum Beispiel (hexadezimal) `"613B`, also Klasse 6, Familie 1 (Kursivschrift) und Zeichenposition 59.

Man kann den `\mathcode` eines Zeichens ändern (sagen Sie am Anfang Ihres mathematischen Dokuments mal »`\mathcode`,="6121`«), und es gibt einen speziellen »magischen« `\mathcode`-Wert, nämlich `"8000`, bei dem das Zeichen sich so benimmt, als wäre es »aktiv« – wenn es auftritt, wird ein TEX-Makro aufgerufen. In diesem Makro prüfen wir, ob als nächstes Zeichen ein Leerzeichen folgt; falls ja, setzen wir ein »Punctuation«-Komma ein, sonst ein »Ordinary«-Komma.

Hier ist der Code. Wir arrangieren zuerst, dass beim Auftreten eines »aktiven« Kommas das *darauf folgende* Zeichen im Makro `\@token` abgelegt wird, bevor wir das Makro `\@comma` aufrufen. Normale Kommas im Fließtext sind nicht aktiv, so dass diese Definition die meiste Zeit nicht stört.

```
{\catcode`,=\active
 \gdef,{\futurelet\@token\@comma}
}
```

In Formeln soll das Komma aktiv sein, und das erreichen wir mit

```
\mathcode‘\,="8000
```

Jetzt müssen wir nur noch erklären, was in `\@comma` passieren soll. Wir prüfen, ob das nächste Zeichen (in `\@token`) ein Leerzeichen (hier vertreten durch `\@sptoken`) ist, und setzen mit `\mathchar` ein Komma der richtigen Geschmacksrichtung ein:

```
\def\@comma{%
  \ifx\@token\@sptoken\mathchar"613B
    \else\mathchar"013B \fi
}
```

Wie üblich ist auch dieses Problem in einer zeitgemäßen LaTeX-Installation schon in vorgekochter Form gelöst: Das Paket `icomma` von Walter Schmidt enthält eine verallgemeinerte Form dieses Ansatzes, der auch dem Problem begegnet, dass nicht alle Mathematikschriften dem Knuthschen Zuordnungsschema für Familien und Zeichen folgen.

HACK #19

## Einfache Brüche schön aussehen lassen

**Gebrochenes Verhältnis: LaTeXs Standardformatierung für Brüche ist gut für Komplexes, aber nicht für Einfaches. Die folgende Technik eignet sich nicht nur für Mathematik, sondern auch für Kochrezepte.**

LaTeX hat zu Recht den Ruf, einsame Spitze auf dem Gebiet des Formelsatzes zu sein. Allerdings müssen Sie ihm manchmal etwas auf die Sprünge helfen. Brüche wie

```
\frac{x+1}{x-1}
```

zum Beispiel sehen in ausgestellten Formeln gut aus:

$$\frac{x+1}{x-1}$$

Im Text sind die Umstände jedoch mitunter anders: $\frac{x+1}{x-1}$ ist nicht mehr wirklich elegant zu nennen. Das betrifft Sie nicht nur, wenn Sie Mathematiker oder Physiker sind – schon zum Beispiel in Kochrezepten könnte von »$\frac{1}{2}$ Teelöffel« die Rede sein. Hier erzielen Sie meist bessere Resultate, wenn Sie das `nicefrac`-Paket von Axel Reichert verwenden. Aus

```
Man nehme \nicefrac{1}{2}~Hähnchen ...
```

wird dann

Man nehme ½ Hähnchen ...

was doch gleich viel eleganter aussieht. Wenn Sie genau hinschauen, sehen Sie auch, dass Sie `\nicefrac` im Text verwenden dürfen, ohne in den mathematischen Modus umschalten zu müssen.

Wenn Sie ISO Latin-1 als Zeichensatz für Ihre Eingabedateien verwenden, haben Sie die Brüche 1/4, 1/2 und 3/4 als Eingabezeichen zur Verfügung. Sie können sie meistens über spezielle Methoden Ihres Betriebssystems eingeben; Linux zum Beispiel erlaubt es oft, dass Sie eine »Compose«-Taste drücken (etwa die rechte Windowstaste gleich neben »AltGr«, je nach Konfiguration) und dann eine Kombination aus zwei Zeichen tippen, die dann zu einem Sonderzeichen verschmolzen werden – bei unseren Brüchen sind das respektive »`14`«, »`12`« und »`34`«. Wenn LaTeX diese Zeichen liest und Sie es mit

```
\usepackage[latin1]{inputenc}
```

vorgewarnt haben, macht es daraus automatisch »$\frac{1}{4}$«, »$\frac{1}{2}$« und »$\frac{3}{4}$«, allerdings die »nicht schönen« Versionen. Um stattdessen die `nicefrac`-Versionen zu erzeugen, müssen Sie in der Präambel (oder einem kleinen Paket) die Kommandos `\textonequarter`, `\textonehalf` und `\textthreequarters` neu definieren:

```
\renewcommand*{\textonequarter}{\nicefrac{1}{4}}
\renewcommand*{\textonehalf}{\nicefrac{1}{2}}
\renewcommand*{\textthreequarters}{\nicefrac{3}{4}}
```

Aus

```
Man nehme ½~Mastochsen ...
```

wird dann

Man nehme 1/2 Mastochsen ...

(Das Eingabebeispiel sieht eigenartig aus, weil die Schreibmaschinenschrift kein Zeichen für »$\frac{1}{2}$« enthält.)

In der ISO-Latin-9-Zeichensatztabelle[1], die uns unter anderem das Eurozeichen beschert hat, sind die Brüche übrigens zu Gunsten von wichtigen Zeichen wie »Œ«, »œ« und »Ÿ« unter die Räder gekommen. Wenn Sie also

Man nehme 1/2 Phœnix ...

ohne merkwürdige TeX-Kommandosequenzen eintippen können wollen, müssen Sie auf Unicode umsteigen[2].

[1] ISO Latin 9 ist der Vulgärname für ISO-8859-15. Fragen Sie nicht ...

[2] An dieser Stelle möchten wir darauf aufmerksam machen, dass wir grundsätzlich dagegen sind, mythische Tiere zu halbieren.

# HACK #20 Physikalische Einheiten korrekt setzen

Kennen Sie den typografischen Unterschied zwischen Größen und Einheiten? Hier gibt es einen Schnellkurs.

Im Physikunterricht lernt man: Größen sind Produkte aus Maßzahl und Einheit. Das äußert sich auch in der Typografie – denken Sie zum Beispiel an das Folgende:

> Auf einen Körper der Masse $m = 10\,\mathrm{kg}$ wirkt an der Erdoberfläche eine Kraft von $F = 9{,}81\,\mathrm{N}$, da die Erdbeschleunigung $g = 9{,}81\,{}^{\mathrm{m}}\!/\!_{\mathrm{s}^2}$ beträgt.

Beachten Sie den Unterschied zwischen den *Größen* Kraft ($F$), Masse ($m$) und Beschleunigung ($g$), die in kursiver Schrift gesetzt werden, und den Einheiten Kilogramm (kg), Newton (N), Meter (m) und Sekunde (s), für die wir aufrechte Buchstaben verwenden. Leider müssen Sie da selber mitdenken, da LaTeX nicht wirklich viel von Physik versteht: Vergleichen Sie das nachlässige

$1 N = 1 kg m/s^2$

```
\( 1 N = 1 kg m/s^2 \)
```

mit dem sorgfältigeren

$1\,\mathrm{N} = 1\,\mathrm{kg}\,\mathrm{m}/\mathrm{s}^2$

```
\( 1\,\textrm{N} = 1\,\textrm{kg}\,
   \textrm{m}/\textrm{s}^2 \)
```

(Wobei Sorgfalt und bequeme Eingabe sich anscheinend diametral gegenüberstehen.) Das nachlässige Beispiel sieht so aus, wie es aussieht, weil LaTeX Leerzeichen in Formeln weitgehend ignoriert. Die rechte Seite wirkt wie ein Produkt der Größen $k$, $g$ und $m$, dividiert durch das Quadrat der Größe $s$ (und dafür ist es gar nicht mal *so* schlecht formatiert). Andererseits kann es auch nicht angehen, dass wir wie im sorgfältigeren Beispiel die Arbeit, die eigentlich LaTeX machen soll, selbst übernehmen und explizit Zeichensätze wählen und Platz einfügen.

Abhilfe schafft hier das units-Paket von Axel Reichert, der uns schon in Gebrochenes Verhältnis **[Hack #19]** begegnet ist. (Tatsächlich gehören units und das dort vorgestellte nicefrac-Paket zusammen – wenn Sie units einbinden, bekommen Sie nicefrac dazu, ob Sie wollen oder nicht.) Das Paket definiert ein \unit-Kommando, das sein Argument als Einheit setzt. Eine Maßzahl darf noch als optionales Argument dazukommen, so dass unser Beispiel von eben mit relativ wenig zusätzlicher Schützenhilfe auskommt:

$1\,\mathrm{N} = 1\,\mathrm{kg}\,\mathrm{m}/\mathrm{s}^2$

```
\( \unit[1]{N} =
     \unit[1]{kg}\,\unit{m}/\unit{s^2} \)
```

Es gibt auch ein \unitfrac-Kommando, das \unit und \nicefrac zusammenbringt:

$1\,\mathrm{N} = 1\,\mathrm{kg} \cdot 1\,{}^{\mathrm{m}}\!/_{\mathrm{s}^2}$

```
\( \unit[1]{N} =
      \unit[1]{kg}\cdot\unitfrac[1]{m}{s^2} \)
```

Die Meinungen darüber, ob zwischen Maßzahl und Einheit Zwischenraum in Werte eines Leerzeichens oder eines Spatiums (`\,`) stehen sollte, gehen auseinander. Mit `units` müssen Sie sich nicht ein für alle Mal festlegen, da das Paket die Optionen `loose` (für Ersteres) und `tight` (für Letzteres) anbietet. Die Vorgabe ist `tight`; mit

```
\usepackage[loose]{units}
```

können Sie sich den breiteren Zwischenraum wünschen. Vergleichen Sie

| | |
|---|---|
| 1 kg | mit `loose` |
| 1 kg | mit `tight` (Vorgabe) |

Ein anderes in diesem Zusammenhang interessantes Paket ist `sistyle` von Danie Els. Es definiert ein Kommando `\SI`, das ähnlich wie `\unit` eine Maßzahl und eine Einheit akzeptiert und »korrekt« zu setzen versucht. Anders als bei `\unit` ist die Maßzahl nicht optional, aber darf leer gelassen werden. Unser Beispiel würde so aussehen:

$1\,\mathrm{N} = 1\,\mathrm{kg{\cdot}m/s^2}$

```
\( \SI{1}{N} = \SI{1}{kg.m/s^2} \)
```

Beachten Sie, dass der Punkt (»`.`«) innerhalb von `\SI` als Multiplikationspunkt funktioniert (sollten Sie in einer Einheit einen Dezimalpunkt brauchen, müssen Sie `\pnt` schreiben). Die Tilde (»`~`«) ergibt das Leerzeichen, das das SI bei Einheiten, die sich durch Multiplikation ergeben, empfiehlt. Man möchte dort nicht »5 Nm« sehen, sondern lieber »5 N m«, geschrieben als »`\SI{5}{N~m}`« (was nur unterstreicht, dass man es nie *allen* recht machen kann).

Das `sistyle`-Paket enthält außerdem ein interessantes Kommando namens `\num`, das versucht, eine Zahl intelligent zu formatieren. Dabei können Sie unabhängig von der Eingabe den Dezimaltrenner für die Ausgabe wählen, und das Kommando kümmert sich auch um die möglicherweise vorhandene wissenschaftliche Notation:

| | |
|---|---:|
| `\num{1.234}` | 1.234 |
| `\num{+12.3e45}` | $+12.3 \times 10^{45}$ |
| `\num{-1.2345e-67}` | $-1.2345 \times 10^{-67}$ |
| `\num{12345.6}` | 12 345.6 |

Leider verträgt `\num` sich nicht mit Tabellentricks wie dem in Tabellenspalten im Mathematikmodus setzen **[Hack #35]** beschriebenen. Sie müssen die `\num`s also per Hand einfügen oder von einem Programm einfügen lassen.

HACK #21

# Sätze und Beweise

Formatieren Sie Sätze, Lemmata, Korollare und Ähnliches – mit Stil.

LaTeX kennt die theorem-Umgebung zum Formatieren mathematischer Aussagen, wobei Sie sich auch als Nichtmathematiker keineswegs daran hindern lassen sollten, sie für Tipps, Beispiele, Aufgaben und Ähnliches zu verwenden, selbst wenn keine Formeln darin vorkommen! Mit dem Kommando `\newtheorem` können Sie eine neue Klasse von »satzartigen« Objekten definieren:

**Satz 1 (Pythagoras)** *In einem rechtwinkligen Dreieck ist die Summe der Quadrate der Katheten* ...

```
\newtheorem{satz}{Satz}
\begin{satz}[Pythagoras] In einem
  rechtwinkligen Dreieck ist die
  Summe der Quadrate der Katheten
  \dots
\end{satz}
```

Das erste Argument von `\newtheorem` ist der Umgebungsname, und das zweite das, was im Titel der Umgebung erscheinen soll. Das optionale Argument dient dazu, dem Umgebungstitel eine Notiz hinzuzufügen. Wenn Sie es weglassen, wird die Umgebung einfach nur nummeriert.

Normalerweise bekommt jede Sorte von `\newtheorem`-Umgebungen ihre eigene Nummernfolge – Sie haben später etwas wie »Lemma 1«, »Satz 1«, »Satz 2«, »Beispiel 1«, »Lemma 2«. Allerdings können Sie auch dafür sorgen, dass mehrere dieser Umgebungen sich denselben Zähler teilen:

```
\newtheorem{satz}{Satz}
\newtheorem{lemma}[satz]{Lemma}
\newtheorem{beispiel}[satz]{Beispiel}
```

Genauso können Sie erreichen, dass die Nummerierung zum Beispiel in jedem Kapitel von vorne anfängt:

```
\newtheorem{satz}{Satz}[chapter]
```

Damit werden dann Satznummern der Form »2.1«, »2.2« usw. erzeugt.

Wenn die Standardformatierung, die LaTeX seinen Sätzen und Lemmata angedeihen lässt, Ihnen nicht zusagt (etwas bieder ist sie zugegebenermaßen schon), dann können Sie mit dem `ntheorem`-Paket von Wolfgang May und Andreas Schedler deren Optik etwas aufwerten. `ntheorem` unterstützt das Konzept sogenannter Theoremstile, die das Aussehen einer Klasse von satzartigen Objekten bestimmen. Sie können eigene Theoremstile definieren und auch sonst diverse Einstellungsmöglichkeiten nutzen. Sehen Sie hier einige Beispiele:

*Tabelle 2-1: Theoremstile in ntheorem*

| Stil | Beschreibung |
|---|---|
| `plain` | Entspricht der ursprünglichen LaTeX-Definition |
| `break` | Mit Zeilenumbruch hinter der Überschrift |
| `change` | Nummer und Text der Überschrift werden vertauscht, ohne Zeilenumbruch |
| `changebreak` | Wie `change`, aber mit Zeilenumbruch hinter der Überschrift |
| `margin` | Die Nummer steht im linken Rand, ohne Zeilenumbruch |
| `marginbreak` | Dito, mit Zeilenumbruch |
| `nonumberplain` | Wie `plain`, aber ohne Nummer |
| `nonumberbreak` | Wie `break`, aber ohne Nummer |
| `empty` | Ohne alles (nur mit dem optionalen Argument, falls vorhanden) |

1 BEOBACHTUNG (MURPHY)
*Was schiefgehen kann, geht schief.*

```
\theoremstyle{marginbreak}
\theoremheaderfont{%
  \normalfont\scshape}
\theorembodyfont{\slshape}
\newtheorem{obsv}{Beobachtung}
\begin{obsv}[Murphy] Was
   schiefgehen kann, geht
   schief.
\end{obsv}
```

Eine Liste der unterstützten Stile finden Sie in Tabelle 2-1.

Zu Sätzen gehören natürlich auch Beweise – jedenfalls in der Mathematik. Auch hier hilft `newtheorem`:

**Satz 2** 1 *ist größer als* 0.
BEWEIS Da $1 = 1 \cdot 1$, ist 1 eine Quadratzahl, und Quadratzahlen ungleich 0 sind immer größer als 0. ■

```
\theoremstyle{nonumberplain}
\theoremheaderfont{%
  \normalfont\scshape}
\theorembodyfont{\normalfont}
\theoremsymbol{\rule{.5em}{.5em}}
\newtheorem{beweis}{Beweis}
\begin{satz}
  $1$ ist grö"ser als $0$.
  \begin{beweis}
    Da $1 = 1\cdot1$,
    ist $1$ eine Quadratzahl,
    und Quadratzahlen ungleich~$0$
    sind immer grö"ser als~$0$.
  \end{beweis}
\end{satz}
```

Beachten Sie die Verwendung von nonumberplain als Stil für die beweis-Umgebung sowie das \theoremsymbol, das das Ende des Beweises angibt (hier ein schwarzes Quadrat). Diese Symbole erhalten Sie, wenn Sie die Paketoption thmmarks für ntheorem angeben:

```
\usepackage[thmmarks]{ntheorem}
```

Das \theoremsymbol ist mitunter schwierig zu platzieren (die Dokumentation von \ntheorem behandelt die entsprechenden Details). ntheorem verfolgt hier einen zweistufigen Ansatz und lagert Informationen in der *.aux*-Datei zwischen; Sie müssen also mindestens zwei LaTeX-Läufe durchführen, bis Sie korrekt positionierte Endmarken haben.

## HACK #22 Matrizen und ähnliche Konstruktionen

**Die Matrix – reloaded: Hier zeigen wir Ihnen einige Methoden für den Umgang mit rechteckigen Zahlenanordnungen aller Art.**

Matrizen sind (unter anderem) aus Algebra- oder Numerikvorlesungen nicht wegzudenken. LaTeX erlaubt mit der array-Umgebung einfache Konstruktionen wie

$$\left[\begin{array}{ccc} 1 & 2 & 3 \\ 4 & 5 & 6 \\ 7 & 8 & 9 \end{array}\right]$$

```
\[ \left[
    \begin{array}{ccc}
     1 & 2 & 3 \\
     4 & 5 & 6 \\
     7 & 8 & 9
    \end{array}
  \right] \]
```

aber bei Komplizierterem muss es bald passen, was die »Hausmittel« angeht. Bequemer ist zum Beispiel das amsmath-Paket, das diverse mathematische Erweiterungen bietet, etwa Matrizen mit »mitgelieferten« Klammern, unter anderem

$$\begin{matrix} a & -b \\ c^2 & d \end{matrix} \qquad \begin{pmatrix} a & -b \\ c^2 & d \end{pmatrix} \qquad \begin{bmatrix} a & -b \\ c^2 & d \end{bmatrix} \qquad \begin{vmatrix} a & -b \\ c^2 & d \end{vmatrix}$$

mit der dazugehörigen Eingabe

```
\[
  \begin{matrix} a & -b \\
              c^2 & d \end{matrix} \qquad
  \begin{pmatrix} a & -b \\
              c^2 & d \end{pmatrix} \qquad
  \begin{bmatrix} a & -b \\
```

```
                c^2 & d \end{bmatrix} \qquad
  \begin{vmatrix} a & -b \\
                c^2 & d \end{vmatrix}
\]
```

Diese Umgebungen haben im Gegensatz zu `array` keine tabellenartige Kopfzeile, sondern verwenden eine Standardvorgabe von bis zu zehn zentrierten Spalten (änderbar, falls nötig, über den Zähler `MaxMatrixCols`).

Für noch kompliziertere Matrizen ist das `easymat`-Paket nützlich, das Teil des easy-Bündels von Enrico Bertolazzi ist: Die folgende Hilbert-Matrix

$$\left[\begin{array}{c:ccc} 1 & \frac{1}{2} & \frac{1}{3} & \cdots \\ \hdashline \frac{1}{2} & \frac{1}{3} & \frac{1}{4} & \cdots \\ \frac{1}{3} & \frac{1}{4} & \frac{1}{5} & \cdots \\ \vdots & \vdots & \vdots & \ddots \end{array}\right]$$

bekommen Sie mit der Eingabe

```
\[ \left[
  \begin{MAT}(b){c;ccc}
    1       & \frac12 & \frac13 & \cdots \\;
    \frac12 & \frac13 & \frac14 & \cdots \\
    \frac13 & \frac14 & \frac15 & \cdots \\
    \vdots  & \vdots  & \vdots  & \ddots \\
  \end{MAT}
  \right] \]
```

Beachten Sie insbesondere die Spezifikation der gepunkteten Linien über die an strategischen Stellen platzierten Semikolons.

Ebenfalls eine Art Matrix (im weitesten Sinne) definiert die `cases`-Umgebung von `amsmath`:

$$A(m,n) = \begin{cases} n+1 & \text{falls } m = 0 \\ A(m-1,1) & \text{falls } m > 0 \text{ und } n = 0 \\ A(m-1, A(m,n-1)) & \text{falls } m > 0 \text{ und } n > 0 \end{cases} \qquad (2.1)$$

Die Eingabe dazu ist

```
\begin{equation}
  A(m,n) =
```

```
  \begin{cases}
    n + 1 & \text{falls $m=0$} \\
    A(m-1, 1)& \text{falls $m>0$ und $n=0$} \\
    A(m-1, A(m, n-1)) & \text{falls $m>0$ und $n>0$}
  \end{cases}
\end{equation}
```

## HACK #23 Bytefelder und Protokolldateneinheiten

**Setzen Sie bequem Schaubilder für Datenstrukturen und Netzwerkprotokolle.**

Warum gleich ein Grafikprogramm anwerfen, wenn es darum geht, ein Datenformat für ein Netzwerkprotokoll darzustellen? Es gibt doch das `bytefield`-Paket von Scott Pakin, mit dem das in LaTeX ein pures Kinderspiel ist. Betrachten Sie das folgende einfache Beispiel (aus der `bytefield`-Dokumentation geliehen):

```
\begin{bytefield}{16}
  \wordbox{1}{Ein 16-Bit-Feld}\\
  \bitbox{8}{8 Bit}
    & \bitbox{8}{8 Bit mehr} \\
  \wordbox{2}{Ein 32-Bit-Feld
    (mit Zeilenumbruch)}
\end{bytefield}
```

Sie müssen nur angeben, wie viele Bit Ihr Diagramm breit sein soll, und können dann `\bitbox`- und `\wordbox`-Kommandos verwenden, um die verschiedenen Felder einzutragen. `\bitbox`-Felder teilen sich zu mehreren nebeneinander eine Zeile, während `\wordbox`-Felder immer eine ganze Zeile einnehmen, aber mehrere Zeilen hoch sein dürfen. Das erste Argument ist bei `\bitbox` die Breite in Bit, bei `\wordbox` die Höhe in Byte; das zweite ist in beiden Fällen der Text, der im betreffenden Feld erscheinen soll.

Beide Arten von Boxen haben ein optionales Argument, das angibt, welche Seiten tatsächlich gezeichnet werden sollen – eine Teilmenge von »`tblr`«, nämlich *top* (oben), *bottom* (unten), links und rechts. Damit sind auch krause Formate möglich wie

```
\begin{bytefield}{16}
  \bitbox{4}{4 Bit}
    & \bitbox[lrt]{12}{} \\
  \wordbox[lrb]{1}{28-Bit-Feld}
\end{bytefield}
```

Sie können auch eine Kopfzeile mit Bitpositionen hinzufügen:

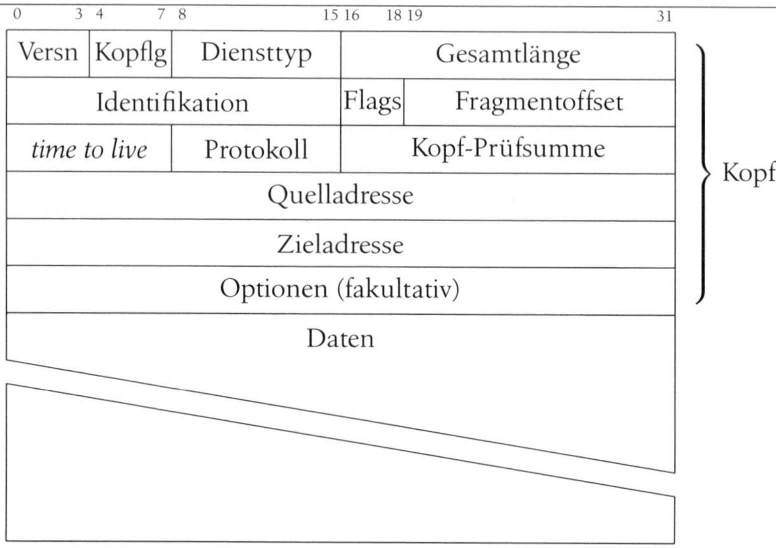


```
\begin{bytefield}{32}
  \bitheader{0,3,4,7,8,15,16,18,19,31}\\
  \wordgroupr{Kopf}
  \bitbox{4}{\strut Versn} & \bitbox{4}{Kopflg}
    & \bitbox{8}{Diensttyp} & \bitbox{16}{Gesamtlänge} \\
  \bitbox{16}{Identifikation} & \bitbox{3}{Flags}
    & \bitbox{13}{Fragmentoffset} \\
  \bitbox{8}{\emph{time to live}} & \bitbox{8}{Protokoll}
    & \bitbox{16}{Kopf-Prüfsumme} \\
  \wordbox{1}{Quelladresse} \\
  \wordbox{1}{Zieladresse} \\
  \wordbox{1}{Optionen (fakultativ)}
  \endwordgroupr \\
  \wordbox[lrt]{1}{Daten}\\
  \skippedwords\\
  \wordbox[lrb]{1}{}
\end{bytefield}
```

*Abbildung 2-1: Struktur eines IP-Datagramms*

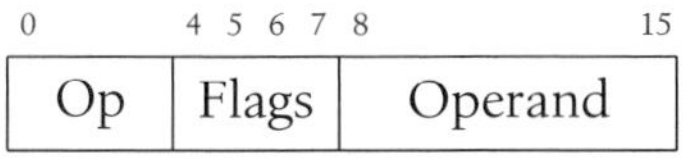


```
\begin{bytefield}{16}
  \bitheader{0,4-7,8,15}\\
  \bitbox{4}{Op}
    & \bitbox{4}{Flags}
    & \bitbox{8}{Operand}
\end{bytefield}
```

Als krönenden Abschluss sehen Sie in Abbildung 2-1 die Darstellung eines IP-Datagramms mit `bytefield` mitsamt dem dazugehörigen Quellcode.

Das `bytefield`-Paket ist sehr nützlich, weil es Ihnen erlaubt, mit einer textuellen Beschreibung des Formats statt einer unhandlichen Grafik zu arbeiten. Das macht Änderungen einfach und gestattet es zum Beispiel auch, die Diagramme viel bequemer und schneller in Fremdsprachen zu übersetzen – mal abgesehen davon, dass die genaue Positionierung der Feldbeschreibungen in einem Grafikprogramm eine lästige Fleißarbeit ist. (Aber wofür gibt es schließlich studentische Hilfskräfte?)

## HACK #24 Syntaxdiagramme darstellen

**Veranschaulichen Sie die Syntax von Programmiersprachen mit dem rail-Paket.**

Syntaxdiagramme (auch als »Eisenbahndiagramme« bekannt) sind eine verbreitete Methode zur Präsentation der Syntaxregeln von Programmiersprachen. Sie sehen ein Beispiel in Abbildung 2-2. Das Prinzip ist, dass jede Folge von terminalen und nichtterminalen Symbolen, die Sie erreichen können, indem Sie links im Diagramm anfangen und den Linien folgen, ein syntaktisch wohlgeformtes Programm darstellt. Syntaxdiagramme entsprechen der

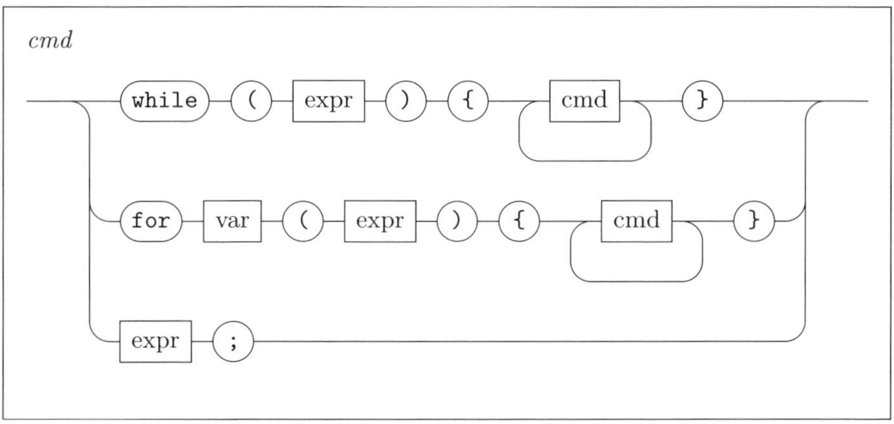


*Abbildung 2-2: Ein Syntaxdiagramm*

bekannten »Backus-Naur«-Schreibweise (BNF) für formale Grammatiken, erweitert um reguläre Ausdrücke auf der rechten Seite.

Es gibt verschiedene LaTeX-Pakete, die sich mit dem Thema »Syntaxdiagramme« beschäftigen, aber das mit der schönsten Ausgabe ist `rail` von L. W. J. Rooijakkers und K. Barthelmann. Zwar verwendet es ein externes C-Programm zur Formatierung der Diagramme, aber das Programm ist unter Linux leicht zu übersetzen (es benötigt Lex und Yacc, vulgo Flex und Bison), und die Ausgabequalität lohnt den Aufwand durchaus. Mit `rail` können Sie in Ihren Dokumenten über die `rail`-Umgebung verfügen, in der Sie Syntaxdiagramme im wesentlichen in BNF spezifizieren können. Hier ist die Eingabe für Abbildung 2-2:

```
\begin{rail}
  cmd : 'while' '(' expr ')' lbrace ( cmd + ) rbrace
      | 'for' var '(' expr ')' lbrace ( cmd + ) rbrace
      | expr ';'
      ;
\end{rail}
```

Wörter und Zeichen in einfachen Anführungszeichen sind »terminale Symbole«, also Dinge, die so, wie sie in der BNF stehen, auch im Text zu finden sein müssen: der Text `while`, die runden Klammern und so weiter. Andere Wörter sind »nichtterminale Symbole«, das heißt, sie stehen für einen Bezug auf eine andere BNF-Regel (bzw. ein anderes Syntaxdiagramm). Unser Diagramm erklärt zum Beispiel nicht, wie ein `expr` aussehen muss (man könnte mutmaßen, dass es sich dabei um einen mathematischen Ausdruck handeln dürfte). Die Ausnahme sind TeX-Sonderzeichen wie die geschweiften Klammern, die hier als Wörter `lbrace` und `rbrace` auftauchen. Diese Wörter können nach dem Laden des `rail`-Pakets mit `\railalias` und `\railterm` zu terminalen Symbolen »ehrenhalber« erklärt werden, wobei Sie auch gleich angeben müssen, wie sie im Syntaxdiagramm dargestellt werden sollen:

```
\usepackage{rail}
\railalias{lbrace}{\{}
\railalias{rbrace}{\}}
\railterm{lbrace,rbrace}
```

Nichtterminale Symbole stehen in unseren Diagrammen in rechteckigen Kästen, terminale Symbole in Kreisen oder Kästen mit abgerundeten Enden.

Die Notation »`lbrace ( cmd + ) rbrace`« steht übrigens für »eine linke geschweifte Klammer, gefolgt von mindestens einem `cmd`, dann eine rechte geschweifte Klammer«. Diese Schreibweise entspricht einem regulären Ausdruck, wobei »+« als »mindestens eine Wiederholung« zu verstehen ist. Gra-

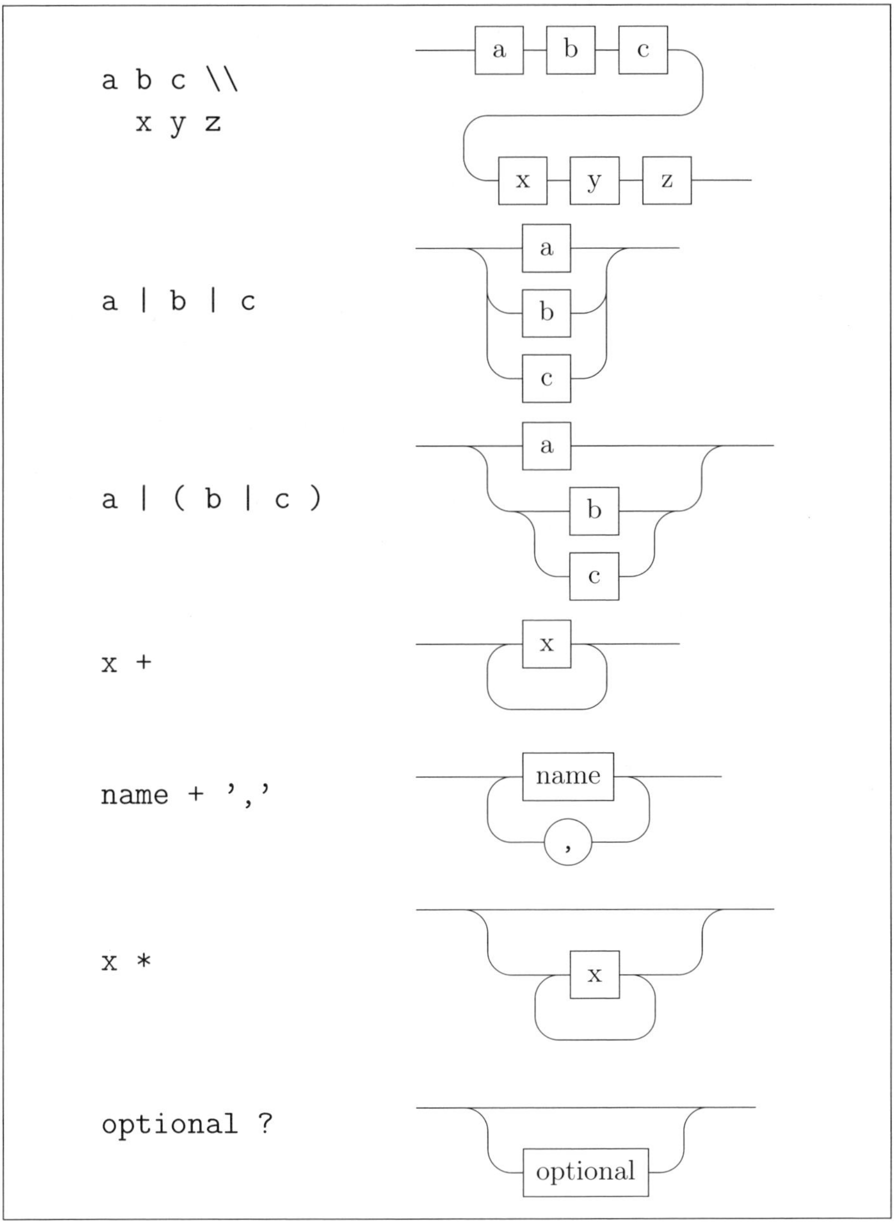


*Abbildung 2-3: Diverse Konstruktionen mit rail*

*Tabelle 2-2: Kommando-Umbenennungen mit chemsym*

| Normal | mit chemsym | Erklärung |
|---|---|---|
| `\H` | `\h` | Ungarischer Umlaut (»Erdős«) |
| `\O` | `\OO` | Ø (wie in »SMØRREBRØD«) |
| `\P` | `\PP` | Absatzzeichen ¶ |
| `\S` | `\Ss` | Paragraphenzeichen § |
| `\Re` | `\re` | Mathematischer Operator ℜ |
| `\Pr` | `\pr` | Mathematischer Operator Pr |

fisch resultiert das in einem rechteckigen Kasten mit dem Inhalt »cmd«, um den herum eine Linie geführt ist, die rechts beginnt und links wieder endet (für die Wiederholung). Die runden Klammern tauchen im Diagramm nicht auf, sondern dienen nur der Klarstellung.

Insgesamt unterstützt `rail` eine ganze Reihe von nützlichen Konstruktionen. Eine Auswahl sehen Sie in Abbildung 2-3. Die Dokumentation des Pakets enthält mehr Details zur Notation sowie zu verschiedenen Parametern, mit denen Sie die Darstellung anpassen können.

## HACK #25 Chemische Symbole und Formeln

**Chemie ist, wenn es knallt und stinkt – wie Sie chemische Symbole und Formeln mit LaTeX setzen können.**

Auf den ersten Blick scheinen chemische Elemente und Verbindungen bequem mit den mathematischen Mitteln von LaTeX darzustellen zu sein:

$$H_2O, C_2H_5OH, NaCl, KMnO_4, H_2SO_4.$$

Allerdings fällt man dabei demselben Irrtum anheim wie in Physikalische Einheiten korrekt setzen **[Hack #20]** angedeutet. Der gängigen Konvention zufolge gehören Abkürzungen für chemische Elemente nämlich aufrecht gesetzt und nicht kursiv. Auch die Verteilung des Freiraums etwa bei $NaCl$ und $KMnO_4$ ist suboptimal: der Zwischenraum zwischen $N$ und $a$ oder zwischen $M$ und $n$ ist zu groß.

Statt das jetzt alles manuell mit `\textrm` und Ähnlichem zu reparieren, schlagen wir Ihnen vor, lieber das chemsym-Paket von Mats Dahlgren zu verwenden. Es bietet die naheliegenden Symbole für alle chemischen Elemente sowie einige gängige Gruppen (etwa die Alkyl-Gruppen, die OH- und die COOH-Gruppe) und sorgt dafür, dass diese auch korrekt gesetzt werden:

| | |
|---|---|
| $\mathrm{H_2O}$, $\mathrm{C_2H_5OH}$, $\mathrm{NaCl}$, $\mathrm{KMnO_4}$, $\mathrm{H_2SO_4}$ | `\H_2O, \C_2\H_5\OH, \Na\Cl, \K\Mn\O_4, \H_2\S\O_4` |

`chemsym` fügt hinter einem Elementsymbol einen ganz kleinen Freiraum ein, solange kein Index oder Exponent oder eine runde oder eckige Klammer folgt. Dies lässt Verbindungen etwas besser aussehen. Ein netter Nebeneffekt des Pakets ist außerdem, dass Sie für chemische Symbole nicht in den Mathematikmodus wechseln müssen, denn die Abkürzungen sind so definiert, dass sie auch im Textmodus funktionieren.

> Um alle Elementsymbole zur Verfügung stellen zu können, definiert `chemsym` einige LaTeX-Kommandos um. Eine Liste finden Sie in Tabelle 2-2.

`chemsym` definiert ferner ^ und _ so um, dass sie auch im Textmodus funktionieren. Das ist allerdings mit Vorsicht zu genießen, da es mit anderen Funktionen wie der Umschreibung von Steuerzeichen als »`^^M`« oder der Verwendung von Unterstreichungen in Dateinamen kollidieren kann. Betroffene Pakete sind zum Beispiel `longtable` oder `multicol`. Aus diesem Grund ist es möglich, das Paket mit der Option »`collision`« aufzurufen – in diesem Fall behalten ^ und _ ihre übliche Bedeutung. Sie sollten diese Zeichen auch in Marken vermeiden, die Sie mit `\label` oder `\cite` setzen. Grundsätzlich ist es eine gute Idee, `chemsym` als eines der letzten Pakete einzubinden.

> Die Argumente von ^ und _ werden im Mathematikmodus gesetzt, auch wenn ^ und _ selbst im Textmodus stehen. Das ist normalerweise kein Problem, solange Sie, wie in der Chemie üblich, vor allem Ziffern verwenden. Nur bei Buchstaben ist hier und da ein `_{\mathrm{x}}` statt einem `_x` fällig.

# Seitenformatierung

## Hacks #26–34

Nachdem wir uns mit Texten und mathematisch-naturwissenschaftlichen Inhalten, also dem *Fließtext* eines Dokuments beschäftigt haben, werfen wir jetzt einen Blick darauf, wie wir dieses Material auf Seiten verteilen. Wir befassen uns mit Seitennummerierung, Seitenstilen mit Kopf- und Fußzeilen, Schusterjungen und Hurenkindern und damit, wie Sie das Seitenlayout visualisieren und anpassen können. Sie lernen, wie Sie dafür sorgen, dass Material auf linken und rechten Seiten verschieden formatiert wird. Außerdem zeigen wir Ihnen, wie Sie LaTeX-Texte in ganz eigenartige Formen bringen können, mit etwas Hilfe von `xfig`.

## HACK #26 Kapitelweise Seitennummerierung verwenden

**Alles neu macht das neue Kapitel: Lernen Sie hier, wie Sie dafür sorgen, dass die Seiten jedes Kapitels ab 1 gezählt werden.**

Romane, Lexika und überhaupt die meisten Druckwerke nummerieren ihre Seiten von vorne nach hinten fortlaufend durch. Hin und wieder trifft man aber eine Situation, wo eine Paginierung gewünscht ist, die für jedes neue Kapitel wieder mit 1 anfängt. Typischerweise ergeben sich dann Seitennummern wie »1-13« oder »5-27«. Die gängige Anwendung hierfür sind Loseblattsammlungen, wo man zu einem Kapitel neue Seiten hinzufügen möchte, ohne dass die Seitenzahlen für das restliche Dokument durcheinander geraten.

Sinnvollerweise geht dies Hand in Hand mit einem Design, bei dem neue Kapitel jeweils auf einer neuen rechten Seite anfangen, da Bücher in der Regel die ungeraden Seitennummern rechts haben. Ein Kapitelanfang in der Mitte einer linken Seite wäre für dieses Konzept eher unbequem. Aus LaTeXnischer Sicht macht dieser Umstand – Kapitelanfang immer oben rechts – die Sache relativ einfach: Vor dem eigentlichen neuen Kapitelanfang wird mit einem

`\cleardoublepage` dafür gesorgt, dass eine allfällige halbfertige Seite ausgegeben und, falls nötig, eine leere linke Seite eingebaut wird. (Die LaTeX-Dokumentklasse `book` macht das von Haus aus so; `report` können Sie mit der Klassenoption `openright` dazu überreden.) Jetzt sind wir in einer Position, die Seitennummer zurückzusetzen, da der Kapitelanfang sowieso eine neue Seitennummer bekommen muss.

LaTeX gibt uns die Möglichkeit, einen Zähler auf Null zurückzusetzen, wenn ein anderer Zähler weitergezählt wird. Üblicherweise wird das beim Neuanlegen des zurückzusetzenden Zählers mit

```
\newcounter{page}[chapter]
```

erledigt, aber die Zähler für Seite und Kapitel sind ja schon definiert. Also müssen wir es nachträglich machen – ein

```
\@addtoreset{page}{chapter}
```

sorgt dafür, dass beim Erhöhen der Kapitelnummer die Seitennummer zurückgesetzt wird.

Uns bleibt nur ein Problem, das Ihnen sicher schon schwer im Magen liegt, wenn Sie sich an die LaTeX-Dokumentation erinnern: Die meisten LaTeX-Zähler werden unmittelbar vor ihrem »Gebrauch« erhöht – eine Kapitelnummer zum Beispiel beginnt mit dem Wert 0 und wird erst bei der Ausgabe des ersten Kapitelanfangs auf den Wert 1 gesetzt –, aber der Wert des Zählers `page`, der Seitennummer, ist immer die Nummer der nächsten auszugebenden Seite, denn `page` wird *nach* dem Gebrauch weitergezählt und nicht davor. Das heißt, wenn wir nicht wollen, dass auf der ersten Seite unseres neuen Kapitels die Nummer »1-0« prangt, müssen wir `page` auf 1 zurücksetzen und nicht auf 0. Aber wie?

Hier hilft uns ein Blick in den LaTeX-Quellcode. Das Makro `\stepcounter` erhöht einen Zähler und kümmert sich um das Zurücksetzen der abhängigen Zähler, indem es für jeden dieser Zähler das Makro `\@stpelt` mit dem Namen des Zählers als Argument aufruft. `\@stpelt` sieht ungefähr so aus:

```
\newcommand{\@stpelt}[1]{\setcounter{#1}{0}}
```

In Wirklichkeit verwendet `\@stpelt` die unterliegenden TeX-Kommandos direkt; für die Zwecke unserer Diskussion ist LaTeX aber bequemer. – Wir können dieses Makro einfach durch eine Version ersetzen, die prüft, ob gerade der Zähler `page` betrachtet wird, und dann gegebenenfalls den Wert Eins statt Null annimmt:

```
\renewcommand{\@stpelt}[1]{%
  \ifthenelse{\equal{#1}{page}}%
```

```
    {\setcounter{page}{1}}%
    {\setcounter{#1}{0}}
```

(Wir setzen hier voraus, dass weiter vorne ein \usepackage{ifthen} gestanden hat.)

Jetzt haben wir dafür gesorgt, dass uns die richtigen Seitennummern pro Kapitel zur Verfügung stehen. Das ist aber nur die halbe Miete; wir müssen sie auch noch ausgeben. Hierzu definieren wir uns eine Seitennummerierung à la \pagenumbering{bychapter}. Ein weiterer Blick in den LaTeX-Quellcode lehrt uns, dass \pagenumbering{bychapter} ein Makro \@bychapter mit der aktuellen Seitennummer als Argument zur Formatierung verwendet – das ist übrigens eine Erklärung dafür, warum wir die Seitennummerierung bychapter und nicht chapter nennen, denn \@chapter ist schon anderweitig vergeben. Unser \@bychapter könnte so aussehen:

```
\newcommand*{\@bychapter}[1]{\thechapter-\@arabic#1}
```

(Dabei ist \@arabic äquivalent zu \arabic, bis darauf, dass \arabic einen Zählernamen wie page und \@arabic das korrespondierende TeX-Register – \c@page – übernimmt. \pagenumbering operiert mit \c@page, deswegen müssen wir \@arabic benutzen.)

So weit, so gut. Einen Schönheitsfehler hat die Sache noch: Vor dem Anfang des ersten Kapitels (also im Vorwort, Inhaltsverzeichnis und so weiter, falls vorhanden) erscheint die Seitennummer als »0-1« – nicht gerade elegant. Die Abhilfe besteht darin, \@bychapter so zu definieren:

```
\newcommand*{\@bychapter}[1]{%
  \ifthenelse{\value{chapter}>0}{\thechapter-}{}%
  \@arabic#1}
```

Alles in allem sieht unser Code aus wie in Abbildung 3-1 zu sehen. Sie könnten das Paket verwenden wie

```
\documentclass{book}
...
\usepackage{pagebychapter}
...
\begin{document}
\pagenumbering{bychapter}
\chapter{...}
...
```

Aufpassen müssen Sie mit \frontmatter und \mainmatter, die möglicherweise ihre eigenen Vorstellungen davon haben, wie die Seitennummerierung ausse-

```
% pagebychapter.sty
\RequirePackage{ifthen}
\@addtoreset{page}{chapter}
\renewcommand{\@stpelt}[1]{%
  \ifthenelse{\equal{#1}{page}}%
    {\setcounter{page}{1}}%
    {\setcounter{#1}{0}}
\newcommand*{\@bychapter}[1]{%
  \ifthenelse{\value{chapter}>0}{\thechapter-}{}%
    \@arabic#1}
```

*Abbildung 3-1: Kapitelweise Seitennummerierung*

hen soll. Unter Umständen ist es nötig, dass Sie Ihre eigenen Definitionen dieser Kommandos liefern.

## Siehe auch

- Alternativ gibt es das LaTeX-Paket chappg von Robin Fairbairns, das dieses Problem etwas flexibler, robuster und effizienter angeht. Die dort benutzten Techniken sind aber genau die gleichen wie die hier gezeigten und gehen zurück auf eine frühere Implementierung von Max Hailperin.

## HACK #27 Linke und rechte Seiten verschieden behandeln

**Sorgen Sie für Titel, die immer am äußeren Seitenrand stehen, und Ähnliches mehr.**

Wenn Sie dieses Buch genau anschauen, wird Ihnen auffallen, dass die Kapiteltitel rechtsbündig sind, wenn das Kapitel auf einer rechten Seite anfängt. Fängt das Kapitel auf einer linken Seite an, dann sind sie dagegen linksbündig. Magie? Handarbeit? Weder noch. Hier zeigen wir eine Technik, mit der Sie diesen Effekt erreichen können. Er ist auch für viele ähnliche Anwendungen nützlich – etwa wenn Sie Randnotizen immer im äußeren Rand stehen haben wollen – und darum eine Grundzutat für viele nützliche LaTeX-Hacks.

Im Grunde ist alles ganz einfach: Wenn sich die Frage stellt, ob etwas links- oder rechtsbündig gesetzt werden soll (oder wenn grundsätzlich eine Layout-Entscheidung abhängig davon getroffen werden soll, ob gerade eine linke oder rechte Seite in Arbeit ist), schauen wir nach, ob die aktuelle Seite eine gerade oder ungerade Nummer hat, und entscheiden anhand dieser Information. Der Haken an der Sache ist nur, dass LaTeX beim Formatieren eines Absatzes noch nicht sagen kann, auf welcher Seite er letztendlich landen wird – aus der Sicht des Teils von LaTeX, der sich mit der Formatierung von Absätzen beschäftigt, gibt es ja keine Seiten, sondern das Dokument ist eine Art endlose Papierrolle. Erst wenn Material im Wert von mehr als einer Seite auf dieser Rolle steht, wird eine Seite davon »abgeschnitten« (wobei natürlich noch Komplikationen wie Gleitobjekte oder Fußnoten berücksichtigt werden müssen). *So* einfach ist es also doch nicht.

Stattdessen ist hier, ähnlich wie bei der Erstellung von Querverweisen oder Inhaltsverzeichnissen, ein zweistufiger Ansatz nötig. Wo auch immer eine entsprechende Entscheidung nötig wird, wird während eines LaTeX-Laufs die Information darüber protokolliert, ob die betreffende Stelle auf einer gerade oder ungerade nummerierten Seite steht. Die tatsächliche Entscheidung fällt aber immer auf der Basis des *vorigen* Laufs. Sobald die Paginierung des Dokuments sich von Lauf zu Lauf nicht mehr ändert, führt das zum gewünschten Ergebnis.

Hier ist eine einfache Implementierung dieser Vorgehensweise, beruhend auf dem `sidecap`-Paket von Rolf Niepraschk und Hubert Gäßlein. (Dieses Paket ist eigentlich dafür da, Bild- und Tabellenlegenden zu erlauben, die neben dem Bild oder der Tabelle stehen statt darüber oder darunter. Es liegt nahe, dass hier die fragliche Funktionalität gebraucht wird.) Im Sinne einer Verallgemeinerung definieren wir ein Kommando `\ifoddpage`, das sich benimmt wie `\ifthenelse`:

```
\ifoddpage{Material für ungerade Seiten}%
  {Material für gerade Seiten}
```

Immer, wenn wir ein `\ifoddpage`-Kommando antreffen, setzen wir mit `\label` eine Marke. Anschließend prüfen wir die Seitennummer, die der Marke beim vorigen Lauf zugeordnet wurde:

```
\newcounter{iop@c}
\newcommand*{\iop@id}{iop@\number\value{iop@c}}
\newcommand*{\ifoddpage}{%
  \stepcounter{iop@c}%
  \expandafter\label\expandafter{\iop@id}%
  \ifthenelse{\isodd{\iop@getpagenumber{\iop@id}}}}
```

`\iop@id` liefert einen eindeutigen Namen für die Marke, die wir mit diesem `\ifoddpage`-Kommando verbinden. Basis dafür ist die Anzahl der bisher angetroffenen `\ifoddpage`-Kommandos, die in `iop@c` steht. Dieser Name wird in `\ifoddpage` sowohl verwendet, um die Marke zu setzen, als auch, um ihren Wert vom vorigen Lauf abzufragen. (Die »Argumente« von `\ifoddpage` werden direkt vom `\ifthenelse` übernommen, mit dem die Definition von `\ifoddpage` endet.)

Werte von Marken werden in LaTeX üblicherweise mit dem internen Makro `\@setref` abgeholt, das die Kommandos `\ref` und `\pageref` »unter der Motorhaube« benutzen. In unserem Fall ist das nicht ganz das, was wir wollen, denn wenn eine Marke nicht definiert ist, sorgt `\@setref` für zwei fette Fragezeichen an der betreffenden Stelle im Text. Wir wollen den Wert – genau genommen die Seitennummer – aber als Zahl auswerten und können keine Fragezeichen als Ersatz gebrauchen, sondern eher einen Standardwert, zum Beispiel eine Null. Deswegen verweisen wir in der Definition von `\ifoddpage` auf ein Makro namens `\iop@getpagenumber`, das in Analogie zu `\pageref` und `\@setref` wie folgt definiert ist:

```
\newcommand*{\iop@getpagenumber}[1]{%
  \expandafter\iop@@getpagenumber\csname r@#1\endcsname{#1}}
\newcommand*{\iop@@getpagenumber}[2]{%
  \ifx#1\relax
    \protect\G@refundefinedtrue % LaTeX-Warnung
    0%
  \else\expandafter\@secondoftwo#1\@nil
  \fi}
```

LaTeX speichert Marken in Makros der Form »`\r@`*`Markenname`*«. Die Expansion eines solchen Makros ist immer »`{`*`Wert`*`}{`*`Seite`*`}`«, wobei der *`Wert`* typischerweise eine Kapitel- oder Abschnittsnummer ist oder sonst etwas, worauf Sie mit `\ref` verweisen können. Die *`Seite`* ist die Seitennummer, auf der die Marke zu finden ist, und diese (oder, genauer gesagt, ob sie gerade oder ungerade ist) interessiert uns ja.

Ist der Wert der gesuchten Marke noch nicht bekannt oder, aus der Sicht von LaTeX, das Makro `\r@iop...` undefiniert (und deshalb im Sinne von `\ifx` gleich `\relax`), gibt `\iop@getpagenumber` willkürlich die Seitennummer 0 zurück (eine Warnung wird ausgegeben, aber keine fetten Fragezeichen in den Text geschrieben). Andernfalls liefert es die Seitenzahl aus der Expansion des Marken-Makros.

Und wofür ist das Ganze jetzt zu gebrauchen? Das schon zitierte `sidecap`-Paket erlaubt, wie gesagt, Bild- und Tabellenlegenden, die immer auf der Außen- oder Innenseite neben dem betreffenden Bild oder der Tabelle erscheinen statt darüber oder darunter. Wir demonstrieren die Anwendung dieses Hacks mit einer »erleuchtenden« Umgebung, die ihren Inhalt etwas schmaler setzt als den umgebenden Text und auf der Außenseite ein großes Ausrufungszeichen einblendet, etwa so:

Dies ist ein Beispielabsatz für die Unterscheidung linker und rechter Seiten mit dem `\ifoddpage`-Kommando. Das Ausrufungszeichen erscheint immer auf der Außenseite des Texts. **!**

Definieren können wir diese Umgebung etwa so:

```
\newsavebox{\iopdemobox}
\newcommand{\iopdemomarker}{%
  \raisebox{-0.8\baselineskip}{%
    \parbox[t]{.05\linewidth}{\centering
      \Huge\textbf{!}}}}
\newenvironment{iopdemo}{%
  \begin{lrbox}{\iopdemobox}%
    \begin{minipage}[t]{.9\linewidth}%
}{%
    \end{minipage}%
  \end{lrbox}%
  \ifoddpage
    {\usebox{\iopdemobox}\hspace{.05\linewidth}\iopdemomarker}%
    {\iopdemomarker\hspace{.05\linewidth}\usebox{\iopdemobox}}%
}
```

Hierbei wird der eigentliche Inhalt der Umgebung in der `\iopdemobox` gesammelt (wir verwenden `lrbox`, die Umgebungsvariante des `\savebox`-Kommandos); sobald die Umgebung beendet ist, entscheiden wir mit `\ifoddpage`, ob wir erst den Inhalt und dann das Ausrufungszeichen ausgeben (auf ungeraden Seiten) oder umgekehrt (auf geraden Seiten).

**!** Dies ist (der Vollständigkeit halber) noch ein Beispielabsatz für die Unterscheidung linker und rechter Seiten mit dem `\ifoddpage`-Kommando. Das Ausrufungszeichen erscheint immer auf der Außenseite des Texts.

Die außenliegenden Kapitelanfänge in diesem Buch lassen sich übrigens einfacher erreichen: `titlesec` nutzt die Tatsache aus, dass Kapitel in der Regel auf einer neue Seite anfangen, um »Auffüllkommandos« wie diese zu definieren (etwas paraphrasiert):

```
\newcommand{\filright}{...}      % Linksbündige Titel
\newcommand{\filleft}{...}       % Rechtsbündige Titel
\newcommand{\filinner}{%
  \ifodd\c@page\filleft\else\filright\fi
}
```

Wenn wie an einem Kapitelanfang gerade eine vorige Seite zwangsweise geschrieben wurde (auch wenn sie nur halbvoll war) und LaTeX am Anfang einer neuen Seite steht, gibt der `page`-Zähler die korrekte Seitenzahl wieder und kann darum direkt für »Richtungsentscheidungen« herangezogen werden. Wenn nicht garantiert ist, dass Kapitelanfänge immer am Anfang einer neuen Seite stehen (etwa bei Romanen), müssen Sie natürlich das aufwendigere Verfahren mit den Marken anwenden.

Auch Randnotizen (Stichwort `\marginpar`) versucht LaTeX im äußeren Rand zu platzieren. Da es aber keine besonderen Vorkehrungen im Sinne dieses Hacks trifft, können Randnotizen am Seitenanfang durchaus mal im falschen Rand landen. Das Paket `mparhack` von Tom Sgouros und Stefan Ulrich behebt dieses Problem, indem es eine raffiniertere Variante dieses Hacks ausnutzt, die mit einer Marke pro Seite (statt einer Marke pro `\marginpar`) auskommt. Heutige TeX-Systeme haben aber in der Regel genug Speicher, dass auch unser Ansatz nicht zu Problemen führen dürfte.

## HACK #28 Lebende Kolumnentitel im Index verwenden

**Wie Sie dafür sorgen, dass das erste und letzte Wort auf einer Index-Seite in der Kopfzeile erscheinen.**

LaTeX sorgt normalerweise dafür, dass Kapitel- oder Abschnittstitel in der Kopfzeile landen. Im Index eines Buchs (oder einem Lexikon) wünscht man sich dort dagegen Stichwörter, um leicht die passende Seite zum Nachschlagen finden zu können.

Der gewünschte Effekt ist leicht mit dem `fancyhdr`-Paket von Piet van Oostrum zu erreichen. Mit dem `\markboth`-Kommando von LaTeX können Sie Wörter oder Phrasen angeben, die Ihnen dann bei der Definition von Kopf- und Fußzeilen zur Verfügung stehen – dort verweisen Sie auf `\leftmark` und `\rightmark`, wobei `\leftmark` das *linke* Argument des *letzten* `\markboth` (beachten Sie die L-Wörter) und `\rightmark` das *rechte* Argument des *ersten* `\markboth` enthält. Ein Beispiel: Kommen auf einer Seite die Kommandos

```
...
\markboth{Bli}{Bla}
...
\markboth{Fasel}{Blubb}
...
```

vor (normalerweise tief versteckt in Kommandos wie `\chapter` oder `\section`), dann hat `\leftmark` den Wert »Fasel« und `\rightmark` den Wert »Bla«.

Wenn Sie also Ihren Index so erzeugen, dass Einträge aussehen wie

```
\item \indexmark{Eintrag}, 1, 2, 3, 5, 8
```

und Sie `\indexmark` etwa definieren wie

```
\newcommand{\indexmark}[1]{#1\markboth{#1}{#1}}
```

dann können Sie leicht mit einem Seitenstil wie

```
\pagestyle{index}
\fancyhead{}
\fancyhead[RO,LE]{\rightmark -- \leftmark}
```

dafür sorgen, dass am äußeren Rand der Kopfzeile das erste und das letzte Stichwort auf der Seite erscheinen. Wenn Sie `makeindex` von Pehong Chen verwenden, um Ihren Index zu erzeugen, dann können Sie in dessen Steuerdatei (deren Name typischerweise auf *.ist* endet) die folgenden Zeilen angeben, um für jeden Indexeintrag das Kommando für die Marke zu erzeugen:

```
item_0  "\n\\item \\indexmark{"
delim_0 "},"
```

> LaTeX setzt einen Index üblicherweise in zwei Spalten. LaTeX hat einen wohlbekannten Fehler, der dazu führt, dass beim Aufbauen der zweiten Spalte auf einer Seite sämtliche Marken in der ersten Spalte vergessen werden – eindeutig kein akzeptables Verhalten. Das `fix2col`-Paket von David Carlisle behebt dies.

In einer Enzyklopädie könnte es außerdem passieren, dass auf einer Seite nur ein Eintrag steht – `\leftmark` und `\rightmark` in der Kopfzeile sind gleich. Für diesen Fall hat Piet van Oostrum eine Lösung parat; während TeX-Marken sich nicht direkt mit `\if` vergleichen lassen, können Sie ohne weiteres das `\ifthenelse`-Kommando von LaTeX verwenden:

```
\fancyhead[RO,LE]{%
  \ifthenelse{\equal{\leftmark}{\rightmark}}%
    {\rightmark}%
    {\rightmark -- \leftmark}%
}
```

## HACK #29 Seitenstile al Gusto

**Definieren Sie mit titlesec Seitenstile für Ihre Dokumente.**

Ein weiteres leistungsfähiges Paket, das Ihnen die Definition von Seitenstilen erlaubt, ist `titlesec`. Eigentlich dient es ja dazu, Überschriften zu gestalten **[Hack #45]**, und in dieser Funktion werden Sie es später noch erleben. Überschriften und Seitenstile gehören eng zusammen, aber Seitenformatierung gehört thematisch eher in dieses Kapitel.

Betrachten Sie wieder einmal die Kapiteleingangsseiten dieses Buchs. Zum Seitenstil gehören dabei der graue Kasten oben außen auf der Seite sowie das Material am unteren Rand – die Seitennummer und zwei Linien. Einen entsprechenden Seitenstil könnten Sie mit `titlesec` so definieren:

```
\newpagestyle{chap}[\sffamily]{%
  \setfootrule{.2pt}%
  \sethead[][][\pgchaplf]{\pgchaprt}{}{}
  \setfoot[\fontseries{bc}\selectfont\thepage\quad
      \vrule height8pt depth0pt width.5mm][][]%
    {}{}{\vrule height8pt depth0pt width.5mm\quad\thepage}}
```

Die Kommandos `\sethead` und `\setfoot` funktionieren so ähnlich wie `\fancyhead` aus Lebende Kolumnentitel im Index **[Hack #28]**. Beide haben drei vorgeschriebene und drei optionale Argumente; die vorgeschriebenen beschreiben das Aussehen der Kopf- bzw. Fußzeile auf rechten Seiten oder, wenn die Klassenoption `twoside` nicht gegeben wurde, allen Seiten, während die optionalen Argumente für die linken Seiten da sind. In beiden Fällen ist die Reihenfolge »Links«, »Mitte«, »Rechts«:

```
\sethead{Rechte/alle Seiten oben links}%
    {Rechte/alle Seiten oben Mitte}%
    {Rechte/alle Seiten oben rechts}
\setfoot[Linke Seite unten links]%
    [Linke Seite unten Mitte]%
    [Linke Seite unten rechts]%
    {Rechte Seite unten links}%
    {Rechte Seite unten Mitte}%
    {Rechte Seite unten rechts}
```

Mit `\setfootrule{.2pt}` wird eine Linie unmittelbar oberhalb der Fußzeile eingeschaltet (es gibt auch `\setheadrule`). Ansonsten ist die Frage interessant, wie die grauen Kästen in die äußere obere Ecke kommen, und dazu müssen wir etwas weiter ausholen.

Wenn Sie ein festes Element an einer bestimmten Position auf der Seite platzieren müssen, ist es ein vernünftiger Ansatz, das über den Seitenstil zu erledigen. Im Gegensatz zum laufenden Text des Dokuments kann man nämlich einerseits garantieren, dass das Element immer am selben Platz landet, und andererseits fügt die Arbeitsweise von TeX – Absätze werden auf eine lange »Schriftrolle« geschrieben und irgendwann wird der Anfang davon abgeschnitten und als Seite fertig gestellt – zu unnötiger Komplexität. Es ist am einfachsten, sich einzuklinken, unmittelbar bevor die fertige Seite in die Ausgabedatei geschrieben wird, und dazu dient das Paket `eso-pic` von Rolf Niepraschk. Es bietet ein Kommando namens `\AddToShipoutPicture`, mit dem Sie Material an konstanten Positionen zur Seite hinzufügen können. `\AddToShipoutPicture` stellt Ihnen im Wesentlichen eine LaTeX-`picture`-Umgebung zur Verfügung, die über die ganze Seite geht. Dazu kommen Bequemlichkeitskommandos wie `\AtPageUpperLeft`, das sein Argument an der linken oberen Ecke des Papiers platziert. Das, oder genauer genommen das Kommando \AddToShipoutPicture*, das das Angegebene nur zur unmittelbar nächsten Seite hinzufügt, benutzen wir für die graue Ecke auf linken Kapitelanfangsseiten:

```
\definecolor{cornergray}{gray}{0.5}
\newcommand*{\pgchaplf}{%
  \AddToShipoutPicture*{%
    \AtPageUpperLeft{\color{cornergray}%
      \rule[-15mm]{5mm}{15mm}}}}
```

Auf den rechten Seiten geht es fast genauso, bis darauf, dass es kein Kommando \AddPageUpperRight gibt. Wir müssen die richtige Position selber finden: Ausgehend von \AddPageUpperLeft gehen wir um \paperwidth nach rechts – \LenToUnit wandelt diese Länge in Längeneinheiten von picture um – und dann unmittelbar vor dem Platzieren des grauen Kastens wieder um dessen Breite nach links:

```
\newcommand*{\pgchaprt}{%
  \AddToShipoutPicture*{%
    \AtPageUpperLeft{\put(\LenToUnit{\paperwidth},0){%
        \kern-5mm\color{cornergray}%
          \rule[-15mm]{5mm}{15mm}}}}}
```

Auf diesen Seitenstil bezieht sich das Kommando zum Formatieren der Kapitelanfänge **[Hack #45]**.

> Im wirklichen Leben sieht der Kasten in \pgchaprt eher aus wie
>
> ```
> \kern-5mm\color{cornergray}%
>   \rule[-15mm]{10mm}{20mm}}}}}
> ```
>
> Wir wollen nämlich sicherstellen, dass er bis an den Rand des Papiers reicht, und die probate Methode dafür ist, einfach ein Stück über den Rand hinaus zu drucken.

Werfen wir noch einen kurzen Blick auf den Seitenstil für die »normalen« Seiten in diesem Buch:

```
\renewpagestyle{hackplain}[\sffamily]{%
  \setfootrule{.25bp}
  \sethead[{\makebox[0pt][r]{\htntab[r]\hspace{1.5mm}}}%
      \small\fontseries{c}\selectfont\sectiontitle]%
    [][\pghacknumlf]%
    {\pghacknumrt}{}%
    {\small\fontseries{c}\selectfont
      \sectiontitle
      \makebox[0pt][l]{\hspace*{1.5mm}\htntab[l]}}
```

```
\setfoot[\fontseries{bc}\selectfont\thepage\quad
    \rule{.5mm}{9bp}\quad
      \chaptername~\thechapter: \chaptertitle][][]%
  {}{}{\fontseries{bc}\selectfont\strut
      Hack \#\thesection:\space
        \sectiontitle\quad
          \rule{.5mm}{9bp}\quad\thepage}}
```

Hier sind die Definitionen etwas aufwendiger, weil in den Fußzeilen die Kapitel- bzw. Hacknamen stehen (`\chaptername` usw. im `\setfoot` – Hacks laufen bei uns als `\sections`, siehe **[Hack #45]**). `\pghacknumlf` und `\pghacknumrt` liefern die grauen Felder in den äußeren oberen Ecken der linken bzw. rechten Seiten nach genau demselben Verfahren wie oben, und das `\htntab`-Kommando wird verwendet, um dort die Hacknummer einzutragen:

```
\newcommand*{\htntab}[1][l]{%
  \smash{%
    \begin{tabular}[b]{#1}
      \scriptsize HACK\\
      \fontseries{bc}\selectfont\#\thesection
    \end{tabular}}}
```

Dabei handelt es sich um eine einspaltige Tabelle. Mit dem `\smash` sorgen wir dafür, dass ihre Höhe »offiziell« auf Null gesetzt wird, damit sie nicht die Kopfzeile durcheinander bringt.

## HACK #30 Wider die Schusterjungen und Hurenkinder

Vermeiden Sie unschöne einzelne Zeilen am Seitenanfang oder -ende.

Hin und wieder kommt es vor, dass die letzte Zeile auf einer Seite die erste eines neuen Absatzes ist – oder ein Absatz mit der ersten Zeile auf einer neuen Seite endet. Der blumige Jargon der Schriftsetzer spricht im ersten Fall von »Schusterjungen«, im zweiten von »Hurenkindern«, und diese Phänomene sind normalerweise unerwünscht (obwohl die Meinungen da auseinander gehen – Tschichold zum Beispiel erklärt Hurenkinder für unproblematisch, solange das »Rechteck« der Seite zum Beispiel durch eine Kopfzeile mit Spiegelstrich aufrechterhalten wird, und Schusterjungen können dem Leser »Appetit« auf die nächste Seite machen, wogegen Hurenkinder nach dem Umblättern wiederum enttäuschend wirken mögen). Am Rande: Ganz besonders unerwünscht sind natürlich allein stehende Abschnittsüberschriften am Fuß einer Seite ohne Text darunter, aber LaTeX begeht diesen Lapsus glücklicherweise auch ohne Eingriffe Ihrerseits nicht.

Was die Schusterjungen und Hurenkinder angeht: Sie können sie TEX einfach verbieten. Dafür müssen wir ein bisschen weiter ausholen und ein paar Sachen darüber sagen, wie TEX Seiten konstruiert. Grundsätzlich liest es Eingabetext und konstruiert daraus Absätze, indem es Fließtext an geeigneten Stellen umbricht. Die dabei entstandenen Zeilen werden an die »aktuelle Seite« angehängt (Komplikationen wie abgesetzte Formeln lassen wir mal aus dem Spiel), und TEX prüft jedes Mal, wenn das passiert, was ein Seitenumbruch an der entsprechenden Stelle »kosten« würde. Dabei gilt ein System von Strafpunkten (*penalties*), das zum Beispiel einen Seitenumbruch weniger attraktiv erscheinen lässt, der zu einem Schusterjungen oder Hurenkind führen würde. Seitenumbrüche kommen prinzipiell entweder an Leerraum direkt hinter einer Zeile in Frage oder an Penalties (das ist etwas vereinfacht, aber reicht für unsere Zwecke). Je größer der Penalty, desto größer die Wahrscheinlichkeit, dass an dieser Stelle ein Umbruch stattfindet – und ein Penalty von 10.000 und mehr gilt wie immer als »unendlich«.

Üblicherweise sorgt TEX für ausreichend Leerraum zwischen den Zeilen eines Absatzes, so dass es nicht an möglichen Plätzen für Seitenumbrüche fehlt, und fügt an den richtigen Stellen Penalties ein. Insbesondere kommt nach der ersten Zeile eines Absatzes ein Penalty im Wert von `\clubpenalty` und vor der letzten Zeile einer im Wert von `\widowpenalty`. (Streng genommen würde TEX sogar hinter jeder Zeile eines Absatzes einen Penalty von `\interlinepenalty` einbauen, aber der Standardwert von `\interlinepenalty` ist 0, so dass in Wirklichkeit nichts passiert. Die Werte von `\clubpenalty` und `\windowpenalty` werden jeweils zum `\interlinepenalty` addiert.) TEX kennt ferner einen dritten Parameter, `\displaywidowpenalty`, der für Hurenkinder nach einer abgesetzten mathematischen Formel gilt.

In LATEX haben `\clubpenalty` und `\widowpenalty` jeweils den Wert 150, Seitenumbrüche an diesen Stellen werden also milde verpönt. Der nahe liegende Schritt zum Vermeiden von Hurenkindern und Schusterjungen ist also etwas wie

```
\clubpenalty=10000
\widowpenalty=10000
\displaywidowpenalty=10000
```

– das würde Seitenumbrüche hinter der ersten und vor der letzten Zeile eines Absatzes kategorisch verbieten. Das Problem ist dann allerdings, dass LATEX die Seite irgendwie »passend« machen muss. Das gilt vor allem, wenn Sie anderswo gesagt haben (oder die Dokumentklasse verlangt), dass alle Seiten gleich hoch sein sollen (Stichwort `\flushbottom`). In diesem Fall muss irgendwo auf der Seite genug flexibler vertikaler Platz existieren, um das auszugleichen, was fehlt, wenn TEX einen Schusterjungen unterdrückt, indem es den betreffenden Absatz komplett auf die nächste Seite übernimmt. Das kann wiederum zu unschönen Unregelmäßigkeiten im Satz führen, etwa wenn der Abstand zwischen Absätzen auf nebeneinander liegenden Seiten stark variiert. (Viele abgesetzte Formeln im Text zu haben hilft.) Sollten Sie gar »registerhaltigen Satz« anstreben, bei dem alle Zeilen, wenn Sie eine Seite Ihres Werks gegen das Licht halten, deckungsgleich sind, ist gegen Schusterjungen oder Hurenkinder relativ wenig Kraut gewachsen.

Sie haben natürlich die Wahl, stattdessen `\raggedbottom` zu verwenden und so auf die gleiche Höhe nebeneinander stehender Seiten zu verzichten. Ansonsten ist die Alternative in vielen Fällen nur, den Text so umzuformulieren, dass das Problem verschwindet. Unter Umständen ist es eine gute Idee, nicht gleich ein absolutes Veto auszusprechen, sondern Hurenkinder und Schusterjungen nur über etwas wie

```
\clubpenalty=1000
\widowpenalty=1000
\displaywidowpenalty=1000
```

mit einer höheren Strafpunktzahl zu belegen. Oder Sie verwenden die »Nicht ganz unendlich«-Variante

```
\clubpenalty=9999
\widowpenalty=9999
\displaywidowpenalty=9999
```

Übrigens: LaTeX benutzt `\clubpenalty` für seine eigenen Zwecke, etwa um Schusterjungen im Absatz direkt hinter einer Überschrift zu vermeiden. Beim `\begin{document}` kopiert es darum den Wert von `\clubpenalty` in einen internen Zähler `\@clubpenalty`, um ihn bei Bedarf wiederherstellen zu können. Änderungen des `\clubpenalty` nach dem `\begin{document}` ignoriert LaTeX also – Sie sollten den `\clubpenalty` demnach in der Präambel des Dokuments setzen. (Mit dem `\widowpenalty` stellt LaTeX nichts Besonderes an.)

Es gibt noch ein paar andere Tricks, um die Länge von Absätzen oder die Höhe von Seiten zu beeinflussen. Diese Tricks gehören aber größtenteils ins Reich der *Ultima Ratio* – verwenden Sie sie nur unmittelbar vor dem Druck Ihres Dokuments und auch dann nur mit Vorsicht.

Normalerweise versucht TeX, für jeden Absatz eine Folge von Zeilenumbrüchen zu bestimmen, die die Wortzwischenräume im kompletten Absatz gemäß einer mathematischen Definition »optimiert«. Daraus ergibt sich eine bestimmte Anzahl von Zeilen. Der TeX-Parameter `\looseness` dient dazu, den Absatz um so viele Zeilen länger zu machen, wie sein Wert angibt (oder kürzer, wenn der Wert negativ ist). Das geht nicht beliebig, da auch ein künstlich verlängerter oder verkürzter Absatz noch TeXs Kriterien für Erträglichkeit genügen muss, aber eine Zeile mehr oder weniger ist meist drin, wenn der Absatz lang genug ist. Wenn Sie `\looseness` setzen, gilt der Wert immer nur bis zum Ende des Absatzes, wo das passiert ist.

Hier ist dreimal derselbe Absatz. In der linken Spalte hat die `\looseness` den Wert −1, in der Mitte 0 und rechts 1:

Als ich um fünf Uhr von München wegfuhr, hatte sich der Himmel aufgeklärt. An den Tiroler Bergen standen die Wolken in ungeheuern Massen fest. Als ich um fünf Uhr von München wegfuhr, hatte sich der Himmel aufgeklärt. An den Tiroler Bergen standen die Wolken in ungeheuern Massen fest.

Als ich um fünf Uhr von München wegfuhr, hatte sich der Himmel aufgeklärt. An den Tiroler Bergen standen die Wolken in ungeheuern Massen fest. Als ich um fünf Uhr von München wegfuhr, hatte sich der Himmel aufgeklärt. An den Tiroler Bergen standen die Wolken in ungeheuern Massen fest.

Als ich um fünf Uhr von München wegfuhr, hatte sich der Himmel aufgeklärt. An den Tiroler Bergen standen die Wolken in ungeheuern Massen fest. Als ich um fünf Uhr von München wegfuhr, hatte sich der Himmel aufgeklärt. An den Tiroler Bergen standen die Wolken in ungeheuern Massen fest.

Überstrapazieren sollten Sie diese Methode allerdings nicht; TeX gibt sich große Mühe, die Wortabstände im ganzen *Dokument* einigermaßen gleich zu halten, und einzelne Absätze, in denen die meisten Wortzwischenräume signifikant enger oder weiter sind, können »anders grau« wirken. Als Trick können Sie übrigens eine Tilde (»~«) zwischen die letzten beiden Wörter eines Absatzes setzen, damit kein einzelnes Wort allein auf einer neuen Zeile steht.

Ein weiterer Notnagel, der diesmal nicht auf Absatz-, sondern auf Seitenbasis operiert, ist das Kommando `\enlargethispage`. Hiermit können Sie eine Länge angeben, um die die Seite, auf der das Kommando steht (Vorsicht mit dem asynchronen Seitenaufbau von TeX), zu verlängern oder zu verkürzen. Um wie viel das im Einzelfall geht, hängt natürlich vom allgemeinen Layout ab – der Text sollte nicht an eine etwaige Fußzeile anstoßen –, aber etwas wie

```
\enlargethispage{\baselineskip}
```

macht die aktuelle Seite eine Zeile länger. Um das in einem Buch zu kaschieren, wo die Seiten alle gleich hoch sein sollen, sollten Sie auch die gegenüberliegende Seite entsprechend vergrößern, damit das Endergebnis wieder symmetrisch ist.

# HACK #31 Den Satzspiegel einstellen

Explizite Angaben vs. geometrische Konstruktion: LaTeX gibt Ihnen alle Möglichkeiten.

Die Standardklassen von LaTeX gehen für unsere Begriffe ziemlich verschwenderisch mit dem Papier um – `article`, `report` und vor allem `book` sind von typischen Formaten für entsprechende Publikationen inspiriert, so dass ihr Satzspiegel sich auf dem gängigen DIN-A4-Druckerpapier schon ein bisschen verlieren kann. Bücher sind normalerweise kleiner als DIN A4, weil Schriftgrößen, die als angenehm lesbar empfunden werden, bei einer ökonomische Papierausnutzung zu überlangen Zeilen führen (die wiederum nicht mehr angenehm lesbar sind). Überbreite Ränder, wie sie entstehen würden, wenn man A4-Papier mit vernünftigen Zeilenlängen bedruckte, dezimieren dagegen nicht nur die Wälder, sondern wirken meist auch unangemessen bombastisch. Große Formate bleiben deshalb und auch, weil sie in der Handhabung unbequem sind, meistens auf Bildbände, Atlanten und Ähnliches beschränkt (*Zettels Traum* von Arno Schmidt mal außen vor gelassen).

Soviel zur Ästhetik; Tatsache ist aber auch, dass die Standard-Satzspiegel von LaTeX nicht das *non plus ultra* auf ihrem Gebiet darstellen. Wenn Sie sich mit LaTeX befassen, werden Sie früher oder später in die Verlegenheit kommen, andere Satzspiegel verwenden zu müssen, und sollten darum mit den Hilfsmitteln dafür vertraut sein. Bei den entsprechenden LaTeX-Paketen lassen sich im Wesentlichen zwei Strömungen identifizieren: Die Ästheten, etwa Markus Kohms `typearea`-Paket, und die Fanatiker, zum Beispiel das `geometry`-Paket von Hideo Umeki. Letztere streben danach, dass Sie an jedem Knopf von LaTeX drehen können, der den Satzspiegel beeinflussen kann, während erstere versuchen, Ihnen Arbeit abzunehmen, indem auf der Basis rudimentärer Spezifikationen etwas konstruiert wird, was gefällig aussieht.

Werfen wir zuerst einen Blick auf `geometry`. Dieses Paket erlaubt Ihnen, alle Ränder und Abstände, die den Satzspiegel bestimmen, explizit zu setzen, wobei es hilfreicherweise fehlende Angaben, die sich aus anderen ergeben, selber ausrechnet. Wenn Sie zum Beispiel den linken Rand und die Breite des Textbereichs angeben, ist die Breite des rechten Rands für `geometry` klar, genau wie wenn Sie nur die Breiten des linken und des rechten Rands angeben. Damit ist `geometry` nützlich, wenn Sie sich an präzise Vorschriften – etwa von Verlagen oder Diplomprüfungsämtern – halten müssen, wo man von der zeitlosen Schönheit eines geometrisch konstruierten Satzspiegels noch nie gehört hat und auch nichts hören will.

Im einfachsten Fall sind Sie mit etwas wie

```
\usepackage[margin=1cm]{geometry}
```

dabei – alle Ränder (links, rechts, oben, unten) werden 1 cm breit. Das ist zumindest einfach, auch wenn es diverse ästhetische Regeln über Bord wirft, und für Spezialfälle (denken Sie zum Beispiel an Formulare) nicht mal unnütz. Falls Sie sich fragen, woher geometry weiß, wie groß das Papier ist, das Sie benutzen: Natürlich haben Sie vorher

```
\documentclass[a4paper]{...}
```

gesagt, damit alle Pakete, die es brauchen, über das Papierformat Bescheid wissen. Alternativ funktioniert auch

```
\usepackage[a4paper,margin=1cm]{geometry}
```

Für das explizite Setzen von Rändern und Ähnlichem – die Kopf- und Fußzeilenabstände fallen zum Beispiel auch in geometrys Verantwortungsbereich – steht eine Vielzahl von Parametern zur Verfügung:

| | |
|---|---|
| `paper papersize paperwidth paperheight` | Papierformat |
| `portrait landscape` | Ausrichtung |
| `total width height` | Größe des »Textbereichs« |
| `text textwidth textheight` | Textabmessungen ohne `\marginpars` |
| `left lmargin inner` | Linker/innerer Rand |
| `right rmargin outer` | Rechter/äußerer Rand |
| `nohead nofoot noheadfoot` | Kopf/Fußzeile außer Acht lassen |
| ... | |

(Eine vollständige Liste finden Sie in der Dokumentation zu geometry.) Die Abmessungen einer typischen Visitenkarte könnten Sie also mit etwas wie

```
\usepackage[paper={9cm,5.5cm},margin=4mm,noheadfoot]{geometry}
```

einstellen. (Wie Sie eine Visitenkarte einmal entwerfen und *x*-mal auf einer Seite platzieren, verrät Ihnen Wie Sie Etiketten und Visitenkarten gezielt bedrucken können **[Hack #65]**.)

Übrigens können Sie auch einfach nur

```
\usepackage{geometry}
```

sagen, gleichbedeutend mit »Mach mal was Nettes«. geometry setzt dann die Textbreite (Zeilenlänge) auf 70% der Papierbreite, dito für die Höhe des Textbereichs. Die Ränder hängen davon ab, ob Sie die twoside-Option verwenden; falls ja, verhalten der innere und der äußere Rand sich wie 2 : 3, sonst werden beide Ränder gleich breit gemacht. In der Vertikalen verhalten der obere und der untere Rand sich ebenfalls wie 2 : 3. Diese Relationen können Sie mit den Parametern hmarginratio und vmarginratio Ihren Vorlieben anpassen.

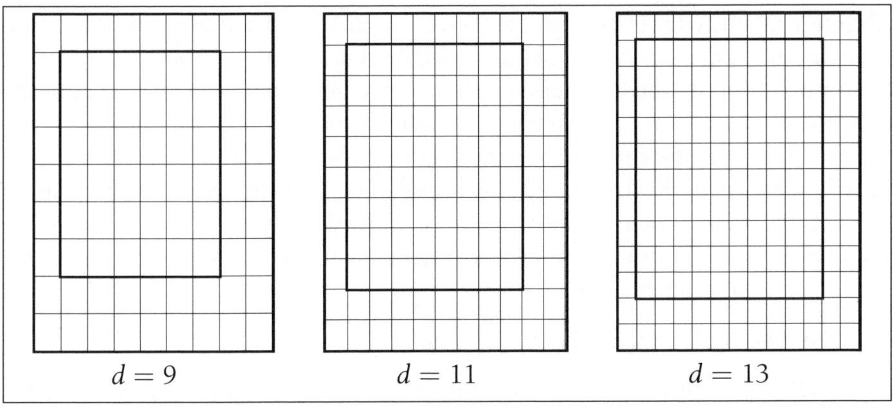


*Abbildung 3-2: Der Satzspiegel mit typearea (DIN-A4-Seiten)*

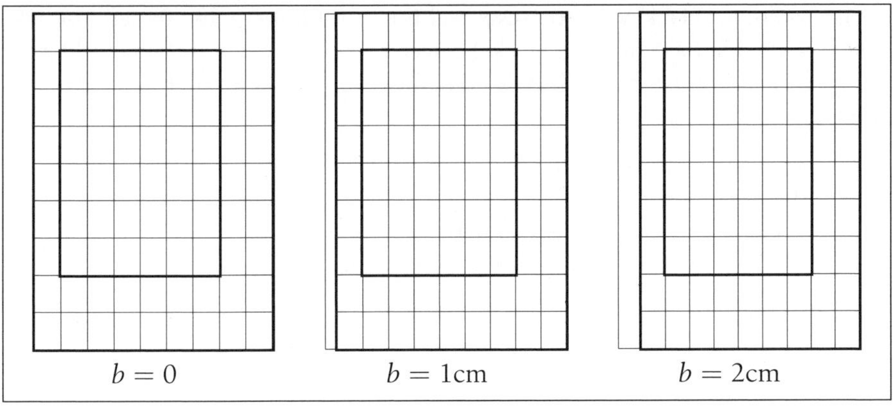


*Abbildung 3-3: Bindekorrektur mit typearea (DIN-A4-Seiten)*

Die Idee des »Mach mal was Nettes« wird vom typearea-Paket von Markus Kohm noch konsequenter umgesetzt. typearea folgt der Prämisse, dass das Seitenverhältnis des Textbereichs dem Seitenverhältnis der Seite entsprechen soll. Außerdem sollen oberer und unterer Rand hier im Verhältnis 1 : 2 stehen, während bei doppelseitigen Dokumenten alle drei »Ränder« – links von der linken Seite, rechts von der rechten Seite und in der Mitte zwischen den beiden Textbereichen des aufgeschlagenen Dokuments – gleich breit sein sollen. Bei einseitigen Dokumenten macht man einfach den linken und den rechten Rand gleich breit.

Wie in der Dokumentation zum KOMA-Script-Paket (dessen Teil typearea ist) beschrieben, erhält man den entsprechenden Satzspiegel am einfachsten durch »Teilung«. Hierbei wird ein Parameter *d* gewählt und die Seite gedanklich horizontal wie vertikal in jeweils *d* Streifen »zerschnitten«. Anschließend gelten dann der oberste Streifen und die beiden unteren als vertikaler Rand, der innere und die beiden äußeren (bei einseitigen Dokumenten: der äußere) als horizontaler Rand (Abbildung 3-2). Sie können auch eine »Bindekorrektur« *b* eingeben, die vor der Streifeneinteilung von der Seitenbreite subtrahiert wird; dies entspricht demjenigen Teil des Papiers, der durch die Buchbindung unsichtbar wird. Veranschaulicht wird das in Abbildung 3-3. Das Ganze ist sehr bequem: Um zum Beispiel den Effekt im rechten Schaubild von Abbildung 3-3 zu erreichen, genügt ein

```
\usepackage[DIV9,BCOR2cm]{typearea}
```

Die KOMA-Script-Dokumentation enthält mehr Informationen über den theoretischen Hintergrund dieser Vorgehensweise und die Einstellungsmöglichkeiten mit `typearea`. All das soll hier nicht wiederholt werden, stattdessen (zugunsten des Hack-Value dieses Abschnitts und mit einem kleinen Vorgriff auf das Thema des nächsten Hacks) zeigen wir Ihnen, wie die Schaubilder in Abbildung 3-2 entstanden sind. Im Quelltext für dieses Kapitel steht nämlich nur

```
\begin{figure}\centering
  \begin{tabular}{ccc}
    \showtypearea{0.015mm}{2100}{2970}{9}&
    \showtypearea{0.015mm}{2100}{2970}{11}&
    \showtypearea{0.015mm}{2100}{2970}{13}\\
    $d=9$ & $d=11$ & $d=13$
  \end{tabular}
  \caption{...}
\end{figure}
```

und die eigentliche Arbeit wird auf das Makro `\showtypearea` abgewälzt. Dieses bedient sich der LaTeX-`picture`-Umgebung, um die Aufteilung bequem, automatisch und plattformunabhängig darzustellen. Seine Parameter sind die gewünschte `\unitlength` für das Bild (die die letztendliche Größe bestimmt), Breite und Höhe des Papiers und der Parameter *d*. `\unitlength`, Breite und Höhe sollten sinnvoll zusammenpassen; Breite und Höhe sind hier sehr groß gewählt, um das Rechnen (mit ganzen Zahlen) nicht zu ungenau werden zu lassen, und `\unitlength` ist entsprechend klein.

Hier ist `\showtypearea`:

```
\newcounter{stalines}
\newcounter{staxdist} \newcounter{stawidth}
\newcounter{staydist} \newcounter{staheight}
\newcounter{statmp}
```

```
\newcommand*{\showtypearea}[4]{%
  {\setlength{\unitlength}{#1}%
   \setcounter{staxdist}{(#2/#4}
   \setcounter{staydist}{#3/#4}
   \setcounter{stalines}{#4}%
   \addtocounter{stalines}{1}%
   \begin{picture}(#2,#3)
     \linethickness{.02mm}
     \multiput(0,0)(0,\value{staydist}){\value{stalines}}%
       {\line(1,0){#2}}
     \multiput(0,0)(\value{staxdist},0){\value{stalines}}%
       {\line(0,1){#3}}
     \thicklines
     \put(0,0){\framebox(#2,#3){}}
     \setcounter{stawidth}{\value{staxdist}*(#4-3)}
     \setcounter{staheight}{\value{staydist}*(#4-3)}
     \setcounter{statmp}{2*\value{staydist}}
     \put(\value{staxdist},\value{statmp})%
       {\framebox(\value{stawidth},\value{staheight}){}}
   \end{picture}}}
```

Nach einigen Vorarbeiten – die `\unitlength` wird gesetzt und die Zähler `staxdist` und `staydist` respektive enthalten den horizontalen und vertikalen Abstand zwischen zwei der insgesamt in jede Richtung `stalines` vielen Gitterlinien – zeichnen wir zuerst das Hintergrundgitter für die ganze Seite. Die beiden `\multiput`s platzieren erst die waagerechten und dann die senkrechten Linien des Gitters. Anschließend zeichnen wir einen dicken Rahmen um die ganze Seite und einen weiteren um den Textbereich.

In Wirklichkeit ist unser `\showtypearea` ein bisschen komplizierter, da es ja auch Abbildung 3-3 erzeugen können muss. Hierzu gibt es einfach einen optionalen Parameter

`\showtypearea[`*b*`]{`*u*`}{`*w*`}{`*h*`}{`*d*`}`

und die Berechnungen in der Horizontalen werden entsprechend komplizierter.

## Siehe auch

- Neben der KOMA-Script-Dokumentation können Sie auch Jan Tschicholds Aufsatz »Willkürfreie Maßverhältnisse der Buchseite und des Satzspiegels« studieren, zu finden in seinem Buch *Ausgewählte Aufsätze über Fragen der Gestalt des Buches und der Typographie* (Birkhäuser 1975).

# HACK #32 Seitenformate veranschaulichen

Design auf einen Blick: eine grafische Vorschau auf die Formatierung Ihrer Dokumente

In Den Satzspiegel einstellen **[Hack #31]** haben wir Ihnen gezeigt, wie Sie die Satzspiegel-Konstruktion von `textarea` visualisieren können. Im allgemeinen Fall möchte man sich aber hin und wieder einen Überblick über das Seitenformat von LaTeX unter beliebigen Vorbedingungen verschaffen können – und das am besten noch mit allen Details wie Kopf- und Fußzeilen.

## Das Paket layout

Hierzu dient im einfachsten Fall das `layout`-Paket von Kent McPherson und anderen. Ein einfaches Dokument wie

```
\documentclass[a4paper]{article}
\usepackage[german]{layout}
\begin{document}
  \layout
\end{document}
```

liefert eine Seite mit einer ausführlichen Darstellung der für das gegebene Dokument (hier ein `article`) gültigen Parameter (Abbildung 3-4). Bei `twoside`-Dokumenten werden eine linke und eine rechte Seite erzeugt. `layout` gibt seine Erläuterungen in diversen Sprachen aus, hier zum Beispiel auf Deutsch.

## Das Paket layouts

Vielseitiger, wenn auch komplizierter in der Anwendung, ist Peter R. Wilsons Paket `layouts`. Es visualisiert nicht nur die Seitenparameter, sondern auch einige andere für einen Dokument-Designer wichtige Komponenten der LaTeX-Ausgabe (aber dazu später mehr). Ein ähnliches Bild wie das eben gezeigte erreichen Sie mit etwas wie

```
\documentclass[a4paper]{article}
\pagestyle{empty}
\usepackage{layouts}
\begin{document}
  \currentpage\pagedesign
\end{document}
```

Die dazugehörige Ausgabe finden Sie in Abbildung 3-5.

`layouts` liefert Diagramme für Seiten mit Gleitobjekten (`\floatpagedesign`), Absatz- und Listenlayouts (`\paragraphdesign` und `\listdesign`), die Layouts

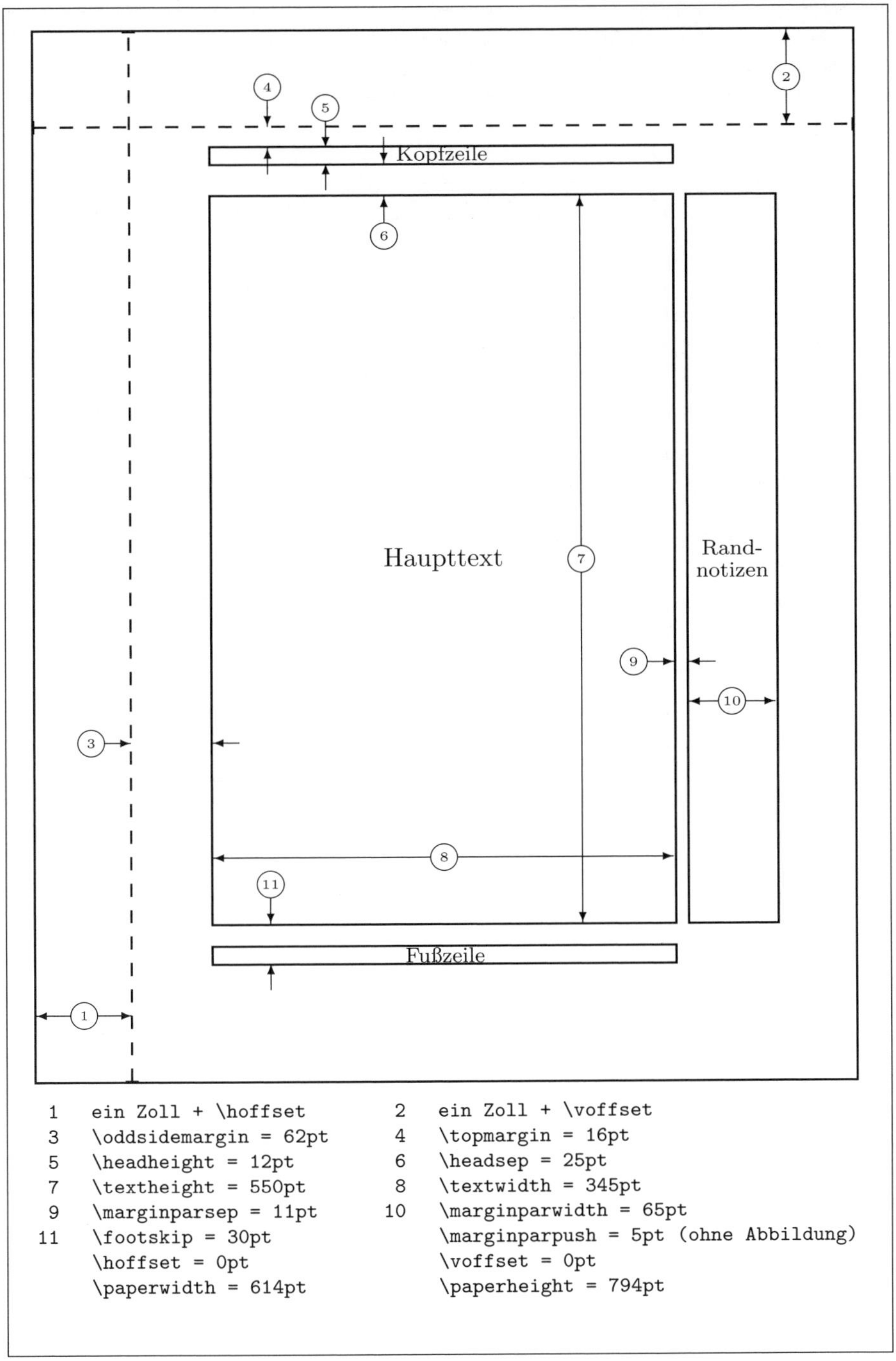


*Abbildung 3-4: Seitenformat für article, visualisiert mit layout*

The circle is at 1 inch from the top and left of the page. Dashed lines represent (`\hoffset + 1 inch`) and (`\voffset + 1 inch`) from the top and left of the page.

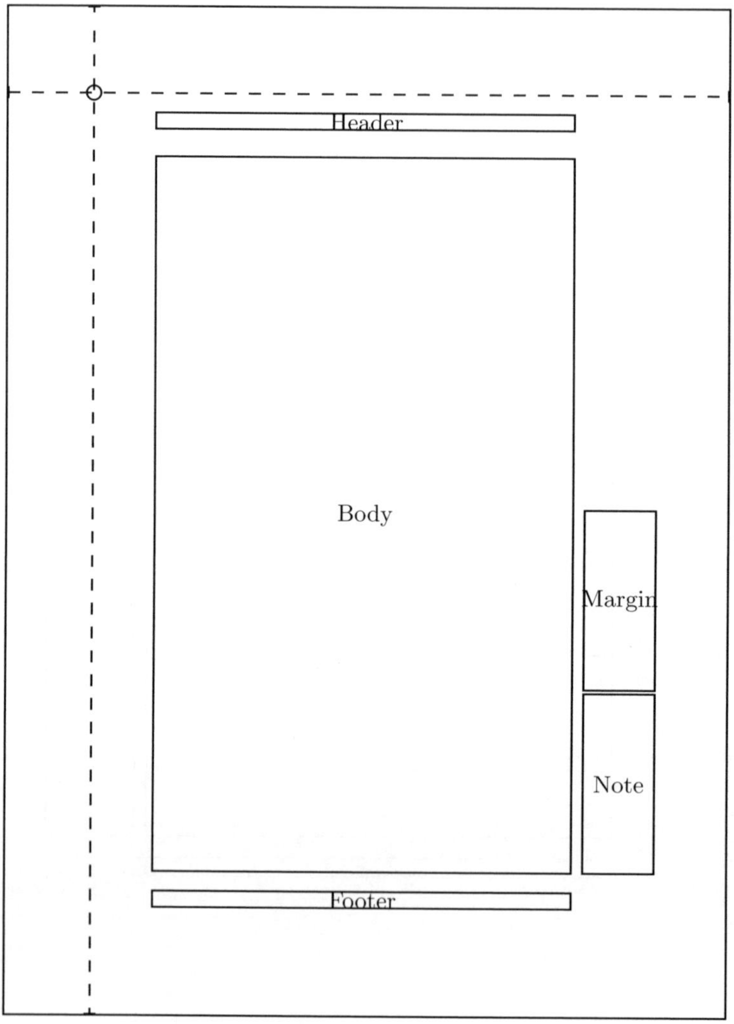


Lengths are to the nearest pt.

```
page height = 845pt          page width = 598pt
\hoffset = 0pt               \voffset = 0pt
\oddsidemargin = 53pt        \topmargin = 17pt
\headheight = 12pt           \headsep = 25pt
\textheight = 598pt          \textwidth = 345pt
\footskip = 30pt             \marginparsep = 11pt
\marginparpush = 5pt         \columnsep = 10pt
\columnseprule = 0.0pt
```

*Abbildung 3-5: Seitenformat für article, visualisiert mit layouts*

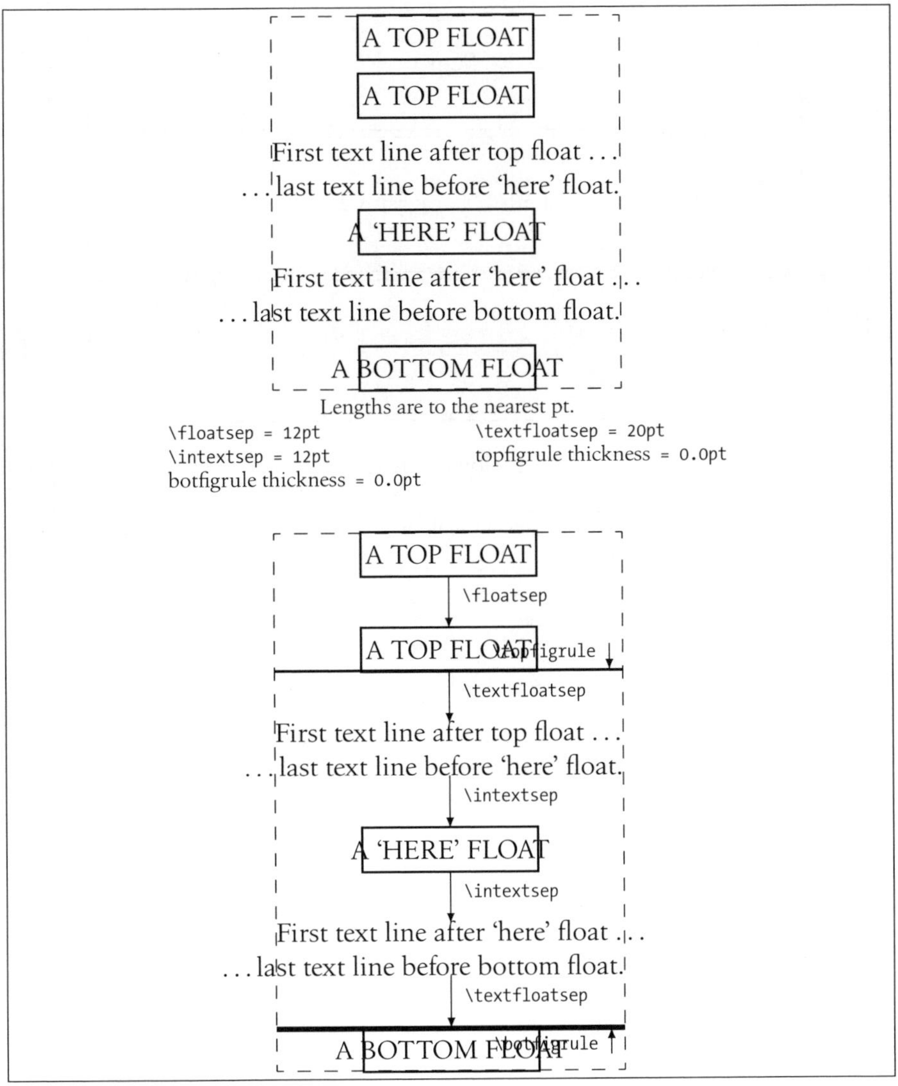


*Abbildung 3-6: \floatpagedesign und \floatpagediagram für dieses Buch*

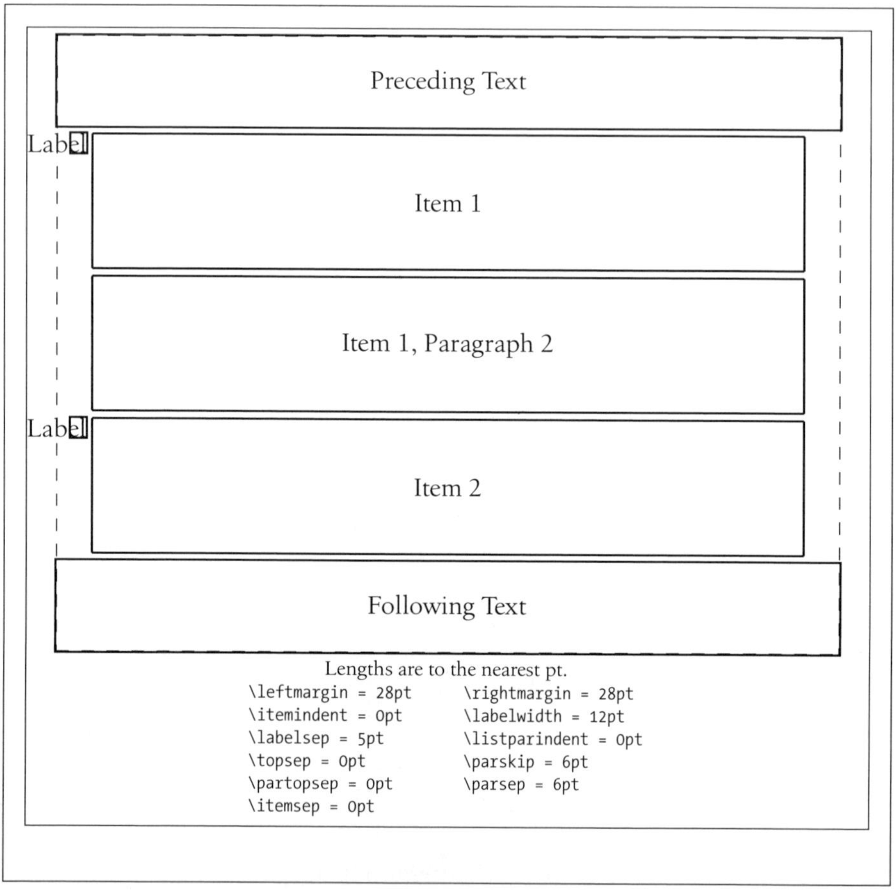


*Abbildung 3-7: Beispiel für ein Aufzählungslayout mit \listdesign*

von Abschnittstiteln (`\headingdesign`) und von Fußnoten (`\footnotedesign`) sowie Inhaltsverzeichnissen (`\tocdesign`). Wenn Sie statt der `\...design`-Kommandos die entsprechenden `\...diagram`-Kommandos benutzen, erhalten Sie jeweils statt einer Darstellung der aktuellen Parameter ein informatives Schaubild mit den Namen der Parameter und ihren aktuellen Werten, wobei die Grafik selbst nicht an die aktuellen Werte angeglichen wird. Abbildung 3-6 zeigt `\floatpagedesign` und `\floatpagediagram` für dieses Buch.

Mit `layouts` können Sie aber nicht nur die aktuellen Einstellungen visualisieren, sondern auch Experimente mit abweichenden Parametern durchführen. Dafür verwendet es eine Reihe von Kommandos der Form `\try`*`Parameter`*, etwa `\trytextwidth` zum Einstellen der Breite des Textbereichs. Ein Kommando wie `\currentpage` (siehe das Seitenformat-Beispiel oben) setzt die internen Parameterregister von layouts auf die gerade im Dokument aktuellen Werte, die Sie dann anschließend noch mit \try... manipulieren können. Abbildung 3-7 enthält das Resultat von

```
\begin{enumerate}
\item Dies ist ein Beispiel für eine Aufzählung
  \currentlist
  \tryleftmargin{1cm} \tryrightmargin{1cm}
  \begin{figure}
    \listdesign
    \caption{Beispiel für ein Aufzählungs"=Layout mit
      \Cmd{listdesign}}
  \end{figure}
\end{enumerate}
```

(Beachten Sie, dass das \currentlist *in* einer tatsächlichen Liste stehen muss, damit die Einstellungen aktiv sind.)

## Blindtext

Irgendwann in der Lebensgeschichte einer Dokumentklasse kommt der Moment, wo »echte« Beispieldokumente gefragt sind, um zu illustrieren, wie das Layout sich im wirklichen Leben benimmt. Wenn Sie noch kein solches zur Hand haben, können Sie entweder mühselig eins erstellen, oder Sie verwenden Knut Lickerts blindtext-Paket, um mit wenigen Kommandos eine ganz überzeugende Masse Text zu produzieren (naja, was bei Blindtext so als »überzeugend« durchgeht ...). Und das geht so:

Das einfachste Kommando von blindtext ist (ta-dah!) \blindtext, das Blindtext im Wert von ca. 600 Zeichen erzeugt. Dieser Text richtet sich nach der mit babel eingestellten Sprache, wobei das Paket Voreinstellungen für Englisch, Deutsch (mit alter oder neuer Rechtschreibung) und »Latein« mitbringt. Dabei liefert »Latein« den klassischen, nicht wirklich lateinischen Blindtext, der mit »Lorem ipsum ... « anfängt. \blindtext hat ein optionales Argument, mit dem Sie angeben können, wie oft der Blindtext wiederholt werden soll; \blindtext[4] hängt ihn zum Beispiel viermal hintereinander.

Das Kommando \Blindtext (mit großem »B«) erzeugt fünf Absätze mit dem Text aus \blindtext. \Blindtext hat zwei optionale Argumente – das erste bestimmt die Anzahl der Absätze, wenn es nicht fünf sein sollen, und das zweite wird an \blindtext weitergereicht. Außerdem bietet das Paket blindtext einige Kommandos wie \blindlist{*Listenumgebung*} oder \blinddescription, die das Erwartete tun, sowie die Kommando \blinddocument und \Blinddocument,

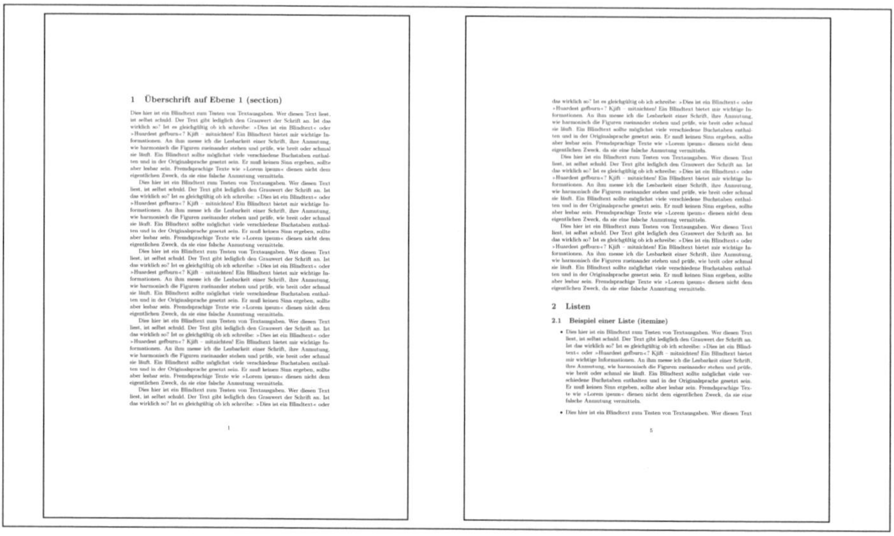

1 Überschrift auf Ebene 1 (section)

Dies hier ist ein Blindtext zum Testen von Textausgaben. Wer diesen Text liest, ist selbst schuld. Der Text gibt lediglich den Grauwert der Schrift an. Ist das wirklich so? Ist es gleichgültig ob ich schreibe: »Dies ist ein Blindtext« oder »Huardest gefburn«? Kjift – mitnichten! Ein Blindtext bietet mir wichtige Informationen. An ihm messe ich die Lesbarkeit einer Schrift, ihre Anmutung, wie harmonisch die Figuren zueinander stehen und prüfe, wie breit oder schmal sie läuft. Ein Blindtext sollte möglichst viele verschiedene Buchstaben enthalten und in der Originalsprache gesetzt sein. Er muß keinen Sinn ergeben, sollte aber lesbar sein. Fremdsprachige Texte wie »Lorem ipsum« dienen nicht dem eigentlichen Zweck, da sie eine falsche Anmutung vermitteln.

Dies hier ist ein Blindtext zum Testen von Textausgaben. Wer diesen Text liest, ist selbst schuld. Der Text gibt lediglich den Grauwert der Schrift an. Ist das wirklich so? Ist es gleichgültig ob ich schreibe: »Dies ist ein Blindtext« oder »Huardest gefburn«? Kjift – mitnichten! Ein Blindtext bietet mir wichtige Informationen. An ihm messe ich die Lesbarkeit einer Schrift, ihre Anmutung, wie harmonisch die Figuren zueinander stehen und prüfe, wie breit oder schmal sie läuft. Ein Blindtext sollte möglichst viele verschiedene Buchstaben enthalten und in der Originalsprache gesetzt sein. Er muß keinen Sinn ergeben, sollte aber lesbar sein. Fremdsprachige Texte wie »Lorem ipsum« dienen nicht dem eigentlichen Zweck, da sie eine falsche Anmutung vermitteln.

Dies hier ist ein Blindtext zum Testen von Textausgaben. Wer diesen Text liest, ist selbst schuld. Der Text gibt lediglich den Grauwert der Schrift an. Ist das wirklich so? Ist es gleichgültig ob ich schreibe: »Dies ist ein Blindtext« oder »Huardest gefburn«? Kjift – mitnichten! Ein Blindtext bietet mir wichtige Informationen. An ihm messe ich die Lesbarkeit einer Schrift, ihre Anmutung, wie harmonisch die Figuren zueinander stehen und prüfe, wie breit oder schmal sie läuft. Ein Blindtext sollte möglichst viele verschiedene Buchstaben enthalten und in der Originalsprache gesetzt sein. Er muß keinen Sinn ergeben, sollte aber lesbar sein. Fremdsprachige Texte wie »Lorem ipsum« dienen nicht dem eigentlichen Zweck, da sie eine falsche Anmutung vermitteln.

Dies hier ist ein Blindtext zum Testen von Textausgaben. Wer diesen Text liest, ist selbst schuld. Der Text gibt lediglich den Grauwert der Schrift an. Ist das wirklich so? Ist es gleichgültig ob ich schreibe: »Dies ist ein Blindtext« oder »Huardest gefburn«? Kjift – mitnichten! Ein Blindtext bietet mir wichtige Informationen. An ihm messe ich die Lesbarkeit einer Schrift, ihre Anmutung, wie harmonisch die Figuren zueinander stehen und prüfe, wie breit oder schmal sie läuft. Ein Blindtext sollte möglichst viele verschiedene Buchstaben enthalten und in der Originalsprache gesetzt sein. Er muß keinen Sinn ergeben, sollte aber lesbar sein. Fremdsprachige Texte wie »Lorem ipsum« dienen nicht dem eigentlichen Zweck, da sie eine falsche Anmutung vermitteln.

Dies hier ist ein Blindtext zum Testen von Textausgaben. Wer diesen Text liest, ist selbst schuld. Der Text gibt lediglich den Grauwert der Schrift an. Ist das wirklich so? Ist es gleichgültig ob ich schreibe: »Dies ist ein Blindtext« oder

1

das wirklich so? Ist es gleichgültig ob ich schreibe: »Dies ist ein Blindtext« oder »Huardest gefburn«? Kjift – mitnichten! Ein Blindtext bietet mir wichtige Informationen. An ihm messe ich die Lesbarkeit einer Schrift, ihre Anmutung, wie harmonisch die Figuren zueinander stehen und prüfe, wie breit oder schmal sie läuft. Ein Blindtext sollte möglichst viele verschiedene Buchstaben enthalten und in der Originalsprache gesetzt sein. Er muß keinen Sinn ergeben, sollte aber lesbar sein. Fremdsprachige Texte wie »Lorem ipsum« dienen nicht dem eigentlichen Zweck, da sie eine falsche Anmutung vermitteln.

Dies hier ist ein Blindtext zum Testen von Textausgaben. Wer diesen Text liest, ist selbst schuld. Der Text gibt lediglich den Grauwert der Schrift an. Ist das wirklich so? Ist es gleichgültig ob ich schreibe: »Dies ist ein Blindtext« oder »Huardest gefburn«? Kjift – mitnichten! Ein Blindtext bietet mir wichtige Informationen. An ihm messe ich die Lesbarkeit einer Schrift, ihre Anmutung, wie harmonisch die Figuren zueinander stehen und prüfe, wie breit oder schmal sie läuft. Ein Blindtext sollte möglichst viele verschiedene Buchstaben enthalten und in der Originalsprache gesetzt sein. Er muß keinen Sinn ergeben, sollte aber lesbar sein. Fremdsprachige Texte wie »Lorem ipsum« dienen nicht dem eigentlichen Zweck, da sie eine falsche Anmutung vermitteln.

Dies hier ist ein Blindtext zum Testen von Textausgaben. Wer diesen Text liest, ist selbst schuld. Der Text gibt lediglich den Grauwert der Schrift an. Ist das wirklich so? Ist es gleichgültig ob ich schreibe: »Dies ist ein Blindtext« oder »Huardest gefburn«? Kjift – mitnichten! Ein Blindtext bietet mir wichtige Informationen. An ihm messe ich die Lesbarkeit einer Schrift, ihre Anmutung, wie harmonisch die Figuren zueinander stehen und prüfe, wie breit oder schmal sie läuft. Ein Blindtext sollte möglichst viele verschiedene Buchstaben enthalten und in der Originalsprache gesetzt sein. Er muß keinen Sinn ergeben, sollte aber lesbar sein. Fremdsprachige Texte wie »Lorem ipsum« dienen nicht dem eigentlichen Zweck, da sie eine falsche Anmutung vermitteln.

2 Listen

2.1 Beispiel einer Liste (itemize)

- Dies hier ist ein Blindtext zum Testen von Textausgaben. Wer diesen Text liest, ist selbst schuld. Der Text gibt lediglich den Grauwert der Schrift an. Ist das wirklich so? Ist es gleichgültig ob ich schreibe: »Dies ist ein Blindtext« oder »Huardest gefburn«? Kjift – mitnichten! Ein Blindtext bietet mir wichtige Informationen. An ihm messe ich die Lesbarkeit einer Schrift, ihre Anmutung, wie harmonisch die Figuren zueinander stehen und prüfe, wie breit oder schmal sie läuft. Ein Blindtext sollte möglichst viele verschiedene Buchstaben enthalten und in der Originalsprache gesetzt sein. Er muß keinen Sinn ergeben, sollte aber lesbar sein. Fremdsprachige Texte wie »Lorem ipsum« dienen nicht dem eigentlichen Zweck, da sie eine falsche Anmutung vermitteln.
- Dies hier ist ein Blindtext zum Testen von Textausgaben. Wer diesen Text

5

*Abbildung 3-8: Zwei Seiten mit Blindtext*

die komplette Dokumentinhalte mit Abschnitten, Listen und Ähnlichem produzieren. Am wenigsten Mühe für den größten Effekt ist also etwas wie

```
\documentclass{...}
\usepackage{blindtext}
\begin{document}
  \Blinddocument
\end{document}
```

Zwei Seiten der Ausgabe sehen Sie in Abbildung 3-8.

## Siehe auch

- Mehr über die Herkunft des »Lorem ipsum«-Textes finden Sie zum Beispiel auf *http://de.wikipedia.org/wiki/Lorem_ipsum*. Kurzantwort: Es ist kein richtiges Latein, sondern eine Art Fetzen aus *De finibus bonorum et malorum* 1.10 von Cicero.

## HACK #33 Doppelseiten im Überblick

**Wie Sie »Kontaktabzüge« für ein längeres Dokument erstellen können – manchmal nützlich für den schnellen Überblick.**

Wenn Sie ein Buch oder einen längeren Aufsatz mit Tabellen, Grafiken und Ähnlichem schreiben, dann möchten Sie sich vielleicht hin und wieder einen groben Überblick verschaffen, wie die »Seitenverteilung« des Materials ist. Sind die Gleitobjekte sinnvoll verteilt? Gibt es zu viele fast leere Seiten? Mit einem DVI- oder PDF-Anzeigeprogramm kann man die einzelnen Seiten zwar schön sehen und sich mitunter auch Doppelseiten anschauen, aber für den Gesamteindruck gibt es nicht notwendigerweise Hilfe.

Sie können aber relativ einfach eine Art »Kontaktabzug« Ihres Dokuments erstellen, der auf einer A4-Seite eine große Zahl von verkleinerten Doppelseiten zeigt. Lesen können Sie diese Seiten dann nicht mehr (es sei denn, Sie haben sehr gute Augen), aber bei der Suche nach verrutschten Tabellen oder den letzten Hurenkindern **[Hack #30]** kann diese Darstellung schon helfen. Wir verwenden hierfür `pdfnup` aus dem »PDFjam«-Paket von David Firth (siehe *http://www.warwick.ac.uk/go/pdfjam*), ein Shellskript, das Eingabedateien für `pdftex` erzeugt. Es läuft unter Linux, Unix und MacOS X sowie mit den Cygwin-Werkzeugen auch unter Windows.

Nehmen wir einmal an, wir bearbeiten eine Datei namens *buch.pdf*. (In unserem Fall handelt es sich dabei bestimmt um die Ausgabe von pdfLaTeX, aber das Rezept funktioniert natürlich für PDF-Dateien aus beliebigen Quellen.) Die Vorgehensweise besteht aus zwei Schritten.

Im ersten Schritt fassen wir mit einem `pdfnup`-Aufruf gegenüberliegende Seiten zu Doppelseiten zusammen und zeichnen einen Rahmen um sie herum.

```
pdfnup --nup 2x1 --openright true --frame true buch.pdf
```

Beachten Sie die `--openright`-Option, die dafür sorgt, dass die erste Seite als rechte Seite dargestellt wird – wenn Sie das vergessen, dann sind alle Doppelseiten verkehrt. Die Ausgabe dieses Schritts steht in der Datei *buch-2x1.pdf*.

Im nächsten Schritt positionieren wir die Doppelseiten gefällig auf einer neuen Seite – der eigentliche Überblick entsteht. Es bietet sich zum Beispiel an, 6 Reihen mit je 3 Doppelseiten zu erzeugen, mit einem gewissen Abstand dazwischen:

```
pdfnup --nup 3x6 --scale 0.9 \
  --delta "1cm 1cm" --orient portrait \
  --outfile buch-overview.pdf buch-2x1.pdf
```

Das fertige Resultat finden Sie jetzt in der Datei *buch-overview.pdf*.

Sie können diese Kommandos natürlich zu einem kleinen Shell-Skript zusammenfassen und sich damit die Arbeit noch weiter vereinfachen. Einen Vorschlag dafür sehen Sie in Abbildung 3-9. Hierbei verzichten wir auf die automatische Erzeugung der `pdfnup`-Ausgabedateinamen und geben unsere eigenen vor; das ist vielleicht nicht zwingend nötig, macht aber die einzelnen

```
#!/bin/sh
# make-overview: Überblick über eine PDF-Datei erstellen

in="$1"
tmp=`basename "$in" .pdf`-tmp.pdf
out=`basename "$in" .pdf`-overview.pdf
pdfnup --nup 2x1 --openright true --frame true --outfile "$tmp" $in
pdfnup --nup 3x6 --scale 0.9 --delta "1cm 1cm" --orient portrait \
    --outfile "$out" "$tmp"
rm -f "$tmp"
```

*Abbildung 3-9: Shellskript für Überblickserstellung*

*Abbildung 3-10: Zwei Übersichtsseiten*

Schritte klarer. In Abbildung 3-10 sehen Sie zwei Seiten aus dem Überblick über ein anderes Buch des Autors.

## HACK #34 Ungewöhnliche Layouts mit fig2sty realisieren

**Das fig2sty-Programm lässt Sie mit dem Vektorgrafikprogramm xfig Schablonen vorzeichnen, die Sie dann später mit LaTeX ausfüllen.**

Das vektororientierte Zeichenprogramm `xfig` ist vielleicht nicht der allerneueste Schrei, aber läuft auf fast allen Unix-Systemen (inklusive Linux) und leistet nach wie vor gute Dienste. Vor allem kann es bei einer Aufgabe helfen,

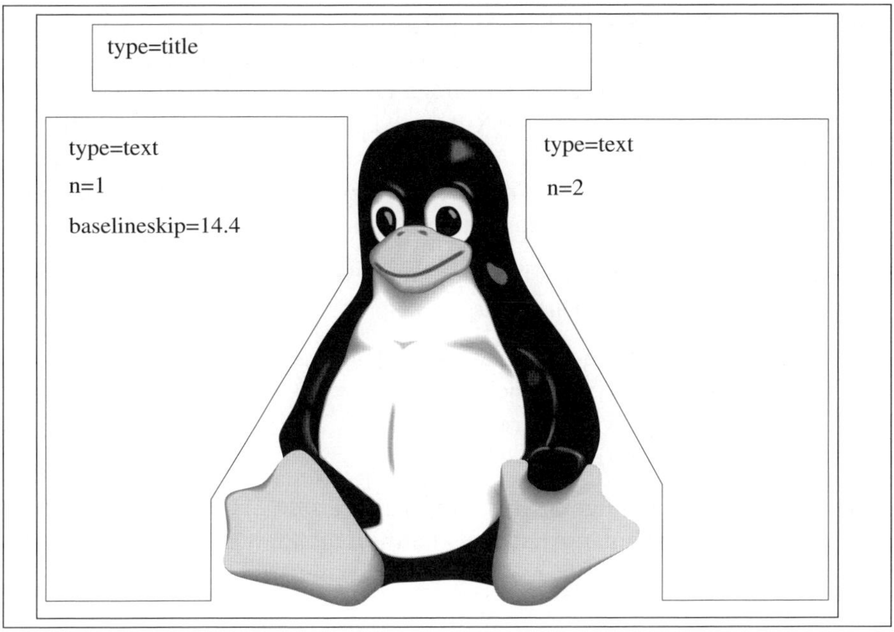


*Abbildung 3-11: xfig-Vorlage für fig2sty*

die in rohem LaTeX von »hoffnungslos« bis »mörderisch zeitraubend« reichen kann, nämlich Textsatz in ungewöhnlichen Formen. Die Grundidee ist, dass Sie die gewünschten Formen in `xfig` vorzeichnen und aus der resultierenden Datei mit einem netten kleinen Programm namens `fig2sty` (von Marcel Rohner) ein LaTeX-Paket erzeugen, das genau dieses Layout realisiert. Das Layout können Sie dann mit LaTeX »ausfüllen«. Natürlich darf die `xfig`-Datei auch anderes grafisches Material enthalten – Ihrer nächsten Silvestereinladung (oder, ernstgemeinter, einem akademischen »Poster«) steht also nichts im Weg.

Mit `fig2sty` können Sie beliebige geschlossene Polygone mit LaTeX-Material füllen. Zeichnen Sie sie einfach in `xfig` vor und platzieren Sie innerhalb jedes zu füllenden Polygons einen Text (mit der `xfig`-Funktion für Texte) der Form »`type=`*`Typ`*«. Setzen Sie für den Text im »Text Flags«-Menü (unten im Fenster, bei den Texteigenschaften) das »Special Flag« auf »Special« – dies und die `type=`-Angabe sind Vorbedingung dafür, dass `fig2sty` das Polygon finden und füllen kann. Sie können mehrere Polygone mit demselben Typ versehen, dann fließt Text, der nicht mehr ins erste passt, nacheinander in die nächsten weiter. Um die Füllreihenfolge sicherzustellen, fügen Sie in gleicher Weise Textstücke der Form »`n=`*`Folgenummer`*« hinzu. LaTeX füllt die Polygone dann in aufsteigender Reihenfolge der Folgenummern auf. Mit »`baselineskip=`« können Sie einen Zeilenabstand (in Punkt) vorgeben.

Wenn Sie Ihre Vorlage fertig haben, speichern Sie sie unter einem passenden Namen ab (wir benutzen hier *tux.fig*). Danach wenden Sie `fig2sty` auf die *.fig*-Datei an. Dadurch erhalten Sie einige Dateien, die Sie zum Weiterarbeiten brauchen, namentlich das LaTeX-Paket, das die Textbereiche definiert (in unserem Beispiel *tux.sty*) sowie eine für LaTeX verdauliche Version der übriggebliebenen Grafik, die alles enthält, was nicht zu einer Textbereichsdefinition gehört (hier *tuxback.pdf* mit dem Pinguin).

Anschließend können Sie ein LaTeX-Dokument verfassen, das den eigentlichen Text liefert. In unserem Fall sieht das so aus:

```
\documentclass[12pt,a4paper,landscape]{article}
\usepackage[latin1]{inputenc}
\usepackage[margin=5mm]{geometry}
\usepackage{bookman}
```

Wir sorgen für die richtige Schrift- und Papiergröße und präparieren LaTeX für Eingabetext, der Umlaute nach ISO Latin-1 enthält. (Die Bookman-Schrift verwenden wir zum Spaß, weil sie nett aussieht.)

```
\usepackage{figtosty}
\usepackage{tux}
```

Das `figtosty`-Paket gehört zu `fig2sty`, und `tux` ist das Paket, das `fig2sty` für uns erzeugt hat.

```
\begin{document}
\begin{tux}
  \begin{figframe}{title}
    \fontsize{48}{48}\selectfont\textbf{Tux und \TeX}
  \end{figframe}
```

Mit der `tux`-Umgebung (definiert im Paket `tux`) beginnt das Ausfüllen der Vorlage. Zuerst kommt der Titel an die Reihe, der in der *.fig*-Datei mit `title` markiert war (vergleichen Sie Abbildung 3-11). Alles, was in der LaTeX-Datei zwischen `\begin{figframe}{title}` und `\end{figframe}` steht, landet in diesem Polygon, dem Rechteck über dem Kopf des Pinguins.

```
\begin{figframe}{text}
  Dies ist ein Beispiel für fig2sty.
  Tux und \TeX, das perfekte Paar!
  Dies ist ein Beispiel für fig2sty.
  Tux und \TeX, das perfekte Paar!
  Dies ist ein Beispiel für fig2sty.
  ...
\end{figframe}
```

*Abbildung 3-12: xfig-Vorlage für fig2sty*

Entsprechend füllen wir die beiden Felder links und rechts des Pinguins aus. Ist mehr Material angegeben, als in den verfügbaren Platz passt, gibt LaTeX eine Warnung aus und ignoriert den Rest. Das Ergebnis sehen Sie in Abbildung 3-12.

Allzusehr strapazieren sollten Sie `fig2sty` aber nicht. Die auszufüllenden Bereiche werden mit dem »primitiven« TeX-Kommando `\parshape` definiert, das diversen Einschränkungen unterliegt: Fließtext (auch mit Absätzen) ist kein Problem, aber um LaTeX-Listen jedweder Manifestation – seien es die `itemize`- oder `enumerate`-Umgebungen oder Dinge wie `center` oder `quotation` – sollten Sie einen Bogen machen. Auch abgesetzte mathematische Formeln sind tabu.

Trotz dieser Einschränkungen ist `fig2sty` ein nützliches Programm, das Ihnen mitunter eine Menge Zeit sparen kann. Probieren Sie es aus!

# Tabellen und Abbildungen

## Hacks #35–43

Die tabellarische Darstellung von Informationen ist aus wissenschaftlichen Veröffentlichungen genauso wenig wegzudenken wie aus anderen Druckwerken. Früher haben sich die Schriftsetzer ihre Mühe extra vergüten lassen – heute steht Ihnen LaTeX zu Diensten. In diesem Kapitel lernen Sie einige verbreitete und ein paar weniger bekannte Hilfsmittel kennen, mit denen LaTeX Ihnen beim Tabellensatz unter die Arme greift. Beginnend mit der Formatierung einzelner Spalten erklären wir Ihnen, wie Sie bequem Fließtext in Tabellenspalten unterbringen, wie Sie Farbe einsetzen und wie Sie mit übergroßen Tabellen umgehen können. Außerdem verraten wir Ihnen einiges über den Umgang mit gleitenden Tabellen und Abbildungen.

### HACK #35 Tabellenspalten im Mathematikmodus setzen

Sparen Sie sich lästige Umschaltmanöver für Spalten, die mathematische Inhalte enthalten.

LaTeX bietet leistungsfähige Hilfsmittel zum Satz von Tabellen (traditionell der Schrecken des Schriftsetzers), aber manchmal ist die Eingabe von Tabellen trotzdem mühselig. Betrachten Sie eine Tabelle wie die folgende:

| | | |
|---|---|---|
| Eulersche Zahl | $e$ | 2,71828... |
| Kreiszahl | $\pi$ | 3,14159... |
| Goldener Schnitt | $\Phi$ | 1,61803... |

```
\begin{tabular}{lcr}
  Eulersche Zahl & \( e \)
        & 2,71828\dots \\
  Kreiszahl & \( \pi \)
        & 3,14159\dots \\
  Goldener Schnitt & \( \Phi \)
        & \( 1,61803\ldots \)
\end{tabular}
```

(Wir haben hier das icomma-Paket [Hack #18] aktiviert, um nicht »`2{,}71828`« schreiben zu müssen.)

Die Tabelle hat zwei »mathematische« Spalten, deren Einträge umständlich als solche gekennzeichnet werden müssen. Sie können sich das aber sparen, wenn Sie das `array`-Paket von Frank Mittelbach und David Carlisle verwenden. `array` definiert die `tabular`-Umgebung neu und erlaubt Ihnen, die Mathematikumschaltung in der Spaltendefinition anzugeben:

```
\begin{tabular}{l>{\(}c<{\)}>{\(}r<{\)}}
```

Kurz gesagt: Ein »`>{...}`« links von einem Spaltenkürzel kennzeichnet Material, das an den Anfang des Spalteninhalts gesetzt wird. Ein »`<{...}`« rechts von einem Spaltenkürzel enthält Material, das ans Ende des Spalteninhalts gesetzt wird. Die Definition

```
>{\(}c<{\)}
```

beschreibt also eine zentrierte Spalte, deren Inhalt im Mathematikmodus gesetzt wird. Unsere Tabelle lässt sich damit vereinfachen zu:

| | | |
|---|---|---|
| Eulersche Zahl | $e$ | 2,71828 ... |
| Kreiszahl | $\pi$ | 3,14159 ... |
| Goldener Schnitt | $\Phi$ | 1,61803 ... |

```
\begin{tabular}%
  {l>{\(}c<{\)}>{\(}r<{\)}}
 Eulersche Zahl
    & e   & 2,71828\ldots\\
 Kreiszahl
    & \pi & 3,14159\ldots\\
 Goldener Schnitt
    & \Phi& 1,61803\ldots
\end{tabular}
```

Es geht sogar noch einfacher, denn `array` ermöglicht es, ganz neue Spaltenkürzel zu definieren:

```
\newcolumntype{L}{>{\(}l<{\)}}
\newcolumntype{C}{>{\(}c<{\)}}
\newcolumntype{R}{>{\(}r<{\)}}
```

installiert die Buchstaben `L`, `C` und `R` als »mathematische« Pendants ihrer kleingeschriebenen Kollegen, so dass wir einfach schreiben können:

```
\begin{tabular}{lCR}
```

Was ist mit Kopfzeilen? Ein naives

| Name | *Symbol* | *Wert* |
|---|---|---|
| Eulersche Zahl | $e$ | 2,71828... |
| Kreiszahl | $\pi$ | 3,14159... |
| Goldener Schnitt | $\Phi$ | 1,61803... |

```
\begin{tabular}{lCR}
  Name    &Symbol & Wert\\
  \hline
  Eulersche Zahl
   & e   &2,71828\ldots\\
  Kreiszahl
   & \pi &3,14159\ldots\\
  Goldener Schnitt
   & \Phi&1,61803\ldots
\end{tabular}
```

führt zu unappetitlichen Ergebnissen. Unsere Rettung ist `\multicolumn`:

| Name | Symbol | Wert |
|---|---|---|
| Eulersche Zahl | $e$ | 2,71828... |
| Kreiszahl | $\pi$ | 3,14159... |
| Goldener Schnitt | $\Phi$ | 1,61803... |

```
\begin{tabular}{lCR}
  Name
    & \multicolumn{1}%
         {c}{Symbol}
    & \multicolumn{1}%
         {c}{Wert}\\
  \hline
  Eulersche Zahl
   & e   &2,71828\ldots\\
  Kreiszahl
   & \pi &3,14159\ldots\\
  Goldener Schnitt
   & \Phi&1,61803\ldots
\end{tabular}
```

Diese Darstellung ist wieder korrekt.

Diese Technik eignet sich natürlich auch für viele andere Anwendungen. Sollten Sie zum Beispiel mal in die Verlegenheit kommen, den Befehlssatz eines Mikroprozessors dokumentieren zu müssen, können Sie sich Tipparbeit sparen:

| Befehl | Bedeutung |
|---|---|
| `LDA` | Lade Akkumulator |
| `STX` | Speichere X-Register |
| `BCC` | Verzweige, falls kein Übertrag |

```
\begin{tabular}{>{\tt}cl}
  \multicolumn{1}{c}{Befehl}
    & Bedeutung \\ \hline
  LDA & Lade Akkumulator \\
  STX & Speichere
               X-Register\\
  BCC & Verzweige, falls
        kein Übertrag
\end{tabular}
```

# HACK #36 Noch mehr leidige Kommas

**Richten Sie Dezimalzahlen in Tabellen an ihrem Komma aus.**

In der Tabelle aus dem vorigen Hack haben wir bei den Zahlen ein bisschen geschummelt – wir haben die Spalte rechtsbündig gesetzt und darauf geachtet, immer dieselbe Anzahl von Nachkommastellen anzugeben. Das funktioniert aus zwei Gründen:

- Bei transzendenten Zahlen wie $e$ und $\pi$ haben wir die Wahl, wie viele Stellen wir angeben wollen (alle passen sowieso nicht ins Buch).
- Die Ziffern in unserer »Brotschrift« sind alle gleich breit.

Die letztere Eigenschaft ist sehr wichtig; gut entworfene Schriften sollten zumindest wahlweise einen Satz »Tabellenziffern« bereithalten, um eben das Ausrichten von Zahlen in Tabellen zu erleichtern.

Im wirklichen Leben hat man diesen Luxus nicht immer. Insbesondere steht es uns keineswegs frei, die Anzahl von angegebenen Ziffern zwecks Optik-Optimierung zu wählen: Aus der Sicht des Mathematikers sind 1 m und 1,000 m dasselbe. Physiker und Ingenieure sehen das aber überhaupt nicht so, denn »1 m« kann (in Abwesenheit genauerer Spezifikationen) für alles zwischen 50 cm und 1,50 m stehen, »1,000 m« dagegen impliziert Genauigkeit auf den Zehntelmillimeter. Das Auffüllen mit Nullen, damit alle Werte gleich breit sind, ist also ein absolutes No-No, wenn nicht ausdrücklich klar ist, dass es keine unangenehmen semantischen Nebeneffekte hat.

Also müssen wir uns anders helfen. Der klassische Hack sieht ungefähr so aus:

| Stellen | Wert |
|---|---|
| 1 | 1,1 |
| 2 | 2,22 |
| 3 | 33,333 |
| 4 | 444,4444 |

```
\begin{tabular}{cr@{,}l}
  Stellen & \multicolumn{2}{c}{Wert} \\
  \hline
    1     &       1&1     \\
    2     &       2&22    \\
    3     &      33&333   \\
    4     &     444&4444
\end{tabular}
```

Der Trick besteht darin, den Zahlenwert in zwei Teile (den ganzzahligen und den gebrochenen) aufzuteilen, die wir dann rechtsbündig respektive linksbündig in der Tabelle platzieren. Das Komma wird über das »`@{,}`« nachgetragen, mit dem Sie Material angeben können, das zwischen zwei Spalten landet.

Dieser Ansatz funktioniert, ist aber aus verschiedenen Gründen unbequem. Zum einen ist es lästig, alle Zahlen anpassen zu müssen. Bei einer kleinen Tabelle wie dieser mag es noch angehen, aber wenn Sie eine große Tabelle haben, deren Einträge möglicherweise noch von einer anderen Software erzeugt wurden, grenzt das ans Menschenunwürdige. Zum anderen ist die Verwaltung der Spalten ein Ärgernis. Sie müssen daran denken, jede numerische Spalte durch die »`r@{,}l`«-Konstruktion zu ersetzen, und auch die Kopfzeile wird umständlicher (beachten Sie, dass wir im Beispiel oben wieder mal `\multicolumn` zu Hilfe nehmen mussten). Unschön ist auch, dass Werte ohne Komma auf jeden Fall eins angehängt bekommen, selbst wenn danach gar keine Stellen folgen.

Ein Paket, das dieses Problem eleganter und vielseitiger löst, ist `dcolumn` von David Carlisle. Es stellt ein spezielles Spaltenkürzel zur Verfügung, mit dem wir die Tabelle wie folgt schreiben können:

| Stellen | Wert |
|---|---|
| 1 | 1,1 |
| 2 | 2,22 |
| 3 | 33,333 |
| 4 | 444,4444 |

```
\begin{tabular}{cD{.}{,}{4}}
  Stellen & \multicolumn{1}{c}{Wert} \\
  \hline
    1     &       1.1     \\
    2     &       2.22    \\
    3     &      33.333   \\
    4     &     444.4444
\end{tabular}
```

Wie Sie sehen, funktioniert die Ausrichtung jetzt auch ohne eine spezielle Anpassung der Zahlenwerte. Wenn Sie genau hinschauen, sehen Sie auch einen weiteren Effekt: In der Eingabe für die Tabelle haben die Werte Dezimal*punkte*, während in der LaTeX-Ausgabe Dezimal*kommas* verwendet werden. Das macht es möglich, die Ausgabe von Tabellenkalkulations- oder ähnlichen Programmen unmodifiziert zu verwenden – eine gute Sache.

Normalerweise möchten Sie alle numerischen Spalten in einer Tabelle mit demselben Dezimaltrenner ausstatten. Um diesen nicht immer wieder angeben zu müssen, können Sie eine Abkürzung für die »`D`«-Spaltendefinition einführen:

```
\newcolumntype{d}[1]{D{.}{,}{#1}}
```

Das `\newcolumntype`-Kommando erlaubt wie `\newcommand` die Angabe von Parametern; hier akzeptiert es einen Parameter, der die Anzahl von Nachkommastellen angibt. Sie können hier (und bei »`D`«) übrigens auch einen negativen Wert oder zwei durch einen Punkt getrennte Werte angeben. Im ersten Fall wird der Dezimaltrenner in der Mitte einer Spalte zentriert, die breit genug ist, um alle Werte aufzunehmen, während im zweiten Fall eine Zahl mit der angegebenen Anzahl von Vor- und Nachkommastellen zentriert wird. Vergleichen Sie die drei Spalten im folgenden Beispiel:

| | | |
|---|---|---|
| 1,23 | 1,23 | 1,23 |
| 234,5 | 234,5 | 234,5 |
| 9,8765 | 9,8765 | 9,8765 |
| 11 | 11 | 11 |
| 0,9 | 0,9 | 0,9 |

```
\begin{tabular}%
        {|d{4}|d{-1}|d{3.4}|}
  1.23 &   1.23 &   1.23 \\
 234.5 &  234.5 &  234.5 \\
9.8765 & 9.8765 & 9.8765 \\
    11 &     11 &     11 \\
   0.9 &    0.9 &    0.9
\end{tabular}
```

Die mittlere Spalte ist breiter als nötig, da sie auf vier Stellen links *und* rechts vom Dezimaltrenner geeicht ist. Die linke (rechtsbündige) Spalte sieht vernünftig aus, aber wenn Sie eine breite (zentrierte) Tabellenüberschrift und darunter viele kleine rechtsbündig formatierte Zahlen haben, kann das auch eigenartig wirken. In so einem Fall ist die Methode aus der rechten Spalte vorzuziehen.

## Siehe auch

- Es gibt auch noch das `rccol`-Paket von Eckhart Guthöhrlein. `rccol` unterstützt die Formatierungsmöglichkeiten von `dcolumn`, erlaubt aber außerdem das automatische Runden von Zahlen auf eine angegebene Anzahl von Dezimalstellen.

HACK #37

# Tabellenspalten mit variabler Breite

**Wie Sie Fließtext in Tabellen unterbringen, ohne graue Haare zu bekommen.**

In LaTeX-Tabellen konnten Sie schon immer Fließtext in »`p`«-Spalten unterbringen. Nur mussten Sie genau festlegen, wie breit diese Spalten sein sollten – eine lästige Sache. Das `tabularx`-Paket von David Carlisle führt die `tabularx`-Umgebung und ihre »`X`«-Spalten ein.

## Flexible Spalten mit `tabularx`

Die `tabularx`-Umgebung ähnelt `tabular*`, da Sie bei beiden die gewünschte Gesamtbreite der Tabelle angeben müssen. Während bei `tabular*` aber alle Spalten ihre »natürliche« Breite bekommen (die Breite des breitesten Inhalts bei »`l`«, »`r`« & Co., die vorher angegebene Breite bei »`p`«) und die gewünschte Gesamtbreite durch flexiblen Leerraum *zwischen* den Spalten erreicht wird, sollten Sie bei `tabularx` mindestens eine »`X`«-Spalte angeben, die dann genau die Breite zugeordnet bekommt, die nicht von anderen Spalten beansprucht wird. Material in »`X`«-Spalten wird behandelt, als ob es in einer »`p`«-Spalte stünde, also als Fließtext mit Umbruch gesetzt:

| | |
|---|---|
| Deutsch | Fischers Fritz fischt fri-sche Fische. Frische Fische fischt Fischers Fritz. |
| Englisch | She sells C shells by the sea shore. |

```
\begin{tabularx}{5.5cm}{|l|X|}
  Deutsch & Fischers Fritz fischt
            frische Fische. Frische
            Fische fischt Fischers
            Fritz. \\
  Englisch& She sells C shells by
            the sea shore.
\end{tabularx}
```

Sind in einer Tabelle mehrere »X«-Spalten enthalten, teilen sie sich gerecht den verfügbaren Platz:

| | | |
|---|---|---|
| Deutsch | Fischers Fritz fischt frische Fische. Frische Fische fischt Fischers Fritz. | Blaukraut bleibt Blau-kraut und Braut-kleid bleibt Braut-kleid |

```
\begin{tabularx}{5.5cm}{|l|X|X|}
  Deutsch & Fischers Fritz fischt
            frische Fische. Frische
            Fische fischt Fischers
            Fritz.
          & Blaukraut bleibt Blaukraut
            und Brautkleid bleibt
            Brautkleid \\
\end{tabularx}
```

Aber Sie können dabei tricksen: Mit der Definition

```
>{\setlength{\hsize}{.66\hsize}}X%
  >{\setlength{\hsize}{1.34\hsize}}X
```

erreichen Sie, dass die erste von zwei »X«-Spalten halb so breit ist wie die zweite. Sie können die Verhältnisse beliebig verschieben, solange sich die Anteile zur Gesamtbreite der »X«-Spalten aufaddieren. In diesem Beispiel sind zwei »X«-Spalten im Spiel, die Summe der Anteile muss also 2 ergeben. Der *LaTeX Companion* von Frank Mittelbach u. a. (Addison-Wesley 2004), in dem diese Technik erklärt wird, rät außerdem dringend davon ab, `\multicolumn`-Kommandos zu benutzen, die solche Spalten überspannen.

Noch ein Wort der Warnung: `tabularx` arbeitet, indem es die Tabelle mehrfach testhalber setzt, bis es eine Spaltenbreite findet, die passt. Nicht alles, was Sie in eine Tabelle schreiben können, freut sich darüber, mehrfach gesetzt zu werden. Wenn Sie zum Beispiel innerhalb der Tabelle etwas in eine externe Datei schreiben, könnte es sein, dass Sie es dann später mehrmals dort vorfinden.

## Denn wer da hat, dem wird gegeben werden – `tabulary`

Das `tabulary`-Paket, ebenfalls von David Carlisle, realisiert ein anderes Verfahren zur Aufteilung variabler Tabellenspalten. Es führt einige neue Spaltentypen ein (siehe Tabelle 4-1), die im Wesentlichen so funktionieren, dass Spalten mit langen Einträgen eine größere Breite zugesprochen bekommen und Spalten mit kurzen Einträgen schmaler ausfallen. Betrachten Sie das folgende Beispiel:

| | | |
|---|---|---|
| 1 | Deutsch | Fischers Fritz fischt frische Fische. Frische Fische fischt Fischers Fritz. |
| 2 | Eng-lisch | She sells C shells by the sea shore. |

```
\begin{tabulary}{5.5cm}{|R|L|J|}
  1 & Deutsch & Fischers Fritz
                fischt frische
                Fische. Frische
                Fische fischt
                Fischers Fritz. \\
  2 & Englisch& She sells C shells
                by the sea shore.
\end{tabulary}
```

Dabei kommt offenbar die zweite Spalte schlecht weg. Dieses Problem können Sie beheben, indem Sie entweder einen »normalen« Spaltentyp (etwa »c«) verwenden, damit die Spalte ihre »natürliche« Breite bekommt, oder Sie setzen den Parameter `\tymin` auf einen ausreichend großen Wert (Standard ist 10pt). `\tymin` gibt eine Grenze vor, so dass schmalere Spalten mit ihrer natürlichen Breite gesetzt werden.

| | | |
|---|---|---|
| 1 | Deutsch | Fischers Fritz fischt frische Fische. Frische Fische fischt Fischers Fritz. |
| 2 | Englisch | She sells C shells by the sea shore. |

```
\setlength{\tymin}{5em}
\begin{tabulary}{5.5cm}{|R|L|J|}
  1 & Deutsch & Fischers Fritz
                fischt frische
                Fische. Frische
                Fische fischt
                Fischers Fritz. \\
  2 & Englisch& She sells C shells
                by the sea shore.
\end{tabulary}
```

*Tabelle 4-1: Spaltentypen für* `tabulary`

| Zeichen | Bedeutung |
|---|---|
| `J` | Umbrochener Text mit Blocksatz |
| `L` | Linksbündig gesetzter umbrochener Text |
| `C` | Zentriert gesetzter umbrochener Text |
| `R` | Rechtsbündig gesetzter umbrochener Text |

Umgekehrt gibt es einen Parameter \tymax, der verhindert, dass Spalten mit besonders langem Inhalt alle anderen Spalten platt drücken. Alle Spalten, die breiter als \tymax wären, wenn man sie in einer einzigen Zeile setzte, werden gleich breit gemacht, wobei sie in die Berechnung so eingehen, als sei ihre Breite genau \tymax. Der Standardwert für \tymax ist – etwas willkürlich – die doppelte Textbreite des Dokuments.

Der Vorteil von tabulary gegenüber tabularx und tabular* ist, dass es mit sehr wenig Handarbeit auskommt. (tabularx ist da auch schon nicht schlecht, wenn Sie sich mit dem Gedanken anfreunden können, dass alle »X«-Spalten gleich breit sind – ansonsten wird es unappetitlich.) Es kommt daher Situationen entgegen, wo LaTeX-Eingaben automatisch generiert werden, etwa aus einer Datenbank. Ganz wie tabularx setzt auch tabulary die Tabelle mehrmals, nämlich genau zweimal. Auch hier ist also Vorsicht mit Material angebracht, das Sachen in Dateien schreibt. Da tabularx seine Tabellen möglicherweise öfter als zweimal setzen muss, ist tabulary potenziell schneller.

## HACK #38 Farblich passend

**Unterlegen Sie Tabellenzeilen oder -spalten mit Farben.**

Erschwingliche Farb-Tintenstrahl- und -Laserdrucker haben die farbige Ausgabe halbwegs bezahlbar gemacht, und auch Graustufen sind schon mehr »Farbe«, als TeX-Anwender traditionell gewöhnt sind. Als TeX neu war, war Farbe noch gar kein Thema, und die LaTeX-Entwickler haben einige Mühe auf sich genommen, um LaTeX an den Einschränkungen von TeX vorbei fit für Farbe zu machen.

Auch beim Tabellensatz greift Farbe mehr und mehr um sich. Hier zeigen wir Ihnen einige grundlegende Techniken, mit denen Sie Ihre Tabellen hübscher (?) machen können.

### Spalteninhalte färben

Am einfachsten ist sicher das Färben von Spalteninhalten, wenn Sie sich an die Technik erinnern, mit der wir »mathematische« Spalten [Hack #35] realisiert haben. Fügen Sie einfach am Anfang des Spalteninhalts ein \color-Kommando mit der gewünschten Farbe ein:

| Frucht | Farbe |
|---|---|
| Möhre | orange |
| Banane | gelb |
| Pflaume | blau |
| Mango | bunt |

```
\begin{tabular}{l>{\color{red}}l}
  Frucht & Farbe \\ \hline
  Möhre  & orange \\
  Banane & gelb \\
  Pflaume& blau \\
  Mango  & bunt
\end{tabular}
```

(Aus drucktechnischen Gründen erscheint die rechte Spalte hier nicht wirklich rot.)

Wenn Sie den Hintergrund der Spalte färben wollen, sollten Sie das Paket `colortbl` von David Carlisle verwenden, das ein `\columncolor`-Kommando definiert:

| Frucht | Farbe |
|---|---|
| Möhre | orange |
| Banane | gelb |
| Pflaume | blau |
| Mango | bunt |

```
\begin{tabular}{l%
    >{\columncolor{red}\color{white}}l}
  Frucht & Farbe \\ \hline
  Möhre  & orange \\
  Banane & gelb \\
  Pflaume& blau \\
  Mango  & bunt
\end{tabular}
```

`colortbl` kooperiert mit den meisten Tabellen-Paketen wie `dcolumn`, `tabularx` oder `longtable`. Bei `tabular*` ist mitunter ein manuelles Eingreifen angesagt – die `colortbl`-Dokumentation erklärt das ausführlicher.

## Zeileninhalte färben

Das Färben von Zeileninhalten ist etwas komplizierter, aber dank David Carlisle bekommen wir davon nicht wirklich etwas mit. Sie können die Hintergrundfarbe einer Zeile festlegen, indem Sie ein `\rowcolor`-Kommando an den Anfang setzen:

| Frucht | Farbe |
|---|---|
| Möhre | orange |
| Banane | gelb |
| Pflaume | blau |
| Mango | bunt |

```
\begin{tabular}{l>{\color{red}}l}
  \rowcolor[gray]{0.6}
     Frucht & Farbe \\ \hline
  Möhre  & orange \\
  Banane & gelb \\
  Pflaume& blau \\
  Mango  & bunt
\end{tabular}
```

`\rowcolor` hat übrigens Vorrang gegenüber `\columncolor`, wenn ein Tabelleneintrag von beiden betroffen ist.

Modisch (wenn auch vom ästhetischen Standpunkt aus gesehen zumindest fragwürdig) sind Tabellen, bei denen die Zeilen abwechselnd mit verschiedenen Farben hinterlegt sind. Das funktioniert natürlich mit `\rowcolor`:

| Frucht | Farbe |
|---|---|
| Möhre | orange |
| Banane | gelb |
| Pflaume | blau |
| Mango | bunt |

```
\newcommand*{\oddrow}{\rowcolor[gray]{0.7}}
\newcommand*{\evnrow}{\rowcolor[gray]{0.9}}
\begin{tabular}{l>{\color{red}}l}
  \rowcolor[gray]{0.6}
     Frucht & Farbe \\ \hline
  \oddrow Möhre   & orange \\
  \evnrow Banane & gelb \\
  \oddrow Pflaume & blau \\
  \evnrow Mango   & bunt
\end{tabular}
```

Wirklich bequem einzugeben ist das aber nicht. Es wäre netter, wenn LaTeX sich selbst um das Färben der Zeilen kümmern würde. Die Strategie, die wir dafür vorschlagen, fällt eindeutig in die Kategorie »fieser Hack«, aber sie ist wirkungsvoll. Sie beruht auf der Überlegung »Wie können wir am Anfang jeder Zeile etwas einbauen, das die passende Farbe setzt?« und bringt uns zu dem Schluss, dass wir nicht wirklich Zugriff auf den Anfang jeder Zeile haben, aber auf das Ende der Zeile davor. Entsprechend definieren wir »`\\`« so um, dass es außer seiner üblichen Aufgabe (eine Tabellenzeile abzuschließen) noch etwas für uns erledigt, nämlich eine neue Tabellenzeile mit einem passenden `\rowcolor` zu beginnen. Der Haken an der Sache ist, dass es sehr schwierig ist, sich so in »`\\`« einzuklinken, dass es noch als Zeilenende-Marke funktioniert, ohne es komplett umzudefinieren, und Letzteres ist aufgrund der Natur von LaTeX nur »global« möglich – mit dem Nebeneffekt, dass die Neudefinition auch nach der Tabelle gültig bleibt und an anderen Stellen Ärger macht. Ebenso wenig ist es möglich, im Stil von `\AtEndDocument` Kommandos zur Ausführung am Ende einer Tabelle vorzumerken; `\AtEndTabular` ist leider noch nicht erfunden worden.

Wir ziehen uns damit aus der Affäre, dass wir zwei Kommandos (`\colorrows` und `\nocolorrows`) definieren, die wie folgt zu verwenden sind:

```
\begin{tabular}{l>{\color{red}}l}
  \rowcolor[gray]{0.6}
     Frucht & Farbe \colorrows
  Möhre   & orange \\
  Banane  & gelb \\
  Pflaume & blau \\
  Mango   & bunt \nocolorrows
\end{tabular}
```

Das heißt, ab dem Auftreten von `\colorrows` werden die Zeilen alternierend gefärbt bis zum `\nocolorrows`, das unmittelbar vor dem Ende der Tabelle stehen muss. Die beiden Kommandos benehmen sich außerdem wie `\\`. (Man könnte das fast als Vorteil hinstellen.) Eine wichtige Einschränkung ist auch, dass das `\\`-Kommando innerhalb eines `\colorrows`...`\nocolorrows` kein optionales Argument unterstützt (eine Konsequenz der Neudefinition).

Nun aber zum eigentlichen Code. Betrachten wir zunächst das `\colorrows`-Kommando:

```
\newcounter{rowcounter}
\newcommand*{\colorrows}{
  \setcounter{rowcounter}{0}%
  \global\let\crs@cr=\\%
  \gdef\\{\crs@nextrow}%
  \crs@nextrow
}
```

Der Zähler `\rowcounter` wird, solange `\colorrows` aktiv ist, für jede Zeile der Tabelle erhöht. Wir reißen uns das `\\`-Kommando unter den Nagel, nachdem wir die aktuelle Bedeutung in `\crs@cr` zwischengespeichert haben. (Wenn wir im LaTeX-Quellcode nachsehen, finden wir dort das Kommando `\@tabularcr` als eigentliche Bedeutung von `\\` in Tabellen, aber darauf können wir uns nicht verlassen – wenn das array-Paket aktiv ist, wird `\\` anders realisiert. Darum ist es sicherer, die im jeweiligen Moment gültige Bedeutung zu speichern.)

Das Kommando `\crs@nextrow` übernimmt die Zeilenschaltung mit Einfärben:

```
\newcommand{\crs@nextrow}{%
  \stepcounter{rowcounter}%
  \ifthenelse{\isodd{\value{rowcounter}}}%
    {\crs@cr\rowcolor[gray]{0.8}}%
    {\crs@cr\rowcolor[gray]{0.9}}}
```

Hier wird der `\rowcounter` zuerst erhöht und dann getestet. Da das `\rowcolor`-Kommando an erster Stelle am Anfang einer Tabellenzeile stehen muss, führen wir unmittelbar davor das gespeicherte `\crs@cr` aus.

Schließlich fehlt uns noch `\nocolorrows`:

```
\AtBeginDocument{\let\crs@dblbs=\\}
\newcommand*{\nocolorrows}{\global\let\\=\crs@dblbs}
```

Wir merken uns das »globale« `\\` am Anfang des Dokuments – in der Hoffnung, dass alle Pakete, die das Kommando noch umdefinieren wollten, dann ihre Änderungen angebracht haben. Da wir innerhalb einer Tabelle (wo wir

```
\NeedsTeXFormat{LaTeX2e}
\ProvidesPackage{colorrows}%
   [2007/01/03 v0.1 Alternately-colored rows (AL)]
\RequirePackage{colortbl}
\RequirePackage{ifthen}
\newcounter{crs@counter}
\newcommand{\crs@nextrow}{%
  \stepcounter{crs@counter}%
  \ifthenelse{\isodd{\value{crs@counter}}}%
    {\crs@cr\rowcolor[gray]{0.8}}%
    {\crs@cr\rowcolor[gray]{0.9}}}
\newcommand*{\colorrows}{
  \setcounter{crs@counter}{0}%
  \global\let\crs@cr=\\%
  \gdef\\{\crs@nextrow}%
  \crs@nextrow
}
\let\crs@dblbs=\\
\newcommand*{\nocolorrows}{\global\let\\=\crs@dblbs\crs@cr}
\endinput
```

*Abbildung 4-1: Das colorrows-Paket*

`\colorrows` ausführen) nicht an die globale Bedeutung herankommen, können wir auch kaum anders. `\nocolorrows` setzt `\\` wieder auf seine ursprüngliche Bedeutung zurück. Abbildung 4-1 zeigt den kompletten Code als LaTeX-Paket.

## Siehe auch

- Das `xcolor`-Paket von Uwe Kern unterstützt ein `\rowcolors`-Kommando, das die Verwendung alternierender Farben automatisiert:

  ```
  \rowcolors{2}{\rowcolor[gray]{0.8}}{\rowcolor[gray]{0.9}}
  ```

  färbt alle Zeilen beginnend mit der zweiten abwechselnd hellgrau und dunkelgrau wie in unserem Beispiel.

# HACK #39 Überlang und überbreit

**Strategien für den Umgang mit Tabellen, die nicht passen wollen**

Manchmal hat man es mit Tabellen zu tun, die einfach nicht passen wollen. Entweder sind sie zu hoch für eine Seite oder zu breit (oder, Horror, beides).

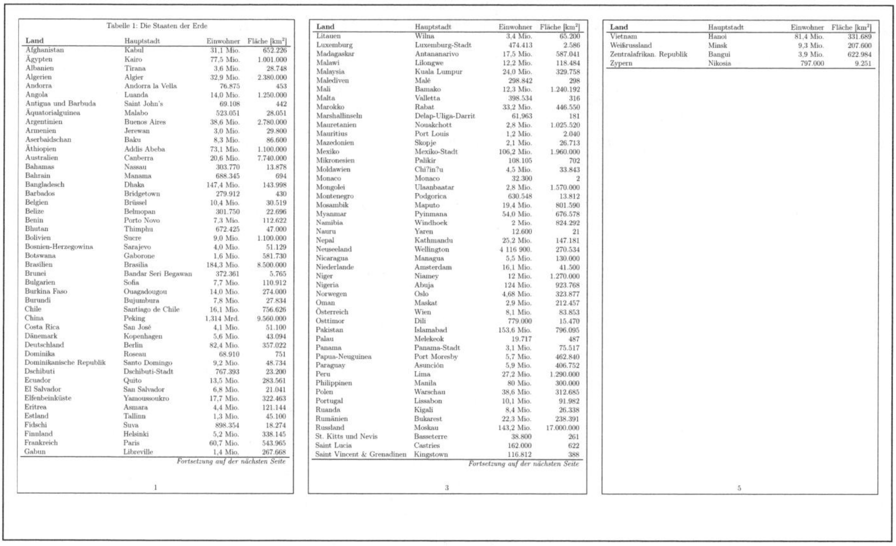

Tabelle 1: Die Staaten der Erde

| Land | Hauptstadt | Einwohner | Fläche [km²] |
|---|---|---|---|
| Afghanistan | Kabul | 31,1 Mio. | 652.226 |
| Ägypten | Kairo | 77,5 Mio. | 1.001.000 |
| Albanien | Tirana | 3,6 Mio. | 28.748 |
| Algerien | Algier | 32,9 Mio. | 2.380.000 |
| Andorra | Andorra la Vella | 76.875 | 453 |
| Angola | Luanda | 14,0 Mio. | 1.250.000 |
| Antigua und Barbuda | Saint John's | 69.108 | 442 |
| Äquatorialguinea | Malabo | 523.051 | 28.051 |
| Argentinien | Buenos Aires | 38,6 Mio. | 2.780.000 |
| Armenien | Jerewan | 3,0 Mio. | 29.800 |
| Aserbaidschan | Baku | 8,3 Mio. | 86.600 |
| Äthiopien | Addis Abeba | 73,1 Mio. | 1.100.000 |
| Australien | Canberra | 20,6 Mio. | 7.740.000 |
| Bahamas | Nassau | 303.770 | 13.878 |
| Bahrain | Manama | 688.345 | 694 |
| Bangladesch | Dhaka | 147,4 Mio. | 143.998 |
| Barbados | Bridgetown | 279.912 | 430 |
| Belgien | Brüssel | 10,4 Mio. | 30.519 |
| Belize | Belmopan | 301.750 | 22.696 |
| Benin | Porto Novo | 7,3 Mio. | 112.622 |
| Bhutan | Thimphu | 672.425 | 47.000 |
| Bolivien | Sucre | 9,0 Mio. | 1.100.000 |
| Bosnien-Herzegowina | Sarajevo | 4,0 Mio. | 51.129 |
| Botswana | Gaborone | 1,6 Mio. | 581.730 |
| Brasilien | Brasilia | 184,3 Mio. | 8.500.000 |
| Brunei | Bandar Seri Begawan | 372.361 | 5.765 |
| Bulgarien | Sofia | 7,7 Mio. | 110.912 |
| Burkina Faso | Ouagadougou | 14,0 Mio. | 274.000 |
| Burundi | Bujumbura | 7,8 Mio. | 27.834 |
| Chile | Santiago de Chile | 16,1 Mio. | 756.626 |
| China | Peking | 1,314 Mrd. | 9.560.000 |
| Costa Rica | San José | 4,1 Mio. | 51.100 |
| Dänemark | Kopenhagen | 5,6 Mio. | 43.094 |
| Deutschland | Berlin | 82,4 Mio. | 357.022 |
| Dominika | Roseau | 68.910 | 751 |
| Dominikanische Republik | Santo Domingo | 9,2 Mio. | 48.734 |
| Dschibuti | Dschibuti-Stadt | 767.393 | 23.200 |
| Ecuador | Quito | 13,5 Mio. | 283.561 |
| El Salvador | San Salvador | 6,8 Mio. | 21.041 |
| Elfenbeinküste | Yamoussoukro | 17,7 Mio. | 322.463 |
| Eritrea | Asmara | 4,4 Mio. | 121.144 |
| Estland | Tallinn | 1,3 Mio. | 45.100 |
| Fidschi | Suva | 898.354 | 18.274 |
| Finnland | Helsinki | 5,2 Mio. | 338.145 |
| Frankreich | Paris | 60,7 Mio. | 543.965 |
| Gabun | Libreville | 1,4 Mio. | 267.668 |

*Fortsetzung auf der nächsten Seite*

1

| Land | Hauptstadt | Einwohner | Fläche [km²] |
|---|---|---|---|
| Litauen | Wilna | 3,4 Mio. | 65.200 |
| Luxemburg | Luxemburg-Stadt | 474.413 | 2.586 |
| Madagaskar | Antananarivo | 17,5 Mio. | 587.041 |
| Malawi | Lilongwe | 12,2 Mio. | 118.484 |
| Malaysia | Kuala Lumpur | 24,0 Mio. | 329.758 |
| Malediven | Malé | 298.842 | 298 |
| Mali | Bamako | 12,3 Mio. | 1.240.192 |
| Malta | Valletta | 398.534 | 316 |
| Marokko | Rabat | 33,2 Mio. | 446.550 |
| Marshallinseln | Delap-Uliga-Darrit | 61,963 | 181 |
| Mauretanien | Nouakchott | 2,8 Mio. | 1.025.520 |
| Mauritius | Port Louis | 1,2 Mio. | 2.040 |
| Mazedonien | Skopje | 2,1 Mio. | 26.713 |
| Mexiko | Mexiko-Stadt | 106,2 Mio. | 1.960.000 |
| Mikronesien | Palikir | 108.105 | 702 |
| Moldawien | Chi?in?u | 4,5 Mio. | 33.843 |
| Monaco | Monaco | 32.300 | 2 |
| Mongolei | Ulaanbaatar | 2,8 Mio. | 1.570.000 |
| Montenegro | Podgorica | 630.548 | 13.812 |
| Mosambik | Maputo | 19,4 Mio. | 801.590 |
| Myanmar | Pyinmana | 54,0 Mio. | 676.578 |
| Namibia | Windhoek | 2 Mio. | 824.292 |
| Nauru | Yaren | 12.600 | 21 |
| Nepal | Kathmandu | 25,2 Mio. | 147.181 |
| Neuseeland | Wellington | 4 116 900. | 270.534 |
| Nicaragua | Managua | 5,5 Mio. | 130.000 |
| Niederlande | Amsterdam | 16,1 Mio. | 41.500 |
| Niger | Niamey | 12 Mio. | 1.270.000 |
| Nigeria | Abuja | 124 Mio. | 923.768 |
| Norwegen | Oslo | 4,68 Mio. | 323.877 |
| Oman | Maskat | 2,9 Mio. | 212.457 |
| Österreich | Wien | 8,1 Mio. | 83.853 |
| Osttimor | Dili | 779.000 | 15.470 |
| Pakistan | Islamabad | 153,6 Mio. | 796.095 |
| Palau | Melekeok | 19.717 | 487 |
| Panama | Panama-Stadt | 3,1 Mio. | 75.517 |
| Papua-Neuguinea | Port Moresby | 5,7 Mio. | 462.840 |
| Paraguay | Asunción | 5,9 Mio. | 406.752 |
| Peru | Lima | 27,2 Mio. | 1.290.000 |
| Philippinen | Manila | 80 Mio. | 300.000 |
| Polen | Warschau | 38,6 Mio. | 312.685 |
| Portugal | Lissabon | 10,1 Mio. | 91.982 |
| Ruanda | Kigali | 8,4 Mio. | 26.338 |
| Rumänien | Bukarest | 22,3 Mio. | 238.391 |
| Russland | Moskau | 143,2 Mio. | 17.000.000 |
| St. Kitts und Nevis | Basseterre | 38.800 | 261 |
| Saint Lucia | Castries | 162.000 | 622 |
| Saint Vincent & Grenadinen | Kingstown | 116.812 | 388 |

*Fortsetzung auf der nächsten Seite*

3

| Land | Hauptstadt | Einwohner | Fläche [km²] |
|---|---|---|---|
| Vietnam | Hanoi | 81,4 Mio. | 331.689 |
| Weißrussland | Minsk | 9,3 Mio. | 207.600 |
| Zentralafrikan. Republik | Bangui | 3,9 Mio. | 622.984 |
| Zypern | Nikosia | 797.000 | 9.251 |

5

*Abbildung 4-2: Eine überlange Tabelle mit* `longtable`

LaTeX tut sich damit schwerer als manch andere Programme, da zumindest `tabular`-Umgebungen (und ihre Verwandten) aus der Sicht von LaTeX so etwas sind wie große Buchstaben – unteilbare Kästen, die entweder ganz passen oder gar nicht.

## Überlange Tabellen

Tabellen, die länger sind als eine Seite, können Sie nicht mit `tabular` & Co. setzen, es sei denn, Sie teilen sie manuell auf. Selbst dann sehen sie wahrscheinlich eigenartig aus, da nicht garantiert ist, dass die Spalten in beiden Tabellen jeweils gleich breit sind – der Leser muss sich also erst vergewissern, dass es sich tatsächlich um zwei Stücke derselben Tabelle handelt. Andere Hilfsmittel sind gefragt, etwa das `longtable`-Paket von David Carlisle (ja, schon wieder) und David Kastrup. `longtable` kommt mit Tabellen zurecht, die länger als eine Seite sind, indem es von LaTeX-Lauf zu LaTeX-Lauf Informationen über die Spaltenbreiten in der *aux*-Datei sichert. Auf diese Weise kann es auch erreichen, dass die Spaltenbreiten der Tabelle auf allen Seiten, wo Stücke der Tabelle stehen, identisch sind.

`longtable`-Tabellen sind eine Art Mittelding zwischen `tabular`-Tabellen und gleitenden Tabellen, wie Sie sie mit `table` definieren (die ja in der Regel auch etwas wie eine `tabular`-Umgebung enthalten). `longtable`-Tabellen können wie `table`s eine Legende (`\caption`) haben, werden wie `table`s gezählt und auch ins Tabellenverzeichnis des Dokuments eingetragen, sofern Sie eins erzeugen lassen. Hier ist ein Beispiel für so eine Tabelle:

```
\begin{longtable}{llrr}
\caption{Die Staaten der Erde}\\
%% Quelle: Wikipedia.
\bfseries Land & Hauptstadt & Einwohner & Fläche [km2] \\ \hline
\endfirsthead
\bfseries Land & Hauptstadt & Einwohner & Fläche [km2] \\ \hline
\endhead
\hline
\multicolumn{4}{r}{\emph{Fortsetzung auf der nächsten Seite}}
\endfoot
\hline
\endlastfoot
Afghanistan & Kabul & 31,1 Mio. & 652.226 \\
Ägypten & Kairo & 77,5 Mio. & 1.001.000 \\
Albanien & Tirana & 3,6 Mio. & 28.748 \\
Algerien & Algier & 32,9 Mio. & 2.380.000 \\
Andorra & Andorra la Vella & 76.875 & 453 \\
...
Weißrussland & Minsk & 9,3 Mio. & 207.600 \\
Zentralafrikan. Republik & Bangui & 3,9 Mio. & 622.984 \\
Zypern & Nikosia & 797.000 & 9.251 \\
\end{longtable}
```

(Die entsprechende LaTeX-Ausgabe sehen Sie in Abbildung 4-2.)

Interessant bei `longtable` ist die Behandlung der Kopf- und Fußzeilen. Wenn Sie sich Abbildung 4-2 genau anschauen, sehen Sie (selbst bei dieser Verkleinerung), dass es zwei verschiedene Arten von Kopfzeilen wie auch zwei Arten von Fußzeilen gibt – eine Kopfzeile für die erste Seite und eine weitere für alle Folgeseiten sowie eine Fußzeile für die erste bis zur vorletzten Seite und eine weitere für die letzte Seite. Alle diese Kopf- und Fußzeilen (die gerne auch aus mehr als einer Zeile in der Tabelle bestehen dürfen) werden am Anfang der `longtable`-Umgebung definiert; die Zeilen vom Anfang der Umgebung bis zum `\endhead` bilden die Kopfzeile, alles von da bis zum `\endfoot` die Fußzeile. Der Kopf für die erste Seite endet mit `\endfirsthead`, der Fuß für die letzte Seite mit `\endlastfoot`.

Das `\caption`-Kommando benimmt sich so ähnlich wie bei den Umgebungen `figure` und `table`. In unserem Beispiel erscheint die Legende nur auf der ersten Seite der Tabelle. Es ist aber durchaus möglich, sie auf jeder Seite zu haben:

```
\begin{longtable}{llrr}
\caption{Die Staaten der Erde}\\
\bfseries Land & Hauptstadt & Einwohner & Fläche [km2] \\ \hline
\endfirsthead
\caption[]{Die Staaten der Erde (Forts.)}\\
\bfseries Land & Hauptstadt & Einwohner & Fläche [km2] \\ \hline
\endhead
```

Beachten Sie dabei die »[]« in der zweiten \caption-Zeile. Normalerweise können Sie zwischen die eckigen Klammern einen Kurztitel für die Tabelle schreiben, der dann statt der eigentlichen Legende ins Tabellenverzeichnis übernommen wird. Ist dieser Kurztitel leer, dann trägt dieses \caption-Kommando gar nichts zum Tabellenverzeichnis bei, und das ist sicher besser als die Alternative, nämlich fünf Einträge für dieselbe Tabelle, nur weil sie über fünf Seiten geht. Sie könnten übrigens auch

```
\caption*{Die Staaten der Erde (Forts.)}\\
```

schreiben; dann würde nichts ins Tabellenverzeichnis eingetragen, und außerdem fehlt in den Legenden auf der zweiten und den Folgeseiten auch die Tabellennummer. (Wir finden den »\caption[]«-Ansatz aber schöner.)

Sollten Sie es mit superriesenlangen Tabellen zu tun bekommen (unsere Beispieltabelle ist mit 194 Zeilen schon nicht von schlechten Eltern, aber gegenüber einem Brachiosaurus sieht auch ein Elefant winzig aus), kann es passieren, dass der Speicher Ihres TeX-Systems nicht ausreicht, um die Tabelle zu formatieren. In diesem Fall ist es möglich, den Zähler LTchunksize auf einen geeigneten Wert zu setzen (mit \setcounter), so dass LaTeX nur LTchunksize Zeilen auf einmal verdauen muss statt der kompletten Tabelle. Je größer diese Happen sind, desto schneller arbeitet LaTeX, und bei heutigen TeX-Systemen kann LTchunksize durchaus ein paar Hundert Zeilen betragen. Eine Untergrenze gibt es nicht wirklich, außer dass LaTeX immer langsamer wird, je kleiner die Häppchen sind – aber Sie sollten darauf achten, dass LTchunksize größer ist als die Summe der Zeilen in Ihren Kopf- und Fußbereichen plus ein paar tatsächliche Tabellenzeilen. (In der Regel ist das kein Problem.)

## Überbreite Tabellen

Aber was tun im Fall einer Tabelle, die nicht zu hoch ist, sondern zu breit? Die erste Überlegung, die sich anbietet, ist, sie zu kippen – die Zeilen zu Spalten zu machen und umgekehrt – und zu schauen, ob sie dann passt. Natürlich geht das nicht mit jeder Tabelle. Als Nächstes könnten Sie auf die Idee kommen, zu prüfen, ob die Tabelle nicht im Querformat auf der Seite unterzubringen ist. Das rotating-Paket von Sebastian Rahtz und Leonor Barroca bietet unter anderem die Umgebungen sidewaysfigure und sidewaystable, die figure und table entsprechen, aber ihren Inhalt quer stellen können. Voraussetzung dafür, dass das tatsächlich klappt, ist ein Ausgabeprogramm, das damit zurechtkommt – in heutigen LaTeX-Distributionen sind das in der Regel dvips und pdfLaTeX. Wir beschäftigen uns im Rest dieses Abschnitts mit sidewaystable; alles, was wir darüber sagen, gilt sinngemäß auch für sidewaysfigure.

Die sidewaystable-Umgebung nimmt immer eine komplette Seite für sich ein. Dabei ist der Fuß der Tabelle immer rechts, es sei denn, Sie verwenden die twoside-Option – dann zeigt der Fuß der Tabelle auf linken Seiten nach links und auf rechten nach rechts, damit man die Tabelle immer von der Außenseite des Druckwerks her lesen kann. (Möglicherweise sind mehrere LaTeX-Läufe nötig, um das richtig hinzukriegen. Lesen Sie in Links vs. rechts **[Hack #27]** nach, warum.) Alternativ können Sie eine der Optionen figuresright oder figuresleft angeben, um eine einzige Richtung festzulegen.

Hier ist der Anfang der LaTeX-Eingabe für Tabelle 4-2:

```
\begin{sidewaystable}
  \setlength{\tymax}{8em}
  \caption{Ein Beispiel für \Env{sidewaystable}}
  \begin{tabulary}{\textwidth}{|r|CCCCCCC|} \hline
             &Pension Berta&Gästehaus Schulz&Hotel »Hirsch«& ...
Kategorie    &      *      &       **       &     ***      & ...
Einzelzimmer &      3      &        5       &      4       & ...
Doppelzimmer &      5      &        5       &     10       & ...
  ...
```

Sie müssen sich nicht um die Breite der sidewaystable-Umgebung kümmern, da sie sowieso über die ganze Seite geht. Was das Material innerhalb der Umgebung angeht, so sorgt LaTeX dafür, dass \textwidth und \columnwidth entsprechend angepasst werden – Sie können also, wie in diesem Beispiel mit der tabulary-Umgebung gezeigt, auf diese Werte Bezug nehmen, um den vergrößerten Platz auszunutzen.

sidewaysfigure dreht die Legende der Tabelle zusammen mit der Tabelle. Sie können auch nur die Tabelle drehen und die Legende so lassen, wie sie ist. Dazu verwenden Sie die sideways-Umgebung in einer gewöhnlichen table-Umgebung:

```
\begin{table}
  \caption{Eine gedrehte Tabelle innerhalb einer normalen
    \Env{table}-Umgebung}
  \begin{sideways}
    \begin{tabular}{ll}
```

*Tabelle 4-2: Ein Beispiel für* `sidewaystable`

| | Pension Berta | Gästehaus Schulz | Hotel »Hirsch« | Pension Waldruh | Hotel »Zur Post« | Hotel »Kaiserhof« | Golf-Resorthotel Kontinental | Hotel Löwen |
|---|---|---|---|---|---|---|---|---|
| Kategorie | * | ** | *** | ** | *** | *** | ***** | *** |
| Einzelzimmer | 3 | 5 | 4 | 4 | 8 | 10 | 10 | 5 |
| Doppelzimmer | 5 | 5 | 10 | 8 | 12 | 15 | 25 | 12 |
| Dreibettzimmer | 1 | – | 2 | 2 | 2 | – | 5 | 2 |
| Frühstück | ja | nein | ja | ja | ja | ja | ja | ja |
| Halbpension | nein | nein | nein | ja | nein | ja | ja | ja |
| Vollpension | nein | nein | nein | nein | nein | ja | ja | ja |
| Zimmertelefon | nein | nein | ja | ja | ja | ja | ja | ja |
| Fernsehen | gemeinsam | gemeinsam | Zimmer | Zimmer | Zimmer | Zimmer | Zimmer | Zimmer |
| Minibar | nein | nein | nein | nein | ja | ja | ja | ja |
| Parkplatz | ja | ja | nein | ja | ja | nein | Tiefgarage | ja |
| Zimmerpreis (Euro) | EZ 25/N. | EZ 36–40/N. | EZ 55–65/N. | EZ 45–50/N. | EZ 62–75/N. | EZ 60–70/N. | EZ 150/N. | EZ 58–67/N. |
| | DZ 35/N. | DZ 50–60/N. | DZ 75–85/N. | DZ 60–65/N. | DZ 85–105/N. | DZ 90–110/N. | DZ 220/N. | DZ 85–95/N. |
| Sonstiges | Einfach | Ruhige Lage | Zentral | Sehr ruhig | Solide | Gutbürgerlich | Nobel | Einladend |

*Tabelle 4-3: Eine gedrehte Tabelle innerhalb einer normalen* `table`*-Umgebung*

| **Name** | **Haus** |
|---|---|
| Harry Potter | Gryffindor |
| Draco Malfoy | Slytherin |
| Cho Chang | Ravenclaw |
| Justin Finch-Fletchley | Hufflepuff |

```
        \tablehead
        \thead Name             & \thead Haus \\
        Harry Potter            & Gryffindor \\
        Draco Malfoy            & Slytherin \\
        Cho Chang               & Ravenclaw \\
        Justin Finch-Fletchley & Hufflepuff \\
        \tablefoot
      \end{tabular}
    \end{sideways}
  \end{table}
```

Das Ergebnis finden Sie in Tabelle 4-3.

## HACK #40 CSV-Dateien als Tabellen setzen

**Wie Sie LaTeX die Ausgabe Ihrer Tabellenkalkulation schmackhaft machen können.**

Vielleicht unterstützt Ihr Tabellenkalkulationsprogramm direkte Ausgabe im LaTeX-Format. Wenn ja, sind Sie fein raus. Wenn nicht, dann können Sie sich auch aus der Klemme helfen, etwa indem Sie LaTeX die Rudimente des CSV-Formats beibringen (denn das kann Ihr Tabellenkalkulationsprogramm bestimmt).

»CSV« ist die Abkürzung für *comma-separated values*, also etwa »durch Kommas getrennte Werte«. Dieser Begriff hat sich eingebürgert, auch wenn heute statt Kommas meistens Semikolons verwendet werden, damit die Werte bequemer Kommas enthalten dürfen – jedenfalls bei Zahlen in der hierzulande üblichen Dezimalschreibweise mit Komma ein wesentlicher Faktor. Eine einfache CSV-Datei könnte aussehen wie

```
Nr;Name;Bahnradius/AE;Durchmesser/km
1;Merkur;0,39;4878
```

```
2;Venus;0,72;12104
3;Erde;1,00;12756
4;Mars;1,52;6794
```

So eine Datei taugt fast schon als Inhalt einer LaTeX-`tabular`-Umgebung. Wir müssen LaTeX nur dazu bringen, die Semikolons als Spaltentrenner (analog zu »`&`«) und das Zeilenende als »`\\`« zu interpretieren.

Für Letzteres erinnern wir uns daran, dass LaTeX das Zeilenende als »`^^M`« liest. Wir müssen also `^^M` »aktiv« machen, damit wir ihm die Bedeutung von `\\` geben können (denken Sie an die zeilenweise Verarbeitung von Eingabe in Aufgaben und Musterlösungen setzen **[Hack #14]**). Auch hier ist wieder der Haken, dass wir nicht genau wissen, wie `\\` überhaupt definiert ist – je nachdem, ob Sie die Standard-Tabellenumgebung oder das `array`-Paket benutzen. Wir ziehen uns aus der Affäre, indem wir LaTeX fragen:

```
\setbox0=\hbox{%
  \begin{tabular}{c}
    \global\let\CsvNewline\\%
  \end{tabular}}
```

Wir machen eine Tabelle, deren einziger Existenzgrund darin besteht, uns die Bedeutung von `\\` in `\CsvNewline` einfangen zu lassen. Die Tabelle selbst landet in einer `\hbox`, die wir anschließend ignorieren, damit LaTeX sich nicht über Text vor dem `\begin{document}` aufregt. `\CsvNewline` ziehen wir dann zur Definition des aktiven Zeilenendes heran:

```
{\catcode`\^^M=\active %
 \gdef\CsvObeylines{\catcode`\^^M=\active \let^^M=\CsvNewline}}%
```

Damit wir `^^M` mit `\let` eine Bedeutung geben können, muss das `^^M` schon aktiv sein, wenn wir `\let` aufrufen. Deswegen definieren wir das `\CsvObeylines`-Kommando global innerhalb einer Gruppe, in der das gilt (die Technik ist auch in der Definition des LaTeX-Kommandos `\obeylines` zu sehen, das benutzt wird, um die `verbatim`-Umgebung zu realisieren).

Anschließend müssen wir nur noch ein Kommando definieren, das die CSV-Datei liest und mit einer passenden Spaltenfestlegung als Tabelle formatiert. Hier ist ein Vorschlag dafür:

```
\newcommand{\csvtabular}[2]{%
  \begingroup
    \CsvObeylines
    \catcode`\;=4
    \begin{tabular}{#1}
      \input{#2}
```

```
    \end{tabular}
  \endgroup}
```

Mit dem »\catcode‘\;=4« erklären wir »;« zu einem Synonym für »&« – Spaltentrenner in Tabellen haben den \catcode 4. Das erste Argument des Kommandos ist die Formatangabe für die Tabelle, das zweite der Name der zu lesenden Datei. Das Kommando

```
\csvtabular{rlrr}{planeten.csv}
```

sollte also ein Ergebnis liefern wie

| Nr | Name | Bahnradius/AE | Durchmesser/km |
|---:|---|---:|---:|
| 1 | Merkur | 0,39 | 4878 |
| 2 | Venus | 0,72 | 12104 |
| 3 | Erde | 1,00 | 12756 |
| 4 | Mars | 1,52 | 6794 |

Mit diesem Ansatz können wir schon viele CSV-Dateien verarbeiten. Haarig wird es aber da, wo das Trennzeichen für die Spalten selbst im Inhalt einer Spalte vorkommen darf. Die Konvention sagt, dass in so einem Fall der Wert der betreffenden Spalte in doppelten Anführungszeichen steht, etwa wie

```
3;"Erde; Mond";1,00;12756
```

Praktisch gesehen müssen wir, wenn wir beim Lesen der Tabelle auf ein doppeltes Anführungszeichen stoßen, die Sonderbedeutung des »;« zeitweilig aufheben. Beim nächsten doppelten Anführungszeichen schalten wir sie dann wieder ein. Die Definitionen dafür könnten zum Beispiel so aussehen:

```
{\catcode‘\"=\active
  \gdef\CsvMagicQuote{\catcode‘\"=\active \let"=\CsvSepOff}%
  \gdef\CsvSepOff{\catcode‘\;=12 \let"=\CsvSepOn}%
  \gdef\CsvSepOn{\catcode‘\;=4 \let"=\CsvSepOff}}%
```

Das Kommando \CsvSepOff macht »;« zum normalen Zeichen und sorgt dafür, dass das nächste doppelte Anführungszeichen »;« wieder zum Spaltentrenner erklärt. Umgekehrt macht \CsvSepOn »;« zum Spaltentrenner und arrangiert, dass das nächste doppelte Anführungszeichen »;« wieder zum normalen Zeichen macht.

Auch hier gilt, dass das doppelte Anführungszeichen zum Zeitpunkt der Definition dieser Kommandos schon »aktiv« sein muss. Das Kommando \CvsMagicQuote spielt eine ähnliche Rolle wie \CvsObeylines, indem es zum Einschalten der Funktion unmittelbar vor dem Einsatz dient – gerade im Fall des doppelten Anführungszeichens ist das wichtig, da sonst Pakete wie babel oder german es monopolisieren. So wie die Dinge hier stehen, sollten die CSV-Dateien keine Babel-Funktionen für deutsche Umlaute und Ähnliches in Anspruch nehmen; innerhalb einer CSV-Datei gehört das doppelte Anführungszeichen der CSV-Datei! Etwas wie

```
1;"W"are katastrophal";4711
```

ist weder korrektes CSV noch korrektes Babel. Am besten verwenden Sie eine Eingabekodierung, die es Ihnen erlaubt, Umlaute und andere Sonderzeichen direkt zu tippen, denn damit hat Babel kein Problem. Das `\csvtabular`-Kommando sieht jetzt aus wie

```
\newcommand{\csvtabular}[2]{%
\begingroup
  \CsvObeylines
  \CsvMagicQuote
  \catcode‘\;=4
  \begin{tabular}{#1}
    \input{#2}
  \end{tabular}
\endgroup}
```

und transformiert die Eingabedatei

```
Nr;Name;Bahnradius (AE);Durchmesser (km)
1;Merkur;0,39;4878
2;Venus;0,72;12104
3;"Erde; Mond";1,00;12756
4;"Mars; Phobos; Deimos";1,52;6794
```

in

| Nr | Name | Bahnradius/AE | Durchmesser/km |
|---|---|---|---|
| 1 | Merkur | 0,39 | 4878 |
| 2 | Venus | 0,72 | 12104 |
| 3 | Erde; Mond | 1,00 | 12756 |
| 4 | Mars; Phobos; Deimos | 1,52 | 6794 |

Hundertprozentig ausreichend ist auch das leider noch nicht – es fehlt noch eine Vorgehensweise für den Fall, dass ein Tabelleneintrag ein doppeltes Anführungszeichen enthält(!). Unglücklicherweise gibt es keine offizielle Methode, die vorschreibt, wie mit diesem Fall umzugehen ist. Eine Möglichkeit besteht darin, das doppelte Anführungszeichen zu verdoppeln(!!), eine andere, ein Zeichen wie \ davorzusetzen. Mit dem ersteren Ansatz könnten wir umgehen, indem wir im `\CsvSepOn`-Kommando prüfen, ob das nächste Zeichen ein doppeltes Anführungszeichen ist:

```
\gdef\CsvSepOn{\futurelet\CsvNext\CsvSepOn@}
```

Das \futurelet-Kommando »spickt« quasi nach vorne und weist \CsvNext das nächste Eingabezeichen zu. Anschließend wird \CsvSepOn@ aufgerufen.

Ist das Folgezeichen auch ein Anführungszeichen, fügen wir ein doppeltes Anführungszeichen in den Text ein, sonst machen wir weiter wie gehabt. Aufpassen müssen wir nur mit dem Semikolon: Wenn wir das schließende Anführungszeichen einer Spalte bearbeiten und dafür den nachfolgenden Semikolon lesen, der eigentlich als Spaltentrenner gemeint ist, wird er noch als normales Zeichen gelesen, und es ist nicht möglich, ihm seine Sonderbedeutung zurückzugeben. Hier ist die Definition für \CsvSepOn@:

```
\gdef\CsvSepOn@{\relax
  \if\noexpand\CsvNext;
    \let\CsvNext=\CsvNewCol%
    \let"=\CsvSepOff%
  \else
    \ifx\CsvNext\CsvSepOn%
      \char`\"%
    \fi
    \let\CsvNext=\relax%
  \fi
  \CsvNext}%
\gdef\CsvNewCol#1{&}%
```

Der erste Vergleich prüft, ob \CsvNext ein (normales) Semikolon ist. Wenn ja, beginnen wir eine neue Spalte mit \CsvNewCol – das Semikolon, das für uns nutzlos geworden ist, wird verschluckt und dafür ein »richtiger« Spaltentrenner verarbeitet. Haben wir kein Semikolon vor uns, sollte ein Anführungszeichen kommen, was der zweite Vergleich prüft (das doppelte Anführungszeichen ist ja gerade äquivalent zu \CsvSepOn). In diesem Fall wird ein doppeltes Anführungszeichen eingebaut und \CsvNext neutralisiert (es steht ja sowieso noch einmal in der Eingabe).

Auf diese Weise wird aus

```
Nr;Name;Bahnradius (AE);Durchmesser (km)
1;"Merkur (""Götterbote"")";0,39;4878
2;Venus;0,72;12104
3;"Erde; Mond";1,00;12756
4;"Mars; Phobos; Deimos";1,52;6794
```

die Ausgabe

| Nr | Name | Bahnradius/AE | Durchmesser/km |
|---|---|---|---|
| 1 | Merkur ("Götterbote") | 0,39 | 4878 |
| 2 | Venus | 0,72 | 12104 |
| 3 | Erde; Mond | 1,00 | 12756 |
| 4 | Mars; Phobos; Deimos | 1,52 | 6794 |

(beachten Sie die »geraden« Anführungszeichen rund um »Götterbote«).

Wohlgemerkt funktioniert dieses Verfahren nicht für alle CSV-Dateien, da das Format nicht vollständig genormt ist. Probleme hat es auch bei Feldern, die Zeilenumbrüche enthalten – hier müßten Sie ähnlich wie bei den Semikolons dafür sorgen, dass statt »\\« etwas anderes Passendes aufgerufen wird (ist im Vergleich nicht schwierig).

### Siehe auch

- Serienbriefe für Serientäter **[Hack #62]** stellt ein »offizielles« Paket zum Umgang mit CSV-Dateien vor.

## HACK #41 Alles am rechten Platz

**Bestimmen Sie die Position von Abbildungen und Tabellen.**

Normalerweise können Sie die Positionierung von gleitenden Abbildungen und Tabellen LaTeX überlassen. Das Programm tut im Großen und Ganzen das Richtige, und Sie können über die Platzierungsparameter für Gleitobjekte (siehe Tabelle 4-4) eine allgemeine Richtung vorgeben. Dazu sollten Sie allerdings ein paar Punkte beachten, damit sich der Gleitobjekt-Mechanismus von LaTeX nicht »verklemmt« – der typische Effekt ist, dass alle Gleitobjekte eines Kapitels auf eigenen Seiten am Ende des Kapitels auftauchen statt über den Text verteilt.

Bei Gleitobjekten können Sie hinter dem `\begin{...}`-Kommando eine optionale Platzierungs-Spezifikation angeben, die besagt, wo das Gleitobjekt landen darf. Diese Spezifikation ist eine beliebige Kombination der Buchstaben »`t`« (oben auf der Seite), »`b`« (unten auf der Seite), »`p`« (auf einer eigenen Gleitobjekt-Seite oder *float page*), oder »`h`« (hier, wo das Gleitobjekt im Text steht). Der Vorgabewert für die eingebauten Gleitobjekt-Typen ist bei den Standard-Dokumentklassen (`article`, `report` und `book`) »`tbp`«. Die Reihenfolge der Buchstaben ist völlig egal – »`btp`« heißt also nicht »unten, und wenn das nicht geht, oben, und wenn das nicht geht, auf einer eigenen Seite«, sondern ist genau dasselbe wie »`tbp`«, der Standardwert. LaTeX versucht Gleitobjekte immer erst »hier« zu platzieren (falls »`h`« explizit angegeben wurde), dann oben, dann unten und dann gegebenenfalls auf einer eigenen Seite.

*Tabelle 4-4: Platzierungsparameter für Gleitobjekte (Auswahl)*

| Parameter | | Standard | Bedeutung |
|---|---|---|---|
| topnumber | * | 2 | Maximale Anzahl von Gleitobjekten oben auf der Seite |
| bottomnumber | * | 1 | Maximale Anzahl von Gleitobjekten unten auf der Seite |
| totalnumber | * | 3 | Maximale Anzahl von Gleitobjekten pro Seite |
| \topfraction | ** | 0.7 | Maximaler Anteil der Seitenhöhe, der von Gleitobjekten oben auf der Seite belegt werden kann |
| \bottomfraction | ** | 0.3 | Maximaler Anteil der Seitenhöhe, der von Gleitobjekten unten auf der Seite belegt werden kann |
| \textfraction | ** | 0.2 | Minimaler Anteil einer »normalen« Seite, der mit Text belegt sein muss |
| \floatpagefraction | ** | 0.5 | Minimaler Anteil einer Gleitobjekt-Seite, der mit Gleitobjekten belegt sein muss |
| \floatsep | *** | 12pt plus 2pt minus 2pt | Vertikaler Platz zwischen Gleitobjekten oben oder unten auf einer Seite |
| \textfloatsep | *** | 20pt plus 2pt minus 4pt | Vertikaler Platz zwischen Gleitobjekten oben oder unten auf einer Seite und dem Text |
| \intextsep | | siehe \floatsep | Platz vor und hinter einem Gleitobjekt im Text (mit [h]) |
| \topfigrule | ** | | Kommando, das eine Linie zwischen Gleitobjekten oben auf der Seite und dem Text erzeugt |
| \botfigrule | ** | | Kommando, das eine Linie zwischen dem Text und Gleitobjekten unten auf der Seite erzeugt |

Ändern mit: * = \setcounter, ** = \renewcommand, *** = \setlength

Sie können den tbp-Standardwert für die Platzierung einer Klasse von Gleitobjekten ändern, indem Sie den LaTeX-Parameter »\fps@*Klasse*« umdefinieren. Das ist nicht ganz bequem, aber mit etwas wie

```
\makeatletter
\@namedef{fps@table}{tp}
\makeatother
```

können Sie zum Beispiel verhindern, dass Tabellen am unteren Seitenrand auftauchen, solange keine expliziten Platzierungs-Spezifikationen angegeben werden.

Ein gängiger Fehler besteht darin, ausschließlich die Platzierungs-Spezifikation »b« zu verwenden, um eine relativ große Tabelle oder ein Bild am unteren Seitenrand unterzubringen. Das Problem dabei ist, dass der Parameter \bottomfraction, der angibt, wie viel Platz am unteren Seitenrand für Gleitobjekte zur Verfügung steht, relativ knapp bemessen ist. Wenn Ihre Tabelle mehr Platz benötigt als die standardmäßig vorgesehenen 30% der Texthöhe, dann kann sie dort nicht platziert werden – und blockiert auch alle folgenden gleitenden Tabellen. Dasselbe gilt für andere restriktive Vorgaben wie »t«, wenn auch nicht im selben Maße, da die \topfraction wesentlich größer ist als die

`\bottomfraction`. Es ist sinnvoll, zu »`t`« oder »`b`« immer noch »`p`« dazuzunehmen.

Ein anderes Problem ist das der weitgehend leeren Gleitobjekt-Seiten (*float pages*). LaTeX versucht, alle anstehenden Gleitobjekte, die es nicht bei der Ausgabe einer Seite loswird, auf eine oder mehrere Gleitobjekt-Seiten zu verlagern. Dabei bestimmt der Parameter `\floatpagefraction`, wie groß der Gesamtwert von ausstehenden Gleitobjekten sein muss, damit LaTeX eine Gleitobjekt-Seite in Betracht zieht. Der Standardwert von 0,5 bedeutet, dass ein Gleitobjekt, das knapp über 50% der Seitenhöhe hoch ist, für eine Gleitobjekt-Seite in Frage kommt, wenn es nicht auf der aktuellen Seite im Text platziert werden kann – was zu einer beinahe halb leeren Gleitobjekt-Seite führt, wenn nicht noch ein anderes Gleitobjekt übrig ist, das in den verfügbaren Platz passt. Sie können versuchen, dieses Problem abzumildern, indem Sie `\floatpagefraction` erhöhen, müssen dabei aber aufpassen, dass Sie den neuen Wert nicht zu hoch ansetzen, sonst kann es passieren, dass sich die Gleitobjekte aufstauen, weil LaTeX sich schwerer damit tut, sich zu Gleitobjekt-Seiten durchzuringen.

In besonders harten Fällen können Sie LaTeX anweisen, seine eigenen Regeln zu ignorieren. Wenn Sie in die Platzierungs-Spezifikation ein »`!`« einbauen, setzt LaTeX für dieses Gleitobjekt die üblichen Parametereinstellungen außer Kraft und platziert es am gewünschten Ort, solange überhaupt Platz auf der Seite ist und keine anderen Gleitobjekte desselben Typs ausstehen, die eher platziert werden müssten. Wenn zum Beispiel ein großes Bild am unteren Seitenrand stehen soll und `\bottomfraction` das verhindert, dann können Sie mit

```
\begin{figure}[!b]
```

dafür sorgen, dass das Bild trotzdem ausgegeben wird und nicht alle anderen Bilder hinter sich aufstaut.

## HACK #42 Gruppendynamik

**Platzieren Sie mehrere Tabellen oder Abbildungen im selben gleitenden Objekt.**

Grundsätzlich zwingt Sie niemand, Tabellen in `table`-Umgebungen und Bilder in `figure`-Umgebungen zu platzieren. Na ja, außer dem gesunden Menschenverstand vielleicht. Wenn Sie sich aber eines Tages in einer Situation befinden, wo Sie ein Bild und eine kleine Tabelle haben, die beide nicht ganz halb so breit sind wie die Seite ... dann gibt es wirklich keinen vernünftigen Grund, warum die beiden nicht nebeneinanderstehen sollten. Probieren Sie etwa Folgendes:

```
\begin{figure}  % oder table
  \begin{minipage}{.6\textwidth}
```

```
      \centering
      \begin{tabular}{ll}
        Felsenpinguin & Eudyptes chrysocome \\
        Kaiserpinguin & Aptenodytes forsteri \\
        Königspinguin & Aptenodytes patagonicus\\
        Linux-Pinguin & Harengiphagus torvaldsi \\
        Zügelpinguin & Pygoscelis antarctica
      \end{tabular}
      \caption{Pinguinarten}
    \end{minipage} \hspace{\fill}
    \begin{minipage}{.35\textwidth}
      \centering
      \includegraphics[width=\textwidth]{tux-logo}
      \caption{Tux der Pinguin}
    \end{minipage}
  \end{figure}
```

Wenn Sie das tatsächlich testen, dürfte Ihnen auffallen, dass die Ausgabe fast so aussieht wie in Abbildung 4-3 – mit einem winzigen Unterschied: Unter der Tabelle steht »Abbildung 1«. Das liegt daran, dass das \caption-Kommando von der um es herum stehenden Umgebung mitgeteilt bekommt, ob es eine Legende für eine Tabelle oder eine Abbildung erzeugen soll. In unserem Beispiel ist die Umgebung eine figure, also steht dort zweimal »Abbildung« – wäre sie eine table, dann stünde dort zweimal »Tabelle«.

| | |
|---|---|
| Felsenpinguin | Eudyptes chrysocome |
| Kaiserpinguin | Aptenodytes forsteri |
| Königspinguin | Aptenodytes patagonicus |
| Linux-Pinguin | Harengiphagus torvaldsi |
| Zügelpinguin | Pygoscelis antarctica |

Tabelle 1: Pinguinarten

Abbildung 1: Tux der Pinguin

*Abbildung 4-3: Eine Tabelle und ein Bild im selben Gleitobjekt*

*(a) Links* *(b) Rechts*

*Abbildung 4-4: Eine Abbildung mit zwei »Unterabbildungen«*

Das ist allerdings nichts, was wir nicht mit einem Blick in den LaTeX-Quellcode und etwas Umdefiniererei in den Griff bekommen könnten. `\caption` und die drumherum stehenden Umgebungen verwenden das Kommando `\@captype` zur Kommunikation, indem sie es nach Bedarf auf »`figure`« oder »`table`« setzen, und das können wir natürlich auch, wenn wir müssen: Ein kleines

```
\newcommand{\setcaptype}[1]{\renewcommand{\@captype}{#1}}
```

in der Präambel (gegebenenfalls von `\makeatletter` und `\makeatother` umgeben wegen des »`@`«), und schon sind wir im Geschäft:

```
\setcaptype{table}
\caption{Pinguinarten}
...
\setcaptype{figure}
\caption{Tux der Pinguin}
```

sorgen für die korrekte Beschriftung unserer Objekte.

## Gleitobjekte und Unterobjekte

Eine andere Situation finden Sie in Abbildung 4-4 illustriert. Dort haben wir eine Abbildung, die aus zwei zusammengehörenden »Unterabbildungen« besteht. Im Abbildungsverzeichnis taucht nur die Legende der »Hauptabbildung« auf, aber wir können uns auch auf die Unterabbildungen beziehen:

*Abbildung 4-5: Der Salto seitwärts, einfach gesessen: (a) Ausgangsposition, (b) Aufschwung, (c) Abschwung, (d) Endposition.*

Abbildung 4-4a steht auf Seite 133.

```
\figurename~\ref{fig:subfloat-left} steht
  auf Seite~\pageref{fig:subfloat-left}.
```

Realisiert wird das mit dem `subfig`-Paket von Steven Cochran. Dieses Paket stellt das `\subfloat`-Kommando zur Verfügung, mit dem Sie innerhalb eines Gleitobjekts mehrere Unterobjekte einführen können. Die Eingabe für Abbildung 4-4 sieht ungefähr so aus:

```
\begin{figure}
  \centering
  \subfloat[Links]{%
    \reflectbox{\includegraphics[width=.4\textwidth]{tux-logo}}
    \label{fig:subfloat-left}
  }
  \qquad
  \subfloat[Rechts]{%
    \includegraphics[width=.4\textwidth]{tux-logo}
    \label{fig:subfloat-right}
  }
  \caption{Eine Abbildung mit zwei »Unterabbildungen«}
  \label{fig:subfloat}
\end{figure}
```

Das `\subfloat`-Kommando übernimmt den Inhalt des Gleitobjekts als Argument und eine Legende als optionales Argument. Standardmäßig werden die Unterobjekte mit Kleinbuchstaben »nummeriert« (wie in Abbildung 4-4 zu sehen).

Verweise auf Unterobjekte mit `\ref` werden zu etwas wie »4-4a« expandiert. Das ist normalerweise das, was man will, aber es ist in einem speziellen Fall lästig: Wenn Sie in Ihrer »Abbildung« eine Reihe von Bildern zeigen – die keine eigenen Legenden haben, sondern nur (zum Beispiel) durch Buchstaben markiert sind – und in der Hauptlegende der Abbildung die verschiedenen Bilder erklären (siehe Abbildung 4-5).

Für diesen Fall sieht subfig das Kommando \subref vor, das einfach nur den Namen des Unterobjekts liefert, ohne die Nummer des übergeordneten Objekts davor. Die Eingabe für Abbildung 4-5 sieht auszugsweise so aus:

```
\begin{figure}
  \subfloat[]{%
    \includegraphics[width=.2\textwidth]{tux-logo}%
    \label{aa}
  }%
  ...
  \caption[Der Salto seitwärts]{Der Salto seitwärts,
    einfach gesessen:
    \subref{aa} Ausgangsposition,
    \subref{bb} Aufschwung,
    ...}
\end{figure}
```

## HACK #43 Do-it-yourself-Gleitobjekte

**Wie Sie Ihre eigenen Gleitobjekte definieren können**

Von Haus aus kennt LaTeX nur die beiden gleitenden Objekte figure und table. Allerdings könnte man durchaus auf die Idee kommen, dass sich auch andere Bestandteile eines Dokuments gut als Gleitobjekte machen würden: Beispiele, Programmlistings, Einwürfe und ähnliches. Ihnen fallen sicher spontan noch einige weitere Kandidaten ein. Der Gleitobjekt-Mechanismus von LaTeX ist allgemein genug, dass das ohne großen Aufwand möglich ist, aber die tatsächliche Durchführung, wenn Sie es »mit bloßen Händen« machen wollen, ist wieder mal etwas umständlich.

Das Ziel des float-Pakets von Anselm Lingnau (töröö!) besteht darin, die Definition eigener Gleitobjekte zu vereinfachen.[1] Statt in den Innereien von LaTeX herumwühlen zu müssen, genügt ein

```
\newfloat{algorithm}{tbp}{alg}[chapter]
```

um eine neue Klasse von Gleitobjekten namens algorithm zu definieren, deren Mitglieder (wie table & Co.) standardmäßig oben und unten auf einer

[1] Die Existenz dieses Pakets verdanken wir übrigens einem besonders langweiligen Weihnachten irgendwann in den 1990er-Jahren.

*Algorithmus 4.1: Der Elefanten-Schnitz-Algorithmus*

1. Ein Stück Holz nehmen.
2. Alles abschneiden, was nicht nach einem Elefanten aussieht.
3. Ende.

*Tabelle 4-5: Gleitobjekt-Stile von float*

| Stil | Beschreibung |
|---|---|
| plain | Der LaTeX-übliche Stil für Gleitobjekte, mit der Legende unten |
| plaintop | Der LaTeX-übliche Stil für Gleitobjekte, mit der Legende oben |
| boxed | Das Gleitobjekt wird eingerahmt und die Legende steht darunter (die Abbildungen in diesem Buch sind mit dem `boxed`-Stil formatiert) |
| ruled | Die Legende steht oben, mit Linien darüber und darunter, und darunter steht das Gleitobjekt, gefolgt von einer weiteren Linie. Dieses Format ist angelehnt an die Tabellen in *Concrete Mathematics* von Ronald Graham, Donald E. Knuth und Oren Patashnik. |

Seite oder auf einer eigenen Gleitobjekt-Seite platziert werden können und innerhalb von Kapiteln nummeriert werden (das heißt, der erste `algorithm` in einem neuen Kapitel bekommt die Nummer 1, der nächste die 2 und so weiter). In einer Datei mit der Endung *.alg* werden Informationen zur Erzeugung eines Algorithmenverzeichnisses gesammelt. Das Kommando

```
\floatname{algorithm}{Algorithmus}
```

bestimmt den Namen der Klasse aus der Sicht von `\caption`; wenn Sie kein `\floatname`-Kommando angeben, wird der bei `\newfloat` angegebene Klassenname verwendet, so dass Sie ursprünglich auch Folgendes hätten schreiben können:

```
\newfloat{Algorithmus}{tbp}{alg}[chapter]
```

Nach dieser Definition können Sie die `algorithm`-Umgebung verwenden:

```
\begin{algorithm}
  \begin{enumerate}
  \item Ein Stück Holz nehmen.
  \item Alles abschneiden, was nicht nach einem Elefanten aussieht.
  \item Ende.
  \end{enumerate}
  \caption{Der Elefanten-Schnitz-Algorithmus}
\end{algorithm}
```

liefert das in Algorithmus 4.1 gezeigte Ergebnis.

Das `float`-Paket führt das Konzept eines »Gleitobjekt-Stils« (*float style*) ein. Über Gleitobjekt-Stile können Sie bestimmen, wie Ihre Gleitobjekte formatiert werden sollen. Wenn Sie nichts anderes angeben, bekommen Sie einen Stil, der dem LaTeX-üblichen Aussehen sehr nahe kommt (bis auf einen Unterschied, den wir gleich noch erwähnen werden), aber Sie können sich über das Kommando `\floatstyle` einen anderen Stil wünschen. Dieser Stil wird dann für darauffolgende `\newfloat`-Kommandos herangezogen.

Wenn Sie auch `figure` und `table` mit Gleitobjekt-Stilen aus `float` ausstatten wollen, haben Sie das Problem, dass diese Klassen nicht mit `\newfloat` angelegt werden, sondern schon von Haus aus in LaTeX vorhanden sind. Verwenden Sie stattdessen das `\restylefloat`-Kommando, um eine existierende Klasse von Gleitobjekten umzudefinieren:

```
\floatstyle{ruled}
\restylefloat{table}
```

Das funktioniert auch mit anderen, schon mit `\newfloat` definierten Gleitobjekt-Klassen, obwohl Sie es nicht zur Gewohnheit werden lassen sollten.

Eine Eigenschaft, die die Gleitobjekt-Stile von `float` gegenüber dem LaTeX-Standard haben, besteht darin, dass sie die Position der Legende diktieren. Nach einem `\restylefloat{table}` werden Sie feststellen, dass es unerheblich ist, wo in der `table`-Umgebung Ihr `\caption`-Kommando steht – die Legende steht immer *unter* dem eigentlichen Gleitobjekt.[2] Dies ist eine Konsequenz der Tatsache, dass `float` das für Stile wie `boxed` oder `ruled` machen muss. Wenn es Ihnen gegen den Strich geht oder Sie aus Kompatibilitätsgründen beim Standardverhalten bleiben müssen, können Sie Folgendes schreiben:

```
\restylefloat*{table}
```

Dieser Aufruf lässt das Standard-`\caption`-Kommando in Kraft.

Um einen neuen Gleitobjekt-Stil zur Verfügung zu stellen, müssen Sie ein Kommando namens `\fs@`*`stil`* definieren. LaTeX konstruiert das Gleitobjekt, und über den Stil können Sie es verbrämen und mit der Legende zusammenbauen. Wie das genau passiert, regeln die Definitionen, die Sie innerhalb von `\fs@`*`stil`* vornehmen. In diesem »Stil-Kommando« belegen Sie einige weitere Kommandos vor, namentlich:

**`\@fs@pre`** Dieses Kommando wird am Anfang des Zusammensetzens ausgeführt.

**`\@fs@post`** Dieses Kommando wird am Ende des Zusammensetzens ausgeführt.

[2] Die landläufige Typografie schreibt vor, dass die Legenden für Bilder *unter* dem Bild und die für Tabellen *über* der Tabelle stehen. Mit `float` lässt sich das leicht erreichen, aber es ist nicht die Standardvoreinstellung.

**`\@fs@iftopcapt`** Gibt an, ob in diesem Stil die Legende oben oder unten steht. Kann einen der Werte `\iftrue` oder `\iffalse` annehmen.

**`\@fs@mid`** Dieses Kommando wird in »der Mitte« des Zusammensetzens ausgeführt. In diesem Moment ist entweder die Legende eingebaut worden (wenn `\@fs@iftopcapt` wahr ist) oder das eigentliche Gleitobjekt wurde geholt (sonst). Als Nächstes nach dem `\@fs@mid` passiert dann jeweils das, was bisher nicht passiert ist – wenn `\@fs@iftopcapt` wahr ist, wird zum Beispiel das eigentliche Gleitobjekt geholt.

**`\@fs@capt`** Dieses Kommando formatiert die Legende. Es wird mit zwei Argumenten aufgerufen, nämlich dem Gleitobjekt-Namen und der Nummer einerseits und der vom Benutzer angegebenen Legende andererseits.

**`\@fs@cfont`** Kommandos, die eine passende Schrift für das erste Argument von `\@fs@capt` einstellen. Ob diese Einstellung beachtet wird, hängt davon ab, wie `\@fs@capt` definiert ist, aber die Standard-Gleitobjekt-Stile tun es.

Hier ist zum Beispiel die Definition des `ruled`-Stils:

```
\newcommand\floatc@ruled[2]{{\@fs@cfont #1} #2\par}
\newcommand\fs@ruled{\def\@fs@cfont{\bfseries}%
  \let\@fs@capt\floatc@ruled
  \def\@fs@pre{\hrule height.8pt depth0pt \kern2pt}%
  \def\@fs@post{\kern2pt\hrule\relax}%
  \def\@fs@mid{\kern2pt\hrule\kern2pt}%
  \let\@fs@iftopcapt\iftrue}
```

Um zu zeigen, wie Sie einen neuen Gleitobjekt-Stil definieren können, ziehen wir das `fancybox`-Paket von Timothy Van Zandt heran. Dieses Paket enthält unter anderem ein Kommando namens `\shadowbox`, das wie `\makebox` funktioniert, aber eine Umrahmung mit »Schlagschatten« um den resultierenden Kasten malt:

Shadow Boxing
for Fun and Profit

```
\shadowbox{%
  \begin{minipage}{4cm}
    \centering
    Shadow Boxing\\
    for Fun and Profit
  \end{minipage}}
```

Hier ist ein Gleitobjekt-Stil, der `\shadowbox` verwendet:

```
\newcommand{\fs@shadow}{%
  \fs@plain
  \def\@fs@pre{%
     \setbox\@currbox\vbox{\shadowbox{\box\@currbox}}%
```

```
  }
  \let\@fs@iftopcapt=\iffalse}
```

Wir rufen zuerst `\fs@plain` auf und setzen dadurch die Einstellungen für jenen Stil in Kraft. Diese sind sorgfältig so ausgesucht, dass sie nichts Besonderes machen, und eignen sich dadurch als Standardwerte. Die Definition von `\@fs@pre` erledigt die eigentliche Arbeit: LaTeX hinterlässt das ansonsten fertige Gleitobjekt im Box-Register `\@currbox`, das wir nur noch an `\shadowbox` übergeben, damit der Schatten angehängt wird. Ein einfaches Beispiel für diesen Stil finden Sie in Lied 4.1:

```
\floatstyle{shadow}
\newfloat{song}{tbp}{sng}[chapter]
\floatname{song}{Lied}
...
\begin{song}
  \caption{Ein kleines Lied (nach \TeX\ Stevens)}
  \label{song:fshadow}
  \begin{verse}
    I'm being followed by a float shadow,\\
    \quad Float shadow, float shadow\\
    Skipping and kerning for a float shadow,\\
    \quad Float shadow, float shadow\\
  \end{verse}
\end{song}
```

Wenn Sie `hyperref` verwenden, kann es sein, dass LaTeX beim Verlinken von Querverweisen eine Fehlermeldung der Form

```
! Undefined control sequence.
<argument> song.\theHsong
```

ausspuckt. Fügen Sie in diesem Fall etwa Folgendes zum Kommando `\newfloat{song}...` hinzu, um `hyperref` glücklich zu machen:

```
\newcommand{\theHsong}{\arabic{song}}
                                  % oder was auch immer
```

I'm being followed by a float shadow,
   Float shadow, float shadow
Skipping and kerning for a float shadow,
   Float shadow, float shadow

*Lied 4.1: Ein kleines Lied (nach TeX Stevens)*

KAPITEL FÜNF

# Gliederung und Verzeichnisse

Hacks #44–55

LaTeX ist von Haus aus relativ eng mit wissenschaftlichen Artikeln und Büchern verbunden. Bücher bestehen aus Kapiteln, diese aus Abschnitten, diese wiederum aus Unterabschnitten und so weiter (bei Artikeln fallen die Kapitel weg, aber sonst bleibt alles gleich). Die Standardformatierung von Kapitel- und anderen Überschriften ist eher nüchtern und dem amerikanischen typografischen Geschmack angepasst. Das ist für uns mehr als genug Grund, dem Thema »Dokumentgliederung in LaTeX« ein Kapitel zu widmen. Hier werden Sie nicht nur sehen, wie Sie das Inhaltsverzeichnis kontrollieren und die verschiedenen Kapitel- und Abschnittsanfänge an Ihre Vorstellungen anpassen können, sondern wir beschäftigen uns auch mit Stichwort- und Literaturverzeichnissen und bibliografischen Zitaten.

## HACK #44 Variabler Tiefgang

**Bestimmen Sie, welche Abschnittstitel nummeriert werden und ihren Weg ins Inhaltsverzeichnis finden.**

LaTeX nummeriert Kapitel, Abschnitte und andere »Gliederungseinheiten« automatisch durch, wobei die Zählung immer dann auf eins zurückgesetzt wird, wenn die nächste Gliederungseinheit auf der Ebene darüber anfängt. (Alles andere wäre wohl auch wunderlich – aber siehe Der Unterzeichnete ... **[Hack #47]**!) Allerdings gibt LaTeX die so erzielte Nummer nicht immer mit dem Titel aus, sondern ausgehend von der höchsten Ebene – `\chapter` bei `book` und `report`, `\section` bei `article` – nur bis zu der Ebene, die der Zähler `secnumdepth` angibt. Die Nummerierung der Ebenen ist in Tabelle 5-1 aufgelistet; sie stimmt bei den Standard-Dokumentklassen weitgehend überein, wobei der konstante Faktor ist, dass `\section` die Stufe 1 haben soll. `secnumdepth` gibt die Stufe an, die *gerade noch* nummeriert werden soll – der Standard-

*Tabelle 5-1: Gliederungstiefen der Standard-Dokumentklassen*

| Einheit | book und report | article |
|---|---|---|
| `\part` | −1 | 0 |
| `\chapter` | 0 | — |
| `\section` | 1 | 1 |
| `\subsection` | 2 | 2 |
| `\subsubsection` | 3 | 3 |
| `\paragraph` | 4 | 4 |
| `\subparagraph` | 5 | 5 |

wert 2 führt also zu nummerierten `\subsections`, aber nicht nummerierten `\subsubsections`, `\paragraphs` und `\subparagraphs`. Den Wert von `secnumdepth` ändern Sie wie üblich mit `\setcounter`:

`\setcounter{secnumdepth}{-2}` Gar keine Nummerierung
`\setcounter{secnumdepth}{5}` Nummerierung für Juristen

Unabhängig von `secnumdepth` können Sie immer von Fall zu Fall die Nummerierung einer Überschrift unterdrücken, indem Sie die »Sternform« des betreffenden Kommandos benutzen:

```
\section*{Anonymer Abschnitt}
```

Wenn Sie sich aber dabei ertappen, dass *jedes* Ihrer `\section`-Kommandos einen Stern hat, dann ist `secnumdepth` sicherlich die bessere Option. Das andere Problem ist, dass die Sternform nicht nur eine Nummerierung unterdrückt, sondern die Überschrift auch nicht ins Inhaltsverzeichnis einträgt. Dass diese beiden Aktionen gekoppelt sind, ist im Allgemeinen eher hinderlich denn nützlich.

Sie müssen die Stufennummern nicht auswendig kennen; statt eine explizite Nummer anzugeben, können Sie auch einfach zum Beispiel den Zähler erhöhen, um die nächste Gliederungsstufe in die Nummerierung aufzunehmen:

```
\addtocounter{secnumdepth}{1}
```

Tabelle 5-1 erwähnt auch `\part`. `\part` spielt eine Sonderrolle, da es »über« den anderen Gliederungsebenen steht und diese von ihm unabhängig sind. Wenn ein neuer `\part` anfängt, werden die Zähler für die anderen Gliederungsebenen nicht zurückgesetzt.

Der Zähler `tocdepth` gibt an, bis zu (einschließlich) welcher Stufe die Überschriften ins Inhaltsverzeichnis eingetragen werden. Sein Standardwert ist 2 für `book` und `report` und 3 für `article` – Sie bekommen also in jedem Fall als Inhaltsverzeichnis eine bis zu drei Ebenen tiefe Liste. Auch hier können Sie die Tiefe mit `\setcounter` oder `\addtocounter` ändern.

HACK
#45

# Überschriften erzeugen mit Stil

Passen Sie die Formatierung von Kapitel- und Abschnittsüberschriften an Ihre Wünsche an.

LaTeXs eingebaute Formatierung von Überschriften für Kapitel und Abschnitte könnte man als öde und langweilig bezeichnen, auch wenn sie dem eingeweihten Auge sofort verrät, dass es sich bei einem Druckwerk um ein LaTeX-Erzeugnis handelt. Tatsache ist: Mit so etwas lockt man im modernen Verlagswesen keinen Hund hinter dem Ofen hervor. Sie können sich spaßeshalber ja mal überlegen, wie Sie die Kapitelanfänge dieses Buchs mit LaTeX erzeugen würden ...

Bevor wir aus dem Nähkästchen plaudern, werfen wir aber einmal einen kurzen Blick auf die LaTeX-Bordmittel. Die Standard-Dokumentklassen erzeugen alle Überschriften unterhalb von `\chapter` mit einem ziemlich generischen Kommando namens `\@startsection`. Es erlaubt sowohl frei stehende Überschriften wie die von `\section` und `\subsection` als auch Überschriften, die Teil des ersten Absatzes sind wie bei `\paragraph`. Hier ist – etwas leserlicher gemacht – die Definition von `\section` aus *article.cls*:

```
\newcounter{section}
\renewcommand{\thesection}{\arabic{section}}
\newcommand{\section}{%
  \@startsection{section}{1}{0mm}% Zähler, Ebene, Einrückung
      {-3.5ex plus -1ex minus -.2ex}%   Platz davor
      {2.3ex plus .2ex}%              %   Platz dahinter
      {\normalfont\Large\bfseries}} %   Formatierung
```

Interessant ist vor allem der Aufruf von `\@startsection` in den letzten vier Zeilen des Beispiels. Das erste Argument des Kommandos ist der Name eines Zählers, der an dieser Stelle hochgezählt werden soll. In unserem Fall ist das `section`, denn die Zähler für Gliederungseinheiten heißen laut Konvention so wie die Gliederungseinheiten selbst. Als Nächstes kommt die numerische Stufe der Gliederungseinheit (hier 1, siehe Tabelle 5-1). Das dritte Argument gibt die Einrückung des Titels vom linken Rand an. Sein Wert darf negativ sein, dann ragen die Titel in den Rand hinaus.

Das vierte Argument spielt eine Doppelrolle: Zum einen entscheidet es darüber, ob die erste Zeile des Absatzes, der der Überschrift folgt, eingerückt werden soll oder nicht – ist der Wert des Arguments positiv, dann wird die Zeile eingerückt, ist er negativ, dann nicht. Der Betrag des Werts (ohne ein etwaiges Vorzeichen) dagegen bestimmt den vertikalen Leerraum, den LaTeX über der Überschrift lässt. Dieser Wert hat in der Regel eine gewisse Elastizität (eine `plus`- und/oder `minus`-Komponente), damit überschüssiger vertikaler

Leerraum auf der Seite aufgefangen werden kann. Auch das fünfte Argument hat zwei Bedeutungen: Ist sein Wert größer oder gleich null, beschreibt es den vertikalen Leerraum *unter* der Überschrift – es wird also eine frei stehende Überschrift erzeugt. Ist er dagegen kleiner als null, entsteht eine Überschrift im Absatz, und der Betrag des Werts gibt an, wie viel horizontaler Leerraum zwischen der »Überschrift« und dem Beginn des eigentlichen Textes gelassen werden soll.

Bei frei stehenden Überschriften fängt hinter der Überschrift ein neuer Absatz an, und darum wird zusätzlicher vertikaler Leerraum im Wert von `\parskip` hinzugefügt. Ein ärgerlicher Effekt der parametersparenden Positiv-Negativ-Methode ist, dass es nicht möglich ist, frei stehende Überschriften zu haben, deren Abstand zum folgenden Text kleiner ist als `\parskip` – theoretisch könnte man versuchen, `\parskip` durch einen negativen vertikalen Leerraum hinter der Überschrift zu neutralisieren, aber `\@startsection` interpretiert solche Längenangaben als Wunsch nach einer Überschrift im Absatz.

Der letzte Parameter schließlich enthält Formatierungskommandos für die Überschrift. In unserem Beispiel verwenden wir die »Hauptschriftfamilie« für das Dokument, fett und ein gutes Stück größer als der Haupttext. Sie könnten aber zum Beispiel Folgendes schreiben

```
\normalfont\Huge\sffamily\bfseries
```

um eine sehr große fette serifenlose Schrift zu bekommen. Sie könnten hier auch `\centering` sagen, um eine zentrierte Überschrift zu bekommen, mit `\newpage` eine neue Seite anfangen oder mit `\rule` eine Linie ziehen.

Die Kommandos `\part` und (bei den Dokumentklassen `book` und `report`) `\chapter` verwenden nicht `\@startsection`, sondern ein allgemeineres Kommando namens `\secdef`, das zumindest die Interpretation von `\part` bzw. `\chapter` übernimmt, komplett mit dem optionalen Argument. Die eigentliche Arbeit müssen Sie selbst erledigen. Das `\chapter`-Kommando in *book.cls* zum Beispiel ist beispielsweise folgendermaßen definiert (wenn man etwas uninteressanten Kram weglässt):

```
\newcommand{\chapter}{\secdef\@chapter\@schapter}
```

Das Kommando `\@chapter` kümmert sich dabei um »vollständige« Kapiteltitel mit Kapitelnummer und dem optionalen Argument für das Inhaltsverzeichnis. Sie sollten es über

```
\newcommand{\@chapter}[2][]{...}
```

definieren. `\@schapter` (»s« wie »starred«) dagegen ist zuständig für `\chapter*`-Kapitel und hat kein optionales Argument:

```
\newcommand{\@schapter}[1]{...}
```

(Sie werden sich jetzt vielleicht fragen, warum man dann nicht einfach von vornherein zwei verschiedene Kommandos definiert. Die Antwort lautet: Schauen Sie doch mal nach der echten Definition von `\chapter` in *book.cls* – dort finden vor dem `\secdef` noch diverse Initialisierungen statt, die man sonst zweimal haben müsste.)

Die Definitionen für `\@chapter` und `\@schapter` müssen Sie selber liefern, wenn Sie mit dem, was LaTeX Ihnen bietet, nicht zufrieden sind. Sie haben dabei alle denkbaren Freiheiten, müssen sich aber auch um jede Menge Details kümmern, etwa korrekt mit den `secnumdepth`- und `tocdepth`-Zählern umgehen und auch im Falle von `twoside` oder `twocolumn` das Richtige tun (was auch immer das dann im Einzelfall sein mag).

## Überschriften leicht gemacht: titlesec

Wenn Sie keine Lust haben, alles selbst zu machen, aber trotzdem das Aussehen Ihrer Überschriften in weiten Grenzen modifizieren wollen, dann ist das `titlesec`-Paket von Javier Bezos genau das Richtige für Sie. Es ist *de facto* ein Ersatz für die Teile von LaTeX, die sich mit Überschriften beschäftigen, und exportiert eine umfassende Programmierschnittstelle, die Ihnen Zugriff auf einen bunten Strauß an Formatierungsmöglichkeiten gibt. Nebenbei werden einige Einschränkungen und Fehler des Standardmechanismus behoben.

Das Paket ist sehr umfangreich dokumentiert, und wir beschränken uns deshalb darauf, Ihnen zu zeigen, wie es bei der Definition der Dokumentklasse für das vorliegende Buch eingesetzt wurde. Wenn Sie sich ein paar Kapiteleingangsseiten genauer anschauen, fallen Ihnen sicher einige Dinge auf:

- Die Seite beginnt mit der Kapitelnummer in ausgeschriebener Form. Darunter steht ein Strich, der über die ganze Seitenbreite geht.
- Danach folgt der Titel des Kapitels und eine Angabe darüber, welche Hacks in diesem Kapitel zu finden sind.
- Der »drittelbreite« graue Kasten oben außen und die Fußzeile sind nicht direkt Bestandteile der Kapiteldefinition, aber trotzdem charakteristisch für die Kapiteleingangsseiten.

Um mit `titlesec` das Aussehen einer Überschrift vorzugeben, rufen wir das Kommando `\titleformat` für das betreffende Gliederungskommando auf, hier `\chapter`:

```
\definecolor{titlegray}{gray}{0.4}
\definecolor{chaptergray}{gray}{0.5}
```

```
\RequirePackage{soul}    % Sperren und Schafe stehlen

\titleformat{name=\chapter}[display]{}
  {\filinner\Large\sffamily\fontseries{c}\selectfont
     \color{chaptergray}%
     \so{\MakeUppercase{\chaptertitlename~\cdeutsch{chapter}}}}
  {0cm}%
  {\chapterformat}
```

Das zweite Argument (in eckigen Klammern) gibt an, dass es sich um eine abgesetzte Überschrift, ähnlich der normalen `\chapter`-Überschrift, handeln soll. `titlesec` unterstützt insgesamt neun Geschmacksrichtungen von Überschriften, die in der Dokumentation des Pakets erklärt sind. Das dritte Argument (hier leer) dient zur Formatierung des kompletten Titels (Kapitelnummer und Überschrift) und kann Material enthalten, das unmittelbar vor dem Titel ausgegeben wird. Das vierte Argument ist die Kapitelnummer und verdient eine genauere Betrachtung; wir nehmen es uns gleich vor. Das fünfte Argument ist der Platz zwischen Kapitelnummer und Überschrift; die genaue Interpretation hängt vom Stil (dem zweiten Argument) ab. Wir benutzen es nicht, aber da man es auch nicht leer lassen darf, hat es hier den Wert `0cm`. Das letzte Argument schließlich bekommt den Kapiteltitel (das eigentliche Argument von `\chapter`) übergeben und dient dazu, diesen zu setzen, gegebenenfalls geeignet verbrämt. Es gäbe noch ein allerletztes, optionales Argument, mit dem Sie Material angeben können, das *nach* dem Titel gesetzt wird, aber das brauchen wir hier nicht.

Jetzt aber zurück zu unserer Kapitelnummer. Der betreffende Code lautete:

```
\filinner\Large\sffamily\fontseries{c}\selectfont
     \color{chaptergray}%
     \so{\MakeUppercase{\chaptertitlename~\cdeutsch{chapter}}}
```

Mit `\filinner` (das von `titlesec` mitgebracht wird) legen wir fest, dass die Kapitelnummer immer an den *äußeren* Seitenrand rücken soll. Linke und rechte Seiten verschieden behandeln **[Hack #27]** hat dies etwas ausführlicher behandelt. Der Rest der ersten Zeile wählt die korrekte Schrift und Farbe aus, und die zweite Zeile schreibt »KAPITEL XY«. Dabei ist `\chaptertitlename`, das ebenfalls von `titlesec` definiert wird, der landessprachlich korrekte Ausdruck für »Kapitel« oder aber »Anhang« (je nachdem, wo im Buch wir uns befinden). `\MakeUppercase` sorgt dafür, dieses Wort und den Wert des Kapitelzählers, ebenfalls als Wort, in Großbuchstaben zu konvertieren, und `\so` aus dem `soul`-Paket sperrt diesen Text leicht (d. h. fügt zusätzlichen Leerraum zwischen den einzelnen Buchstaben ein).

Hier noch ein kurzer Blick darauf, wie aus dem Zähler chapter ein deutsches Zahlwort wird. Wir haben es uns einfach gemacht und die Technik aus Die Nummerierung von Listen ändern [Hack #8] aufgegriffen:

```
\newcommand*\@cdeutsch[1]{\ifcase #1\or
  eins\or zwei\or drei\or vier\or fünf\or
  sechs\or sieben\or acht\or neun\or zehn\or
  elf\or zwölf\or dreizehn\else\@ctrerr\fi}
\newcommand*\cdeutsch[1]{\expandafter\@cdeutsch
    \csname c@#1\endcsname}
```

(Die Tatsache, dass wir wissen, wie viele Kapitel das Buch maximal haben wird, verschafft uns hier natürlich einen unfairen Vorteil. Wenn Sie die volle Allgemeinheit brauchen: Das Paket zahl2string von Jonathan Sauer versorgt Sie von 0 bis 999 999 999.)

Um die Konstruktion unserer Kapiteltitel zu verstehen, müssen wir uns noch das \chapterformat-Kommando anschauen, das wir am Schluss der Definition von \titleformat{\chapter} erwähnt haben:

```
\newcommand{\chapterformat}[1]{%
  \thispagestyle{chap}%
  \textcolor{chaptergray}{\titlerule}%
  \vspace{1cm}%
  \filinner%
  \Huge\sffamily\fontseries{bc}\selectfont
    \textcolor{titlegray}{#1}\\
  \LARGE\fontseries{c}\selectfont
    \textcolor{chaptergray}{%
    Hacks \#\firsthack{\value{chapter}}%
       --\lasthack{\value{chapter}}}%
}
```

Dieses Kommando übernimmt das Ruder unmittelbar nach der »Kapitelnummer«, die bei uns ja Text ist. Es zeichnet die Linie darunter, lässt etwas Freiplatz und gibt dann den Titel des Kapitels aus, den es als Parameter übergeben bekommen hat. Danach kommt noch die Hack-Übersicht, deren Funktion auf den Kommandos \firsthack und \lasthack basiert – \firsthack liefert immer die Nummer des ersten Hacks im Kapitel, dessen Nummer als Argument übergeben wird, und Entsprechendes gilt für \lasthack. (Wie das genau funktioniert, bleibt für den Moment unser kleines Geheimnis, jedenfalls bis Von \sections und Hacks [Hack #46].)

## Siehe auch

- Seitenstile al Gusto [Hack #29] beschreibt einige der Möglichkeiten von titlesec zur Gestaltung von Seitenstilen. Dort werden die Seitenstile dieses Buchs erklärt.

## HACK #46 Von \sections und Hacks

**Noch mehr über die Innereien dieses Buchs**

Damit Sie noch mehr über die Praxis mit titlesec [Hack #45] erfahren, erklären wir Ihnen hier noch schnell, wie die Überschriften der einzelnen Hacks in diesem Buch formatiert werden. Die Hacks sind in diesem Buch das, was in anderen Büchern die Abschnitte sind, also die Gliederungsebene direkt unterhalb von `\chapter` – es überrascht also nicht, dass sie durch kreative Zweckentfremdung von `\section` entstehen.

Einer der wesentlichen Unterschiede zwischen normalen `\sections` und unseren Hacks ist, dass die Hacks fortlaufend durch das ganze Buch nummeriert sind – der Hack-Zähler (`section`) wird nicht am Kapitelanfang auf null zurückgesetzt. Damit das klappt, müssen wir die Kopplung von `section` an `chapter` aufheben, die die `book`-Dokumentklasse vorsieht (mit den besten Absichten natürlich, sie kann es ja nicht besser wissen). Ulkigerweise kann LaTeX das nicht ohne fremde Hilfe, und die kommt von David Carlisle in Gestalt des `remreset`-Pakets, das ein Kommando namens `\@removefromreset` definiert:

```
\RequirePackage{remreset}
\@removefromreset{section}{chapter}
```

Wir müssen nicht nur den Zähler `section` von `chapter` trennen, sondern auch dafür sorgen, dass die Kapitelnummer nicht mehr mit dazugenommen wird, wenn wir den `section`-Zähler ausgeben:

```
\renewcommand{\thesection}{\arabic{section}}
```

Was die tatsächlichen Hacks angeht, haben wir ein kleines Problem mit der Benutzerschnittstelle. Das normale `\section`-Kommando hat ein Argument, den Abschnittstitel (das optionale Argument mit dem »kurzen« Abschnittstitel für das Inhaltsverzeichnis lassen wir für den Moment mal aus dem Spiel), aber unsere Hack-Überschriften haben drei Elemente, die der Autor angeben muss: die Überschrift, die »Unterüberschrift« und das Thermometer links vom Kasten mit der Hack-Nummer, das die Komplexität des Abschnitts andeuten soll (die Hack-Nummer erzeugen wir automatisch). Wir schummeln hier, indem wir ein `\hack`-Kommando definieren, das diese drei Argumente einsammelt und anschließend das eigentliche `\section`-Kommando aufruft.

Wenn wir die Hack-Überschrift formatieren, können wir dann auf die eingesammelten Argumente zurückgreifen:

```
\newcommand{\hack}[3]{%
  \def\@hacklevel{#1}%
  \def\@hacksubtitle{#3}%
  \section{#2}}
```

Aufgerufen wird das zum Beispiel wie

```
\hack{expert}{Von \Cmd{section}s und Hacks}
  {Noch mehr über die Innereien dieses Buchs}
```

und als Benutzer muss man halt wissen, dass die Komplexitätsstufen `beginner`, `moderate` und `expert` heißen.

Von hier ab weiter ist es klassisches `titlesec`-Futter:

```
\titleformat{\section}[block]{}{}{0pt}{\hackformat}
\titlespacing{\section}{13mm}{\baselineskip}{-7mm}
```

Der `block`-Stil von `titlesec` betrachtet den Titel als Absatz ohne eine eventuelle Nummerierung à la das übliche `\section` (jener Stil heißt bei `titlesec` übrigens `hang`). Die Formatierung und Nummerierung übernehmen wir selbst, also können alle Argumente leer bleiben bis auf das letzte, das für die tatsächliche Formatierung sorgt. Um der Klarheit willen haben wir das entsprechende Kommando `\hackformat` und nicht `\sectionformat` genannt:

```
\newcommand{\hackformat}[1]{%
  \raisebox{-6.5mm}[0pt][0pt]{%
    \makebox[0cm][r]{%
      \raisebox{2mm}{\includegraphics[height=7mm]{\@hacklevel}}%
      \hacknum{\thesection}\hspace*{1mm}}}%
  {\sffamily\parskip=1pt
    {\fontseries{bc}\Large\filright\textcolor[gray]{0.4}{#1}\par}%
    {\fontseries{mc}\selectfont\filright\@hacksubtitle\par}}}
```

Für die Hack-Überschrift müssen wir verschiedene Elemente zusammenbringen. Die ersten paar Zeilen (beginnend mit `\raisebox`) kümmern sich um die Positionierung des Thermometers und des grauen Kastens mit der Hack-Nummer (den grauen Kasten selbst erzeugt das Kommando `\hacknum`). `\includegraphics` erhält als Argument die Schwierigkeitsstufe des Hacks, denn wie der Zufall es will, hat der O'Reilly-Verlag uns die drei Grafikdateien *beginner.pdf*, *moderate.pdf* und *expert.pdf* zur Verfügung gestellt. Der Rest des Kommandos ab `\sffamily` positioniert den eigentlichen Abschnittstitel (`#1`) und den vom `\hack`-Kommando gespeicherten Untertitel (`\@hacksubtitle`).

Als Letztes bleibt uns die Lüftung des Geheimnisses der Hack-Nummern im Untertitel jeder Kapitelüberschrift. Woher weiß das \chapter-Kommando, welche Hacks in seinem Kapitel stehen? Die Antwort darauf lautet: Hacks schreiben Informationen über das Kapitel, zu dem sie gehören, in die *.aux*-Datei des Dokuments. Diese Informationen werden beim nächsten Programmlauf gelesen und für die Kapitelüberschriften verfügbar gemacht. Und das geht so: Die Definition für \hack ist tatsächlich etwas komplexer als oben gezeigt, nämlich

```
\newcommand{\hack}[3]{%
  \def\@hacklevel{#1}%
  \def\@hacksubtitle{#3}%
  \section{#2}%
  \protected@write\@auxout{}%
    {\string\chapterhack{\thechapter}{\thesection}}}
```

In den letzten beiden Zeilen wird für jeden Hack etwa Folgendes in die *.aux*-Datei geschrieben:

```
\chapterhack{4}{39}
```

(für Hack Nr. 39 in Kapitel 4). Das \chapterhack-Kommando wird dann beim Lesen der *.aux*-Dateien am Anfang des nächsten Programmlaufs ausgeführt. Es ist wie folgt definiert:

```
\newcommand*{\chapterhack}[2]{%
  \@ifundefined{ora@fh@\romannumeral#1}%
    {\global\@namedef{ora@fh@\romannumeral#1}{#2}}\relax
  \global\@namedef{ora@lh@\romannumeral#1}{#2}%
}
```

In einer »normalen« Programmiersprache würde man vielleicht zwei Felder (*Arrays*) verwenden, um die Nummer des ersten und des letzten Hacks in jedem Kapitel zu speichern. TeX kennt keine Felder, so dass wir stattdessen einfach eine Folge von Kommandos verwenden, deren Namen die Kapitelnummer enthalten – bis auf das Problem, dass die Namen von TeX-Kommandos *eigentlich* auch keine Mischung von Ziffern enthalten dürfen.[1] Wir helfen uns darum mit einem ganz gemeinen Hack: Das Kommando \romannumeral wandelt einen numerischen Wert in seine Darstellung als römische Zahl (!) um, und römische Zahlen bestehen aus der Sicht von TeX aus Buchstaben, kommen also als Bestandteile von Kommandonamen in Frage:

```
\ora@fh@i, \ora@fh@ii, \ora@fh@iii, \ora@fh@iv, ...
```

[1] Abgesehen von Tricks mit \@namedef bzw. \csname...\endcsname natürlich – aber das würde voraussetzen, dass die *Darstellung* der Kapitelnummer etwas ist, was in so einer Konstruktion auftauchen darf. Die hier gezeigte Methode verwendet nur den numerischen Wert des Zählers und ist von seiner Darstellung unabhängig.

Das Ganze passiert beim Einlesen (in TEXs »Mund«, wie die Terminologie ist ...), so dass die entsprechende Ersetzung auch innerhalb von `\@namedef` und `\@nameuse` erlaubt ist. Der erste Hack eines Kapitels steht immer in `\ora@fh@...` (für *first hack*), der letzte in `\ora@lh@...` (*last hack*) – jeder neue Hack überschreibt `\ora@lh@...` für dieses Kapitel, während `\ora@fh@...` nur gesetzt wird, wenn das Kommando vorher nicht definiert war, also beim ersten Hack im betreffenden Kapitel. Die Kapitelüberschrift bezieht sich danach einfach über die folgenden Kommandos auf die Hack-Nummern:

```
\newcommand{\firsthack}[1]{\@nameuse{ora@fh@\romannumeral#1}}
\newcommand{\lasthack}[1]{\@nameuse{ora@lh@\romannumeral#1}}
```

## HACK #47 Der Unterzeichnete ...

**Wie Sie Vertragstexte mit LATEX setzen können**

Als weiteres Beispiel dafür, wie Sie die Abschnittstitel von LATEX an Ihre Bedürfnisse anpassen können, folgt hier ein Beispiel aus der juristischen Welt. In Gesetzes- oder Vertragstexten wünscht man gerne eine fortlaufende Nummerierung von Artikeln oder Paragrafen auch über die Grenzen von »Abschnitten« hinweg, wie in Abbildung 5-1 zu sehen. Das dort gezeigte Dokument verwendet eine kleine Klasse namens `contract`, die die notwendige Formatierung realisiert. Hier werden kurz die wichtigsten Punkte daraus beschrieben:

Der eigentliche Vertragstext beginnt mit der üblichen Präambel:

```
\documentclass[12pt]{contract}
\usepackage[latin1]{inputenc}
\usepackage[T1]{fontenc}
\usepackage[ngerman]{babel}
\begin{document}
\startcontract{Hägar dem Schrecklichen}{Hägar}
  {Kunibert dem Furchtsamen}{Kunibert}
```

Dabei ist das `\startcontract`-Kommando verantwortlich für die Überschrift und den Anfang des Vertrags. In *contract.cls* ist es wie folgt definiert:

```
\RequirePackage{setspace}
\newcommand*{\hereafter}[2]{#1, im Folgenden ‘‘#2’’ genannt}
\newcommand*{\startcontract}[4]{%
  \begin{center}
    \begin{doublespace}
      {\LARGE\textbf{VERTRAG}}\\[1cm]
      Zwischen\\
      \emph{\hereafter{#1}{#2}}\\
```

# VERTRAG

Zwischen

*Hägar dem Schrecklichen, im Folgenden "Hägar" genannt*

und

*Kunibert dem Furchtsamen, im Folgenden "Kunibert" genannt*

wird Folgendes vereinbart:

## Liegenschaften

### *§1 Schiffsanleger*

Kunibert gestattet Hägar, seinen Schiffsanleger bei Burg Furchtsam zu benutzen. Im Gegenzug verpflichtet sich Hägar, diesen pfleglich zu behandeln und von willkürlichen Beschädigungen abzusehen.

### *§2 Burggarten*

Hägar verpflichtet sich, den Burggarten von Kunibert nicht öfter als viermal im Jahr zu verwüsten. Im Gegenzug stellt Kunibert ihm und seinen Mannen kostenlos seine Bocciakugeln zur Verfügung.

## Tributleistungen

### *§3 Naturalien*

Kunibert verpflichtet sich, ...

### *§4 Gold*

Kunibert verpflichtet sich, ...

*Abbildung 5-1: Ein Vertrag*

```
\ProvidesClass{contract}[2007/02/18 v0.1 "Contract" class (AL)]
\LoadClassWithOptions{article}
\RequirePackage[noindentafter]{titlesec}
\RequirePackage{remreset}
\RequirePackage{setspace}
\pagestyle{empty}
\titleformat{\section}[block]
  {\filcenter\Large\normalfont\bfseries}
  {}{0em}{}
\titlespacing{\section}{5pc}{*3}{*1}[5pc]
\titleformat{\subsection}[block]
  {\filcenter\large\normalfont\itshape}
  {\S\thesubsection}{1em}{}
\titlespacing{\subsection}{5pc}{*2}{*1}[5pc]
\@removefromreset{subsection}{section}
\renewcommand*{\thesubsection}{\arabic{subsection}}
\newcommand*{\hereafter}[2]{#1, im Folgenden ‘‘#2’’ genannt}
\newcommand*{\startcontract}[4]{%
  \begin{center}
    \begin{doublespace}
      {\LARGE\textbf{VERTRAG}}\\[1cm]
      Zwischen\\
      \emph{\hereafter{#1}{#2}}\\
      und\\
      \emph{\hereafter{#3}{#4}}\\
      wird Folgendes vereinbart:\\
    \end{doublespace}
  \end{center}}
\endinput
```

*Abbildung 5-2: Die contract-Klasse*

```
      und\\
      \emph{\hereafter{#3}{#4}}\\
      wird Folgendes vereinbart:\\
    \end{doublespace}
  \end{center}}
```

Das setspace-Paket **[Hack #9]** sorgt dabei für die zweizeilige Formatierung.

Der Rest des Vertragstextes ist eigentlich eine ganz normale Abfolge von Abschnitten und Unterabschnitten:

```
\section{Liegenschaften}

\subsection{Schiffsanleger}

Kunibert gestattet Hägar, seinen Schiffsanleger
bei Burg Furchtsam zu benutzen. Im Gegenzug
verpflichtet sich Hägar, diesen pfleglich
zu behandeln und von willkürlichen Beschädigungen
abzusehen.
```

Die Formatierung der Überschriften erledigen wir bequem über das titlesec-Paket **[Hack #45]**. Hier ist wieder *contract.cls*:

```
\titleformat{\section}[block]
  {\filcenter\Large\normalfont\bfseries}
  {}{0em}{}
\titlespacing{\section}{5pc}{*3}{*1}[5pc]
\titleformat{\subsection}[block]
  {\filcenter\large\normalfont\itshape}
  {\S\thesubsection}{1em}{}
\titlespacing{\subsection}{5pc}{*2}{*1}[5pc]
```

Das vierte Argument von \titleformat gibt normalerweise an, wie und wo die Nummerierung erscheinen soll. Bei unserer Definition von \section ist es leer, so dass Abschnitte gar nicht nummeriert werden. Bei der \subsection setzen wir das Paragrafenzeichen (LaTeXnisch »\S«, auch wenn Sie unter inputenc das Zeichen direkt eingeben können – aber wenn die Klassendatei gelesen wird, ist inputenc noch nicht aktiv). Die Notation »*3« in \titlespacing ist eine Abkürzung für »dreimal die x-Höhe der Schrift plus/minus ein bisschen was«.

Fast der letzte interessante Punkt ist die Zählerverwaltung. Wir möchten vermeiden, dass mit dem Beginn einer neuen \section der \subsection-Zähler auf null zurückgesetzt wird. Dazu benutzen wir David Carlisles Paket remreset **[Hack #46]** und achten darauf, auch die Abschnittsnummer aus der formatierten Darstellung der Unterabschnittsnummer zu entfernen:

```
\RequirePackage{remreset}
\@removefromreset{subsection}{section}
\renewcommand*{\thesubsection}{\arabic{subsection}}
```

Damit wissen Sie also alles, was Sie zur Erstellung Ihrer Tributverträge benötigen. Die komplette contract-Klasse sehen Sie noch einmal in Abbildung 5-2. Wir wünschen Ihnen fröhliches Plündern ...

HACK #48

# Inhaltlich korrekt

**Wie Sie das Inhaltsverzeichnis Ihres Dokuments manipulieren können**

LaTeX erstellt automatisch Inhaltsverzeichnisse (und andere einem Inhaltsverzeichnis ähnliche Listen, etwa eine Tabellen- und eine Abbildungsliste) aus den angegebenen Überschriften (oder Tabellen- und Abbildungslegenden). Dazu müssen Sie nur das Kommando `\tableofcontents` dort in Ihrem Dokument platzieren, wo Sie das Inhaltsverzeichnis später gerne vorfinden wollen. Zum Erstellen des Inhaltsverzeichnisses schreibt LaTeX die Überschriften in eine Datei, die so heißt wie die Eingabedatei, deren Name aber auf *.toc* statt *.tex* endet. Diese Datei wird beim nächsten Lauf gelesen und als Inhaltsverzeichnis benutzt, während LaTeX eine neue Version derselben Datei schreibt. Wenn Sie wollen, dass Ihr Inhaltsverzeichnis stimmt, müssen Sie also unter Umständen mehrere LaTeX-Läufe durchführen, bis sich nichts mehr ändert.

LaTeX kennt im Wesentlichen zwei Kommandos, um Material in ein Inhaltsverzeichnis zu bringen. `\addcontentsline` fügt eine Zeile mit einer Überschrift ein, die aus einem Gliederungs- oder `\caption`-Kommando kommt:

```
\addcontentsline{toc}{section}
    {\protect\numberline{\thesection}Einleitung}
```

Dabei ist das erste Argument die Endung der Datei, in der die Zeile landen soll (»`toc`« steht für das Inhaltsverzeichnis, »`lof`« und »`lot`« respektive für das Abbildungs- und Tabellenverzeichnis). Das nächste Argument gibt die Gliederungsstufe an, für die eine Zeile geschrieben wird, und das dritte ist die Zeile selbst mit einer etwas umständlichen Konstruktion, die die korrekte Nummer ins Verzeichnis schreibt. Das Ganze sieht dann ungefähr so aus:

```
\contentsline{section}{\numberline{1.1}Einleitung}{3}
```

Dabei ist die letzte »`{3}`« die Seitennummer, die von `\addcontentsline` hinzugefügt wird.

Das zweite Kommando, `\addtocontents`, dient dazu, beliebiges Material in ein Inhaltsverzeichnis zu schreiben. Es hilft nicht nur bei der Implementierung von `\addcontentsline`, sondern kann zum Beispiel dafür sorgen, dass zwischen den Inhaltsverzeichnis-Einträgen von zwei Kapiteln etwas zusätzlicher Freiplatz erzeugt wird:

```
\addcontentsline{toc}{\addvspace{.5\baselineskip}
```

Das `\addvspace`-Kommando dient dazu, vertikalen Leerraum hinzuzufügen, und zwar – im Gegensatz zu `\vspace` – in Abhängigkeit von anderem vertikalen Leerraum, der vielleicht schon unmittelbar davor existiert. Die genaue Funktionsweise von

> `\addvspace` ist ein bisschen vertrackt, aber im Großen und Ganzen läuft es darauf hinaus, dass `\addvspace` dafür sorgt, dass an der betreffenden Stelle so viel Leerraum steht, wie sein Argument angibt, oder aber so viel, wie schon unmittelbar davor eingefügt wurde, je nachdem, welche der beiden Möglichkeiten größer ist.

Das könnten Sie zum Beispiel in ein selbst definiertes `\chapter`-Kommando einbauen (siehe Überschriften mit Stil **[Hack #45]**).

> Sie müssen dabei aufpassen: Die Kommandos `\addcontentsline`, `\addtocontents` und `\addvspace` sehen aus wie Benutzerkommandos, sind aber nicht wirklich als solche gedacht – ihre Verwendung kann fremdartige und wundersame Nebenwirkungen haben. Sie sollten sie sicherheitshalber nur in Klassen oder Paketen verwenden, und dort auch nur, wenn Sie sich etwas mit ihnen auskennen.

Um das tatsächliche Inhaltsverzeichnis zu setzen, ruft `\contentsline` jeweils ein Kommando der Form `l@`*`Typ`* auf. *`Typ`* entspricht dabei dem ersten Argument des Kommandos `\contentsline`. Eine Zeile der Form

```
\contentsline{section}{...}{...}
```

wird also zu einem Aufruf von

```
\l@section{...}{...}
```

Der Autor der Dokumentklasse muss für jede Gliederungsstufe im Dokument ein solches `l@`...-Kommando vorsehen. LaTeX bietet dazu ein Kommando namens `\@dottedtocline`, das die üblichen Dokumentklassen für die Gliederungsstufen `\section` und darunter verwenden (`article`: `\subsection` und darunter). `\part` und `\chapter` sind normalerweise speziell definiert.

`\@dottedtocline` hat fünf Parameter, die letzten beiden davon übernimmt es eins zu eins von `\contentsline`. Die ersten drei bestimmen respektive die Ebene des Eintrags (dabei kommt die `tocdepth`-Einstellung **[Hack #44]** zum Tragen: `\contentsline`-Einträge, deren erster Parameter größer als der Wert von `tocdepth` ist, werden ignoriert), den Einzug am linken Rand und die Menge an Platz, die für die Gliederungsnummer (im Verzeichniseintrag der Parameter von `\numberline`) zur Verfügung steht.

Der häufigste Fall, warum Sie an den Vorgaben für das Inhaltsverzeichnis etwas ändern wollen, tritt auf, wenn Sie viele Kapitel mit vielen Abschnitten haben. Sind sowohl die Kapitelnummer als auch die Abschnittsnummer zweistellig, stößt die letzte Ziffer der Abschnittsnummer unmittelbar an den Text des Eintrags oder kann diesen sogar überlappen. Hier sollten Sie das `\l@section`-Kommando so anpassen, dass der dritte Parameter etwas größer ist. Vermutlich müssen Sie auch `\l@subsection` und tiefere Ebenen modifizieren – hier den zweiten Parameter, die Einrückung –, damit das Ganze wieder harmonisch aussieht.

Ebenfalls Probleme machen kann kapitelweise Seitennummerierung **[Hack #26]**, und zwar wenn Sie Seitennummern bekommen wie »5–103«, die den für Seitennummern vorgesehenen Platz überschreiten. In diesem Fall sollten Sie den globalen Parameter `\@pnumwidth` so anpassen, dass der breiteste Eintrag hineinpasst:

```
\makeatletter
\settowidth{\@pnumwidth}{\textbf{99--99}}
\makeatother
```

Andere möglicherweise interessante Parameter sind `\@tocrmarg`, der rechte Rand für die erste bis vorletzte Zeile von mehrzeiligen Verzeichniseinträgen, und `\@dotsep`, der Abstand der Punkte zwischen dem Verzeichniseintrag und der Seitennummer. `\@tocrmarg` ist eine Länge und `\@dotsep` eine Zahl, aber beide müssen mit `\renewcommand` geändert werden.

## Das titletoc-Paket

Das Paket `titletoc` von Javier Bezos arbeitet mit `titlesec` (Überschriften erzeugen mit Stil **[Hack #45]**) zusammen, kann aber auch alleine verwendet werden. Wie `titlesec` versucht es nicht, LaTeX-Interna umzudefinieren, sondern stellt neue generische Kommandos zur Formatierung von Inhaltsverzeichnissen zur Verfügung. Dabei behebt es auch einige Probleme der LaTeX-eigenen Implementierung, zum Beispiel vermeidet es einen Seitenumbruch zwischen einem Verzeichniseintrag für ein Kapitel und dem für dessen ersten Abschnitt.

Die zwei wesentlichen Kommandos, die `titletoc` zur Formatierung von Inhaltsverzeichnissen verwendet, sind `\titlecontents` und `\dottedcontents`. Dabei dient `\dottedcontents` zur Formatierung von Einträgen, bei denen der Titel und die Seitenzahl mit Punkten verbunden sind. `\titlecontents` macht das nicht automatisch. (`\dottedcontents` ist ein Sonderfall von `\titlecontents`.) In Abbildung 5-3 sehen Sie ein typisches Inhaltsverzeichnis, wie es die LaTeX-Klasse `book` liefern würde; die Eingabe dafür lautet:

```
\titlecontents{chapter}[1.5em]{\addvspace{1em}\bfseries}
  {\contentslabel{1.5em}}{\hspace*{-1.5em}}
  {\hfill\contentspage}}
\dottedcontents{section}[3.8em]{}{2.3em}{1pc}
\dottedcontents{subsection}[7.0em]{}{3.2em}{1pc}
```

»`\titlecontents{chapter}`« gibt dabei die Formatierung für die Kapitelzei-

# Inhaltsverzeichnis

**Vorwort** **3**

**1 Erstes Kapitel** **5**
1.1 Erster Abschnitt . . . . . . . . . . . . . . . . . . . 5
1.2 Zweiter Abschnitt. . . . . . . . . . . . . . . . . . . 6
1.2.1 Erster Unterabschnitt, mit einer überaus langen und trotzdem fast völlig nichtssagenden Überschrift, die vor allem dazu gedacht ist, eine Menge Platz einzunehmen . . . . 6
1.2.2 Zweiter Unterabschnitt . . . . . . . . . . . . . 6
1.3 Dritter Abschnitt . . . . . . . . . . . . . . . . . . . 6

**2 Zweites Kapitel, ebenfalls mit einer langen und bis auf ihren Platzverbrauch komplett nutzlosen Überschrift** **7**
2.1 Erster Abschnitt . . . . . . . . . . . . . . . . . . . 7
2.1.1 Erster Unterabschnitt . . . . . . . . . . . . . 7
2.1.2 Zweiter Unterabschnitt . . . . . . . . . . . . . 8
2.2 Zweiter Abschnitt. . . . . . . . . . . . . . . . . . . 8
2.3 Dritter Abschnitt . . . . . . . . . . . . . . . . . . . 8

*Abbildung 5-3: Inhaltsverzeichnis mit titletoc*

len an. Das nächste Argument, »`[1.5em]`«, ist entgegen dem, was die eckigen Klammern suggerieren, *nicht* optional und gibt die Einrückung vom linken Rand aus an, und zwar für den kompletten Eintrag (Sie sehen das an der zweiten Zeile des Titels des zweiten Kapitels). Das zweite Argument, »`{\addvspace{1em}}`«, enthält Code, der *vor* der eigentlichen Kapitelzeile ausgegeben wird – hier erzeugen wir eine Leerzeile vor dem Eintrag und sorgen dafür, dass der komplette Eintrag fett gedruckt wird. Sie könnten hier auch Kommandos wie `\filleft` oder `\filcenter` verwenden, die Sie aus `titlesec` kennen. Die Kapitelnummer ist in diesem Moment bekannt und steht in `\thecontentslabel` zur Verfügung, so dass Sie auch Fallunterscheidungen (etwa mit dem `ifthen`-Paket) vornehmen könnten.

Die nächsten beiden Argumente von `\titlecontents` beschreiben die Formatierung von Zeilen mit respektive ohne Kapitelnummer. Bei einer Zeile ohne Kapitelnummer machen wir einfach die Einrückung rückgängig, damit der Titel dort beginnt, wo sonst die Kapitelnummer steht (beachten Sie die Zeile

»Vorwort«). Ginge die Überschrift über zwei oder mehr Zeilen, würden die Folgezeilen eingerückt anfangen. Wenn dagegen eine Kapitelnummer ausgegeben werden muss, sorgt das Kommando `\contentslabel{1.5em}` dafür, dass die Kapitelnummer linksbündig in einem Feld der angegebenen Breite untergebracht wird. Das letzte Argument schließlich (`\hfill\contentspage`) erklärt die Formatierung der Seitennummer am Ende des »Absatzes« – wir füllen die Zeile nach rechts auf und platzieren die Seitennummer ganz am rechten Rand. Theoretisch gäbe es noch ein optionales Argument ganz am Schluss, mit dem Sie Code angeben können, der nach dem Eintrag ausgeführt wird, aber das kommt in unserem Beispiel nicht vor.

Die Formate für Abschnitte und Unterabschnitte im Inhaltsverzeichnis definieren wir über das `\dottedcontents`-Kommando. Das »optionale« Argument (das in Wirklichkeit genauso wenig optional ist wie sein Pendant bei `\titlecontents`) gibt wieder die Gesamteinrückung des Absatzblocks an, in dem jeder Abschnitts- oder Unterabschnittstitel formatiert wird. Das nächste Argument (hier leer) gibt ebenfalls wie bei `\titlecontents` Code für die globale Formatierung des Eintrags an, und das darauffolgende Argument enthält die Breite des Felds für die Nummer. Beachten Sie dabei, dass die Einrückung der Kapitelzeilen (`1.5em`) und die Breite des Nummernfelds für Abschnittszeilen (`2.3em`) genau die Einrückung der Abschnittszeilen (`3.8em`) ergibt – auf diese Weise erscheinen die Abschnitts*nummern* bündig mit den Kapitel*namen*. (Für Abschnitte und Unterabschnitte gilt sinngemäß dasselbe.) Das letzte Argument – »`{1pc}`« – gibt den Abstand der Punkte an, die den Abschnitts- oder Unterabschnittstitel mit der Seitennummer verbinden.

Hier sind zur Illustration noch die Definitionen für das Inhaltsverzeichnis in diesem Buch:

```
\definecolor{tocgray}{gray}{0.5}
\RequirePackage{titletoc}
\contentsmargin{7mm}
\titlecontents{chapter}[0pt]{\addvspace{4mm}%
    \large\sffamily\fontseries{bc}\selectfont
      \color{tocgray}}
  {Kapitel \thecontentslabel.\hspace{.5em}}{}
  {\titlerule*[.5pc]{.}\tocchap\contentspage}
\titlecontents{section}[1.5cm]{}%
  {\contentslabel[\hfill\thecontentslabel.\hspace{.5em}]{3em}}
  {}{\hfill\contentspage}
```

Bemerkenswert an diesen Kommandos ist zunächst die Umkehrung der Punkte – LaTeX-Standard sind Punkte hinter Abschnitts- und Unterabschnitts-Einträgen, damit das Auge leicht zur Seitenzahl am rechten Rand findet, während die Seitenzahl zu einem Kapiteltitel schon durch ihre Formatierung ins Auge sticht (Verwechslungen sind da kaum möglich). In O'Reilly-Hacks-Büchern haben die Kapiteleinträge Punkte und die Abschnitte keine, eine Entscheidung, über die sich durchaus streiten lässt. Wir müssen uns auf Kapiteleinträge mit und ohne Kapitelnummer vorbereiten (Letztere für »Credits«, »Einleitung« und so weiter), so dass wir trotz der Punkte nicht `\dottedcontents`, sondern `\titlecontents` verwenden müssen. Kapiteleinträge werden offiziell gar nicht eingerückt, was wir uns leisten können, da es keine mehrzeiligen Kapitelnamen gibt; diese Abkürzung erspart uns das erneute Ausrücken der Kapitelüberschriften im Inhaltsverzeichnis.

## Ganz andere Inhaltsverzeichnisse

Manchmal bietet es sich an, ein Inhaltsverzeichnis nicht mit einem Eintrag pro Zeile zu setzen, sondern eine Reihe von Einträgen fortlaufend in einem Absatz unterzubringen. `titletoc` unterstützt auch das, nämlich mit dem Kommando `\titlecontents*`. `\titlecontents*` übernimmt dieselben Argumente wie `\titlecontents` (ohne Stern), außer dass am Ende statt einem optionalen Argument für den Abschlusscode bis zu drei optionale Argumente stehen können, die steuern, wie die Einträge im Absatz aneinandergehängt werden:

```
\titlecontents*...{Seitenformat}[Zwischen]
\titlecontents*...{Seitenformat}[Zwischen][Ende]
\titlecontents*...{Seitenformat}[Start][Zwischen][Ende]
```

Diese Kommandos werden wie folgt verwendet: Ein Eintrag im Inhaltsverzeichnis ist entweder

- der erste Eintrag. In diesem Fall wird das *Start*-Kommando ausgeführt und dann der Eintrag gesetzt.
- ein Eintrag, der einem anderen Eintrag folgt. Dabei gibt es die folgenden Fälle:
  - Die beiden Einträge stehen auf derselben Stufe. Das *Zwischen*-Kommando wird ausgeführt und der neue Eintrag gesetzt.
  - Der neue Eintrag steht auf einer tieferen Stufe (etwa ein Unterabschnitt gegenüber einem Abschnitt). In diesem Fall wird das *Start*-Kommando ausgeführt, der neue Eintrag gesetzt und es geht auf dessen Stufe weiter.
  - Der neue Eintrag steht auf einer höheren Stufe (etwa ein Abschnitt gegenüber einem Unterabschnitt). Dabei können auch mehrere Abschnitte übersprungen werden! Für alle Stufen – beginnend mit der-

# Inhaltsverzeichnis

**Vorwort** **3**

**1 Erstes Kapitel** **5**

*§1.1. Erster Abschnitt, 5 – §1.2. Zweiter Abschnitt, 6 – §1.3. Dritter Abschnitt, 6*

**2 Zweites Kapitel, ebenfalls mit einer langen und bis auf ihren Platzverbrauch komplett nutzlosen Überschrift** **7**

*§2.1. Erster Abschnitt, 7 – §2.2. Zweiter Abschnitt, 8 – §2.3. Dritter Abschnitt, 8*

*Abbildung 5-4: Inhaltsverzeichnis mit Absatzformatierung*

jenigen des vorigen Eintrags und endend mit derjenigen direkt unterhalb der des aktuellen Eintrags – wird das *Ende*-Kommando ausgeführt. Wenn der neue Eintrag selber noch im Absatz formatiert werden soll, wird anschließend das *Zwischen*-Kommando ausgeführt, um die Verbindung zwischen diesem Eintrag und dem vorigen Eintrag auf derselben Stufe (den es geben sollte) herzustellen. Anschließend wird der neue Eintrag gesetzt.

Alle Änderungen an Absatzformaten müssen Sie im *Start*-Kommando der äußersten Gliederungsebene angeben, die an dem Absatz beteiligt ist. Da bei der Absatzformatierung immer diejenigen Werte angenommen werden, die am Absatzende gelten, ist dies die einzige Möglichkeit um sicherzustellen, dass sie tatsächlich beachtet werden.

Abbildung 5-4 zeigt ein Beispiel für ein Inhaltsverzeichnis mit Absatzformatierung. Die entsprechenden Kommandos dafür lauten:

```
\titlecontents{chapter}[1.5em]{\addvspace{1em}\bfseries}
  {\contentslabel{1.5em}}
  {\hspace*{-1.5em}}{\hfill\contentspage}[\addvspace{3pt}]
\titlecontents*{section}[1.5em]{\filright\itshape}
  {\S\thecontentslabel.~}{}{,~\thecontentspage}[ -- ]
\setcounter{tocdepth}{1}
```

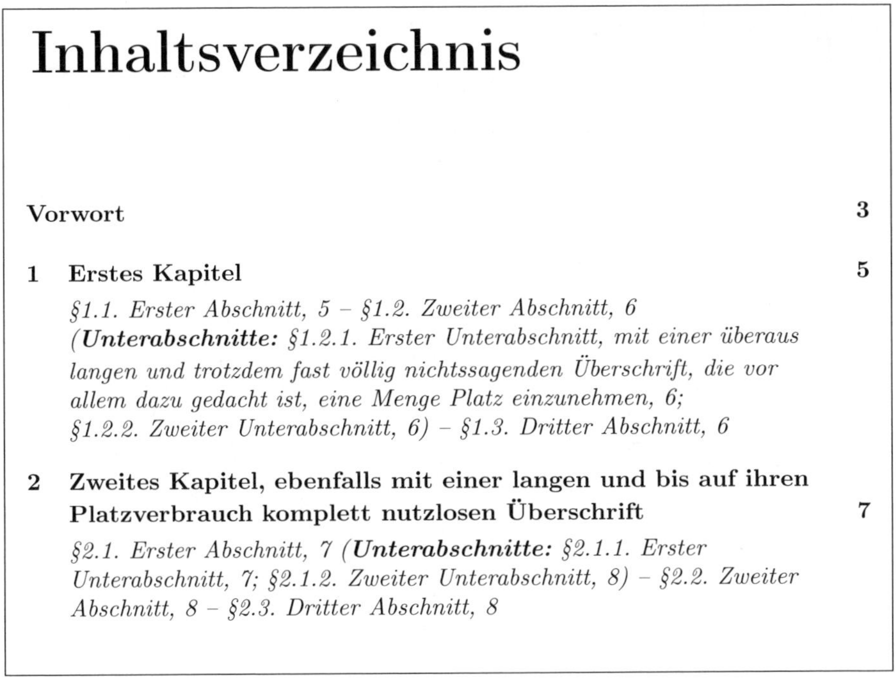
# Inhaltsverzeichnis

**Vorwort** **3**

**1 Erstes Kapitel** **5**

*§1.1. Erster Abschnitt, 5 – §1.2. Zweiter Abschnitt, 6 (**Unterabschnitte:** §1.2.1. Erster Unterabschnitt, mit einer überaus langen und trotzdem fast völlig nichtssagenden Überschrift, die vor allem dazu gedacht ist, eine Menge Platz einzunehmen, 6; §1.2.2. Zweiter Unterabschnitt, 6) – §1.3. Dritter Abschnitt, 6*

**2 Zweites Kapitel, ebenfalls mit einer langen und bis auf ihren Platzverbrauch komplett nutzlosen Überschrift** **7**

*§2.1. Erster Abschnitt, 7 (**Unterabschnitte:** §2.1.1. Erster Unterabschnitt, 7; §2.1.2. Zweiter Unterabschnitt, 8) – §2.2. Zweiter Abschnitt, 8 – §2.3. Dritter Abschnitt, 8*

*Abbildung 5-5: Inhaltsverzeichnis mit Absatzformatierung und Unterabschnitten*

Das etwas konstruierte Beispiel in Abbildung 5-5 zeigt den Einsatz der Start-, Zwischen- und Ende-Kommandos bei verschachtelten Absätzen. Hier sind die dazugehörigen Definitionen:

```
\titlecontents*{section}[1.5em]{\filright\itshape}
  {\S\thecontentslabel.~}{}{,~\thecontentspage}
  [ -- ]
\titlecontents*{subsection}[0pt]{}
  {\S\thecontentslabel.~}{}{,~\thecontentspage}
  [ (\textbf{Unterabschnitte:} ][; ][)]
```

(Die Kapitelebene ist dieselbe.)

Wie Sie sehen, setzt das `titletoc`-Paket Ihrer Kreativität kaum Grenzen. Lassen Sie Ihre Fantasie spielen!

## Siehe auch

- Die Dokumentation zu `titlesec` enthält noch mehr Beispiele für den Umgang mit `titletoc`.

HACK
#49

# Sneak Preview

Platzieren Sie am Kapitelanfang ein Mini-Inhaltsverzeichnis des folgenden Kapitels.

Gerade in großen Dokumenten kann es nützlich sein, am Anfang jedes Kapitels eine kurze Übersicht über die Inhalte des Kapitels zu platzieren, eine Art »Mini-Inhaltsverzeichnis«. LaTeX unterstützt auch das über das Paket titletoc. Sie müssen nur dafür sorgen, dass etwa für kapitelweise Inhaltsverzeichnisse am Anfang jedes Kapitels das Kommando

```
\startcontents
```

ausgeführt wird – wenn Sie Ihre Kapitelanfänge ohnehin mit titlesec formatieren, ist das kein Problem:

```
\titleformat{\chapter}[...]
  {...}{...}{...} % Was auch immer
  [\startcontents
   \printcontents{1}{\setcounter{tocdepth{1}}]
```

Hier sehen Sie auch gleich, wie Sie das Mini-Inhaltsverzeichnis ausgeben können: Darum kümmert sich das Kommando \printcontents. Das erste Argument – hier »1« – legt die oberste Gliederungsebene im Inhaltsverzeichnis fest; »1« entspricht Abschnitten (siehe Tabelle 5-1). Das zweite Argument gibt Code an, der vor der Erzeugung des Inhaltsverzeichnisses ausgeführt wird. So sorgen wir dafür, dass nur Abschnitte im Inhaltsverzeichnis erscheinen.

Ein Beispiel für ein solches Mini-Inhaltsverzeichnis zeigt Abbildung 5-6. Wir haben es mit der folgenden Kapiteldefinition angelegt:

```
\titleformat{\chapter}[display]
  {\normalfont\Large\filcenter\sffamily}
  {\titlerule[1pt]\vspace{1pt}%
   \titlerule\vspace{1pc}%
   \LARGE\MakeUppercase{\chaptertitlename} \thechapter}
  {1pc}{\titlerule\vspace*{1pc}\Huge}
  [\normalsize\normalfont\vspace*{1cm}%
   \startcontents
   \printcontents{}{1}{\setcounter{tocdepth}{2}}]
```

(Das Format für die Kapitelüberschrift haben wir aus der Dokumentation zum titlesec-Paket geliehen.) Interessant ist vor allem das letzte (optionale) Argument. Dort müssen wir auf die normale Schrift und Größe zurückschalten (ansonsten gilt das für die Überschrift eingestellte »\Huge« weiter), lassen etwas vertikalen Platz frei und starten dann das Mini-Inhaltsverzeichnis neu. Als Nächstes geben wir das Mini-Inhaltsverzeichnis vom vorigen LaTeX-Lauf

KAPITEL 1

Erstes Kapitel

1.1 Erster Abschnitt . . . . . . . . . . . . . . . . . . . . 6
1.2 Zweiter Abschnitt. . . . . . . . . . . . . . . . . . . . . 7
1.2.1 Erster Unterabschnitt, mit einer überaus langen und trotzdem fast völlig nichtssagenden Überschrift, die vor allem dazu gedacht ist, eine Menge Platz einzunehmen . . . . 7
1.2.2 Zweiter Unterabschnitt . . . . . . . . . . . . . . 7
1.3 Dritter Abschnitt . . . . . . . . . . . . . . . . . . . . 7

*Abbildung 5-6: Kapitelanfang mit Mini-Inhaltsverzeichnis*

aus, und zwar die Abschnitts- und Unterabschnittseinträge (dies diktiert die `tocdepth`-Definition).

Natürlich funktioniert das auch für absatzbasierte Inhaltsverzeichnisse mit `\titlecontents*`. Die Grundregel ist, dass im Mini-Inhaltsverzeichnis immer genau die Formatierung verwendet wird, die für dieselbe Gliederungsstufe auch für das Haupt-Inhaltsverzeichnis gilt. Allerdings können Sie im

KAPITEL 1

Erstes Kapitel

Erster Abschnitt, 6 — Zweiter Abschnitt, 7 — Dritter Abschnitt, 7

*Abbildung 5-7: Kapitelanfang mit Mini-Inhaltsverzeichnis im Absatzstil*

`\printcontents`-Kommando als ersten Parameter ein Präfix angeben, das dann allen Formatnamen für dieses Inhaltsverzeichnis vorangestellt wird. Mit

```
\printcontents{para}{1}{...}
```

zum Beispiel würden nicht wie üblich die Formate `section`, `subsection` usw. herangezogen, sondern `parasection`, `parasubsection` und so weiter. Natürlich sollten Sie dafür sorgen, dass diese mit `\titlecontents`, `\titlecontents*` oder `\dottedcontents` definiert sind, damit der Versuch nicht ins Leere läuft. Hier ist ein Beispiel:

```
\titleformat{\chapter}[display]
  ...
  [\normalsize\normalfont\vspace*{1cm}%
   \startcontents
   \printcontents{p}{1}{\setcounter{tocdepth}{1}}]
\titlecontents*{psection}[1.5em]{\filcenter}
  {}{}{,~\thecontentspage}
  [ --- ]
```

Das `\printcontents`-Kommando spezifiziert hier das Präfix »`p`«, und entsprechend wird das Format `psection` verwendet. Andere Formate müssen wir nicht definieren, da im Verzeichnis nur Abschnitte auftauchen.

## HACK #50 Auf dem Index

Generieren Sie ein Stichwortverzeichnis.

Fachbücher und ähnliche Werke mit Nachschlagecharakter profitieren oft von einem Index oder Stichwortverzeichnis, das für interessante Begriffe aus dem Buch von irgendeiner leicht auffindbaren Stelle (etwa einer alphabetischen Liste am Schluss des Buchs) auf Plätze weiter vorne zurückverweist, wo der Begriff vorkommt. Die Erstellung eines guten Index ist und bleibt in weiten Teilen Handarbeit, da es in der Regel nicht reicht, auf *alle* Plätze zu verweisen, wo der Suchbegriff auftritt – es müssen schon die sein, wo wirklich etwas Interessantes gesagt wird. Aber immerhin kann LaTeX dafür sorgen, dass die Seitennummern im Index stimmen (und das ist ja auch schon mal was).

Um einen Index zu erstellen, müssen Sie LaTeX zunächst mitteilen, dass Sie das vorhaben. Das erreichen Sie mit dem Kommando `\makeindex` in der Präambel Ihres Dokuments. Mit dem Kommando `\index` können Sie innerhalb Ihres Dokuments Indexeinträge setzen:

```
... Albert Einstein\index{Einstein, Albert} postulierte ...
```

Diese werden in eine Datei geschrieben, die so heißt wie Ihre LaTeX-Quellcodedatei, aber die Endung *.ind* hat. Diese Datei wird auf irgendeine magische Weise in eine Datei mit der Endung *.idx* überführt, die dann mit dem Kommando `\printindex` dort in Ihr Dokument eingebaut wird, wo Sie den Index gerne haben möchten. Die »magische Weise« ist übrigens in der Regel ein Programm namens `makeindex`, das sich um die korrekte Sortierung und sonstige Aufbereitung des Index kümmert. `makeindex` hat schon etliche Jahre auf dem Buckel und leidet an diversen Gebrechen, stellt aber nach wie vor den Standard dar – ein Nachfolgeprogramm namens `xindy` wurde zwar entwickelt, hat sich aber aus verschiedenen Gründen noch nicht weithin durchgesetzt. Es gibt einige Konventionen, wie Indexeinträge aussehen sollen, damit `makeindex` die besten Resultate liefert (siehe dazu Tabelle 5-2). `makeindex` rufen Sie einfach mit dem Namen der *idx*-Datei auf:

```
$ makeindex buch.idx
```

Manche Bücher enthalten mehrere Indizes, etwa einen Personenindex und einen für die Sachbegriffe. Das gibt LaTeX aus dem Stand nicht her – Sie brauchen das `index`-Paket von David M. Jones, das die entscheidenden Kommandos `\makeindex`, `\index` und `\printindex` in erweiterter Form neu implementiert. Damit können Sie einen separaten Personenindex etwa so deklarieren:

```
\newindex{per}{pdx}{pnd}{Personenindex}
```

`per` dient dabei zum Identifizieren des Personenindex; die unsortierten Einträge landen in einer Datei mit der Endung *.pdx*, `\printindex` erwartet die sortierten Einträge in einer Datei mit der Endung *.pnd* und überschreibt den Index mit dem Titel »Personenindex«. Der entsprechende `makeindex`-Aufruf lautet dann

```
$ makeindex -o buch.pnd buch.pdx
```

(beachten Sie die explizite Angabe des Namens der Ausgabedatei). Einträge in den Personenindex machen Sie mit

*Tabelle 5-2: Indexeintragsformate für makeindex*

| Eintrag | Bedeutung |
|---|---|
| Wort | Eintrag erscheint als »Wort«. |
| Wort!Buchstaben von | Eintrag erscheint als »Buchstaben von« unter dem Eintrag »Wort«. Geht auch über mehr als zwei Stufen. |
| Wort@xxx | Eintrag erscheint als »xxx« an der Position von »Wort«. |
| Wort\|( | Beginnt einen Seitenbereich für »Wort«. |
| Wort\|) | Beendet einen Seitenbereich für »Wort«. |
| Wort\|$\alpha$ | Formatiert die Seitennummer für den Eintrag als \\$\alpha$\{$n$\}. |

```
... Albert Einstein\index[per]{Einstein, Albert} ...
```

wobei `per` das Kürzel ist, das Sie auch im `\newindex` verwendet haben. Wenn Sie kein Kürzel angegeben haben, wird `default` angenommen, das entspricht dem »Standardindex«.

> Das `index`-Paket greift in diverse andere Bereiche von LaTeX ein, auch solche, wo Sie das vielleicht nicht erwarten. Deswegen kann es zu Inkompatibilitäten mit anderen Paketen kommen.

## HACK #51 Bibliografiestile testen

**Probieren Sie Bibliografiestile aus und vergleichen Sie sie miteinander – ohne viel Aufwand.**

BibTeX ist ein nützliches Werkzeug für alle, die Publikationen mit ausführlichen Quellenangaben verfassen. Es ermöglicht das Sammeln aller relevanten Quellen in »Datenbanken« (speziell formatierten Dateien mit der Endung *bib*) und kann anhand der `\cite`-Kommandos in einer LaTeX-Datei – oder streng genommen den Einträgen in der *aux*-Datei eines Dokuments, die sich aus dem LaTeX-Lauf ergibt – eine `thebibliography`-Umgebung zusammenstellen, die genau die im betreffenden Dokument zitierten Quellen enthält. Diese Umgebung schreibt es in eine Datei mit dem Namen des betrachteten Dokuments und der Endung *bbl*. Über *Bibliografiestile* (in Dateien mit der Endung *bst*) können Sie das Aussehen der Quellen in der Liste sowie deren Sortierung manipulieren. BibTeX und LaTeX bieten vorgefertigte Unterstützung für einfache in der Reihenfolge des Zitiertwerdens nummerierte Listen bis hin zu komplexen namensbasierten Verweisen der Form »Schlaumeier und Ausgefuchst (2007)«, und Sie selbst haben bei Bedarf die genaue Kontrolle über das Erscheinungsbild der verschiedenen Quellen – jedenfalls wenn Sie bereit sind, sich auf die etwas verquere Programmiersprache einzulassen, in der die *bst*-Dateien verfasst sind.

In diesem Hack werden wir darüber nicht ins Detail gehen, sondern zeigen Ihnen lieber, wie Sie sich ohne viel Aufwand ein Bild davon verschaffen können, was ein Bibliografiestil aus Ihrer Literaturliste macht, und wie Sie die Ergebnisse mehrerer verschiedener Bibliografiestile bequem vergleichen. Das ist nützlich, um den geeigneten Bibliografiestil für ein Dokument auszuwählen, und hilft auch beim Erstellen und Debuggen eigener Bibliografiestile (für die Mutigen).

Uns geht es darum, ein LaTeX-Dokument zu erzeugen, das die Quellen in einer gegebenen *bib*-Datei mehrere Male gemäß unterschiedlicher Bibliografiestile formatiert enthält. Der Einfachheit halber verwenden wir ein Perl-Skript, `bstsample`, das die Fußarbeit übernimmt – die Idee ist dabei, Aufwand zu ver-

## 1 plain

`\cite{0.tagungsband}`: [1]
`\cite{0.article}`: [2]
`\cite{0.tagungsbeitrag}`: [3]
`\cite{0.inbook}`: [4]

## References

[1] John Doe, editor. *A Conference Proceedings*, volume 2 of *Conferences on Whatever*, Sampleville, YY, May 2005. Conference Organizer, Publisher.

[2] John Doe. A journal article. *Journal of the ACM*, 12(3):456–467, January 2007. A note.

[3] Susan McSample and John Doe. A conference contribution. In Doe [1].

[4] Jane Roe. *A Book*, chapter 12, pages 789–890. Number 2 in Book Series. Publisher, Anywhere, XX, second edition, 2006.

## 2 abbrv

`\cite{1.tagungsband}`: [1]
`\cite{1.article}`: [2]
`\cite{1.tagungsbeitrag}`: [3]
`\cite{1.inbook}`: [4]

## References

[1] J. Doe, editor. *A Conference Proceedings*, volume 2 of *Conferences on Whatever*, Sampleville, YY, May 2005. Conference Organizer, Publisher.

[2] J. Doe. A journal article. *J. ACM*, 12(3):456–467, Jan. 2007. A note.

[3] S. McSample and J. Doe. A conference contribution. In Doe [1].

[4] J. Roe. *A Book*, chapter 12, pages 789–890. Number 2 in Book Series. Publisher, Anywhere, XX, second edition, 2006.

*Abbildung 5-8: Zwei Bibliografiestile zum Vergleich, mit bstsample*

meiden, indem bstsample direkt eine *aux*-Datei schreibt, die bei einem LaTeX-Lauf hätte entstanden sein können. Auf diese *aux*-Datei wendet es BibTeX an und fügt den Inhalt der resultierenden *bbl*-Datei dem Gesamtdokument hinzu. Außerdem baut es noch die \cite-Kommandos ein, damit Sie auch deren Ausgabe prüfen und vergleichen können. bstsample übernimmt von der Kommandozeile eine Reihe von Namen von Bibliografiestilen, die herangezogen werden, um eine BibTeX-Datenbank namens *bibsample.bib* zu formatieren. Die Ausgabe landet dabei in einer Datei namens *bibsample.tex*, die Sie anschließend mit LaTeX bearbeiten können (zweimal, damit die Querverweise stimmen). Ein Beispiel für die Ausgabe von bstsample sehen Sie in Abbildung 5-8; sie enthält das Resultat von

```
$ bstsample plain abbrv
```

Beachten Sie die Unterschiede zwischen den Bibliografiestilen – in beiden sind die Zitate fortlaufend in der Reihenfolge des Auftretens nummeriert. Allerdings werden in abbrv die Vornamen der Autoren, Zeitschriftennamen (falls bekannt), Monatsnamen usw. abgekürzt, während sie in plain ausgeschrieben werden.

In Abbildung 5-9 sehen Sie den Anfang des Perl-Skripts. Es unterstützt die Optionen »--bib« und »--out«, mit denen Sie respektive den Namen der zu bearbeitenden BibTeX-Datenbank (standardmäßig *bstsample*) und den Namen der Ausgabedatei (ohne *.tex*, standardmäßig ebenfalls *bstsample*) angeben können. Die Option »--class« dient zur Spezifikation der Dokumentklasse.

Mit »--packages« können Sie weitere LaTeX-Pakete einbinden, wobei Sie mit

```
... --packages="url babel:english,ngerman" ...
```

dafür sorgen können, dass die Ausgabe die Zeilen

```
\usepackage{url}
\usepackage[english,ngerman]{babel}
```

enthält. Die Option »--preamble« wiederum übernimmt Zeilen, die dann direkt in die Ausgabe-LaTeX-Datei geschrieben werden. Um die Interpretation dieser Optionen kümmert sich der Code ab der foreach-Schleife im unteren Teil von Abbildung 5-9.

Hier ist noch ein etwas involvierteres Beispiel, mit Optionen:

```
$ bstsample -b bstsample -pkgs=natbib \
#   -o bst-natbib plainnat:citet,citep abbrvnat:
```

Dieser Aufruf formatiert die Literaturliste in *bstsample.bib* gemäß der Bibliografiestile plainnat und abbrvnat. Die Ausgabe landet in *bst-natbib.tex*. Für je-

```
#!/usr/bin/perl
# bstsample: Formatiere eine bib-Datei mit verschiedenen
#            Bibliografie-Stilen

use strict;
use Getopt::Long;

my ($bib, $out) = ('bstsample', 'bstsample');
my ($aux, $bbl) = ("bstsample.aux", "bstsample.bbl");
my ($cls) = ('article');
my (@pkgs, @pre);

GetOptions("bib=s" => \$bib, "out=s" => \$out,
           "class=s" => \$cls, "packages=s" => \@pkgs,
           "preamble|P=s" => \@pre);

open TEX, "> $out.tex";
print TEX <<END;
\\documentclass{$cls}
\\usepackage[latin1]{inputenc}
\\usepackage[T1]{fontenc}
END

foreach (split(/\s+/, join(' ', @pkgs))) {
    my $opt;
    s/:(.*)$// && ($opt = "[$1]");
    print TEX "\\usepackage${opt}{$_}\n";
}
print TEX join("\n", @pre), "\n" if @pre;
print TEX "\\begin{document}\n";
```

*Abbildung 5-9: Das Perl-Skript bstsample (Anfang)*

## 1 plainnat

`\citet{0.article}`: Doe (2007)
`\citep{0.article}`: (Doe, 2007)
`\citet{0.tagungsband}`: Doe (2005)
`\citep{0.tagungsband}`: (Doe, 2005)
`\citet{0.tagungsbeitrag}`: McSample and Doe (2005)
`\citep{0.tagungsbeitrag}`: (McSample and Doe, 2005)
`\citet{0.inbook}`: Roe (2006)
`\citep{0.inbook}`: (Roe, 2006)

## References

John Doe. A journal article. *Journal of the ACM*, 12(3):456–467, January 2007. A note.

John Doe, editor. *A Conference Proceedings*, volume 2 of *Conferences on Whatever*, Sampleville, YY, May 2005. Conference Organizer, Publisher.

Susan McSample and John Doe. A conference contribution. In Doe (2005).

Jane Roe. *A Book*, chapter 12, pages 789–890. Number 2 in Book Series. Publisher, Anywhere, XX, second edition, 2006.

*Abbildung 5-10: Der Bibliografiestil* `natbib`

den Bibliografiestil erzeugen wir Verweise mit den Kommandos `\citet` und `\citep` (in dieser Reihenfolge), um den Text- und den parenthetischen Verweis für jede Art von Dokument zu testen.[2] Das Resultat sehen Sie in Abbildung 5-10.

Die Hauptarbeit erledigt die zweite Hälfte von `bstsample`, deren Code in Abbildung 5-11 zu sehen ist. Dort wird für jeden benannten Bibliografiestil die »*aux*-Datei« angelegt, die als Eingabe für BibTeX fungiert, sowie BibTeX selbst aufgerufen. Anschließend erzeugen wir die Liste von Zitierkommandos und hängen sie – gefolgt von der gerade formatierten Literaturliste – an die Ausgabedatei an. Wir müssen dabei berücksichtigen, dass die Literaturliste immer dieselben Einträge enthält (nur anders formatiert) und dass es deshalb ständig LaTeX-Warnungen hageln müsste, dass die Namen der Einträge, auf die wir mit `\cite` & Co. verweisen, nicht eindeutig sind. Um das zu vermeiden,

[2] Eigentlich bräuchten wir den Verweistest nur einmal, da das Aussehen der Zitate nicht vom Aussehen der ursprünglichen Rohdaten abhängt. So ist es aber einfacher zu programmieren und gibt dem Benutzer ein warmes, pelziges Gefühl im Bauch, dass alles unter Kontrolle ist.

```
# Bearbeite die Bibliografiestile auf der Kommandozeile
my @ccmds;
my $count = 0;
$/ = undef;
foreach my $bst (@ARGV) {
    # Bestimme die cite-Kommandos für diesen Stil
    # stil => \cite{...}, stil:x,y => \x{...}, \y{...}
    # stil: => was auch immer beim vorigen Stil war

    my @c;
    ($bst, @c) = $bst =~ /:/ ? split (/[:,]/, $bst)
                             : ($bst, 'cite');
    @ccmds = @c if @c;

    # Fälsche eine .aux-Datei für diesen Stil, rufe BibTeX auf

    open F, "> $aux" or die "open $aux: $!\n";
    print F "\\bibstyle{$bst}\n";
    print F "\\citation{*}\n";
    print F "\\bibdata{$bib}\n";
    close F;
    !system "bibtex", $aux or die "bibtex error\n";

    # Lies das Ergebnis und hänge es an die Ausgabe an
    # (mit \cite-Kommandos und deren Ausgabe)

    open F, $bbl or die "open $bbl: $!\n";
    $_ = <F>;
    close F;
    my @cites = ();
    push @cites, map { "\\${_}{$count.$2}" } @ccmds
        while s<\\bibitem\s*(\[.*?\])?\{(\D.*?)\}>
               <\\bibitem$1\{$count.$2\}>s;
    s/\\cite(t?)\{(.*?)\}/\\cite${1}{$count.$2}/gs;
    print TEX "\\section{$bst}\n";
    print TEX "\\verb|$_|: $_\\\\\n" foreach @cites;
    print TEX $_;
    print TEX "\n";
    $count++;
}
print TEX "\\end{document}\n";
```

*Abbildung 5-11: Das Perl-Skript bstsample (Schluss)*

setzt `bstsample` an den Anfang jedes Verweises eine laufende Nummer. Dies geht von der Annahme aus, dass die Namen von Einträgen in der Regel nicht mit einer Ziffer anfangen. Sollten Sie das anders sehen, dann hilft Ihnen möglicherweise eine Anpassung des regulären Ausdrucks im `while`-Teil von »`push @cites, ...`« – dieser Ausdruck prüft zur Sicherheit genau das.

An diesem Skript ließe sich sicher noch einiges verbessern (beispielsweise könnte man die Ausgabe auf einige Einträge aus der *bib*-Datei beschränken). Aber so ist es auch schon recht nützlich, und die nächsten verregneten Winternachmittage kommen bestimmt. Wenn Sie gute Vorschläge haben, dann lassen Sie es uns wissen!

## Siehe auch

- Wir verraten Ihnen fast nichts darüber, welche Bibliografiestile es gibt oder wie Sie Ihren eigenen machen können. Einen Einstieg in ersteres gibt Ihnen *BibTeXing* von Oren Patashnik, das unter dem Namen *btxdoc.pdf* Bestandteil Ihrer TeX-Distribution sein sollte (ansonsten holen Sie es sich von CTAN). Auf CTAN finden Sie auch diverse Bibliografiestile, schauen Sie zum Beispiel nach in *biblio/bibtex/contrib*.
- Die BibTeX-Programmiersprache ist dokumentiert in Oren Patashniks *Designing BibTeX Styles*, das ebenfalls mit BibTeX mitgeliefert wird. Sie ist nichts für zart besaitete Gemüter.
- Einen etwas leichteren Einstieg in die Erstellung von Bibliografiestilen bietet `custom-bib` von Patrick Daly. Hierbei handelt es sich um ein TeX-Dokument, das über interaktive Menüs einen angepassten Bibliografiestil aus einer von zahlreichen Vorlagen erzeugt. Mit etwas Glück müssen Sie sich also gar nicht mit BibTeX-Programmierung beschäftigen.

# HACK #52 Literaturverzeichnisse mit Turbolader

**Wie Sie aus Ihrer Literaturliste auf die Zitatstellen zurückverweisen**

Ein cooler Effekt und bei »normalen« Publikationen mit riesigem Aufwand verbunden, darum selten gesehen, ist eine Rückverweisliste im Literaturverzeichnis, die angibt, wo im Buch die betreffenden Quellen zitiert wurden. Mit LaTeX ist das ganz einfach, denn es gibt ja das Paket `backref` von Heiko Oberdiek, das diesen Vorgang automatisiert. `backref` ist Teil des `hyperref`-Bündels von Paketen **[Hack #82]**, kommt aber auch ohne `hyperref` aus. Mit `hyperref` erzeugt es sogar anklickbare Verweise auf die Stellen, von denen aus die Quellen zitiert werden.

**Literaturverzeichnis**

[LR89] Don Libes and Sandy Ressler. *Life with UNIX: A Guide for Everyone.* Prentice-Hall, April 1989. Seiten 5, 7

[Ste94] W. Richard Stevens. *TCP/IP Illustrated, Volume 1: The Protocols.* Addison-Wesley Professional Computing Series. Addison-Wesley, Boston etc., 1994. Seiten 5, 6, 8

*Abbildung 5-12: Ein Literaturverzeichnis mit Rückverweisen*

In einem deutschsprachigen Dokument genügt eine einfache Deklaration wie

```
\usepackage[ngerman]{backref}
```

für eine Ausgabe wie in Abbildung 5-12. Normalerweise wird auf Seiten zurückverwiesen; mit

```
\usepackage[ngerman,ref]{backref}
```

verweist `backref` nur auf die Abschnitte, in denen die Verweise vorkommen. Die Verweise werden mit dem Kommando `\backref` erzeugt, das die Verweis-

**Literaturverzeichnis**

[AKW88] Alfred V. Aho, Brian W. Kernighan, and Peter J. Weinberger. *The AWK Programming Language.* Addison-Wesley, Reading, MA, 1988. Nicht direkt zitiert.

[LR89] Don Libes and Sandy Ressler. *Life with UNIX: A Guide for Everyone.* Prentice-Hall, April 1989. Einmal zitiert, im Abschnitt 1.1.

[Ste94] W. Richard Stevens. *TCP/IP Illustrated, Volume 1: The Protocols.* Addison-Wesley Professional Computing Series. Addison-Wesley, Boston etc., 1994. 3 Zitate in den Abschnitten 1.1, 1.2.1 und 2.1.2.

*Abbildung 5-13: Anders formatierte Rückverweise*

liste als Argument übernimmt. Über das Kommando \backrefpagesname können Sie steuern, wie die Verweisliste eingeleitet wird:

```
\renewcommand{\backrefpagesname}{Zitiert auf S.}
```

Sie müssen allerdings dafür sorgen, dass das Kommando erst nach dem »\begin{document}« ausgeführt wird – stellen Sie es dahinter oder benutzen Sie \AtBeginDocument.

Außer \backref gibt es in neueren Versionen von backref noch einen weiteren Mechanismus zur Erzeugung der Verweisliste: Das Kommando \backrefalt bekommt vier Parameter übergeben, namentlich die Anzahl der Verweise ohne Duplikate (also Verweise auf dieselbe Seite oder in denselben Abschnitt), die Verweisliste ohne Duplikate, die Verweisanzahl mit Duplikaten und die Verweisliste mit Duplikaten. Sie können \backrefalt so definieren, dass der Text von der Anzahl der Verweise abhängt, etwa wie folgt:

```
\usepackage[ngerman,ref]{backref}
\renewcommand*{\backref}[1]{}
\renewcommand*{\backrefalt}[4]{%
 {footnotesize
  \ifcase #1 Nicht direkt zitiert.%
    \or Einmal zitiert, im Abschnitt #2.%
    \else #1 Zitate in den Abschnitten #2.%
  \fi}}
```

Ein Beispiel für die Ausgabe sehen Sie in Abbildung 5-13.

> Wenn Sie hyperref verwenden und eine der Optionen backref, backref=section, backref=slide, backref=page oder pagebackref angeben, wird backref automatisch mit den passenden Optionen eingebunden. hyperref sorgt für anklickbare Verweise.

HACK #53

## Literaturverweise im Text mit BibTeX

**Streuen Sie Quellenangaben in den Text Ihres Dokuments ein und lassen Sie BibTeX die Arbeit machen.**

Während es in manchen wissenschaftlichen Veröffentlichungen üblich ist, alle Quellenangaben am Ende des Dokuments zu bündeln und im eigentlichen Text nur Verweise auf dieses Literaturverzeichnis zu platzieren, ist es anderswo Usus, die kompletten Quellenangaben in den Text einzustreuen oder in Fußnoten unterzubringen. Auf den ersten Blick läuft das der Idee zuwider, BibTeX zur Verwaltung und Formatierung der Quellenangaben zu verwenden, da BibTeX bekanntlich nur die thebibliography-Umgebung erzeugt, die Sie sonst manuell anlegen müssten – und es liegt in der Natur der Sache, dass diese sich immer nur an einem einzigen Platz im Dokument befinden kann!

## bibentry

Das bibentry-Paket von Patrick Daly finden Sie in der Distribution des natbib-Pakets desselben Autors. Es ist genau dafür gemacht, das zu ermöglichen, was eigentlich nicht geht – die Verwaltung von Quellenangaben im Text mit BIBTEX. Und dazu benutzt es den folgenden Trick: Mit einem speziellen Kommando (\nobibliography) wird am *Anfang* des Dokuments die *bbl*-Datei eingelesen und die einzelnen Einträge gespeichert. Später im Dokument können Sie analog zum Kommando »\cite{blafasel}« mit »\bibentry{blafasel}« den kompletten Eintrag für die betreffende Quelle im Text platzieren. Aus

```
\nobibliography{articles}
...
Siehe hierzu auch \bibentry{thompson-ritchie:unix-acm}.
```

wird also

> Siehe hierzu auch Ritchie, Dennis M. und Ken Thompson: »The Unix Timesharing System«, *Comm. ACM* 17(7):365-73, Juli 1974.

(eine geeignete *bst*-Datei mal vorausgesetzt).

Sie können in einem Dokument, das bibentry verwendet, auch normale \cite-Kommandos benutzen und sogar parallel eine Literaturliste am Ende ausgeben. Allerdings müssen Sie dann statt \nobibliography das Kommando \nobibliography* einsetzen:

```
\nobibliography*{articles}
```

Diese Version vermeidet LATEX-Fehlermeldungen über doppelt definierte Bibliografieeinträge und Ähnliches. Ein Problem dieses Ansatzes ist allerdings, dass beide Literaturlisten – die über den Text verstreute und die am Schluss – sich dieselbe *bst*-Datei teilen, so dass jede Quelle, die im Text zitiert wird, auch in der Literaturliste am Schluss auftaucht, obwohl das mitunter gar nicht erwünscht ist. Da es aber normalerweise nur eine *bbl*-Datei gibt, führt daran kein Weg vorbei, der nicht mit sehr tiefen Eingriffen in LATEX verbunden wäre.

## Quellenangaben in Fußnoten

Oftmals ist es üblich, Quellenangaben zu einem Dokument in Fußnoten unterzubringen. Mit bibentry ist das kein Problem – schreiben Sie einfach Folgendes:

```
Wie schon anderswo beschrieben%
  \footnote{\bibentry{thompson-ritchie:unix-acm}} ...
```

Wie schon anderswo[1] beschrieben, ist Unix ein Betriebssystem mit einer Tradition, die bis in die 1960er Jahre zurückgeht.

[1]Ritchie, D. M. und K. Thompson: »The Unix Time-sharing System«. *Comm. ACM*, 16(7):365–73, Juli 1974.

*Abbildung 5-14: Quellenangabe in einer Fußnote, mit bibentry*

Das führt zu dem in Abbildung 5-14 dargestellten Ergebnis. Wenn Sie das öfter machen wollen, hilft Ihnen vielleicht folgende Definition:

```
\newcommand*\bibfootnote[2][]{%
  \footnote{#2%
    \def\@tempa{#1}%
    \ifx\@tempa\@empty\else, #1\fi.}}
```

Sie müssen dann nur noch folgende Kommandos schreiben:

```
\bibfootnote{thompson-ritchie:unix-acm}
\bibfootnote[S.~370]{thompson-ritchie:unix-acm}
```

Aus Gründen der Bequemlichkeit und Übersichtlichkeit ersetzen viele Veröffentlichungen bei zwei aufeinanderfolgenden Zitaten derselben Quelle die zweite Quellenangabe durch etwas wie »Ebenda«. Auch das können Sie LaTeX natürlich beibringen:

```
\newcommand*\bibebdname{Ebenda}
\newcommand*\bibfootnote[2][]{%
  \def\@tempa{#2}%
  \ifx\@tempa\bib@prev
    \def\@tempa{\bibebdname}%
    \else\def\@tempa{\bibentry{#2}}\fi
  \gdef\bib@prev{#2}%
  \footnote{\@tempa%
    \def\@tempa{#1}%
    \ifx\@tempa\@empty\else, #1\fi.}}
\newcommand*\bib@prev{}
```

In den letzten drei Zeilen von `\bibfootnote` sollten Sie unsere ursprüngliche Definition wiedererkennen. Der Rest des Codes befasst sich damit, den BibTeX-Schlüssel der Quelle mit dem der vorigen Quelle zu vergleichen und den korrekten Text für die Fußnote zu finden: ein »Ebenda« (aus `\bibebdname`, also leicht umdefinierbar) oder das komplette Zitat via `\bibentry`.

```
#!/bin/bash
# chapterbibtex: Wende bibtex auf jede AUX-Datei an, die die
#                als Parameter übergebene Datei einliest

main=‘basename $1 .tex‘.aux
aux=

for a in $(perl -ne ’print "$1\n"
                     if /^\\\@input\{(.*)\.aux\}$/’ $main)
do
    bibtex $a
done
```

*Abbildung 5-15: chapterbibtex – rufe BibTeX für chapterbib auf*

## Siehe auch

- Eine komplette Lösung des Problems »Bibliografie in Fußnoten« bietet das Paket `opcit` von Federico Garcia.

## HACK #54 Literatur pro Kapitel

**Teilen Sie Ihre Literaturliste kapitelweise auf.**

Normalerweise erzeugt BibTeX eine Literaturliste für das gesamte Dokument. Manchmal – etwa in klugen Anthologien, wo jedes Kapitel von einer anderen Koryphäe der Disziplin beigesteuert wird – ist es aber wünschenswert, eine Literaturliste pro Kapitel (Abschnitt usw.) zu haben. Dazu verwenden Sie das Paket `chapterbib` von Donald Arseneau.

Damit es seine Arbeit machen kann, braucht BibTeX eine *aux*-Datei mit den entsprechenden Verweisen, die sich aus den `\cite`-Kommandos im Dokument ergeben. Wenn Sie für verschiedene Teile Ihres Dokuments eigene von BibTeX angelegte Literaturlisten haben wollen, dann müssen diese Teile also ihre eigenen *aux*-Dateien haben. Ergo müssen diese Teile in eigene Dateien ausgelagert und mit `\include` ins Hauptdokument eingebaut werden. Daraus folgt, dass Sie mit `chapterbib` trotz des Namens gar nicht mal auf eine kapitelweise Aufteilung angewiesen sind, denn das Paket erlaubt eine Literaturliste für jede `\include`-Datei.

Sie müssen in jede mit `\include` eingebundene Datei die beiden Kommandos `\bibliographystyle` und `\bibliography` einbauen, damit BibTeX weiß, was es tun muss. Nach einem LaTeX-Lauf wenden Sie dann BibTeX auf die einzelnen `\include`-Dateien (ohne die Endung *tex*) an (in Abbildung 5-15 finden

Sie ein Shell-Skript, das diesen Vorgang automatisiert). Nach zwei weiteren LaTeX-Läufen sollte eigentlich alles stimmen.

Es kann sein, dass Ihr Bibliografiestil Kommandodefinitionen mit `\newcommand` in die *bbl*-Datei mit der fertigen Literaturliste schreibt. Solange Sie nur eine Literaturliste im Dokument haben (der Standardfall), ist das kein Problem – aber wenn es mehrere gibt, kollidieren die Definitionen. Sie können diesem Problem aber abhelfen, indem Sie statt

```
\bibliography{xxx}
```

lieber

```
{\bibliography{xxx}}
```

(mit zusätzlichen Klammern) schreiben.

Normalerweise erscheint die Bibliografie als unnummeriertes Kapitel, was etwas ungeschickt ist, wenn es eine Bibliografie pro Kapitel geben soll. Mit

```
\usepackage[sectionbib]{chapterbib}
```

können Sie dafür sorgen, dass die Bibliografie stattdessen zu einem unnummerierten Abschnitt gemacht wird. Natürlich können Sie auch direkt die `thebibliography`-Umgebung neu definieren – je nachdem, welche Änderungen Sie sonst noch vorhaben, ist das vielleicht sogar der gangbarere Weg.

Mit

```
\usepackage[gather]{chapterbib}
```

können Sie eine Bibliografie am Ende des Dokuments haben, die in Kapitel (oder was auch immer) unterteilt ist. Ansonsten bleibt alles beim Alten: Sie müssen nach wie vor BibTeX auf jede *aux*-Datei anwenden. Über die Einleitung jeder einzelnen Kapitel-Bibliografie entscheidet das Kommando `\StartFinalBibs`, das normalerweise folgendermaßen definiert ist:

```
\newcommand{\StartFinalBibs}{%
  \renewcommand{\bibname}{Bibliography for Chapter
                          \thechapter}}
```

Für ein deutschsprachiges Dokument wollen Sie das wahrscheinlich ändern.

## Siehe auch

- Eine flexiblere, aber auch kompliziertere Alternative zu `chapterbib` ist `bibunits` von Thorsten Hansen.

# HACK #55 Internationale Buchhandlung

**Nehmen Sie in Ihrer Literaturliste Rücksicht auf die Sprache der zitierten Werke.**

BibTeX tut sich – wie viele Programme aus dem US-amerikanischen Kulturkreis – schwer mit dem Gedanken, Sprachen außer Englisch unterstützen zu müssen – die Standard-Bibliografiestile enthalten zum Beispiel jede Menge hart codierte Zeichenketten der Form *editor* oder *PhD thesis*, die für deutschsprachige Bücher und Doktorarbeiten nicht unbedingt passen. Sie könnten natürlich in den *bst*-Dateien, die die Bibliografiestile definieren, alle diese Zeichenketten übersetzen, aber das würde das Problem nur verlagern, nicht lösen. Offensichtlich ist ein Ansatz notwendig, der etwas umfassender gedacht ist.

Eine mögliche Lösung des Problems ist das Paket `babelbib` von Harald Harders. Es setzt auf `babel` auf und erlaubt neben einer flexibleren Sprachbehandlung auch die Anpassung verschiedener typografischer Feinheiten, ohne dass dafür die dazugehörigen *bst*-Dateien geändert werden müssten. Die Voraussetzung ist allerdings, dass die Einträge in den *bib*-Dateien ein Feld namens `language` enthalten, das die Sprache des Dokuments in einer Form angibt, die auch von `babel` verwendet wird, etwa

```
language = {english}
```

Sie müssen alle in der Literaturliste vorkommenden Sprachen mit `babel` laden, also zum Beispiel

```
\usepackage[english,frenchb,spanish,german]{babel}
```

Bei Deutsch ergibt sich ein Problem, weil das naheliegende

```
language = {german}
```

die Tatsache verkennt, dass wir seit der Rechtschreibreform

```
\usepackage[ngerman]{babel}
```

schreiben müssen, ergo auch in *bib*-Dateien ein

```
language = {ngerman}
```

angebracht wäre. In jedem Fall sollte das, was in der *bib*-Datei steht, zu dem passen, was im `\usepackage`-Kommando für `babel` steht – schlimmstenfalls müssen Sie also

```
\usepackage[english,german,ngerman]{babel}
```

schreiben. Zur Erinnerung: Sie dürfen für `babel` beliebig viele Sprachen angeben, aber die letzte in der Liste ist diejenige, die standardmäßig für das Dokument aktiv ist.

Außerdem sollten Sie es sich verkneifen, die Auflage etwa als

```
@Book{ts03:samba,
  author =  {Jay Ts and Robert Eckstein and David Collier-Brown},
  title =  {Samba},
  publisher =  {O'Reilly Verlag GmbH \& Co. KG},
  year =  2003,
  address =  {Köln},
  edition =  2,
  month =  mar,
  language =     {ngerman},
  isbn =  "3-89721-359-1",
  url =  "http://www.oreilly.de/catalog/samba2ger/"
}

@Book{ts03:samba:en,
  author =  {Jay Ts and Robert Eckstein and David Collier-Brown},
  title =  {Using Samba},
  publisher =  {O'Reilly \& Associates},
  year =  2003,
  address =  {Sebastopol, CA},
  edition =  2,
  month =  feb,
  language =     {english},
  isbn =         "0-596-00256-4",
  url =  "http://www.oreilly.com/catalog/samba2/"
}
```

*Abbildung 5-16: Bibliografiedatenbank für babelbib*

# Literaturverzeichnis

[TECB03a] Ts, Jay, Robert Eckstein und David Collier-Brown: *Samba.* O'Reilly Verlag GmbH & Co. KG, Köln, 2. Auflage, März 2003, ISBN 3-89721-359-1. `http://www.oreilly.de/catalog/samba2ger/`.

[TECB03b] Ts, Jay, Robert Eckstein, and David Collier-Brown: *Using Samba.* O'Reilly & Associates, Sebastopol, CA, 2nd edition, February 2003, ISBN 0-596-00256-4. `http://www.oreilly.com/catalog/samba2/`.

*Abbildung 5-17: Ein »gemischtes« Literaturverzeichnis mit babelbib*

**Literaturverzeichnis**

[TECB03a] Ts, Jay, Robert Eckstein und David Collier-Brown: *Samba*. O'Reilly Verlag GmbH & Co. KG, Köln, 2. Auflage, März 2003, ISBN 3-89721-359-1. `http://www.oreilly.de/catalog/samba2ger/`.

[TECB03b] Ts, Jay, Robert Eckstein und David Collier-Brown: *Using Samba*. O'Reilly & Associates, Sebastopol, CA, 2. Auflage, Februar 2003, ISBN 0-596-00256-4. `http://www.oreilly.com/catalog/samba2/`.

*Abbildung 5-18: Einsprachiges Literaturverzeichnis mit babelbib*

```
edition = {Zweite}
```

anzugeben. Schreiben Sie einfach

```
edition = 2
```

und lassen Sie `babelbib` die Arbeit machen. (Abbildung 5-16 zeigt eine für `babelbib` angepasste *bib*-Datei.)

Wenn Sie jetzt noch einen zu `babelbib` kompatiblen Bibliografiestil wählen – `babelbib` bringt unter anderem die Stile `bababbrv`, `babalpha`, `babplain` und `babunsrt` mit, die mit den jeweiligen Standard-Stilen korrespondieren –, bekommen Sie quasi von ganz alleine ein Literaturverzeichnis, wie es in Abbildung 5-17 zu sehen ist. Dort wird die Sprache im Literaturverzeichnis der Sprache des zitierten Werks angepasst. Zum Beispiel heißt es im Eintrag für das deutsche Buch »2. Auflage« und »März«, wo beim englischen Buch »2nd edition« und »February« steht.[3] Auch die Verfasserliste folgt im deutschen Eintrag deutschen Konventionen (mit »und« und ohne Komma nach dem zweiten Autor) und im englischen Eintrag englischen Gepflogenheiten (mit »and« und Komma).

Sie könnten jetzt den Standpunkt vertreten, dass in einem deutschsprachigen Buch alle Literaturangaben deutschen Gepflogenheiten entsprechen sollten. Ohne das hier debattieren zu wollen, weisen wir darauf hin, dass Sie nur

```
\usepackage[fixlanguage]{babelbib}
```

[3] Kenner des O'Reilly-Verlagsprogramms werden protestieren, dass die deutsche Ausgabe von *Using Samba* nicht im März, sondern im September 2003 erschienen ist. Das stimmt, aber dann würde man den Unterschied in den Monatsnamen nicht sehen.

schreiben müssen, um die Sprache der Literaturliste auf die Standardsprache festzulegen, die mit babel eingestellt wurde. Das Resultat von

```
\usepackage[english,ngerman]{babel}
\usepackage[fixlanguage]{babelbib}
```

sehen Sie in Abbildung 5-18. Sie können auch eine andere babel-Sprache wählen, indem Sie ein Kommando wie

```
\selectbiblanguage{english}
```

hinzufügen. Hat ein Eintrag in der *bib*-Datei kein language-Feld, wird die Standardsprache des Dokuments verwendet, es sei denn, Sie definieren mit folgendem Kommando eine andere Sprache:

```
\setbtxfallbacklanguage{frenchb}
```

Sollten Ihnen die Übersetzungen der Literaturbegriffe nicht zusagen, können Sie sie wie folgt anpassen:

```
\declarebtxcommands{ngerman}{%
  \renewcommand*{\btxphdthesis}[1]{%
    \protect\foreignlanguage{ngerman}{Doktorarbeit}}%
      % statt "Dissertation"/"PhD thesis"
}
```

Sie können im selben \declarebtxcommands mehrere Umdefinierungen vornehmen. Wenn Sie wissen wollen, was es alles gibt und was die Standardwerte sind, werfen Sie einen Blick in die Definitionsdatei:

```
$ less `kpsewhich german.df`
```

Wenn Sie die Beispiel-Literaturlisten ganz genau betrachten, sehen Sie, dass sie ISBNs (wenngleich alte) und URLs enthalten. Da Sie in *bib*-Dateien beliebige Felder aufnehmen dürfen, hindert Sie niemand daran, diese zusätzlichen Informationen mit Ihren Einträgen zu erfassen (außer der ISBN käme zum Beispiel noch die ISSN, das Äquivalent für Zeitschriften, in Frage), aber die Standard-Bibliografiestile von LaTeX ignorieren diese Felder geflissentlich. babelbib dagegen gibt sie aus, solange Sie nicht mit

```
\btxprintISBN{false}
```

oder

```
\btxprintISSN{false}
```

ein Veto einlegen oder das babelbib-Paket von vornherein mit den Optionen noisbn oder noissn einlesen.

# Dokumente

## Hacks #56–65

In diesem Kapitel zeigen wir Ihnen einige Strategien und Hacks zum Umgang mit ganzen Dokumenten. Zum Beispiel können Sie mit logischer Auszeichnung für konsistente Formatierung in großen Dokumenten sorgen oder ein Manuskript von Buchlänge in einzelne Kapitel zerlegen, die übersichtlicher zu verarbeiten sind. Ferner lernen Sie, wie Sie aus demselben Quellcode mehrere Versionen eines Dokuments erzeugen können oder die Seitenanzahl im Dokument für Zwecke der Seitennummerierung besorgen. Sie sehen, wie Sie mehrere unabhängige LaTeX-Quelltextdateien zu einem großen Dokument kombinieren und Serienbriefe erzeugen können, und schließlich erfahren Sie noch, wie Sie LaTeX und SQL-Datenbanken zusammenbringen, CD-Hüllen drucken und Visitenkarten oder Etiketten produzieren.

### HACK #56 Logische Auszeichnung

**Behalten Sie den Überblick in großen Dokumenten.**

Eine der Stärken von LaTeX ist das Konzept der »logischen Auszeichnung« – Sie schreiben hin, welche *Funktion* die Bestandteile Ihres Dokuments haben, und LaTeX kümmert sich darum, sie passend zu formatieren. Sie können sich also ganz auf den Inhalt Ihres Dokuments konzentrieren und werden nicht dazu verleitet, an der Formatierung herumzubasteln. Vergleichende Studien haben gezeigt, dass diese Vorgehensweise effizienter ist als die Anwendung sogenannter WYSIWYG[1]-Textverarbeitungsprogramme, die die Details der Formatierung direkt bei der Eingabe anzuzeigen versuchen. Logische Auszeichnung trennt die Bedeutung von Textteilen von ihrer Darstellung. Sie erlaubt Ihnen, Ihre Formatierungsentscheidungen später aufgrund der *Bedeutung* der formatierten Teile zu überdenken; Sie müssen nicht alle kursiv gedruckten Stellen

[1] *»What you see is what you get«*

suchen und überlegen, ob es sich dabei um ein hervorgehobenes Stück Text oder eine fremdsprachliche Vokabel handelt, wenn Sie nur die Darstellung der fremdsprachlichen Vokabeln ändern wollen. Hier kommen WYSIWYG-Systeme an ihre Grenzen (Brian Kernighan, Unix-Entwickler der ersten Stunde und Computer-Schriftsatz-Guru, sagt dazu »*What you see is all you've got*«) – die Formatvorlagen gängiger Textverarbeitungsprogramme sind ein Eingeständnis dieser Feststellung, aber werden von vielen Benutzern als zu umständlich ignoriert und sind auch oft nicht zuverlässig implementiert (ein *circulus vitiosus*).

LaTeX bietet diverse Umgebungen und Kommandos für logische Auszeichnung an, aber in jedem halbwegs interessanten Dokument gibt es Elemente, die von diesen nicht erfasst werden. Im vorliegenden Buch reden wir zum Beispiel des öfteren über LaTeX-Pakete, -Umgebungen und -Kommandos. Natürlich wäre es leicht, Dinge zu schreiben wie

```
... das \texttt{listings}-Paket ...
... die \texttt{document}-Umgebung ...
... das \verb|\emph|-Kommando ...
```

aber damit würden wir die Sünde der »optischen« Auszeichnung begehen – wir legen fest, dass diese Begriffe in Schreibmaschinenschrift *erscheinen* sollen, ohne zu sagen, was sie *bedeuten*. Es ist viel günstiger, statt dessen

```
... das \lpkg{listings}-Paket ...
... die \lenv{document}-Umgebung ...
... das \lcmd{emph}-Kommando ...
```

zu schreiben. So ist klar, worum es sich bei den Begriffen handelt, und wir können am Anfang des Dokuments einmal festlegen, wie sie dargestellt werden sollen, etwa mit

```
\newcommand*{\lpkg}[1]{\texttt{#1}}
\newcommand*{\lenv}[1]{\texttt{#1}}
\newcommand*{\lcmd}[1]{\texttt{\textbackslash #1}}
```

(Beachten Sie, wie wir uns in der Definition von `\lcmd` um den lästigen Rückwärtsschrägstrich drücken.) Dass `\lpkg` und `\lenv` dieselbe Expansion haben, ist nicht weiter schlimm – unsere logische Auszeichnung stellt sicher, dass die beiden Kommandos im Manuskript (der LaTeX-Eingabe) eine unterschiedliche Bedeutung transportieren, auch wenn das Aussehen im fertigen Dokument gleich ist.

Wir müssen natürlich nicht hier stehen bleiben, sondern können auf der Basis einer guten logischen Auszeichnung auch noch andere nützliche Dinge tun. Beispielsweise könnten Sie daran denken, die erwähnten Paketnamen in den

Index Ihres Dokuments aufzunehmen. Dies läßt sich automatisieren über etwas wie

```
\newcommand*{\lpkg}[1]{\texttt{#1}\index{#1@\texttt{#1} (Paket)}}
```

Vielleicht möchten Sie auch nicht *jede* Erwähnung jedes Pakets in den Index aufnehmen. Sie könnten sich statt dessen wünschen, dass `\lpkg{listings}` den Paketnamen indizieren soll und `\lpkg*{listings}` nicht. LaTeX hilft Ihnen hier über das `\@ifstar`-Kommando, das prüft, ob als nächstes Zeichen ein »*« folgt:

```
\newcommand*{\lpkg}{\@ifstar\lpkg@star\lpkg@nostar}
\newcommand*{\lpkg@star}[1]{\texttt{#1}}
\newcommand*{\lpkg@nostar}[1]{\lpkg@star{#1}%
  \index{#1@\lpkg@star{#1} (Paket)}}
```

Ist das nächste Zeichen hinter dem `\lpkg` ein Stern, wird `\lpkg@star` ausgeführt, sonst `\lpkg@nostar`. Beachten Sie, dass das `\lpkg`-Kommando das Argument nicht anschaut, sondern es den beiden anderen Kommandos überläßt, sich darum zu kümmern. Ebenfalls bemerkenswert ist, dass `\lpkg@nostar` die tatsächliche Ausgabe des Kommandos im Text an `\lpkg@star` delegiert und nur den Indexeintrag besorgt. Auf diese Weise ist allein `\lpkg@star` für die Formatierung maßgeblich, so dass Änderungen nur an einer Stelle gemacht werden müssen.

Karsten Günther schlägt vor, dass es einfacher wäre, einen optionalen Parameter zu verwenden. Das könnte ungefähr so aussehen:

| | |
|---|---|
| `\lpkg{Paket}` | Schreibt und indiziert `Paket` |
| `\lpkg[]{Paket}` | Schreibt `Paket`, indiziert nichts |
| `\lpkg[Index]{Paket}` | Schreibt `Paket`, indiziert `Index` |

Dazu definieren Sie `\lpkg` wie folgt:

```
\newcommand*{\lpkg@fmt}[1]{\texttt{#1}}
\newcommand*{\lpkg@idx}[1]{%
  \index{#1@\lpkg@fmt{#1} (Paket)}}
\newcommand*{\lpkg}[2][^^A]{%
  \lpkg@fmt{#2}%
  \ifthenelse{\equal{#1}{}}{%
    % Tue nichts
  }{\ifthenelse{\equal{#1}{^^A}}{%
      \lpkg@idx{#2}%
    }{\lpkg@idx{#1}}}}
```

(Wegen der »@« gehört die Definition in ein Paket oder zwischen `\makeatletter`...`\makeatother`, und vergessen Sie nicht das `\usepackage{ifthen}`.) Der eigenartige Standardwert »`^^A`« für das optionale Argument hilft dabei, den Fall »Kein optionales Argument« von dem Fall »Leeres optionales Argument« zu

> unterscheiden. \lpkg@fmt und \lpkg@idx wären nicht unbedingt nötig, ergeben sich aber aus dem DRY-Prinzip[2]; wir möchten nur an einer Stelle angeben müssen, wie Paketnamen formatiert und indiziert werden. – Sie müssen selbst entscheiden, was Sie lieber mögen; dieser Ansatz ist in mancher Hinsicht bequemer, aber »teurer« in der Bearbeitung durch LaTeX.

Wenn Sie mehrere solche Kommandos definieren wollen (und darauf läuft es in der Regel hinaus), ist es mühselig, die Fallunterscheidung nach dem Stern wieder und wieder einzugeben. Definieren Sie sich statt dessen ein »Metakommando«, das die tatsächlichen Kommandos für Sie einrichtet: Etwas wie

```
\markupcommand{bla}{\textsc}{Laberphrase}
```

stellt Ihnen bequem ein Kommando \bla*{Blubb} zur Verfügung, das sein Argument als »BLUBB« ins Dokument überträgt. Dazu gibt es \bla{Blubb}, das außerdem einen Indexeintrag der Form

BLUBB (Laberphrase), 123

macht. Das \markupcommand-Kommando könnte ungefähr so aussehen:

```
\newcommand*{\markupcommand}[3]{%
  \expandafter\edef\csname#1\endcsname{%
    \noexpand\@ifstar\@nameuse{#1@star}\@nameuse{#1@nostar}}%
  \@namedef{#1@star}##1{#2{##1}}%
  \@namedef{#1@nostar}##1{%
    \@nameuse{#1@star}{##1}\index{##1@#2{##1} (#3)}}}
```

Diesen dicken Brocken TeX-Code muss man in Ruhe genießen, damit man sich nicht daran verschluckt. Lesen Sie ihn am besten im Vergleich zu den manuell definierten Kommandos weiter oben, um die Parallelen würdigen zu können – das eigenartige Aussehen rührt nur daher, dass wir die manuellen Definitionen automatisieren müssen.

Die Konstruktion

```
\expandafter\edef\csname#1\endcsname{%
  \noexpand\@ifstar\@nameuse{#1@star}\@nameuse{#1@nostar}}%
```

entspricht dem \newcommand*{\lpkg}{\@ifstar...} oben. \@nameuse{bla} ist unter dem Strich dasselbe wie \bla, wir müssen TeX nur die Gelegenheit geben, die Ersetzung tatsächlich durchzuführen. Aus diesem Grund benutzen wir \edef, um das Kommando zu definieren – \edef führt genau wie sein Cousin \def ein neues TeX-Kommando ein, aber expandiert dabei den Kommandotext bis auf Sachen, vor denen ein \noexpand steht. Wenn #1 der Text

---

[2] »Don't Repeat Yourself«

»`bla`« ist, dann wird der Kommandotext also so zusammengebaut, als stünde dort mit

```
\@ifstar\bla@star\bla@nostar
```

genau das, was wir wollten. – Der `\expandafter`...`\csname`...`\endcsname`-Eiertanz dient hier dazu, das erste Argument (in `#1`) als Kommandonamen zu verwenden. Ein festes Kommando hätten wir natürlich wie oben mit

```
\edef\bla{...}
```

definiert, aber da der Kommandoname sich erst später ergibt, müssen wir ihn als Zeichenkette lesen und mit `\csname`...`\endcsname` zu einem Kommando machen. Das `\expandafter` sorgt dafür, dass diese Umwandlung vorgenommen wird, bevor TeX das `\edef` zu sehen bekommt. Wie gesagt, große Magie. (Wenn Sie sich an `\@namedef`, das Analog zu `\@nameuse`, erinnern: Das können wir hier nicht verwenden, da `\@namedef` intern `\def` benutzt und nicht `\edef`. Ein `\@nameedef` bietet LaTeX leider nicht an ...).

Der Rest des Kommandos, das

```
\@namedef{#1@star}##1{#2{##1}}%
\@namedef{#1@nostar}##1{%
  \@nameuse{#1@star}{##1}\index{##1@#2{##1} (#3)}}
```

ist dagegen fast simpel. Sie müssen hier nur im Hinterkopf behalten, dass die `#1`, `#2` und `#3` durch die Parameter des Kommandos (in unserem Beispiel respektive »`bla`«, »`\textsc`« und »`Laberphrase`«) ersetzt werden, während `##1` einen Parameter des hier innerhalb der Definition eines anderen Kommandos definierten Kommandos darstellt (uff). Die erste Zeile ist also in unserem Beispiel äquivalent zu

```
\def\bla@star#1{\textsc{#1}}
```

und das ist wiederum fast dasselbe wie

```
\newcommand*{\bla@star}[1]{\textsc{#1}}
```

(Der wesentliche Unterschied zwischen den beiden – außer der Syntax – ist, dass `\newcommand` prüft, ob schon ein Kommando `\bla@star` definiert ist, während `\def` eine eventuell existierende Definition rücksichtslos überschreibt. `\def` ist ein primitives TeX-Kommando und `\newcommand` eine zivilisierte Erfindung von LaTeX, die tief in ihrem Inneren auf `\def` zurückgreift, aber nach außen hin gesittetes Benehmen zeigt.) Die zweite Definition ist im Grunde wie die erste, nur umständlicher.

Wenn Sie gut aufgepasst haben, ist Ihnen eine Inkonsistenz zwischen unserem `\markupcommand` und den ähnlichen LaTeX-Kommandos wie `\newcommand` und `\renewcommand` aufgefallen: Letztere übernehmen den Kommandonamen als Kontrollsequenz, wie

```
\newcommand{\bla}{...}
```

und unser Kommando als Zeichenkette

```
\markupcommand{bla}{...}{...}
```

Das ist unschön und ließe sich umgehen, allerdings wäre die Definition von `\markupcommand` um einiges komplizierter. Für die grobe Richtung können Sie sich die Definition von `\newif` in der Datei *latex.ltx* (Bestandteil Ihrer LaTeX-Distribution) anschauen. Essen Sie vorher nichts oder halten Sie einen Eimer bereit.

Logische Auszeichnung ist gerade in größeren Dokumenten (denken Sie an Diplomarbeiten, Dissertationen oder Bücher) eine immense Hilfe. Im Idealfall sind LaTeX-Kommandos wie `\texttt` zwischen `\begin{document}` und `\end{document}` absolut tabu – sobald Sie sich dabei ertappen, so ein Kommando einzutippen, sollten Sie innehalten und überlegen, welche Funktion der Textbestandteil hat, den Sie gerade beinahe optisch ausgezeichnet hätten. Führen Sie statt des Schriftumschaltungskommandos lieber ein neues »logisches« Kommando ein, das Sie am besten gleich in der Präambel Ihres Dokuments vorläufig definieren. Später können Sie entscheiden, wie die endgültige Formatierung aussehen soll und ob Sie noch Index-Tricks wie hier gezeigt oder andere Extras einbauen möchten (was natürlich nicht Pflicht ist).

Logische Auszeichnung bedeutet übrigens auch, dass Sie es einfacher haben, Ihre LaTeX-Eingabedateien mit anderen Programmen zu bearbeiten. Um zum Beispiel herauszufinden, in welchen Kapiteln des vorliegenden Buchs das `\texttt`-Kommando erwähnt wird, reicht uns ein

```
$ grep -l '\lcmd{texttt}' ch*.tex
```

Würden wir statt dessen überall `\texttt` zur optischen Auszeichnung verwenden, statt ein eigenes Kommando zur logischen Auszeichnung einzusetzen, würde eine Suchoperation wie

```
$ grep -l '\texttt' ch*.tex
```

vor allem »falsche Positive« finden, wo das Kommando zur Formatierung benutzt wird, aber nicht selbst Teil des sichtbaren Textes ist.

## HACK #57 Teile und herrsche

**Wie Sie ein großes Dokument in übersichtliche Stücke zerlegen**

Manuskripte von Buchlänge – neben »richtigen« Büchern zum Beispiel auch Examensarbeiten, gewichtige Gutachten und ähnliches – sind unbequem in einer großen Eingabedatei zu bearbeiten. Zwar lassen sich heutige Texteditoren von Dateien mit Abertausenden von Zeilen nicht mehr durcheinander bringen, aber das Herumsuchen in solchen Monstertexten ist kaum vergnüglich. LaTeX bietet deshalb einen Mechanismus an, mit dem Sie große Dokumente in mehrere Teile zerlegen können. Zum Beispiel könnten Sie jedes Kapitel Ihres Buchs oder Ihrer Diplomarbeit in einer eigenen Datei speichern. Die »Hauptdatei«, also die Datei, die Sie im LaTeX-Aufruf benennen, enthält dann nur noch die Präambel und \include-Aufrufe für die einzelnen Kapiteldateien:

```
\documentclass{book}
\usepackage{...}
...
\begin{document}
  \title{Wie ich meinen ersten Nobelpreis gewann}
  \author{A. N. Geber}
  ...
  \chapter*{Vorwort}
  ...
  \include{kapitel1}
  \include{kapitel2}
  ...
\end{document}
```

Es bietet sich an, das Dokument auf Kapitelebene aufzuteilen, weil LaTeX verlangt, dass der Inhalt einer mit \include eingebundenen Datei immer auf einer neuen Seite anfängt. Zumindest in den Standard-Dokumentklassen ist das für LaTeX-Kapitel garantiert. Wenn Ihre Dokumentklasse es nicht vorschreibt, können Sie \include nicht verwenden, sondern müssen auf das \input-Kommando zurückgreifen, das diese Einschränkung nicht hat.

Warum also überhaupt \include verwenden und nicht das flexiblere \input? Ein Grund ist, dass \include Ihnen das selektive Verarbeiten einzelner Dateien gestattet. Wenn Sie in die Präambel Ihres Dokuments etwas aufnehmen wie

```
\includeonly{kapitel3,kapitel5}
```

dann bearbeitet LaTeX nur noch diese beiden Dateien (alle anderen \include-Kommandos werden ignoriert). Der Pfiff dabei ist, dass alle im Dokument definierten Marken bei der Verarbeitung der \includeonly-Dateien zur Verfügung stehen. Querverweise aus den einzeln bearbeiteten Kapiteln in andere, die gerade nicht mit durchgenudelt werden, werden also einigermaßen korrekt eingesetzt. Heutige Rechner sind so schnell, dass LaTeX auch Bücher mit Hunderten von Seiten formatieren kann, noch bevor Sie Ihre Kaffeetasse neu gefüllt haben, aber nützlich ist diese Infrastruktur doch immer mal wieder.

Sie sind nicht gezwungen, die Liste der zu bearbeitenden Kapitel hart in Ihrem Dokument zu kodieren – wenn Sie zum Beispiel Quellcodekontrolle verwenden **[Hack #100]**, dann bringen ständige Änderungen an Ihrer Hauptdatei nur Verwirrung ins Änderungsprotokoll. Sie können LaTeX zum Beispiel dazu bringen, Sie bei jedem Lauf nach einer Liste der zu LaTeXenden Dateien zu fragen: Schreiben Sie in die Präambel Ihres Dokuments etwas wie

```
\typein[\incfiles]{Zu bearbeitende Kapitel:}
\includeonly{\incfiles}
```

Ein Programmlauf sieht dann ungefähr so aus:

```
$ latex mybook
This is pdfeTeX, Version 3.141592-1.21a-2.2 (Web2C 7.5.4)
entering extended mode
(./mybook.tex
LaTeX2e <2003/12/01>
Babel <v3.8d> and hyphenation patterns for ... loaded.
(/usr/share/texmf-tetex/tex/latex/base/book.cls
Document Class: book 2004/02/16 v1.4f Standard LaTeX document class
(/usr/share/texmf-tetex/tex/latex/base/bk10.clo))
(/usr/share/texmf-tetex/tex/latex/base/inputenc.sty
(/usr/share/texmf-tetex/tex/latex/base/latin1.def))
Zu bearbeitende Kapitel:

\incfiles=kapitel2
(./mybook.aux (./kapitel1.aux) (./kapitel2.aux) (./kapitel3.aux))
(./kapitel.tex [2]
Chapter 2.
) [3] (./mybook.aux (./kapitel1.aux) (./kapitel2.aux)
(./kapitel3.aux)))
Output written on mybook.dvi (2 pages, 444 bytes).
Transcript written on mybook.log.
```

Natürlich könnten Sie es als lästig empfinden, bei jedem Programmlauf manuell die Kapitelliste eingeben zu müssen. Sie können sich diese Arbeit sparen, indem Sie die Kapitelliste direkt in den LaTeX-Aufruf hineinschreiben, ohne sich mit `\typein` fragen zu lassen:

```
$ latex '\def\incfiles{kapitel2,kapitel3}\input{mybook}'
```

Diese Technik funktioniert allgemein, wenn Sie LaTeX von außen Definitionen mit auf den Weg geben wollen.

## Siehe auch

- Das askinclude-Paket von Pablo A. Straub vereinfacht den Umgang mit \include und \includeonly: Das Paket fragt Sie interaktiv, welche \include-Dateien eingelesen werden sollen. Sie können dann entweder einige Dateien namentlich aufzählen, einfach nur »Return« drücken (dann werden die Dateien gelesen, die auch im vorigen Lauf gelesen wurden) oder »*« oder »-« eingeben, um »alle« oder »keine« Dateien einzulesen. Das ist nett für den interaktiven Einsatz, aber natürlich nicht für *Makefiles* und ähnliches zu gebrauchen, wo der Ansatz mit der Definition auf der Kommandozeile mehr hilft.

# HACK #58 Nach dem Ausschlussprinzip

**Erstellen Sie mehrere Versionen eines Dokuments aus demselben LaTeX-Quellcode.**

Manche Dokumente existieren in verschiedenen Versionen: Eine Schulungsunterlage könnte es zum Beispiel als »Teilnehmerhandbuch« geben, das an die Kursteilnehmer ausgeteilt wird, und als »Trainerhandbuch« mit zusätzlichen Hinweisen und Anmerkungen, Lösungen für die Übungen und so weiter. Dabei ist es natürlich unpraktisch, den Teilnehmer-Anteil des Materials für das Teilnehmerhandbuch und für das Trainerhandbuch separat und parallel zu warten – es ist viel besser, eine einzige Eingabedatei zu haben und das zusätzliche Material nach Bedarf selektiv ein- und auszublenden:

```
... sehen Sie unmittelbar das Ergebnis.
\begin{trainer}
  (Hierfür ist es dringend nötig, dass die vorigen drei
  Aufgaben korrekt gelöst wurden, da sonst gar nichts
  funktioniert. Geben Sie notfalls die richtige Lösung an.)
\end{trainer}
Wenn Sie dagegen ...
```

## Text aus- und einblenden

Das grundlegende Handwerkszeug dafür haben Sie in Aufgaben und Lösungen **[Hack #14]** gesehen, wo wir Ihnen das verbatim-Paket vorgestellt haben. Dieses Paket erlaubt es Ihnen, Umgebungen zu schreiben, die Material aus der Eingabe Zeile für Zeile lesen und dann mit den Zeilen interessante Dinge tun, sie zum Beispiel so in Schreibmaschinenschrift ausgeben, wie sie in der Eingabe stehen (der Standardfall für verbatim), oder in eine Datei zu schreiben und später wieder einzulesen (was wir mit unseren Musterlösungen gemacht haben). Natürlich ist es auch einfach, die Zeilen komplett wegzuwerfen:

```
\newcommand*{\trainer}{\@bsphack
  \let\do\@makeother\dospecials
  \catcode`\^^M\active
  \let\verbatim@startline\relax
  \let\verbatim@addtoline\@gobble
  \let\verbatim@processline\relax
  \let\verbatim@finish\relax
  \verbatim@start}
\let\endtrainer\@esphack
```

Hier werden einfach alle Operationen, die sich sonst um das Setzen von Verbatim-Text kümmern, neutralisiert, indem sie auf `\relax` gesetzt werden (das Kommando, das nichts tut). `\verbatim@addtoline` liest sonst ein Zeichen oder eine Kontrollsequenz aus der Eingabe und fügt sie der aktuellen Zeile hinzu; das `\@gobble`-Kommando, zu dem wir `\verbatim@addtoline` hier äquivalent machen, liest dasselbe, aber wirft es gleich weg. (Dieser Code findet sich im `verbatim`-Paket als Definition der `comment`-Umgebung).

Der `verbatim`-Code sorgt dafür, dass Sie das Trainer-Material auslassen können. Aber wie schaffen Sie es, es in Ihr Dokument einzubinden, ohne jedes Auftreten der `trainer`-Umgebung zu suchen? Dazu müssen Sie natürlich nur die Definition der `trainer`-Umgebung ändern. Mit

```
\newenvironment{trainer}{}{}
```

definieren Sie eine `trainer`-Umgebung. die nichts tut.

Das Einzige, was übrig bleibt, ist eine bequeme Möglichkeit, zwischen den beiden Versionen umzuschalten (Aus- und Einkommentieren von TEX-Code in der Präambel mit Prozentzeichen ist nicht bequem.) Der einfache Ansatz könnte darin bestehen, etwas zu machen wie

```
\newcommand*{\trainer}{...}
\let\endtrainer\@esphack
\newcommand*{\includetrainer}{%
  \renewenvironment{trainer}{}{}}
```

Das heißt, Sie schreiben das `\renewenvironment` nicht direkt ins Dokument, sondern führen es nur aus, wenn das `\includetrainer`-Kommando gegeben wurde. Ohne `\includetrainer` wird das Teilnehmerhandbuch erzeugt, mit das Trainerhandbuch.

Wie in Teile und herrsche **[Hack #57]** beschrieben können Sie das Kommando `\includetrainer` natürlich auch auf der LATEX-Kommandozeile geben. Ein simples

```
$ latex '\includetrainer\input{unterlage}'
```

schlägt zwar fehl – das \includetrainer-Kommando ist noch nicht definiert, da LaTeX noch nicht einmal angefangen hat, Ihr Dokument zu lesen –, aber Sie können das Kommando auf »beim \begin{document}« vertagen:

```
$ latex '\AtBeginDocument{\includetrainer}\input{unterlage}'
```

Wenn Sie die Definition von \includetrainer dann in der Präambel oder in einem mit \usepackage einzubindenden LaTeX-Paket unterbringen, ist sie mit Sicherheit bekannt, wenn das Kommando aufgerufen wird.

## Windschnittiger mit make

Zur weiteren Verfeinerung hilft make. Verwenden Sie ein *Makefile* wie

```
teilnehmer:
    latex unterlage

trainer:
    latex '\AtBeginDocument{\includetrainer}\input{unterlage}'
```

und sagen Sie einfach »make teilnehmer« oder »make trainer«. Denken Sie gegebenenfalls daran, dass Sie mehrere Läufe brauchen, wenn Sie zwischen Trainer- und Teilnehmerhandbuch wechseln, damit alle Querverweise aktuell sind. Wenn Sie noch tippfauler sind, setzen Sie an den Anfang Ihres *Makefile*s etwas wie

```
all: trainer
```

oder

```
all: teilnehmer
```

(je nachdem), dann reicht ein simples »make«, um Ihre bevorzugte Version zu erzeugen.

Noch ein Trick, der jedenfalls mit der TeXLive-Version von TeX funktioniert: Die Kommandozeilenoption »-output-directory« erlaubt es, ein Verzeichnis zu benennen, in das TeX alle seine Ausgabedateien schreibt (und das es auch als erstes wieder nach *aux*-Dateien und Ähnlichem durchsucht). Mit

```
teilnehmer:
    latex -output-directory teilnehmer unterlage

trainer:
    latex -output-directory trainer \
      '\AtBeginDocument{\includetrainer}\input{unterlage}'
```

können Sie die beiden Versionen völlig trennen, was Dinge wie *dvi*- und *aux*-Dateien angeht. Das hilft, Verwirrung zu vermeiden und überflüssige LaTeX-Läufe zu sparen.

## Mehr als zwei Versionen

Wenn Sie mehr als zwei Versionen Ihres Dokuments unterscheiden müssen, dann hält Sie niemand davon ab, mehrere Versionen der `trainer`-Umgebung parat zu halten. Verwenden Sie zur Vereinfachung eine »allgemeine« Definition wie

```
\newcommand*{\ignoreenv}{\@bsphack
  ...
  \verbatim@start}
\let\endignoreenv\@esphack
\let\versionA\ignoreenv
\let\endversionA\endignoreenv
\newcommand*{\includeversionA}{\renewenvironment{versionA}{}{}}
\let\versionB\ignoreenv
\let\endversionB\endignoreenv
\newcommand*{\includeversionB}{\renewenvironment{versionB}{}{}}
```

damit Sie in Ihrem Dokument

```
\includeversionA    % versionA ist dabei
%\includeversionB   % versionB ist nicht dabei
...
\begin{document}
  ...
  \begin{versionA}
    Text für Version A
  \end{versionA}
  ...
  \begin{versionB}
    Text für Version B
  \end{versionB}
  ...
\end{document}
```

schreiben können. Natürlich können Sie die Definition der `version`*X*-Umgebungen auch noch vereinfachen (für den Benutzer, nicht den LaTeXniker):

```
\newcommand{\newversion}[1]{%
  \expandafter\let\csname #1\endcsname\ignoreenv
  \expandafter\let\csname end#1\endcsname\endignoreenv
```

```
\@namedef{include#1}{\renewenvironment{#1}{}{}}}
```

erlaubt ein einfaches

```
\newversion{versionA}
```

zur Definition der `versionA`-Umgebung und des `\includeversionA`-Kommandos.

Um eine Überflutung an `\includeversion`*X*-Kommandos zu verhindern, würde sich eine Syntax wie

```
\includeversion{versionA,versionB}
```

anbieten. Dazu müssen wir Ihnen noch zeigen, wie Sie eine durch Kommas getrennte Liste von Argumenten abarbeiten, nämlich so:

```
\newcommand*{\includeversion}[1]{%
  \@for\@tempa:=#1\do{\renewenvironment{\@tempa}{}{}}}
```

(die `\@namedef`-Zeile in `\newversion` können Sie dann entfernen). Das Argument von `\includeversion` ist eine Liste (mit Kommas) von Versionsnamen. Das `\@for`-Kommando durchläuft diese Liste und ruft die hinter `\do` angegebenen Kommandos für jedes Listenelement auf, wobei es der temporären Variablen `\@tempa` vorher das Listenelement zuweist. Ein

```
\includeversion{versionA,versionB}
```

führt also zum selben Ergebnis wie

```
\renewenvironment{versionA}{}{}
\renewenvironment{versionB}{}{}
```

Eine Fußangel existiert bei dieser bequemen Lösung: Etwas wie

```
\includeversion{document,itemize}
```

bringt LaTeX relativ kapital durcheinander. Im Interesse defensiver Programmierung sollten wir also prüfen, ob die betreffende Umgebung tatsächlich vorher mit `\newversion` definiert wurde:

```
\newcommand{\includeversion}[1]{%
  \@for\@tempa:=#1\do{%
    \expandafter\ifx\csname\@tempa\endcsname\ignoreenv
        \renewenvironment{\@tempa}{}{}
      \else\PackageWarning{vrsn}{`\@tempa' is not a version name}%
    \fi}}
```

Die Zeile

```
\expandafter\ifx\csname\@tempa\endcsname\ignoreenv
```

prüft, ob der Inhalt von `\@tempa`, als Kontrollsequenz interpretiert (und damit entsprechend einem `\begin{...}`) dieselbe Expansion hat wie das Kommando `\ignoreenv`. Wenn `\@tempa` tatsächlich eine vorher definierte Version beschreibt, dann sind diese Kontrollsequenz und `\ignoreenv` bei der Ausführung des Kommandos `\newversion` mit `\let` äquivalent gemacht worden, so dass der Vergleich »wahr« ergibt. Für andere Umgebungsnamen trifft die Äquivalenz nicht zu, und wir geben eine Warnung aus:

```
Package vrsn Warning: ‘verse’ is not a version name on input line 9.
```

(den Paketnamen »`vrsn`« postulieren wir hier einfach mal).

## Das versions-Paket

Auch hier gilt wieder, dass dieses Problem so gängig ist, dass LaTeX dafür vorgekochte Lösungen parat hat. Auf CTAN finden Sie das Paket `versions` von Uwe Lück, das in etwa das tut, was wir hier beschrieben haben, und noch ein paar Sachen mehr. Zum Beispiel kann es in der Ausgabe markieren, wo bestimmte Versionen anfangen und aufhören (zum Korrekturlesen) und hat eine Ausweichmethode für den Fall, dass versionsabhängiger Text im Argument eines anderen Kommandos stehen soll, etwa in einer Fußnote:

```
... \footnote{Genau.
      \begin{versionA}
        (Diese Fußnote ist überflüssig)
      \end{versionA}} ...
```

Unsere Lösung muss da kapitulieren (wobei die fehlende Funktionalität leicht nachzurüsten wäre), während `versions` dies über die Konstruktion

```
... \footnote{Genau.
      \processifversion{versionA}(Diese Fußnote
        ist überflüssig)} ...
```

erlaubt.

`versions` kennt kein `\newversion`-Kommando, sondern verwendet zur Voranmeldung von Versionen die Kommandos `\includeversion`, `\excludeversion` und `\markversion`, jeweils mit der offensichtlichen Bedeutung.

## Siehe auch

- Weitere Pakete in dieser ökologischen Nische sind `version` von Stephen Bellantoni und Donald Arseneau, `optional` von Donald Arseneau oder `comment` von Victor Eijkhout.

HACK #59

# Seite 5 von 9

Wie Sie sich die letzte benutzte Seitennummer in Ihrem Dokument besorgen

Welche Seitennummer hat die letzte Seite Ihres Dokuments? Das ist nicht nur interessant bei Faxnachrichten, sondern überall dort, wo Sie Seitennummern in der Form »Seite *i* von *n*« angeben wollen. Hier erklären wir Ihnen, wie Sie diese Information erhalten können.

Wenn Sie genauer über dieses Problem nachdenken, merken Sie schnell, dass die Sache nicht so einfach ist, wie sie scheint. Zum einen ist es nicht unbedingt damit getan, Ihr Dokument einfach mit einem

```
\label{LastPage}
\end{document}
```

zu beschließen, damit Sie mit `\pageref{LastPage}` die gewünschte Seitennummer erhalten. Immerhin könnte es sein, dass das `\end{document}` noch zurückgehaltene gleitende Bilder und Tabellen im Werte von fünf Seiten ausspuckt, die dann in Ihrer Zählung nicht vorkommen. Zum anderen ist die Seitennummer der letzten Seite nicht notwendigerweise die Gesamtanzahl der Seiten im Dokument; es könnte zum Beispiel sein, dass Sie irgendwo die Seitennummerierung mit `\pagenumbering` zurückgesetzt haben oder es ein Titelblatt gibt, das keine Seitennummer trägt, aber trotzdem ein Blatt Papier in der Ausgabe einnimmt.

Das erste Problem können Sie lösen, indem Sie vor das `\label` ein `\clearpage` schalten, um allfällige übrige Gleitobjekte aus dem Speicher zu zwingen. Sie müssen nur einkalkulieren, dass Sie dann (theoretisch) am Anfang einer neuen leeren Seite stehen, die es in Ihrem Dokument ansonsten nicht gibt – die Seitennummer ist um eine Seite zu hoch. Sie können auf dieser Seite eine mit `\label` eine Marke setzen; solange Sie nicht wirklich Ausgabe produzieren, bleibt die Seite leer und wird auch nicht tatsächlich in die Ausgabe geschrieben:

```
\newcommand*{\mark@lastpage}{%
  \clearpage
  \addtocounter{page}{-1}%
  \label{LastPage}%
  \addtocounter{page}{1}}
```

Sie können außerdem dafür sorgen, dass die Marke automatisch am Dokumentende gesetzt wird, indem Sie sie mit `\AtEndDocument` registrieren. LaTeX kümmert sich darum, dass alle solchen Kommandos im richtigen Moment ausgeführt werden:

```
\AtEndDocument{\mark@lastpage}
```

Das `lastpage`-Paket von Jeff Goldberg tut im wesentlichen dasselbe, was wir hier erklärt haben.

Wenn Sie wirklich die Gesamtanzahl der Seiten im Dokument wissen wollen, müssen Sie zählen, wie oft LaTeX eine Seite in die Ausgabe schreibt. Ohne hier zu weit ausholen zu wollen, ist auch das möglich: LaTeX erzeugt Ausgabeseiten über ein Kommando namens `\shipout`, und ein Paket namens `\everyshi` (von Martin Schröder) erlaubt es, jedesmal, wenn LaTeX das `\shipout`-Kommando aufruft, eigenen Code auszuführen. Ebenfalls von Martin Schröder kommt das Paket `count1to`, das »interessante« Zahlen wie die aktuelle Kapitelnummer, Abschnittsnummer und so weiter in die ersten 10 Zahlenregister von TeX schreibt.

> Der Sinn dahinter ist, dass zumindest bei DVI-Ausgabe TeX diese Zahlenregister am Anfang jeder Seite in die Ausgabe kopiert, es ist dann also einfach, mit einem geeigneten DVI-lesenden Programm alle Seiten zu extrahieren, die zum *n*-ten Kapitel gehören. (Mit PDF geht das leider nicht.) Das erklären wir genauer in Seiten nach Wahl **[Hack #91]**.

Einer der Werte, den `count1to` erfasst und in ein Zahlenregister schreibt, ist die »absolute«, also über alle `\shipouts` gezählte Seitennummer. Netterweise definiert `count1to` auch gleich ein `\label` namens `TotalPages`, das die Gesamtanzahl der Seiten angibt. Allerdings müssen Sie darauf mit `\ref{TotalPages}` zugreifen. Schreiben Sie auf Ihr Fax-Deckblatt also etwas wie

```
Seitenanzahl: \ref{TotalPages} (inklusive Deckblatt)
```

und verwenden Sie für die Kopf- oder Fußzeilen der tatsächlichen Faxnachricht

```
Seite \thepage\ von \pageref{lastpage}
```

Grundsätzlich spricht nichts dagegen, die relevanten Funktionen von `lastpage` und `count1to` zu einem Paket zusammenzufassen (Abbildung 6-1). Mit diesem `ltpage`-Paket erhalten Sie mit dem Kommando `\pageref{LastPage}` die Seitennummer der letzten Seite und die Gesamtzahl der Seiten im Dokument mit `\ref{LastPage}`. Dafür sind natürlich mindestens zwei LaTeX-Läufe nötig.

## HACK #60 Die Zutatenliste

**Welche Dateien sind an Ihrem LaTeX-Dokument beteiligt?**

Bei Problemen mit LaTeX kommt man hin und wieder an einen Punkt, wo man die Hilfe von Experten in Anspruch nehmen möchte. TeX ist zugegebe-

```
% This package is a blatant rip-off of ideas from lastpage.sty
% and count1to.sty.

\NeedsTeXFormat{LaTeX2e}
\ProvidesPackage{ltpage}[2007/01/18 Last page number
  and total pages (AL)]
\RequirePackage{everyshi}[1994/12/09]

\newcommand*{\ltpage@shipout}{%
  \global\advance\count1 by1
}
\EveryShipout{\ltpage@shipout}

\newcommand*{\ltpage@makelabel}{%
  \clearpage
  \addtocounter{page}{-1}%
  \immediate\write\@mainaux{%
    \string\newlabel{LastPage}{{\the\count1}{\thepage}}}%
  \addtocounter{page}{1}%
}

\AtEndDocument{\ltpage@makelabel}
```

*Abbildung 6-1: ltpage: lastpage und count1to in einem*

nermaßen nicht die genialste Programmiersprache, was die Organisation von großen Systemen (etwa LaTeX und dreiundfünfzig Zusatzpakete) angeht, und so kann es durchaus passieren, dass zwei Pakete einander auf die Füße treten, mit unangenehmen Folgen für die formatierte Ausgabe Ihres Dokuments. Ihr Experte wird Sie also als erstes fragen, welche Erweiterungen Sie benutzen und in welcher Version. Aber woher diese Informationen nehmen, ohne mühsam die Logdatei durchwühlen zu müssen?

Nichts einfacher als das. LaTeX bietet das Kommando `\listfiles` an, das die beteiligten Dateien und ihre Versionsnummern anzeigt. Schreiben Sie es einfach in die Präambel Ihres Dokuments:

```
\documentclass{...}
...
\listfiles
\begin{document}
...
```

Die Ausgabe könnte ungefähr so aussehen (bei einem kleinen Testdokument für das `ltpage`-Paket aus dem vorigen Hack):

```
*File List*
 article.cls    2004/02/16 v1.4f Standard LaTeX document class
  size10.clo    2004/02/16 v1.4f Standard LaTeX file (size option)
  ltpage.sty    2007/01/18 Last page number and total pages (AL)
everyshi.sty    2001/05/15 v3.00 EveryShipout Package (MS)
 ***********
```

Diese Liste ist nicht nur für jemanden nützlich, der Ihnen bei der Fehlersuche hilft (das könnten auch Sie selber sein), sondern auch, wenn Sie genau wissen wollen, welche Dateien in Ihr Dokument eingehen, etwa um es zu archivieren oder im Quellcode an jemand anderen zu schicken.

Der Nachteil von `\listfiles` für die Zwecke der Archivierung ist, dass es nur die Dateinamen ausgibt, keine Verzeichnisnamen. (TeX hat intern kein Konzept von Verzeichnissen.) Zumindest in TeXLive unterstützt das Programm `tex` aber eine Kommandozeilenoption »`-recorder`«, mit der es die Namen aller Dateien, die es zum Lesen oder Schreiben öffnet, in einer Datei ablegt. Für dieses Buch sieht das etwa so aus:

```
$ cat lthacks.fls
PWD /home/anselm/TeX/LTH2
INPUT /var/lib/texmf/web2c/pdftex/pdflatex.fmt
INPUT lthacks.tex
OUTPUT lthacks.log
INPUT orahacks.cls
INPUT orahacks.cls
INPUT /usr/share/texmf-texlive/tex/latex/base/book.cls
...
```

Am Anfang jeder Zeile steht, was der folgende Name bedeutet: `PWD` bezeichnet das aktuelle Verzeichnis, `INPUT` steht für eine Eingabe- und `OUTPUT` für eine Ausgabedatei.

CTAN enthält übrigens ein kleines Perl-Programm von Scott Pakin namens `arlatex`, das ein LaTeX-Dokument und eine Anzahl anderer Dateien (etwa Paketdateien oder einzubindende EPS-Grafikdateien) zu einer Datei zusammenfasst. Diese Datei ist selbst ein LaTeX-Dokument, das beim Lauf die anderen Dateien wieder »ausspuckt« – der Vorteil gegenüber Archivprogrammen wie ZIP oder TAR ist, dass der Empfänger nur LaTeX zur Verfügung haben muss (ohne das er ohnehin dumm da steht, wenn Sie ihm eine LaTeX-Eingabedatei schicken). Im selben Paket findet sich auch `bundledoc`, ein Programm, das alle an einem LaTeX-Dokument beteiligten Eingabedateien im Dateisystem zu finden versucht (in den umfangreichen TeX-Verzeichnisbäumen keine triviale Aufgabe) und ein Programm wie `arlatex` (aber auch `tar` oder ähnliches) aufrufen kann, um diese Dateien und das eigentliche Dokument handlich zusammenzupacken.

Apropos »Experten konsultieren«: Wenn Sie externe Hilfe für Ihre LaTeX-Probleme suchen – seien das Ihre Kumpels oder die TeX-Benutzergemeinde im Internet –, können Sie die Chance auf eine Lösung ungemein erhöhen, indem Sie versuchen, Ihr Problem auf ein »Minimalbeispiel« zu reduzieren. Ein Minimalbeispiel ist die möglichst einfachste LaTeX-Eingabedatei, die das Problem noch reproduziert. Tipps dafür, wie Sie ein Minimalbeispiel für ein Phänomen konstruieren können, finden Sie zum Beispiel auf *http://www.minimalbeispiel.de/* – und die Chancen stehen gut, dass Sie durch diesen Prozess selbst einen besseren Verdacht bekommen, wo der Hase im Pfeffer liegt, und Ihr Problem vielleicht schon selber lösen können.

## HACK #61 Proceedings of the ...

**Wie Sie Tagungsbände und ähnliche Sammelwerke setzen können**

Zu einer wohlorganisierten Konferenz gehört eine Sammlung der gehaltenen Vorträge. Auch manches Buch ist eine Zusammenstellung von ansonsten unabhängigen Dokumenten (denken Sie an eine Anthologie von Kurzgeschichten). Gerade in der naturwissenschaftlichen Szene ist LaTeX das Mittel der Wahl für Veröffentlichungen aller Art, und darum lohnt es sich, einen Blick darauf zu werfen, wie Sie mit LaTeX zum Beispiel mehrere `articles` zu einem Tagungsband zusammenfassen können.

Das Problem an dieser Stelle ist zunächst, dass LaTeX pro Programmlauf nur ein `\documentclass`-Kommando und eine `document`-Umgebung duldet. Auch `\author`, `\title` und `\maketitle` dürfen nur einmal auftreten. Wenn *artikel1.tex*, *artikel2.tex* usw. also vollständige LaTeX-Eingabedateien sind, dann führt ein naives

```
\documentclass{book}
...
\title{23. Jahrestagung der Pinguinfreunde Castrop-Rauxel}
\author{Herausgegeben von B. Schäftigt}
\begin{document}
  \maketitle
  \include{artikel1}
  \include{artikel2}
  ...
\end{document}
```

nicht zum gewünschten Ergebnis, sondern nur zu Fehlermeldungen. Auf der anderen Seite wäre es aber auch ärgerlich, jede *artikel*-Datei manuell ändern zu müssen, um die Präambel zu entfernen und einen neuen Titel einzubauen. Offensichtlich wird ein anderer Ansatz gebraucht.

Die `combine`-Dokumentklasse für LaTeX, entwickelt von Peter R. Wilson, ist speziell dafür gedacht, mehrere unabhängige Dokumente in ein einziges zu integrieren und dabei genau die genannten Probleme zu lösen. Sie sorgt auch dafür, dass Querverweise, Literaturangaben und Inhaltsverzeichnisse der Teildokumente »lokal« bleiben. Um `combine` zu verwenden, müssen Sie nur ein »Rahmendokument« aufstellen, das ungefähr so aussieht wie in Abbildung 6-2. Bemerkenswert ist zunächst, dass das Rahmendokument aussieht wie ein ganz normales LaTeX-Dokument. Es hat seine Titel- und Autorenangabe und ein Inhaltsverzeichnis, ganz wie man das erwarten würde. Auffällig ist außer dem `\pagestyle{combine}`, der für eine fortlaufende Seitennummerierung über alle eingebundenen Dokumente hinweg sorgt, nur die `papers`-Umgebung, in der alle eingebundenen Dokumente enthalten sind. Für jeden Artikel im Tagungsband sorgt etwas wie

```
\coltoctitle{Brauchen Pinguine Fischbesteck?}
\coltocauthor{Anton Auerhahn}
\label{artikel1}
\import{artikel1}
```

für den korrekten Eintrag im Inhaltsverzeichnis des Gesamtdokuments und die Möglichkeit, auf den Anfang des Artikels zu verweisen. Das Kommando `\import` schließlich ist eine Art Kreuzung aus `\input` und `\include` und sorgt für die Einbindung des Artikels, wobei dessen Präambel so weit wie möglich »neutralisiert« wird. Um die `papers`-Umgebung herum können Sie Vorworte, Werbeeinblendungen und ähnliches platzieren; Sie können auch Quer- oder Literaturverweise benutzen, die unabhängig von denen in den eingebundenen Dokumenten behandelt werden. In Abbildung 6-3 sehen Sie einen »Tagungsband« mit zwei kurzen Artikeln, die mit `combine` zusammengefasst wurden.

`combine` ist ein »Hack« im wahrsten Sinne des Wortes – die Dokumentklasse macht etwas, wofür LaTeX nie vorgesehen war, und das kann klappen oder auch nicht. Am größten ist die Chance, dass es klappt, wenn die eingebundenen Dokumente ähnliche oder gleiche Präambeln verwenden. `combine` macht beim `\import` alle `\newcommand`- und `\newenvironment`-Kommandos zu `\providecommand` und `\provideenvironment`, so dass es keine LaTeX-Fehlermeldungen wegen bereits definierter Kommandos und Umgebungen gibt; auf der anderen Seite ist es immer die zuerst gesehene Definition, die gewinnt, und die für später gelesene Dokumente (deren eigene Definitionen ignoriert wurden) vielleicht nicht passt. Dasselbe gilt für `\newlength` und `\newcounter`.

```
\documentclass[12pt]{combine}
\usepackage[latin1]{inputenc}
\usepackage[T1]{fontenc}
\usepackage[ngerman]{babel}
\title{23. Jahrestagung der Pinguinfreunde Castrop-Rauxel}
\author{Herausgegeben von B. Schäftigt}
\begin{document}
\maketitle
\pagestyle{combine}
\tableofcontents
\clearpage

\section*{Einleitung}

Im Artikel von Anton Auerhahn auf Seite~\pageref{artikel1} steht
\dots\
Bei Bruno Bambusbär auf Seite~\pageref{artikel2} dagegen \dots

\begin{papers}
\coltoctitle{Brauchen Pinguine Fischbesteck?}
\coltocauthor{Anton Auerhahn}
\label{artikel1}
\import{artikel1}

\coltoctitle{Freiflugvolieren für Pinguine selbst gebaut}
\coltocauthor{Bruno Bambusbär}
\label{artikel2}
\import{artikel2}

% ...
\end{papers}

\clearpage
\section*{Danksagungen}

Besonders danken möchten wir der Firma Schulz-Kältetechnik in
Eisleben, die \dots

\end{document}
```

*Abbildung 6-2: Ein »Rahmendokument« für einen Tagungsband mit combine*

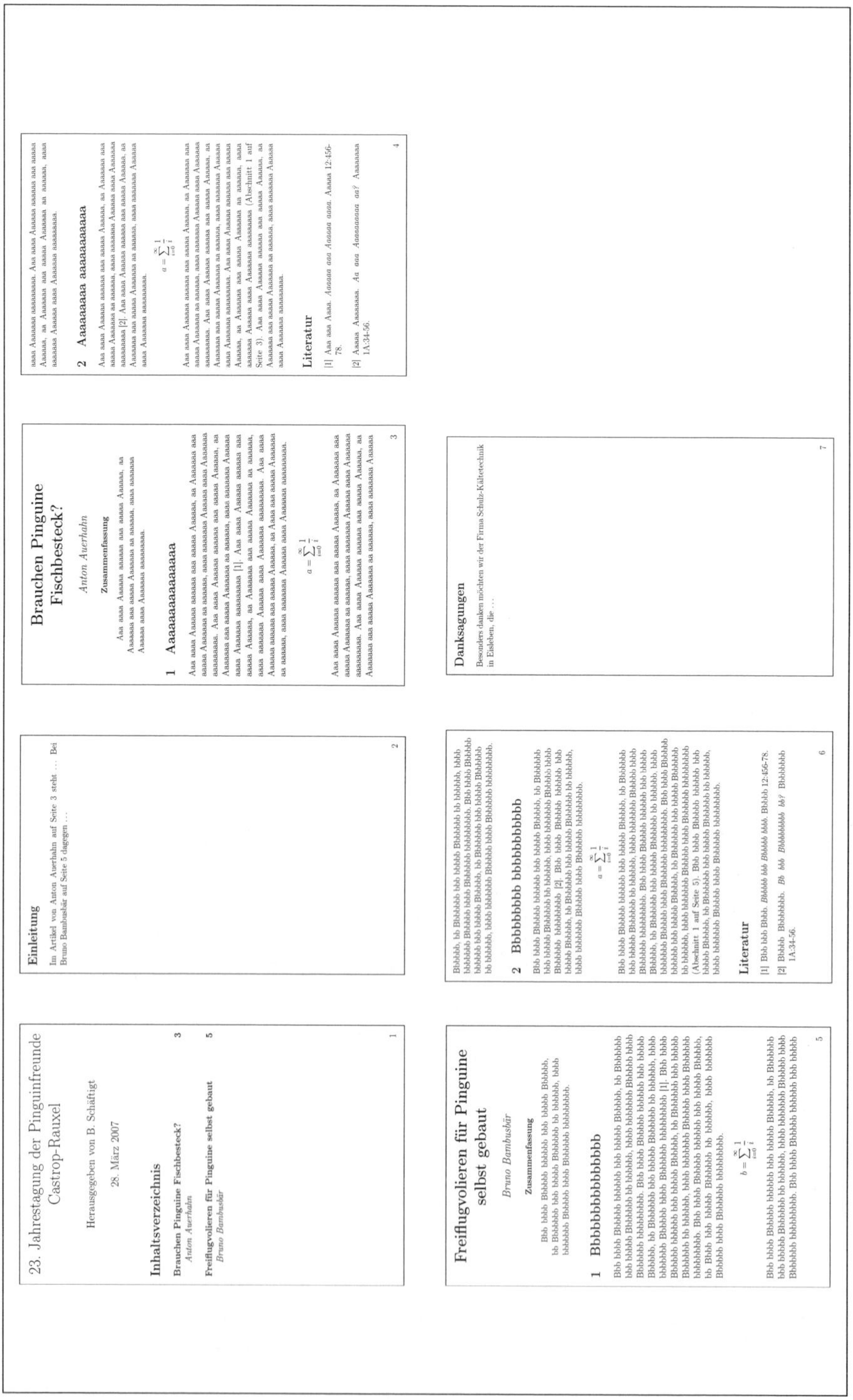


*Abbildung 6-3: Ein »Tagungsband« mit zwei kurzen Artikeln, zusammengefasst mit combine*

Ein weiterer Bestandteil des `combine`-Pakets ist das `combinet`-Paket, das nützlich ist, wenn Sie nicht die Titel und Autoren der eingebundenen Dokumente mit `\coltoctitle` und `\coltocauthor` in Ihrem Rahmendokument wiederholen wollen. Es ändert das `\maketitle`-Kommando in einem eingebundenen Dokument so, dass die Titel- und Autorenangaben aus dem eingebundenen Dokument ins Inhaltsverzeichnis des Rahmendokuments übernommen werden. Allerdings kommt es vor, dass Autoren kreativen Code in die Titel- oder Autorenangabe tun (etwa über `\thanks`), der dann das Inhaltsverzeichnis durcheinanderbringt. In diesem Fall müssen Sie doch auf `\coltoctitle` und `\coltocauthor` zurückgreifen.

Eine große Hilfe im Umgang mit `combine` sind natürlich wohlerzogene Autoren der einzubindenden Dokumente. Die Erfahrung lehrt, dass das Management der Autoren von Tagungsbandbeiträgen noch am ehesten mit dem Zusammentreiben einer Herde Katzen zu vergleichen ist (der Autor dieser Zeilen könnte da die eine oder andere *war story* erzählen) und die Hoffnung, von fünfundzwanzig Autoren fünfundzwanzig perfekt mit `combine` zusammenwerfbare Artikel zu bekommen, ungefähr so berechtigt ist wie die Hoffnung darauf, dass eines Tages Ostern, Pfingsten und Weihnachten auf denselben Tag fallen werden. Insbesondere ist in so einer Gruppe von Autoren immer mindestens ein Individualist, der absolut eines der gruseligen proprietären Textverarbeitungsprogramme für seinen Beitrag verwenden *muss*. In so einem Fall ist Ihre beste Hoffnung, diesen Beitrag in PDF umzuwandeln und mit `pdfpages` einzubauen **[Hack #86]**.

# HACK #62 Serienbriefe für Serientäter

**Erzeugen Sie dasselbe Dokument x-mal mit kleinen Änderungen.**

Eine typische »Büroaufgabe« ist das Verschicken von Serienbriefen: Eine Briefvorlage wird an viele Empfänger geschickt, wobei Name, Adresse, Anrede und ähnliches jeweils für jeden Empfänger individuell eingesetzt wird. Die Empfängerdaten können aus einer Datenbank kommen oder anderswie erzeugt werden. Natürlich ist das auch mit LaTeX kein Problem, und hier zeigen wir Ihnen einige Ansätze dafür.

## Mit Linux-Bordmitteln

Im einfachsten Fall erzeugen wir eine LaTeX-Eingabedatei, die jeden einzelnen der zu verschickenden Serienbriefe in kompletter Form enthält. Abbildung 6-4 zeigt, wie Sie das mit den typischen Linux-Bordmitteln (der Bash-Shell und `sed`) hinbekommen, ausgehend von einer Vorlage wie in Abbildung 6-5. Bis auf etwas `sed`-Akrobatik und die Verwendung von Bash-Arrays zum Speichern

```
#!/bin/bash
# mailmerge - Serienbriefe mit LaTeX und Linux-Bordmitteln

letter=$1
shift

# Gib die Präambel des Dokuments aus
sed -n '/\\documentclass/,/\\begin{document}/p' $letter

# Hole die zu wiederholende letter-Umgebung und die Feldnamen
text=`sed -n '/\\\\begin{letter}/,/\\\\end{letter}/p' $letter`
eval fields=(`sed -n 's/^%%F://p' $letter`)
max=$((${#fields[*]}-1))

# Durchlaufe die Adressenliste (mit durch ":" getrennten Feldern)
# und erzeuge eine Kopie der letter-Umgebung pro Datensatz
IFS=:
cat $* | while read -a v
do
    # Wir bauen in $substs eine Reihe von sed-Kommandos der Form
    # "-e 's/@FELD@/Wert/' auf, die wir am Schluss auf die
    # Vorlage anwenden
    substs=''
    i=0
    for f in ${fields[*]}
    do
        substs="$substs -e 's/@$f@/${v[$i]}/g'"
        i=$((i+1))
    done
    echo $text | eval sed $substs
done

# Gib den Schluss des Dokuments aus (etwas verkrampft)
sed -n '/\\end{letter}/,${/^\\end{letter}/d;p}' $letter
```

*Abbildung 6-4: mailmerge, ein Shellskript zur Serienbrief-Erzeugung*

```
%%F:NAME ADRESSE ORT ANREDE
\documentclass[12pt]{scrlttr2}
\usepackage[latin1]{inputenc}
\usepackage[ngerman]{babel}
\setkomavar{fromname}{Beispiel GmbH \& Co. KG}
\setkomavar{fromaddress}{Gewerbeplatz 1\\ 22222 Beispielshausen}
\setkomavar{subject}{Preisausschreiben}
\begin{document}
\begin{letter}{@NAME@\\@ADRESSE@\\@ORT@}
\opening{Sehr geehrte@ANREDE@,}

wir freuen uns, Ihnen mitteilen zu können, dass Sie in unserem
Preisausschreiben einen phänomenalen Preis gewonnen haben.

\closing{Mit freundlichen Grüßen,}
\end{letter}
\end{document}
```

*Abbildung 6-5: Ein Musterbrief für die Serienbrief-Erzeugung*

der Ersatztexte und deren Namen ist das Skript nicht bemerkenswert; man könnte es sicher auch mit weniger Code schaffen, aber der Witz an unserem Ansatz ist, dass Sie die Vorlage auch direkt mit LaTeX bearbeiten können, etwa um die Formatierung zu prüfen. (Die Ausgabe finden Sie in Abbildung 6-6.)

Was Sie außer der LaTeX-Vorlage noch brauchen, ist natürlich die Adressenliste, die in unserem Fall aussehen kann wie

```
Hugo Schulz:Beispielstraße 11:12345 Königs-Musterhausen:r Herr Schulz
Sabine Mustermensch:Musterweg 19c:54321 Anderswo: Frau Mustermensch
Egon Meier:Platanenallee 19:33333 Beispieldorf:r Herr Meier
```

(etc.) Dabei entsprechen die durch »:« getrennten Felder den in der Zeile

```
%%F:NAME ADRESSE ORT ANREDE
```

angegebenen Ersatztexten – das erste Feld in einer Zeile in der Adressenliste ist der Name, dann kommt die Adresse und so weiter. Ein Aufruf wie

```
$ mailmerge brief.tex adressen.dat
```

mit dem Namen der Vorlage als erstem und dem Namen der Adressenliste als zweitem Parameter erzeugt dann eine LaTeX-Eingabedatei, die für jeden Adressaten eine Kopie des Briefs enthält. Diese Datei können Sie TeXen, drucken, die Briefe eintüten und zur Post bringen. Tadaaa!

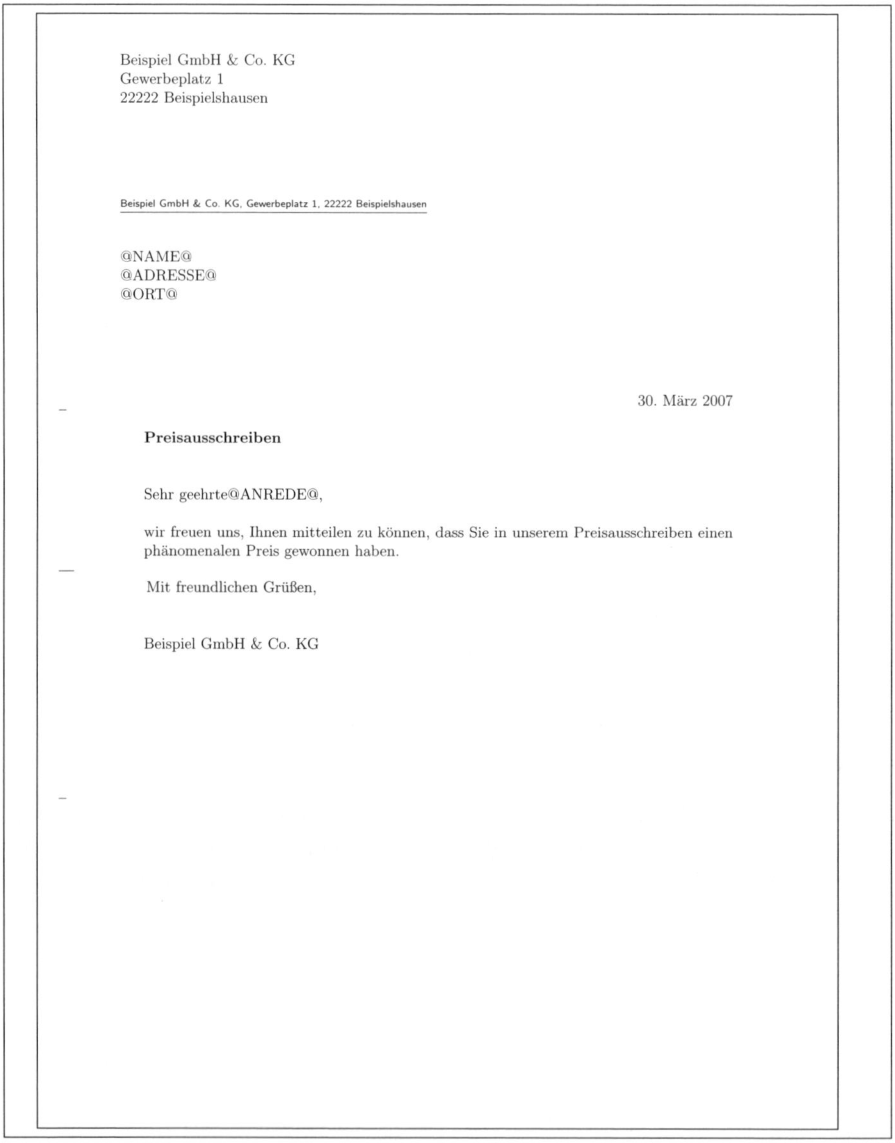

Beispiel GmbH & Co. KG
Gewerbeplatz 1
22222 Beispielshausen

Beispiel GmbH & Co. KG, Gewerbeplatz 1, 22222 Beispielshausen

@NAME@
@ADRESSE@
@ORT@

30. März 2007

**Preisausschreiben**

Sehr geehrte@ANREDE@,

wir freuen uns, Ihnen mitteilen zu können, dass Sie in unserem Preisausschreiben einen phänomenalen Preis gewonnen haben.

Mit freundlichen Grüßen,

Beispiel GmbH & Co. KG

*Abbildung 6-6: Der Musterbrief, einfach geTEXt*

Mit den üblichen Bordmitteln können Sie übrigens auch noch ein gutes Stück weiter kommen. Stellen Sie sich vor, Sie möchten den Adressaten in Ihrer Liste auch noch mitteilen, welchen Preis sie in unserem hypothetischen Preisausschreiben gewonnen haben. Dazu können Sie die Preiskategorie als erstes Feld in die Adressatenliste aufnehmen:

```
1:Hugo Schulz:Beispielstraße 11:12345 Königs-Musterhausen:...
2:Sabine Mustermensch:Musterweg 19c:54321 Anderswo:...
3:Egon Meier:Platanenallee 19:33333 Beispieldorf:...
3:Susi Schneider:Birkengasse 3:98765 Irgendstein:...
...
```

(es gibt mehrere dritte Preise). Dazu brauchen Sie eine Liste der Preise:

```
1:den ersten Preis:Eine Woche Urlaub in der Eifel
2:den zweiten Preis:Zwei Wochen Urlaub in der Eifel
3:einen dritten Preis:Einen Prunk-Briefbeschwerer
```

Diese Dateien können Sie dann mit dem `join`-Kommando zusammenfügen und an `mailmerge` verfüttern:

```
$ join -t: adressen.dat preise.dat | mailmerge brief.tex
```

`join` fügt die beiden Dateien »relational« zusammen, und zwar anhand des ersten Feldes in jeder Zeile (das »`-t:`« sagt `join`, dass Felder durch Doppelpunkte getrennt werden). Voraussetzung dafür, dass das klappt, ist, dass die Zeilen beider Dateien bezüglich der Werte dieses Feldes sortiert sind.

Das Ergebnis sieht ungefähr so aus wie

```
1:Hugo Schulz:Beispielstraße 11:12345 Königs-Musterhausen
  :r Herr Schulz:den ersten Preis:Eine Woche Urlaub in der Eifel
2:Sabine Mustermensch:Musterweg 19c:54321 Anderswo
  : Frau Mustermensch:den zweiten Preis:Zwei Wochen Urlaub
    in der Eifel
...
```

(mit Zeilenumbrüchen zum besseren Lesen), und eine passende Vorlage finden Sie in Abbildung 6-7. Abbildung 6-8 zeigt eine typische Ausgabe.

Durch die »`cat $* | while read ...`«-Konstruktion in `mailmerge` haben wir übrigens sichergestellt, dass das Programm seine Adressen aus benannten Eingabedateien oder, falls keine angegeben wurden, von der Standardeingabe liest – immer ein nützliches Verhalten für Unix-Werkzeuge. (Ignorieren Sie alle Leute, die Ihnen weismachen wollen, »`while read ...<$1`« sei besser, weil der `cat`-Prozess eingespart werde.)

```
%%F:KAT NAME ADRESSE ORT ANREDE PREISNR PREISTEXT
\documentclass[12pt]{scrlttr2}
\usepackage[latin1]{inputenc}
\usepackage[ngerman]{babel}
\setkomavar{fromname}{Beispiel GmbH \& Co. KG}
\setkomavar{fromaddress}{Gewerbeplatz 1\\ 22222 Beispielshausen}
\setkomavar{subject}{Preisausschreiben}
\begin{document}
\begin{letter}{@NAME@\\@ADRESSE@\\@ORT@}
\opening{Sehr geehrte@ANREDE@,}

wir freuen uns, Ihnen mitteilen zu können, dass Sie in unserem
Preisausschreiben @PREISNR@ gewonnen haben:
\begin{center}
  @PREISTEXT@!!!
\end{center}

\closing{Mit freundlichen Grüßen,}
\end{letter}
\end{document}
```

*Abbildung 6-7: Ein Musterbrief mit Preis-Verweis*

## TEXnischere Lösungen

Im Fall, dass Sie kein Linux- oder Unix-System zur Hand haben oder Shell-Skripte Ihnen Sodbrennen verursachen, läßt LATEX Sie natürlich auch nicht im Regen stehen. Wenn Sie das KOMA-Script-Paket verwenden, um Ihre Briefe zu schreiben (immer eine gute Idee, da es sehr flexibel ist und die einschlägigen Spielregeln für Geschäftspost einhalten kann), können Sie alle Adressaten Ihres Serienbriefs in einer Datei der Form

```
\addrentry{Schulz}{Hugo}
  {Beispielstraße 11\\ 12345 Königs-Musterhausen}
  {01234/5678}                      % Telefon
  {r Herr Schulz}                   % F1
  {den ersten Preis}                % F2
  {Eine Woche Urlaub in der Eifel}  % F3
  {}                                % F4
  {HSCHULZ}                         % Marke
\addrentry{Mustermensch}{Sabine}
  ...
```

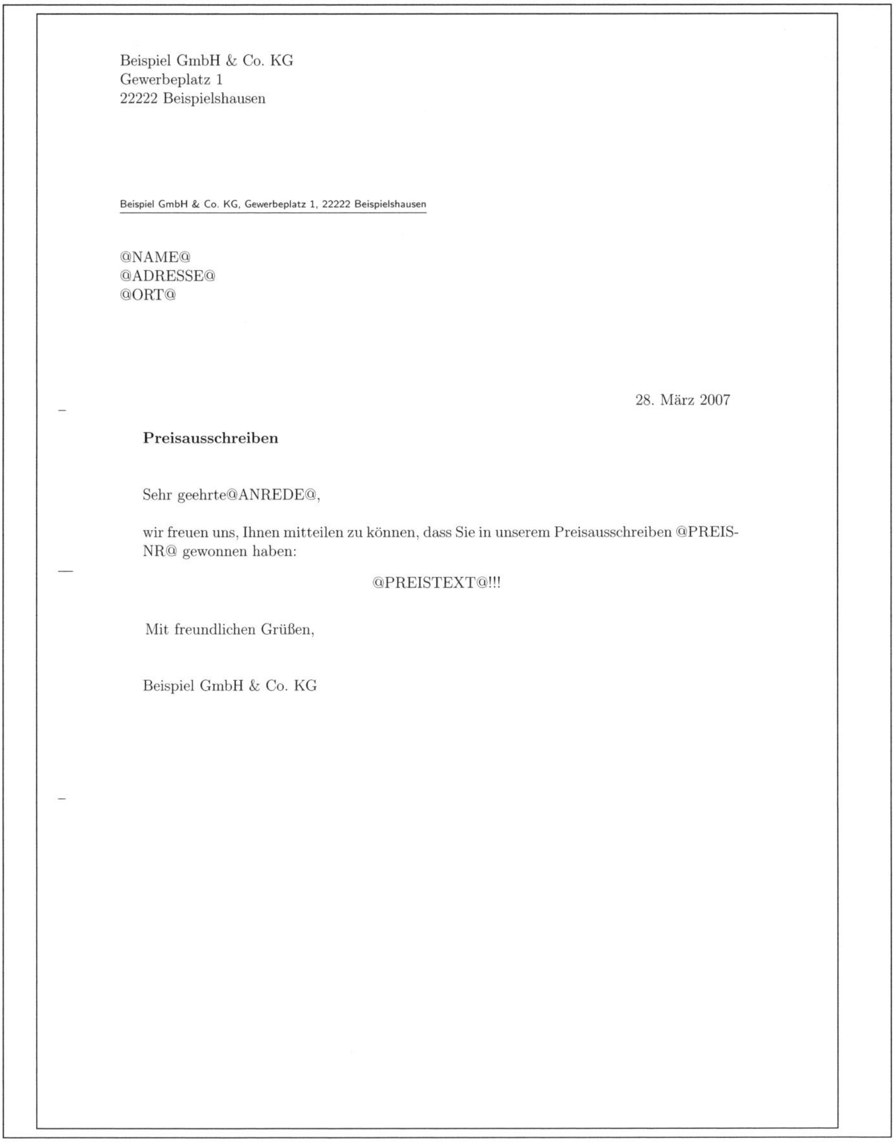

Beispiel GmbH & Co. KG
Gewerbeplatz 1
22222 Beispielshausen

Beispiel GmbH & Co. KG, Gewerbeplatz 1, 22222 Beispielshausen

@NAME@
@ADRESSE@
@ORT@

28. März 2007

**Preisausschreiben**

Sehr geehrte@ANREDE@,

wir freuen uns, Ihnen mitteilen zu können, dass Sie in unserem Preisausschreiben @PREIS-NR@ gewonnen haben:

@PREISTEXT@!!!

Mit freundlichen Grüßen,

Beispiel GmbH & Co. KG

*Abbildung 6-8: Ausgabe für den zweiten Musterbrief*

```
\documentclass[12pt]{scrlttr2}
\usepackage[latin1]{inputenc}
\usepackage[ngerman]{babel}
\setkomavar{fromname}{Beispiel GmbH \& Co. KG}
\setkomavar{fromaddress}{Gewerbeplatz 1\\ 22222 Beispielshausen}
\setkomavar{subject}{Preisausschreiben}
\begin{document}
\renewcommand{\addrentry}[9]{%
  \begin{letter}{#2 #1\\ #3}
    \opening{Sehr geehrte#5,}

    wir freuen uns, Ihnen mitteilen zu können, dass Sie in unserem
    Preisausschreiben #6 gewonnen haben:
    \begin{center}
      #7!!!
    \end{center}

    \closing{Mit freundlichen Grüßen,}
  \end{letter}}
\input{adressen.adr}
\end{document}
```

*Abbildung 6-9: Serienbriefe mit \addrentry*

sammeln. Im `\addrentry` gibt es vier Felder – im Beispiel mit `F1` bis `F4` gekennzeichnet –, die Ihnen zur freien Verfügung stehen. Wir haben hier die Informationen aus dem Preisausschreiben eingesetzt. Eine solche Datei können Sie mit LaTeX bearbeiten, indem Sie eine »Rahmendatei« definieren, die neben der üblichen Präambel eine *Definition* für das `\addrentry`-Kommando enthält. Diese Definition erzeugt dann den tatsächlichen Brief (Abbildung 6-9). Wir zeigen hier keinen so erstellten Brief, da er genauso aussieht wie das Beispiel aus Abbildung 6-8.

Diese Sorte Adressendatei hat zusammen mit `scrlttr2` auch noch einen weiteren Nutzen: Sie können sich damit das Heraussuchen von Adressen sparen. Zum Adressieren eines Briefs genügt ein

```
\input{adressen.adr}
\begin{letter}{\HSCHULZ}
  ...
\end{letter}
```

wobei sich `\HSCHULZ` aus dem Wert des letzten Arguments von `\addrentry` ergibt. (Sie sind natürlich selbst dafür verantwortlich, dass es dort keine Duplikate gibt – LaTeX ist kein Datenbanksystem.)

Adressdaten in *.adr*-Dateien sind nett für die Zwecke von LaTeX, aber nicht gerade der Gipfel der Bequemlichkeit, was die Dateneingabe und -pflege angeht. Allerdings sollte Ihr Datenbanksystem sich dazu bringen lassen, Adressen in diesem Format zu schreiben.

> Das `adrconv`-Paket von Axel Kielhorn erlaubt es, die Adressdatei im BibTeX-Format zu führen und daraus *.adr*-Dateien zu erzeugen – was zumindest einen gewissen Gewinn darstellt. Auch BibTeX ist wohl kein Nonplusultra der Datenbanktechnologie, aber immerhin wesentlich flexibler als gängige Adressdatenbanken. Wenn Sie also zu Ihren Kontakten jeweils die Lieblingsfarbe und Ihre Geburtstagsgeschenke der letzten zehn Jahre speichern wollen, sind Sie hier an der richtigen Adresse; Sie müssen halt allenfalls bereit sein, sich mit der etwas konterintuitiven Programmiersprache von BibTeX zu befassen, um die Daten in passender Form extrahieren zu können. – Es gibt auch diverse Programme zum Editieren von BibTeX-Dateien, die allerdings in der Regel eindeutig mit der eigentlichen Anwendung von BibTeX, den Bibliografien, verheiratet sind, und sich nicht ohne weiteres auf Adressverwaltung ummünzen lassen.

Etwas verträglicher mit herkömmlichen Datenbanksystemen ist wahrscheinlich der folgende Ansatz, der auf CSV-Dateien beruht. In CSV-Dateien als Tabellen setzen **[Hack #40]** haben wir gezeigt, wie Sie den Inhalt einer CSV-Datei als »Körper« einer Tabelle verwenden können. Das `csvtools`-Paket von Nicola Talbot verallgemeinert dies und stellt ein Kommando namens `\applyCSVfile` zur Verfügung, das es gestattet, Zeilen aus einer CSV-Datei zu lesen und die einzelnen Felder beliebig zu verwenden. Eine Eingabedatei wie

```
Name;Adresse;Ort;Anrede;Preisnummer;Preisbeschreibung
Hugo Schulz;Beispielstraße 11;12345 Königs-Musterhausen
  ;r Herr Schulz;den ersten Preis;Eine Woche Urlaub in der Eifel
Sabine Mustermensch;Musterweg 19c;54321 Anderswo
  ; Frau Mustermensch:den zweiten Preis;Zwei Wochen Urlaub
    in der Eifel
```

(mit Semikolons als Trennzeichen und Zeilenumbrüchen für Lesbarkeit – in Wirklichkeit hat die Datei drei Zeilen) können Sie mit

```
\applyCSVfile{adressen.csv}{%
  \begin{letter}{\insertName\\ \insertAdresse\\ \insertOrt}
    \opening{Sehr geehrte\insertAnrede,}

    wir freuen uns, Ihnen mitteilen zu können, dass Sie ...
    ...
  \end{letter}}
```

```
\documentclass[12pt]{scrlttr2}
\usepackage[latin1]{inputenc}
\usepackage[ngerman]{babel}
\setkomavar{fromname}{Beispiel GmbH \& Co. KG}
\setkomavar{fromaddress}{Gewerbeplatz 1\\ 22222 Beispielshausen}
\setkomavar{subject}{Preisausschreiben}
\usepackage{csvtools}
\begin{document}
\setcsvseparator{;}
\applyCSVfile{adressen.csv}{%
  \begin{letter}{\insertName\\ \insertAdresse\\ \insertOrt}
    \opening{Sehr geehrte\insertAnrede,}

    wir freuen uns, Ihnen mitteilen zu können, dass Sie in unserem
    Preisausschreiben \insertPreisnummer\ gewonnen haben:
    \begin{center}
      \insertPreisbeschreibung!!!
    \end{center}

    \closing{Mit freundlichen Grüßen,}
  \end{letter}}
\end{document}
```

*Abbildung 6-10: Serienbriefe mit dem csvtools-Paket*

zur Erzeugung von einem Brief pro Adresse in der Datei heranziehen. Die erste Zeile in der Datei bestimmt dabei die Namen der Felder, auf deren Inhalte Sie später durch Kommandos wie `\insertName` und `\insertOrt` zugreifen können. Alternativ können Sie mit »`\field{2}`« zum Beispiel gezielt auf das zweite Feld der CSV-Zeile zugreifen. Abbildung 6-10 zeigt die komplette LaTeX-Eingabedatei für die csvtools-basierte Lösung.

> Natürlich hält Sie niemand davon ab, den `csvtools`-Mechanismus für andere Aufgaben neben der Serienbrief-Erstellung zu verwenden. Beispielsweise könnten Sie elegant formatierte Listen Ihrer DVDs ausgeben oder Aufkleber für Diarähmchen drucken – alles, was sich ins CSV-Format bringen läßt, ist Freiwild. Das `csvtools`-Paket bietet übrigens auch die Kommandos `\CSVtotabular` und `\CSVtolongtable`, mit denen Sie bequem `tabular`- und `longtable`-Umgebungen aus dem Inhalt von CSV-Dateien erzeugen können.

# HACK #63 LaTeX mit Datenbank-Anschluss

## Wie Sie Datenbankinhalte in LaTeX integrieren können

Eine Steigerung der Idee aus dem vorigen Hack: Warum nicht LaTeX direkt an eine Datenbank ankoppeln? Das »LaTeXDB«-System von Hans-Georg Eßer tut genau das – Sie können in Ihrem Dokument SQL-Konstruktionen wie

```
\texdbdef{##q}{select name, alias from superhelden
                    order by name asc}{##Name,##Alias}
\begin{tabular}{ll}
  Superheld & Deckname \\ \hline
  \texdbfor{##q}{##Name & ##Alias}\\}
\end{tabular}
```

unterbringen, die SQL-Anfragen ausführen und die Resultate auswerten. Dabei könnte zum Beispiel die folgende Ausgabe entstehen:

| Superheld | Deckname |
|---|---|
| Batman | Bruce Wayne |
| Spider-Man | Peter Parker |
| Superman | Clark Kent |

Die in vielen Programmsystemen übliche Vorgehensweise, anhand von Daten in einer SQL-Datenbank LaTeX-Eingabedateien zu erzeugen, wird hier sozusagen umgedreht: Wir beginnen mit der LaTeX-Eingabe und holen uns die nötigen Daten dafür aus der Datenbank, anstatt die Daten aus der Datenbank zu holen und daraus (und typischerweise aus einer Vorlagendatei mit LaTeX-Code) die nötige LaTeX-Eingabe zu konstruieren.

LaTeXDB basiert auf der Programmiersprache Python und den Datenbankservern MySQL oder PostgreSQL. Sie können es von *http://privat.hgesser.com/software/latexdb/* herunterladen und gemäß der dort angegebenen Anleitung installieren. Für den Rest dieses Hacks gehen wir davon aus, dass Sie dies gemacht haben. Außerdem nehmen wir an, dass Sie Zugriff auf einen MySQL-Server haben, wo Sie sich mit dem Benutzernamen `latexdb` und dem Kennwort `secret` identifizieren. (Wir können das hier nicht alles im Detail erklären; immerhin lesen Sie *LaTeX Hacks* und nicht *MySQL Hacks*.)

In Abbildung 6-11 sehen Sie den SQL-Code, mit dem Sie eine kleine Testdatenbank anlegen können. Abbildung 6-12 zeigt die komplette LaTeXDB-Eingabe, die die schon oben vorgeführte Tabelle ausgibt. Hier noch ein paar Anmerkungen im Detail:

- Die Zeile

  ```
  \texdbconnection{MySQL,localhost,latexdb,secret,helden}
  ```

```
CREATE DATABASE helden;
USE helden;
CREATE TABLE superhelden (
  id INTEGER PRIMARY KEY,
  name VARCHAR(32),
  alias VARCHAR(32)
);

INSERT INTO superhelden VALUES (1, 'Superman', 'Clark Kent');
INSERT INTO superhelden VALUES (2, 'Spider-Man', 'Peter Parker');
INSERT INTO superhelden values (3, 'Batman', 'Bruce Wayne');
```

*Abbildung 6-11: SQL-Code zum Anlegen der Superhelden-Datenbank*

```
\documentclass{article}
\usepackage[latin1]{inputenc}
\usepackage[T1]{fontenc}
\usepackage[ngerman]{babel}
\begin{document}
\texdbconnection{MySQL,localhost,latexdb,secret,helden}
\texdbdef{##q}{select name, alias from superhelden
  order by name asc}{##Name,##Alias}

\section{Einige Superhelden}

\begin{tabular}{ll}
  Superheld & Deckname \\ \hline
  \texdbfor{##q}{##Name & ##Alias \\}
\end{tabular}

\end{document}

%%% Local Variables:
%%% mode: latex
%%% TeX-master: t
%%% End:
```

*Abbildung 6-12: LaTeXDB-Dokument, das eine Superhelden-Liste ausgibt*

```
USE helden;
CREATE TABLE personen (
  id INTEGER PRIMARY KEY,
  name VARCHAR(32),
  ist_regisseur INTEGER,
  ist_star INTEGER
);

INSERT INTO personen VALUES (1, 'Richard Donner', 1, 0);
INSERT INTO personen VALUES (2, 'Christopher Reeve', 0, 1);
INSERT INTO personen VALUES (3, 'Richard Lester', 1, 0);
INSERT INTO personen VALUES (4, 'Bryan Singer', 1, 0);
INSERT INTO personen VALUES (5, 'Brandon Routh', 0, 1);
INSERT INTO personen VALUES (6, 'Sam Raimi', 1, 0);
INSERT INTO personen VALUES (7, 'Tobey Maguire', 0, 1);
INSERT INTO personen VALUES (8, 'Tim Burton', 1, 0);
INSERT INTO personen VALUES (9, 'Michael Keaton', 0, 1);
INSERT INTO personen VALUES (10, 'Joel Schumacher', 1, 0);
INSERT INTO personen VALUES (11, 'Val Kilmer', 0, 1);

CREATE TABLE filme (
  id INTEGER PRIMARY KEY,
  held INTEGER,
  titel VARCHAR(32),
  jahr INTEGER,
  regisseur INTEGER,
  star INTEGER
);

INSERT INTO filme VALUES (1, 1, 'Superman', 1978, 1, 2);
INSERT INTO filme VALUES (2, 1, 'Superman II', 1978, 3, 2);
INSERT INTO filme VALUES (3, 1, 'Superman Returns', 2006, 4, 5);
INSERT INTO filme VALUES (4, 2, 'Spider-Man', 2002, 6, 7);
INSERT INTO filme VALUES (5, 2, 'Spider-Man II', 2004, 6, 7);
INSERT INTO filme VALUES (6, 3, 'Batman', 1989, 8, 9);
INSERT INTO filme VALUES (7, 3, 'Batman Returns', 1992, 8, 9);
INSERT INTO filme VALUES (8, 3, 'Batman Forever', 1995, 10, 11);
```

*Abbildung 6-13: SQL-Code für Daten in der Superhelden-Datenbank*

## Superhelden-Filmografie

### Batman (Bruce Wayne)

| Jahr | Titel | Regisseur | Star |
|---|---|---|---|
| 1989 | Batman | Tim Burton | Michael Keaton |
| 1992 | Batman Returns | Tim Burton | Michael Keaton |
| 1995 | Batman Forever | Joel Schumacher | Val Kilmer |

### Spider-Man (Peter Parker)

| Jahr | Titel | Regisseur | Star |
|---|---|---|---|
| 2002 | Spider-Man | Sam Raimi | Tobey Maguire |
| 2004 | Spider-Man II | Sam Raimi | Tobey Maguire |

### Superman (Clark Kent)

| Jahr | Titel | Regisseur | Star |
|---|---|---|---|
| 1978 | Superman | Richard Donner | Christopher Reeve |
| 1978 | Superman II | Richard Lester | Christopher Reeve |
| 2006 | Superman Returns | Bryan Singer | Brandon Routh |

*Abbildung 6-14: Die Superhelden-Filmografie (unvollständig)*

definiert, wie auf die SQL-Datenbank zugegriffen wird. »`MySQL`« steht dafür, dass wir eine MySQL- und keine PostgreSQL-Datenbank verwenden wollen. »`localhost`« ist der Rechner, auf dem der Datenbankserver läuft, und »`latexdb`« und »`secret`« sind Benutzername und Kennwort auf dem Datenbankserver. Zum Schluss definiert »`helden`« den Namen der Datenbank auf dem Server, die wir benutzen wollen.

- Mit

```
\texdbdef{##q}{select name, alias from superhelden
                        order by name asc}{##Name,##Alias}
```

geben wir eine SQL-Anfrage an, deren Ergebnisse wir später im Dokument benutzen werden. Das erste Argument ist ein Name für die Anfrage (den wir uns aussuchen dürfen). Das zweite ist die tatsächliche Anfrage, und das dritte Argument weist den Spalten im Ergebnis der Anfrage Namen zu, unter denen wir später bei der Auswertung der Ergebniszeilen auf die einzelnen Resultate zugreifen können.

- Die Zeile

  ```
  \texdbfor{##q}{##Name & ##Alias \\}
  ```

  in der Tabelle durchläuft die Ergebnisse der SQL-Anfrage `##q` und ersetzt im angegebenen LaTeX-Text die Spaltennamen durch die dafür bestimmten Werte. Das `\texdbfor` wird durch so viele Zeilen LaTeX-Code ersetzt, wie das Ergebnis Zeilen hat.

Um die Datei auszuprobieren, müssen Sie das `latexdb`-Kommando aufrufen:

```
$ latexdb helden.tex
```

(die *.tex*-Endung der Eingabedatei muss hier angegeben werden, im Gegensatz zum normalen LaTeX-Aufruf). `latexdb` kümmert sich darum, die Datenbankbezüge in der Eingabedatei (hier *helden.tex*) durch die tatsächlichen Daten aus der Datenbank zu ersetzen, und ruft anschließend LaTeX mit der expandierten Eingabedatei auf.

Sie können mehrere verschiedene Anfragen definieren (verwenden Sie einfach mehrere `\texdbdef`-Kommandos) und die Anfragen auch verschachteln, wie das folgende Beispiel zeigt. Mit dem SQL-Code in Abbildung 6-13 können Sie die Testdatenbank etwas aufpeppen und dann zum Beispiel mit dem folgenden Code eine chronologische Filmografie der Superhelden erzeugen:

```
\texdbdef{##helden}{select id, name, alias from superhelden
  order by name asc}{##held,##name,##alias}
\texdbfor{##helden}{%
  \texdbdef{##filme}{select f.titel, f.jahr, r.name, s.name
     from filme f left join personen r on f.regisseur=r.id
                  left join personen s on f.star=s.id
     where f.held = ##held
     order by jahr asc}{##titel,##jahr,##regisseur,##star}
  \subsection*{##name (##alias)}
  \begin{tabular}{clll}
    Jahr & Titel & Regisseur & Star \\ \hline
    \texdbfor{##filme}{##jahr & ##titel & ##regisseur & ##star \\}
  \end{tabular}
}
```

Die `##filme`-Abfrage wird innerhalb der Auswertung der `##helden`-Abfrage definiert und kann darum auf die Spalte `##held` aus dem `##helden`-Ergebnis zurückgreifen. `##filme` sucht für den gegebenen `##held` alle Filme aus der Datenbank heraus und gibt sie in chronologischer Folge (»`order by jahr asc`«) mit Regisseur und Darsteller des Titelhelden aus. Das Ergebnis sehen Sie in Abbildung 6-14.

LaTeXDB ist durchaus nützlich, wenn auch noch in einem etwas experimentellen Stadium (ein »Hack« halt, der es wert ist, in diesem Buch erwähnt zu werden). Insbesondere die Fehlerbehandlung lässt noch zu wünschen übrig. Achten Sie auch auf syntaktische Feinheiten wie dass in `\texdbdef` die Liste der Spaltennamen im Resultat direkt an den Anfragetext anstoßen muss.

## HACK #64 CDs perfekt verhüllt

Erstellen Sie CD-Hüllen – ohne viel Schreibarbeit!

Audio-CDs und CD-ROMs sind verbreitet und leicht herzustellen und (in kleinen Mengen) zu vervielfältigen. Aber was man meistens gerade dann nicht zur Hand hat, wenn man es dringend braucht, ist eine angemessene Verpackung für den Silberling. Die Rettung ist Tobias Dussas Paket `\papercdcase`, das es erlaubt, Vorlagen für Origami-CD-Hüllen zu drucken. Diese lassen sich schnell herstellen und zusammenfalten und hindern eine CD vor dem Verschmutzen und Verkratzen – Sie können CDs in diesen Hüllen sogar mit der Post verschicken. Das Muster geht zurück auf eine Kreation von Thomas Hull (siehe *http://kahuna.merrimack.edu/~thull*).

Im einfachsten Fall können Sie eine CD-Hülle mit dem folgenden LaTeX-Dokument erzeugen:

```
\documentclass[a4paper]{article}
\usepackage[margin=0pt]{geometry}
\usepackage{papercdcase}
\pagestyle{empty}
\begin{document}
  \centering\papercdcase*
\end{document}
```

Dies liefert eine komplett leere Hülle (auf dem Papier sind nur Falzmarken und die Bastelreihenfolge angegeben). Wundern Sie sich nicht, dass die Nummer 1 fehlt; der betreffende Falz fällt mit einer Papierkante zusammen und ist darum nicht erforderlich.

Zum Falten beginnen Sie bei der niedrigsten sichtbaren Nummer. Jede Nummer steht in der Nähe einer Linie. Ist diese Linie durchgezogen, dann falzen Sie den Bogen so, dass der Falz und die Linie zusammenfallen. Ist die Linie gestrichelt, dann drehen Sie das Blatt so, dass die Nummer aufrecht steht, biegen die Papierkante, die Ihnen am nächsten ist, so, dass sie mit der Linie zusammenfällt, und falzen das Papier entsprechend. Die Falze 8 und 9 sowie 10 und 11 sind am trickreichsten. Sie finden detaillierte Anleitungen mit Bildern auf Thomas Hulls Webseite oder unter *http://www.papercdcase.com/*.

Beschriften können Sie die Hülle über die folgenden Kommandos:

**\setcdlatchmatter** Das hiermit angegebene Material landet an der linken oberen Ecke der »Lasche«.

**\setcdpouchmatter** Das hiermit angegebene Material landet in der linken oberen Ecke der CD-Tasche, direkt unterhalb der Lasche.

**\setcdbackmatter** Dieses Material landet auf der Rückseite der Tasche. Dies ist der naheliegende Platz für eine Erklärung der Stücke auf einer Audio-CD.

**\setcdspinematter** Das hiermit angegebene Material landet auf der »Schmalseite« der CD-Hülle – an der Oberkante der Lasche, so dass die CD leicht irgendwo abgestellt werden kann, wo sie nur von oben zu sehen ist.

## Automatische Stück-Listen

Wenn Sie Kopien von Ihren Audio-CDs machen, dann ist es mühselig, die Details der einzelnen Stücke abzutippen. Zum Glück gibt es aber den Server *freedb.freedb.org* und seine Spiegel, die entsprechende Daten über die meisten auf dem Markt befindlichen CDs zur Verfügung stellen.

In Abbildung 6-15 finden Sie `cddb-cover.sh`, ein einfaches Shellskript, das, wenn Sie eine Audio-CD in Ihrem CD-ROM-Laufwerk liegen haben, die *freedb*-Datenbasis abfragt und einen gefundenen Datensatz in eine CD-Hülle einträgt. Anschließend ruft es pdfLaTeX für Sie auf. Die fertige CD-Hülle finden Sie dann in einer PDF-Datei, deren Namen das Skript am Schluss ausgibt; er wird vom Genre der CD und von deren CDDB-Disk-ID abgeleitet. Eine beispielhafte Ausgabe des Programms sehen Sie in Abbildung 6-16. Damit das Skript funktioniert, brauchen Sie das Programm `cd-discid` (von Robert Woodcock, zu finden auf *http://lly.org/~rcw/cd-discid/*) sowie das Programm `cddbcmd` zum Befragen des `freedb`-Servers, das an verschiedenen Plätzen im Internet zu finden ist und außerdem bei einigen Linux-Distributionen mitgeliefert wird (bei Debian GNU/Linux im Paket `cddb`).

Das Skript `cddb-cover.sh` ist sehr simpel, was die Formatierung der gelesenen Daten angeht. Hier können Sie sicherlich noch Verbesserungen anbringen. Tun Sie sich keinen Zwang an!

## Siehe auch

- Wenn es Ihnen nur um CD-Inlays für »Jewel-Cases« geht oder Sie nichts für die japanische Kunst des Papierfaltens übrig haben, dann probieren Sie mal das Paket `cd` von Sebastiano Vigna aus.

```
#!/bin/bash

drive=/dev/hdb # Nach Bedarf anpassen
set $(cddbcmd cddb query $(cd-discid $drive))
tempfile=$(mktemp -t)
cddbcmd cddb read $1 $2 >$tempfile
artist_title=$(sed -ne '/^DTITLE=/s/^DTITLE=//p' $tempfile)
artist_title_br=$(echo $artist_title | sed -e 's, / ,\\\\,')
tracks=$(sed -ne '/^TTITLE/s/^TTITLE.*=/\\item /p' $tempfile)
extra_info=$(sed -ne '/^EXTD=/{s/^[^,]*,//;s/YEAR:.*$//;p}' $tempfile)
rm -f $tempfile

cat >$1-$2.tex <<EOF
\documentclass[a4paper]{article}
\usepackage[margin=0pt]{geometry}
\usepackage[latin1]{inputenc}
\usepackage[T1]{fontenc}
\renewcommand{\rmdefault}{pag}
\usepackage{papercdcase}
\pagestyle{empty}
\begin{document}
\setcdspinematter{$artist_title}
\setcdlatchmatter{%
  \begin{center}
  {\Huge\bf $artist_title_br\par}
  \vspace*{1cm}
  $extra_info
  \end{center}}
\setcdbackmatter{%
  \begin{center}
  \textbf{\LARGE $artist_title}
  \end{center}
  \begin{enumerate}
  $tracks
  \end{enumerate}}
\centering\papercdcase*
\end{document}
EOF

pdflatex $1-$2.tex
echo >&2 "*** Resultat steht in $1-$2.pdf"
```

*Abbildung 6-15: Automatisches Erstellen von Audio-CD-Hüllen*

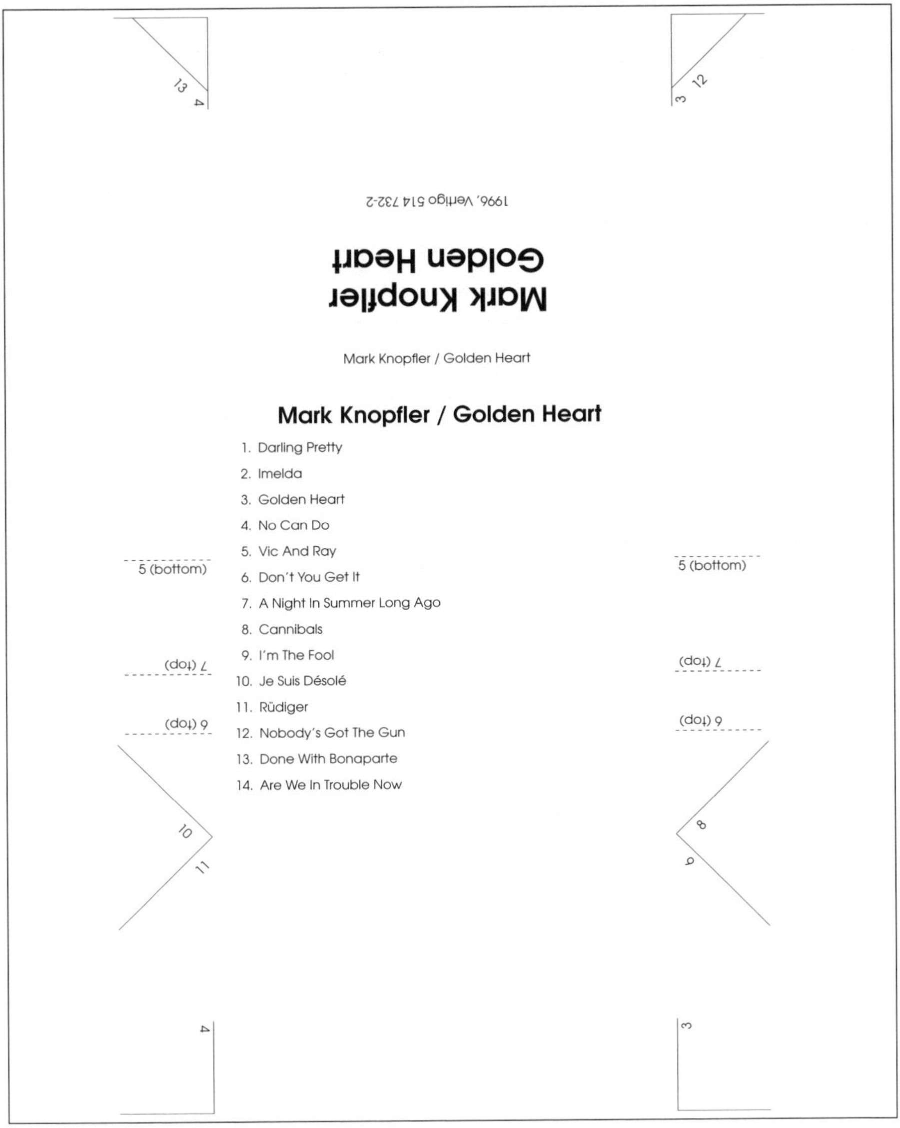


*Abbildung 6-16: Eine Origami-Audio-CD-Hülle*

- Ein anderes Paket zur Erstellung von CD-Inlays ist `cd-cover` von Christian Holm. Im Gegensatz zu `cd` kann es auch Seiten für CD-Broschüren formatieren, was hin und wieder nützlich sein mag.

## HACK #65 Gestatten, LaTeX

**Wie Sie Etiketten und Visitenkarten gezielt bedrucken können**

LaTeX wird normalerweise nicht mit Drucksachen in Verbindung gebracht, bei denen vor allem die Optik im Vordergrund steht und erst in zweiter Linie die leichte Lesbarkeit – etwa Visitenkarten. Aber das heißt nicht, dass es unmöglich wäre, Visitenkarten, Namensschilder, Aufkleber und ähnliches mit LaTeX herzustellen. Im Gegenteil, es ist sogar recht einfach und bequem, jedenfalls wenn Sie passende Unterstützung haben. In Frage käme da das `ticket`-Paket von Thomas Emmel.

`ticket` kann gezielt vorgekochte Blätter für Visitenkarten, Ordnerrücken oder Aufkleber bedrucken. Alles, was Sie dafür brauchen, ist eine »Ticket-Definitions-Datei« (TDF-Datei), die das zu bedruckende Material spezifiziert, und LaTeX-Code für das, was darauf erscheinen soll. Bequemerweise können Sie einen »Hintergrund« angeben, der auf jedem Exemplar auf dem Blatt erscheinen soll, und nur die variablen Teile (etwa den Namen und die Organisation eines Teilnehmers bei Namensschildern für Tagungen) jedesmal neu angeben.

Abbildung 6-17 zeigt ein Blatt (der Drucker sagt »Nutzen«) mit Visitenkarten, das wir so zum Beispiel auf vorgeschnittene Karten Marke »Zweckform 32010« drucken könnten[3]. Die dazugehörige LaTeX-Eingabe könnte ungefähr so aussehen:

```
\documentclass[a4paper,12pt]{article}
\usepackage[latin1]{inputenc}
\usepackage{graphicx}
\usepackage{color}
\definecolor{uni}{gray}{.4}
\usepackage[zw32010,crossmark]{ticket}
```

In der Präambel holen wir alle benötigten Pakete (hier außer `ticket` noch `graphicx` und `color` für die grafischen Elemente wie den Pinguin und die graue Linie zwischen Telefonnummern und Adresse). Die `crossmark`-Option von `ticket` sorgt für die kreuzförmigen Schnittmarken an den Ecken – neben dieser gibt es noch eine Handvoll andere Möglichkeiten. Auf vorperforierten

[3] Dies soll keine Schleichwerbung für die Firma »Zweckform« sein – wir sind überzeugt, dass alle anderen Hersteller auch hervorragende Visitenkarten machen. Bequemerweise ist beim `ticket`-Paket aber eine TDF-Datei für ausgerechnet diese Visitenkarten dabei.

*Abbildung 6-17: Ein »Nutzen« mit Visitenkarten*

Karten wären eigentlich gar keine Schnittmarken nötig, aber wir drucken sie aus zwei Gründen:

- Wir möchten Ihnen zeigen, dass es geht, und
- geizig, wie wir nun mal sind, drucken wir bei einem neuen Entwurf immer erst ein Blatt Visitenkarten auf normales (billiges) Papier und halten es vor den (teuren) Visitenkarten-Blättern gegen eine helle Lampe, um uns zu überzeugen, dass alles auch da sitzt, wo es hingehört. Die Schnittmarken helfen dabei, und für den tatsächlichen Druck schalten wir sie ab.

Als nächstes definieren wir den »Hintergrund« für die Visitenkarten. Dazu gehören die Grafik und die Adresse der »Firma«. Den Namen und die Telefonnummern des Visitenkarten-Inhabers setzen wir später ein. Auch der Hintergrund wäre hier nicht zwingend nötig – Sie könnten das, was darin steht, immer auch in die Definition der Visitenkarte selbst aufnehmen –, aber er spart ein bisschen Tipparbeit, wenn Sie mehrere Sorten Visitenkarten anlegen wollen, und konzentriert die »Corporate Identity« weitgehend an einer Stelle. Ansonsten wäre die Versuchung groß, die »Hintergrundelemente« per Block-Copy in 50 Visitenkartendefinitionen zu übernehmen, und wehe Ihnen, wenn sich dann etwas Nichttriviales ändert ... Extrem nützlich ist er auch für Konferenz-Namensschilder und ähnliches (hierzu später mehr). Der Hintergrund ist einfach der Inhalt einer LaTeX-`picture`-Umgebung, und die `\unitlength` ist bequemerweise auf 1 Millimeter voreingestellt:

```
\renewcommand{\ticketdefault}{%
  \put( 45, 5){\includegraphics[width=38mm,origin=bl]{tux-logo}}
  \put( 5, 15){\color{uni}\line(1,0){36}}
  \put( 7, 11){\small Tux\TeX\ International}
  \put( 7,  7){\small Beispielgasse 123}
  \put( 7,  3){\small 99999 Königs-Musterhausen}
  \put( 7, 24){\small Tel:}
  \put( 7, 20){\small Fax:}
}
```

Nun kommt die Definition des »variablen« Teils der Visitenkarte. Das `ticket`-Paket sieht hierfür das Kommando `\ticket` vor, dessen Inhalt ebenfalls in einer LaTeX-`picture`-Umgebung landet. Auf der Basis von `\ticket` definieren wir ein `\vcard`-Kommando, das die variablen Elemente als Parameter übernimmt und passend auf der Karte positioniert:

```
\newcommand{\vcard}[5]{\ticket{%
  \put(6,40){\LARGE\bfseries #1}
  \put(7,34){#2}
  \put(14,24){\small #3}
```

```
    \put(14,20){\small #4}
    \put( 7,16){\small #5}
}}
```

Jetzt müssen wir nur noch die tatsächlichen Karten drucken, zehn auf einen Sitz. Das passiert wie folgt:

```
\begin{document}
\sffamily
\newcounter{numcards}
\whiledo{\value{numcards}<10}{%
  \stepcounter{numcards}%
  \vcard{Hugo Schulz}{Senior-Pinguinbändiger}%
    {+49(0)9999992}{+49(0)9999993}{hugo@example.com}}
\end{document}
```

Hier bedienen wir uns des `\whiledo`-Kommandos aus dem `ifthen`-Paket, um zehn Kopien der Karte auszudrucken. `ticket` kümmert sich darum, sie an der richtigen Stelle auf dem Blatt zu platzieren.

Natürlich können Sie das Ganze noch besser verstecken. Etwas wie

```
\documentclass{tuxtexvcards}
\begin{document}
  \name{Hugo Schulz}
  \jobtitle{Senior-Pinguinbändiger}
  \phone{+49(0)9999992}
  \fax{+49(0)9999993}
  \email{hugo@example.com}
  \printcards
\end{document}
```

ist mit etwas Vorarbeit leicht zu realisieren. Eine entsprechende Dokumentklasse finden Sie in Abbildung 6-18. Vergleichen Sie diese Definition mal mit der »Dokumentversion«, die wir eben Stück für Stück erklärt haben.

`ticket` kommt mit TDF-Unterstützung für eine Auswahl von etikettenähnlichen Produkten, neben Visitenkarten zum Beispiel auch Ordnerrücken und Namensschilder. Die TDF-Datei für die Zweckform-Visitenkarten sieht etwa so aus:

```
\unitlength=1mm
% Optimiert für HP5SiMX-Drucker
\hoffset=-14.3mm
\voffset=-9.2mm
```

```
\ProvidesClass{tuxtexvcards}[2007/01/18 v0.1 TuxTeX-Visitenkarten]
\LoadClass[a4paper,12pt]{article}
\RequirePackage[latin1]{inputenc}
\RequirePackage{graphicx}
\RequirePackage{color}
\definecolor{uni}{gray}{.4}
\RequirePackage[zw32010,crossmark]{ticket}
\renewcommand{\ticketdefault}{%
    \put( 45, 5){\includegraphics[width=38mm,origin=bl]{tux-logo}}
    \put( 5, 15){\color{uni}\line(1,0){36}}
    \put( 7, 11){\small Tux\TeX\ International}
    \put( 7,  7){\small Beispielgasse 123}
    \put( 7,  3){\small 99999 Königs-Musterhausen}
    \put( 7, 24){\small Tel:}
    \put( 7, 20){\small Fax:}}
\newcommand{\@name}{Ihr Name}
\newcommand{\@jobtitle}{Ihr Titel}
\newcommand{\@phone}{Ihre Telefonnummer}
\newcommand{\@fax}{Ihre Faxnummer}
\newcommand{\@email}{Ihre Mailadresse}

\newcommand{\name}[1]{\renewcommand{\@name}{#1}}
\newcommand{\jobtitle}[1]{\renewcommand{\@jobtitle}{#1}}
\newcommand{\phone}[1]{\renewcommand{\@phone}{#1}}
\newcommand{\fax}[1]{\renewcommand{\@fax}{#1}}
\newcommand{\email}[1]{\renewcommand{\@email}{#1}}

\newcounter{numcards}
\newcommand{\printcards}[1][10]{%
  \setcounter{numcards}{0}
  \whiledo{\value{numcards}<#1}{%
    \ticket{\put(6,40){\bfseries\LARGE\@name}
      \put(7,34){\@jobtitle}
      \put(14,24){\small\@phone}
      \put(14,20){\small\@fax}
      \put( 7,16){\small\@email}}
    \stepcounter{numcards}}}
\renewcommand{\familydefault}{\sfdefault}
\endinput
```

*Abbildung 6-18: Bequeme Dokumentklasse für Visitenkarten*

```
\ticketNumbers{2}{5}
\ticketSize{85}{54}
\ticketDistance{9.8}{0}
```

Die letzten drei Zeilen legen fest, dass pro Bogen 2 Spalten mit je 5 Karten existieren, wobei jede Karte 85 auf 54 mm groß ist (die Angaben sind in Einheiten von `\unitlength`. Der horizontale Abstand zwischen zwei nebeneinander stehenden Karten ist 9,8 mm, der vertikale Abstand zwischen zwei übereinander stehenden Karten ist 0 (die Karten stoßen direkt aneinander).

Die Zuweisungen an `\hoffset` und `\voffset` dienen dazu, die Karten genau auf dem Papier zu platzieren. Nicht alle Drucker sind identisch, und wenn Ihr Drucker die Karten ein paar Millimeter zu weit links oder rechts (oder oben oder unten) druckt, dann können Sie das hier feintunen. (Denken Sie an die Methode mit der hellen Lampe, um teure Visitenkartenbögen zu sparen.)

Bevor wir dieses gastfreundliche Thema verlassen, noch kurz ein paar Worte zum Thema »Namensschilder«. Der Unterschied zwischen Visitenkarten und Namensschildern für Veranstaltungen ist, dass Sie gerne ein ganzes Bündel gleiche Visitenkarten in der Tasche haben, aber als Veranstalter einer Tagung jedem Teilnehmer nur ein Namensschild machen müssen. Sie brauchen also eine passende TDF-Datei für Ihre Namensschilder, einen `\ticketdefault` für den »Hintergrund« (dort könnte der Name der Veranstaltung stehen, ein Logo und ähnliches) und eine Datei mit den Namen der Teilnehmer, die mit einer Definition wie

```
\newcommand{\badge}[2]{\ticket{%
  \put(...,...){#1}     % Name
  \put(...,...){#2}     % Organisation
}}
```

ungefähr so aussehen könnte:

```
% Datei badges.tex
\badge{Hugo Schulz}{Tux\TeX\ International}
\badge{Martina Musterfrau}{PinguSoft AG}
...
```

Sie sollten Ihr Datenbanksystem dazu überreden können, eine Liste der Teilnehmer in diesem Format zu generieren, oder Sie verwenden die Techniken, die wir in Serienbriefe erstellen **[Hack #62]** oder LaTeX mit Datenbank-Anschluss **[Hack #63]** gezeigt haben. Für die Namensschild-Erzeugung sähe Ihr LaTeX-Dokument dann etwa aus wie

```
\documentclass[12pt,a4paper]{article}
...
```

```
\usepackage[...]{ticket}
\renewcommand{\ticketdefault}{...}
\newcommand{\badge}{...}
\begin{document}
  \input{badges}
\end{document}
```

# Schriften

## Hacks #66–73

Früher war Gedrucktes aus dem Computer fast gleichbedeutend mit Großbuchstaben, die ein Nadeldrucker Punkt für Punkt aufs Papier pikste. Die Revolution des »Desktop Publishing« in den letzten 25 Jahren hat es inzwischen ermöglicht, 20 Schriften auf derselben Seite unterzubringen (wenn es denn unbedingt sein muss). Tatsache ist: Kleider machen Leute und die passende Schrift das richtige Dokument – vom Vertragstext über die wissenschaftliche Arbeit bis zur Geburtstagseinladung. In diesem Kapitel zeigen wir Ihnen ein paar Kniffe, mit denen Sie LaTeX beim Umgang mit Schriften auf die Sprünge helfen können – leider ist es da manchmal etwas störrisch. Aber das liegt nur daran, dass LaTeX Sie vor Entgleisungen wie den berüchtigten 20-Schriften-Seiten bewahren will. Wenn Sie es nur lieb genug bitten, tut es auch hier gerne das, was Sie von ihm erwarten.

### HACK #66 Groß oder klein?

**Wählen Sie die Schriftgröße Ihres Dokuments, auch abseits von 10, 11 und 12 Punkt**

Die üblichen LaTeX-Dokumentklassen geben Ihnen die Wahl zwischen den Schriftgrößen »`10pt`«, »`11pt`« und »`12pt`«. Damit ist natürlich die Größe der Schrift gemeint, in der der Fließtext des Dokuments gesetzt ist – Überschriften sind normalerweise größer, Fußnoten ein bisschen kleiner –, und da spezi-

*Tabelle 7-1: Gängige typografische Maßeinheiten*

| Einheit | TeX | Länge | Kommentar |
|---|---|---|---|
| Pica-Punkt | pt | 0,351 mm | TeX-Standard; gebräuchlich in USA |
| PostScript-Punkt | bp | 0,353 mm | Von Adobe Systems; `1bp` = `1.00375001pt` |
| Didot-Punkt | dd | 0,376 mm | Gebräuchlich in Westeuropa (aber auf dem Rückzug) |

ell die Höhe der Kleinbuchstaben. Das »`pt`« steht für die typografische Einheit »Punkt«, und zwar die angloamerikanische Variante (in Fachkreisen auch als *pica point* bekannt). 1 Zoll (2,54 cm) entspricht in diesem System 72,27 `pt`. PostScript und PDF sparen sich die Nachkommastellen und machen 1 Zoll äquivalent zu 72 »Punkt«, genannt *PostScript point*; TEX (das älter ist als PostScript) kann auch damit umgehen und nennt diese Einheit `bp` (für *big point*). Hierzulande wiederum verwenden Typografen seit dem 19. Jahrhundert das Didotsche Maßsystem, in dem 1 Zoll ungefähr 67,5 (Didot-)Punkt entspricht. TEX kürzt diese Maßeinheit mit `dd` ab. Mit der zunehmenden Verbreitung von DTP, PostScript und PDF breiten sich die amerikanischen Einheiten auch bei uns immer mehr aus.

Ein weiteres Problem in diesem Zusammenhang ist, dass nicht jede nominell als 10-Punkt-Schrift deklarierte Schrift wirklich 10 Punkt groß ist. Es gibt da mitunter erhebliche Variationen, die sich letzten Endes nur durch eigenen Augenschein und Basteleien präzise beheben lassen. Das hat auch damit zu tun, dass bei metrisch identischer Größe zwei verschiedene Schriften optisch durchaus unterschiedlich groß *wirken* können, worauf Schriftdesigner Rücksicht zu nehmen versuchen.

Wie erwähnt setzen Sie durch eine Angabe wie »`12pt`« im optionalen Parameter des `\documentclass`-Kommandos nicht nur die Schriftgröße für den Text, sondern auch die für Überschriften, Fußnoten, mathematische Formeln und so weiter. Auch der Zeilenabstand, die Formatierung von Listen oder gar der zu benutzende Bereich auf dem Papier passt sich an – letzteres zumindest mit Paketen wie `typearea` **[Hack #31]**, die anstreben, dass die Höhe des bedruckten Bereichs auf der Seite ein ganzzahliges Vielfaches des Zeilenabstands darstellt.

Welche Größenangabe Sie wählen sollten, hängt vor allem vom Format ab, das Ihr Dokument später haben soll. Wenn Sie mit `10pt` (dem Standardwert) ein DIN-A4-Blatt »optimal« ausnutzen, also vielleicht anderthalb Zentimeter Rand rund um den bedruckten Bereich lassen, dann haben Sie sicher eine Menge Papier gespart, aber gut lesen lässt sich Ihr Text aller Wahrscheinlichkeit nach nicht mehr, da die Zeilen viel zu lang sind. Das Auge sollte beim Lesen bequem an den Zeilen »entlanggleiten«, und überlange Zeilen verhindern das. Es kommt zu einer Art unbewusstem »Schluckauf« beim Lesen, der in verfrühter Ermüdung resultiert – nicht gerade leserfreundlich. Kompensieren könnten Sie das, wie schon bei der Diskussion über anderthalbzeiligen Satz **[Hack #9]** beschrieben, durch einen vergrößerten »Durchschuss« (Zeilenabstand), aber das macht wiederum Ihr Schriftbild unruhig. Sie sollten eher in den sauren Apfel beißen und eine größere Schrift wählen – die Option `12pt` ist da gerade richtig –, mehrspaltig setzen und/oder breitere Ränder vorsehen. Reservieren Sie `10pt` zum Beispiel für Broschüren im DIN-A5-Format.

Angenommen, Sie wollen sich abseits der ausgetretenen Pfade bewegen und kleinere Schriften als `10pt` oder größere als `12pt` verwenden. Die Standard-Dokumentklassen von LaTeX helfen Ihnen da leider nicht weiter. Ein möglicher Ausweg ist aber vielleicht das `extsizes`-Paket von James Kilfiger. Es unterstützt neben den üblichen drei Größen die Größenoptionen `8pt`, `9pt`, `14pt`, `17pt` und `20pt` – allerdings wird keine Garantie dafür übernommen, dass es mit jeder beliebigen Dokumentklasse funktioniert:

```
\usepackage[14pt]{extsizes}
```

Wenn Sie vorhaben, besonders große Größen zu verwenden (`17pt` oder `20pt`), dann sollten Sie darauf achten, skalierbare Schriften (PostScript-Type 1 oder TrueType) zu benutzen, da Schriften mit fester Größe normalerweise nicht in beliebig großen Versionen zur Verfügung stehen. Das betrifft vor allem die »traditionellen« Computer-Modern-Schriften, sofern Sie diese nicht in skalierbaren Varianten zur Hand haben (was bei aktuellen TeX-Distributionen aber in der Regel der Fall ist).

Wenn Sie die Standard-Dokumentklassen `article`, `report` oder `book` verwenden, enthält `extsizes` auch spezielle Versionen wie `extarticle`, die an die alternativen Größenoptionen angepasst sind. In diesem Fall sollten Sie diese Klassen den Standardversionen vorziehen.

Übrigens: Sollten Sie eine ungewöhnliche Schriftgröße wünschen, weil Sie zum Beispiel das Dokument vergrößert ausdrucken und später wieder verkleinern wollen (ein gängiger Trick, um die effektive Druckauflösung zu erhöhen – wenn Sie ein DIN-A5-Dokument drucken lassen wollen, können Sie die Vorlagen auf Ihrem 600-DPI-Laserdrucker im DIN-A4-Format drucken und in der Druckerei verkleinern lassen und bekommen so statt 600 DPI eine effektive Auflösung von $600 \cdot \sqrt{2} \approx 850$ DPI), dann ist `extsizes` nicht der richtige Weg. Verwenden Sie stattdessen das Paket `scale` von Søren Sandmann, indem Sie in der Präambel Folgendes schreiben:

```
\usepackage{scale}
```

Das vergrößert Ihr Dokument um den Faktor $\sqrt{2}$, so dass es auf das nächstgrößere Papierformat in der DIN-Serie passt. Am besten funktioniert auch das, wenn Sie skalierbare Zeichensätze benutzen. Haben Sie (wider Erwarten) nur Zeichensätze in den festen TeX-üblichen Größen zur Verfügung, können Sie das Dokument mit

```
\usepackage[magstep2]{scale}
```

um den Faktor 1,44 statt $\sqrt{2}$ skalieren. Ersteres ist aber heute in der Regel kein Problem mehr und führt zu besseren Ergebnissen.

HACK #67

# Familienangelegenheiten

## Wie Sie das ganze Dokument in einer anderen Schrift setzen

Vor 20 Jahren waren mit TEX gesetzte Dokumente leicht daran zu erkennen, dass sie die »Computer Modern«-Schriften verwendeten, Donald E. Knuths Adaption der Schriftfamilie Monotype Roman 8A. Das zu ändern war ein größeres Projekt, das genaue Kenntnisse der Innereien von TEX und LATEX voraussetzte.[1] Eine der wesentlichen Verbesserungen in LATEX $2_\varepsilon$, der heute aktuellen LATEX-Implementierung, war darum ein völlig neu aufgekochtes Schriftverwaltungssystem (mit dem einfallsreichen Namen »NFSS«, kurz für *New Font Selection Scheme*), das den Umgang mit Schriften wesentlich flexibler machte. NFSS ist in seiner vollen Tragweite noch immer nichts für Leute mit einem schwachen Magen, aber viele Manipulationen sind doch wesentlich einfacher geworden.

Im NFSS ergeben sich Schriften aus der Kombination einer *Schriftfamilie* (etwa Times Roman, Helvetica, Palatino usw.), einer *Serie* (etwa »normal«, halbfett, fett, schmal usw.) und einer *Form* (*shape*; etwa aufrecht, kursiv, schräg gestellt oder Kapitälchen). Mit einer Kombination von LATEX-Kommandos wie

```
\fontfamily{phv}\fontseries{bx}\fontshape{it}\selectfont
```

könnten Sie zum Beispiel eine fette kursive Helvetica wählen. Das ist allerdings mühsam und widerspricht auch dem Gedanken, dass Sie sich einmal für eine Schrift entscheiden und dann im ganzen Dokument bei ihr bleiben sollten. Aus diesem Grund unterstützt LATEX abstraktere Kommandos wie

```
\textbf{Dies ist fett gedruckt}
```

Das aktiviert innerhalb der aktuellen Schriftfamilie und -form die fette Serie. Analog dazu wählt zum Beispiel

```
\textit{Dies ist kursiv gedruckt}
```

die kursive Form, und mit

```
\texttt{Schreibmaschinenschrift}
```

schalten Sie auf eine Schriftfamilie um, die Schreibmaschinenschrift (*teletype*) simuliert – welche das ist, ist an dieser Stelle nicht festgelegt.

Als »Typograf« können Sie am Anfang Ihres Dokuments bestimmen, welche Schriftfamilien darin zum Einsatz kommen sollen. Normalerweise verwaltet LATEX drei parallele Schriftfamilien, nämlich eine (`\rmdefault`) für eine Serifenschrift, eine weitere (`\sfdefault`) für eine dazu passende serifenlose Schrift

[1] Das in der Unix-Welt weitverbreitete Satzsystem `troff` litt unter einem ähnlichen Problem, was so weit ging, dass »`troff`« zuweilen als Abkürzung von »Times Romanoff« angesehen wurde.

und eine dritte (`\ttdefault`) für eine Schreibmaschinenschrift. Serifen sind die stilisierten »Füßchen« an den Enden von Strichen bei Buchstaben wie »A« oder »E«; manche Schriften (etwa Times Roman, Palatino oder Bookman) haben sie und andere (zum Beispiel Helvetica oder Avant Garde Gothic) haben sie nicht. Serifenschriften gelten eher als traditionell und serifenlose eher als modern (echte Typografen werden ob dieser groben Verallgemeinerung vermutlich Erstickungsanfälle bekommen), und nach landläufigem Verständnis empfehlen sich Serifenschriften eher für lange Fließtexte wie etwa Romane. Serifenlose Schriften werden vor allem dort eingesetzt, wo man keine langen Texte am Stück liest, etwa in Prospekten, Kunstkatalogen oder in der Werbung.

Eine gängige Taktik ist es auch, eine Serifenschrift als »Brotschrift« für den Haupttext mit einer serifenlosen für Überschriften, Kolumnentitel und Ähnliches zu kombinieren. Die »klassische« Kombination im Zeitalter des Desktop Publishing ist dabei Times Roman als Serifenschrift und Helvetica[2] als serifenlose, ein denkbar ungleiches und schlecht zusammenpassendes Paar. Die Standard-Dokumentklassen von LaTeX verwenden für Überschriften normalerweise die fette Serie der Brotschrift, was selten ein Fehler ist, aber natürlich auch langweilig. Markus Kohms KOMA-Script-Dokumentklassen dagegen verwenden für Überschriften standardmäßig die serifenlose Familie.

Ändern können Sie die Schriften, die mit den drei Familien korrespondieren, indem Sie die Kommandos `\rmdefault` usw. in der Präambel Ihres Dokuments neu definieren (da sie schon von Haus aus vorbelegt sind, ist dazu ein `\renewcommand` nötig). Dazu müssen Sie den »Familiencode« der gewünschten Schriftfamilie kennen, eine Folge von drei oder mehr Zeichen, die die Schriftfamilie für LaTeX identifiziert. Die Familiencodes folgen im Großen und Ganzen einer von Karl Berry festgelegten Konvention, die Sie in einem Dokument namens *Fontname* finden können (siehe *http://www.tug.org/fontname/fontname.pdf*, aber es sollte auch in Ihrer TeX-Distribution enthalten sein). Dabei gibt das erste Zeichen den Hersteller der Schriftfamilie an, und die folgenden zwei oder (selten) mehr Zeichen codieren den eigentlichen Namen der Schrift. Diese etwas unbequeme Vorgehensweise stammt noch aus einer Zeit, als gewisse verbreitete Betriebssysteme Dateinamen von höchstens acht Zeichen Länge (plus eine Endung von maximal drei Zeichen) erlaubten und man darum mit dem Platz haushalten musste. Tabelle 7-2 zeigt einige Schriftfamilien und ihre Familiencodes: Computer Modern ist Standardbestandteil von TeX (auch wenn Sie heute vermutlich optisch identische »Nachfahren« von Knuths Original verwenden), die gezeigten Adobe-Schriften finden sich auf jedem PostScript-Drucker und stehen (in Form von durchaus annehmbaren

---

[2] Windows-Anwender kennen einen optisch sehr ähnlichen Ableger der Helvetica unter dem Namen »Arial«.

*Tabelle 7-2: Einige Schriftfamilien und ihre Familiencodes*

| Schriftfamilie | Code | Beispiel |
|---|---|---|
| Computer Modern Roman | cmr | Hamburgefontwivxyz AWXM 01234 |
| Adobe Times Roman | ptr | Hamburgefontwivxyz AWXM 01234 |
| Adobe Palatino | ppt | Hamburgefontwivxyz AWXM 01234 |
| ITC Bookman | pbk | Hamburgefontwivxyz AWXM 01234 |
| Adobe New Century Schoolbook | pnc | Hamburgefontwivxyz AWXM 01234 |
| Bera Serif | fve | Hamburgefontwivxyz AWXM 01234 |
| FontFont Scala* | 0sa | Hamburgefontwivxyz AWXM 01234 |
| Linotype Birka* | lbj | Hamburgefontwivxyz AWXM 01234 |
| URW Classico (»Optima«) | uop | Hamburgefontwivxyz AWXM 01234 |
| Computer Modern Sans | cmss | Hamburgefontwivxyz AWXM 01234 |
| Computer Modern Bright | cmbr | Hamburgefontwivxyz AWXM 01234 |
| Adobe Helvetica | phv | Hamburgefontwivxyz AWXM 01234 |
| ITC Avant Garde Gothic | pag | Hamburgefontwivxyz AWXM 01234 |
| Bera Sans | fvs | Hamburgefontwivxyz AWXM 01234 |
| FontFont Scala Sans* | 0sas | Hamburgefontwivxyz AWXM 01234 |
| Computer Modern Typewriter | cmtt | Hamburgefontwivxyz AWXM 01234 |
| Adobe Courier | pcr | Hamburgefontwivxyz AWXM 01234 |

* = Nicht frei verfügbar

Imitaten, die die Typografie-Firma URW gestiftet hat) auch auf den meisten Linux-Systemen zur Verfügung, nur einige Schriften wie die Linotype Birka oder die FontFont Scala (und Scala Sans) müssten Sie selber kaufen.

Um ein Dokument zum Beispiel mit Adobe Palatino als Serifenschrift, ITC Avant Garde Gothic als serifenlose und Adobe Courier als Schreibmaschinenschrift zu setzen, könnten Sie in der Präambel Folgendes definieren:

```
\usepackage[T1]{fontenc}
\renewcommand*{\rmdefault}{ppl}
\renewcommand*{\sfdefault}{pag}
\renewcommand*{\ttdefault}{pcr}
```

Zu Ihrer Bequemlichkeit gibt es aber für die gängigen Schriften LaTeX-Pakete, die die erforderlichen Einstellungen übernehmen, ohne dass Sie sich an Familiencodes und Ähnliches erinnern müssen:

```
\usepackage[T1]{fontenc}
\usepackage{mathpazo,avant,courier}
```

hat dieselben Auswirkungen wie das vorige Beispiel. (Halten Sie sich fern von den naheliegenden Namen `times` und `palatino` – diese beziehen sich auf veraltete Pakete, die *alle drei* Schriftfamilien umdefinieren.)

Das mathpazo-Paket stellt nicht nur die Serifenfamilie auf Palatino um, sondern sorgt auch dafür, dass in mathematischen Formeln Zeichen verwendet werden, die zu Palatino passen. Das ist keineswegs selbstverständlich: Die meisten Pakete, die alternative Schriften einbinden, beschränken sich darauf, `\rmdefault` umzudefinieren, und lassen das Problem der mathematischen Schriften links liegen – angesichts der Komplexität dieses Themas eine verständliche Regung, aber doch irgendwie unbefriedigend. Analog zu mathpazo geht das Paket mathptmx vor, das Times Roman mit dazu passenden mathematischen Definitionen wählt.

Apropos: Einer der Gründe, warum Times Roman und Helvetica keine allzu geniale Kombination abgeben, besteht darin, dass die Helvetica, wenn Sie sie so mit ihrer nominalen Größe einbinden, dass sie ebenso groß wie die Times Roman sein *müsste*, tatsächlich etwas größer als Times Roman und Courier erscheint. Wenn Sie die Helvetica und die Times Roman im selben Fließtext verwenden wollen, fällt das unschön auf (solange Sie nur Überschriften in Helvetica setzen, ist es relativ egal). Das neuere helvet-Paket erlaubt es, die Schrift skaliert zu verwenden: Durch den folgenden Ausdruck

```
\usepackage[scaled]{helvet}
```

wird sie auf 95% verkleinert (was dann einigermaßen passt). Sie können auch einen alternativen Faktor angeben:

```
\usepackage[scaled=0.9]{helvet}
```

Dieser Ausdruck würde die Helvetica-Schriften in diesem Dokument auf 90% der nominalen Größe verkleinern.

## Siehe auch

- Mehr über das NFSS können Sie dem Dokument *LaTeX $2_\varepsilon$ font selection* entnehmen, das Bestandteil der LaTeX-Dokumentation ist (ansonsten finden Sie es unter *http://www.ctan.org/tex-archive/macros/latex/doc/fntguide.pdf*).

# HACK #68 Gebrochene Schriften verwenden

LaTeX mit Tradition

Als »Brotschriften«, mit denen Setzer ihr tägliches Handwerk vollführen, sind sie heute nicht mehr üblich: die »altdeutschen« Druckschriften wie Fraktur. Trotzdem gibt es schöne TeX-Versionen dieser Schriften von Yannis Haralambous nebst einer hilfreichen LaTeX-Einbindung von Walter Schmidt, dem `yfonts`-Paket. Es hindert Sie also nichts daran, Urkunden und Ähnliches mit traditionellem Flair anzufertigen.

Die folgenden drei Geschmacksrichtungen stehen zur Verfügung:

| | |
|---|---|
| Fraktur | Im Anfang ſchuf GOtt Himmel und Erde |
| Schwabacher | Im Anfang ſchuf GOtt Himmel und Erde |
| Gotisch | Im Anfang ſchuf GOtt Himmel und Erde |

Zu erreichen sind diese – nach dem obligaten `\usepackage{yfonts}` – über die Kommandos `\frakfamily`, `\swabfamily` und `\gothfamily`, die sich verhalten wie die bekannten `\rmfamily`, `\sffamily` usw..

Natürlich müssen Sie ein wenig aufpassen, wenn Sie nicht als billiger Amateur dastehen wollen. Der Kasus knaxus bei den gebrochenen Schriften ist zunächst das »s«, das in zwei Varianten vorkommt, dem »langen s«, das ein bisschen aussieht wie ein kleines »f«, dem sein Querbalken abhanden gekommen ist, und dem »runden s«, das mehr seinem Gegenstück aus den Antiqua-Schriften ähnelt. Hier sind die beiden zum Vergleich:

| | |
|---|---|
| Langes s | ſ ſ ſ |
| Rundes s | s s s |

Die Regeln dafür, wann Sie das eine und wann das andere setzen sollten, finden Sie im »Duden« (!). Grob gesagt steht das runde s am Wortende und am Ende von Silben, das lange s an den anderen Stellen:

| | | |
|---|---|---|
| Falsch | Gaſthauſ „Zur Poſt“ | Gasthaus „Zur Post“ |
| Richtig | Gaſthaus „Zur Poſt“ | |

(Im wirklichen Leben ist vor allem die zweite falsche Schreibweise auf dem Vormarsch.) Wenn Sie ganz genau hinschauen, sehen Sie übrigens auch, dass TeX aus dem »st« mit dem langen »s« eine Ligatur macht.

Ein einfaches »s« in der Eingabe liefert Ihnen ein langes s; wenn Sie das runde s haben möchten, schreiben Sie »`s:`«. Das ist tatsächlich eine Ligatur auf TeX-Ebene – sie ist in die Schriften eingebaut, ähnlich wie »fi« und »fl« bei den Antiqua-Schriften. Leider lässt sich die Unterscheidung zwischen langem und rundem s nicht vollständig in LaTeX automatisieren; das runde s am Wortende würde man hinkriegen (auch wenn dafür Eingriffe in die METAFONT-Quellen der Schriften nötig wären), aber das am Silbenende mitten im Wort erfordert Handarbeit:

Gaſthauſ vs. Gastherme

Sollten Sie sich dabei ertappen, längere Texte in Fraktur oder Schwabacher zu setzen, hilft Ihnen vielleicht ein Perl-Skript wie das in Abbildung 7-1, das die

```
#!/usr/bin/perl -w
# checkfrak: s-Prüfung für Fraktur-Texte

use strict;
my %words;

while (<DATA>) {
    chomp;
    my ($w, $x) = split;
    $words{$w} = $x if $x;
}

while (<>) {
    # s am Wortende
    s/s\b/s:/g;
    # Wörter aus der Liste
    s/\b$_\b/$words{$_}/eg foreach (keys %words);
    print;
}
__END__
Gastherme     Gas:therme
Hausmann      Haus:mann
...
```

*Abbildung 7-1: Perl-Skript zur halbautomatischen Anpassung des Fraktur-s*

Umsetzung »halbautomatisch« versucht. Die Wörterliste nach dem `__END__` müssen Sie leider selber pflegen …

Für den ultimativen Kick à la Gutenberg können Sie das `yfonts`-Paket übrigens mit der Option `varumlaut` einbinden. In diesem Fall werden Umlaute (in der Fraktur und der Schwabacher) nicht durch Pünktchen, sondern durch ein winziges »e« über dem Buchstaben kenntlich gemacht:

> Bündner Jägerknödel vs. Bündner Jägerknödel

Dasselbe Ergebnis erzielen Sie im Einzelfall auch über die Ligaturen »*a«, »*o« und so weiter.

## Siehe auch

- Der »Rechtschreib«-Duden äußert sich zum Thema »Fraktur« in einigen Abschnitten des Kapitels »Textverarbeitung«, etwa »Antiqua im Fraktursatz«, »Ligaturen« und »s-Laute im Fraktursatz«. Die Informationen sind etwas verstreut, aber suchenswert.

- Der Technikjournalist Fritz Jörn bietet unter *http://www.joern.de/tipsn98.htm* einen sehr lesbaren und informativen Artikel über das Schreiben in Fraktur mit zahlreichen Verweisen auf weitere Informationsquellen.

## HACK #69 LaTeX und PostScript-Schriften

**Wie Sie LaTeX PostScript-Type-1-Schriften schmackhaft machen**

TeX und LaTeX sind relativ genügsam, wenn es um Schriften geht. Um das tatsächliche Aussehen der Zeichen (»Glyphen«) auf dem Papier kümmern sie sich eigentlich gar nicht – sie rechnen nur mit kleinen Rechtecken, die aneinandergefügt werden. Aus der Sicht von TeX hat jedes Zeichen eine Breite, eine Höhe und eine Tiefe, und diese Parameter entscheiden darüber, wie es in Relation zu den anderen Zeichen im Wort oder in der Zeile platziert wird. Ob das tatsächliche Zeichen diese Maße komplett ausfüllt oder sich gar darüber hinaus erstreckt, ist TeX vollkommen egal. Solche Details werden dem Programm überlassen, das aus der von TeX geschriebenen DVI-Datei tatsächlich eine sichtbare Ausgabe produziert, also einem Bildschirm-Anzeigeprogramm wie `xdvi` oder einem Programm wie `dvips`, das aus DVI-Dateien PostScript zur Ausgabe auf einem Drucker erzeugt.

Die Informationen, die TeX braucht, um mit einer Schrift umgehen zu können, bezieht es aus einer »TFM«- oder »TeX-Font-Metrik«-Datei, in der die Abmessungen der einzelnen Zeichen gespeichert sind. Dazu kommen noch einige weitere Parameter wie die passende Breite von Leerzeichen in mit der Schrift gesetztem Fließtext sowie Tabellen für Ligaturen (also das Zusammenfügen von Zeichen wie »f« und »i« zu einem verschmolzenen »fi«) und die Unterschneidung (also kleine Korrekturen am Abstand zwischen zwei Zeichen, etwa wenn die beiden Buchstaben in »AV« dichter zusammengerückt werden sollen als in »AM«). Für die Computer-Modern-Schriften, die mit TeX geliefert werden, stehen natürlich solche TFM-Dateien zur Verfügung, aber wenn Sie eine andere Schrift, etwa eine PostScript-Type-1- oder TrueType-Schrift, mit TeX und LaTeX verwenden möchten, ist die wichtigste Hürde, dass Sie sich eine passende TFM-Datei dafür beschaffen müssen. Im Fall von LaTeX kommt außerdem dazu, dass Sie für eine Schriftfamilie eine Konfigurationsdatei brauchen, die dem NFSS sagt, wie es mit den darin enthaltenen Schriften umgehen muss, etwa um für Palatino oder Helvetica die fetten, kursiven oder eng laufenden Varianten finden zu können.

Für viele PostScript-Schriften gibt es bereits LaTeX-Anpassungen, die die benötigten Dateien enthalten – Walter Schmidts Webseiten unter *http://home.*

*vr-web.de/was/fonts.html* sind eine gute Anlaufstelle dafür, und auch das *fonts*-Verzeichnis auf CTAN hat einiges zu bieten. Allerdings ist es nicht unwahrscheinlich, dass genau die Schrift, die Sie gerne verwenden möchten (oder müssen, weil Ihr Verlag das gerne möchte), noch nicht auf dem Radarschirm der LaTeX-Schrift-Gurus aufgetaucht ist. In diesem Fall müssen Sie selbst Hand anlegen. Der Prozess hierfür ist ein bisschen umständlich, aber glücklicherweise weitestgehend automatisiert, so dass Sie nicht allzu sehr in die Tiefen der Typografie hinabsteigen müssen. Alles, was Sie brauchen, sind die PostScript-Dateien für die tatsächlichen Schriften (normalerweise mit den Endungen *.pfa* oder *.pfb* versehen) sowie die dazugehörigen Parameterdateien (mit der Endung *.afm* für »Adobe-Font-Metrik«), die für PostScript in etwa die Rolle spielen, die die TFM-Dateien für TeX erfüllen. Außerdem brauchen Sie natürlich ein Programm, das mit Type-1-Schriften umgehen kann, etwa `dvips` oder pdfTeX – die beide in jeder halbwegs modernen TeX-Distribution enthalten sein sollten.

## Eine Schrift anpassen

Wir zeigen Ihnen hier als Beispiel, wie Sie die »URW Classico« (eine Version von Hermann Zapfs Optima) für den Gebrauch mit LaTeX fit machen können. URW Classico ist aus zwei Gründen interessant: Es handelt sich zum einen um eine sehr schöne Schrift, die zum Beispiel hervorragend mit Palatino (ebenfalls einer Kreation von Hermann Zapf) harmoniert, und zum anderen hat URW diese Schrift zum freien Gebrauch und zur nicht kommerziellen Weiterverteilung freigegeben, so dass Sie sie ungeniert in Ihren Dokumenten einsetzen können. Für die URW Classico hat Bob Tennent unter dem Namen `classico` (hätten Sie's erraten?) ein LaTeX-Paket mit einer fertigen Anpassung zur Verfügung gestellt, das Sie sich von CTAN herunterladen können, aber wir erklären hier, wie Sie von den Original-URW-Dateien ausgehen können.

URW verteilt die Schriften als Teil eines großen Pakets mit »geklonten« Schriften, die Sie sonst in einem PostScript-Drucker vorfinden würden. Dieses Paket finden Sie unter einem Namen wie *urwfonts_t1-1.40.tar.bz2*[3] zum Beispiel auf den Webseiten von Artifex (der Herstellerfirma von Ghostscript) oder CTAN. In diesem Paket steht eine Menge von AFM- und PFB-Dateien mit konterintuitiven Namen. Allerdings hilft ein grep uns weiter:

```
$ grep Classico *.afm
0004003t.afm:FontName URWClassico-Reg
0004003t.afm:FullName URWClassico Regular
0004003t.afm:FamilyName URWClassico
```

[3] Es kann sein, dass inzwischen eine neuere Version zur Verfügung steht.

```
o004004t.afm:FontName URWClassico-Bol
o004004t.afm:FullName URWClassico Bold
o004004t.afm:FamilyName URWClassico
o004023t.afm:FontName URWClassico-Ita
o004023t.afm:FullName URWClassico Italic
o004023t.afm:FamilyName URWClassico
o004024t.afm:FontName URWClassico-BolIta
o004024t.afm:FullName URWClassico Bold Italic
o004024t.afm:FamilyName URWClassico
```

Uns interessieren also die Dateien, deren Namen mit »*o004*« anfangen, und die kopieren wir in ein neues Verzeichnis:

```
$ mkdir ../optima
$ cp o004* ../optima
```

## Dateinamen

Die Dateinamen, die URW vergeben hat, passen natürlich nicht in das Karl-Berry-Schema für Schriftnamen, das LaTeX verwendet. Wir müssen die Dateien also sinnvoll umbenennen. Die ersten drei Zeichen des TeX-Namens der Schrift geben den Hersteller und den Namen der Familie an. Der Herstellercode für URW ist »`u`«, und obwohl URW die Schrift »Classico« nennt, ist sie doch eine Optima (Code »`op`«), so dass die Schriftdateien mit »`uop`« anfangen sollten. Der Rest des Namens beschreibt die Serie und die Form der Schrift, hier stehen die Kürzel »`r`« für »normal«, also nicht fett und nicht kursiv, »`ri`« für »kursiv« (*italic*), »`b`« für »fett« (*bold*) und »`bi`« für »fett und kursiv« (*bold italic*). Daran angehängt wird noch eine Angabe der »Codierung« der Schrift, in diesem Fall »`8a`« für die »Adobe-Standardcodierung«. Die Datei *o004003t.pfb*, die die Schrift »URW Classico Regular« enthält, sollte im LaTeX-Jargon also *uopr8a.pfb* heißen.

> Es mag so aussehen, als ob die Hersteller- und Schriftcodes (ganz zu schweigen von den Serien-, Form- und Codierungsangaben) hier vom Himmel fallen. Definiert werden sie aber in mehr oder weniger konkreter Form im schon in Familienangelegenheiten **[Hack #67]** erwähnten *Fontname*-Dokument von Karl Berry. Sollten Sie es mit einem Schrifthersteller oder einer Schrift zu tun bekommen, die in den langen darin enthaltenen Listen nicht auftauchen und auch nicht in einer der Dateien wie *supplier.map* oder *typeface.map* in Ihrer TeX-Distribution zu finden sein, dann müssen Sie Ihre Fantasie spielen lassen und einen bisher unbenutzten Code finden.

Die Codierung beschreibt, welches Zeichen an welcher Position in der Schrift zu finden ist. Aus historischen Gründen verwenden PostScript und TeX/LaTeX dabei verschiedene Konventionen, die bei der Anpassung von PostScript-Schriften an LaTeX beachtet werden müssen. Die gängigste Codierung für LaTeX heißt `T1` (vulgo »Cork-Codierung« nach dem Ort des Treffens, wo sie beschlossen wurde) und enthält in 256 Zeichenpositionen die Buchstaben und Sonderzeichen, die für den Satz der meisten Texte in west- und mitteleuropäischen Sprachen nötig sind. Dazu gehören neben den üblichen Buchstaben, Ziffern und akzentuierten Zeichen wie Umlauten auch die gängigsten Ligaturen, Anführungszeichen und so weiter. Schriften in Adobe-Codierung enthalten die meisten dieser Zeichen auch, aber an anderen Positionen, so dass eine Umsetzung erforderlich ist. Im TeX-Umfeld erfolgt diese Umsetzung über »virtuelle Schriften« (*virtual fonts*), die im Gegensatz zu »echten« Schriften keine Informationen über das Aussehen von Zeichen enthalten, sondern lediglich beschreiben, wie und wo die eigentlich benötigten Zeichen zu finden sind. Die »fi«-Ligatur zum Beispiel liegt laut `T1`-Codierung an der Zeichenposition 28, Adobe bringt sie aber an der Position 174 unter. Eine virtuelle Schrift, die auf der Basis einer Adobe-codierten Schrift wie URW Classico eine `T1`-codierte Schrift für LaTeX realisiert, könnte das Zeichen 28 also als »Gehe in die Datei *uopr8a.pfb* und hole dir dort das Zeichen Nr. 174« beschreiben. Interessant ist das aber nur für Ausgabeprogramme wie `xdvi` und `dvips` – für virtuelle Schriften werden nämlich (genau wie für »echte«) TFM-Dateien erzeugt, und da TeX nur die TFM-Dateien betrachtet, bemerkt es den Unterschied zwischen echten und virtuellen Schriften gar nicht. (pdfTeX ist, wenn es PDF statt DVI erzeugt, sein eigenes Ausgabeprogramm und muss sich deshalb natürlich auch mit virtuellen Schriften herumschlagen – aber das bedeutet keinen Unterschied für das Prinzip.) Schriften in `T1`-Codierung werden durch das Postfix »`8t`« gekennzeichnet; eine (virtuelle) URW Classico in `T1`-Codierung hieße also `uopr8t` statt `uopr8a`.

> Eine dritte wichtige Codierung, mit der wir es bei der Anpassung von Type-1-Schriften an LaTeX zu tun bekommen, ist die *TeX Base-1 Encoding* mit der Abkürzung »`8r`«. Sie dient dazu, möglichst alle Zeichen, die Type-1-Schriften normalerweise enthalten, für TeX verfügbar zu machen – da TeX nur 256 Zeichen pro Schrift adressieren kann, ist das nicht selbstverständlich. Schriften in dieser Codierung werden nicht direkt für den Schriftsatz verwendet, sondern dienen als »Grabbelkiste«, aus der sich virtuelle Schriften wie die in `T1`-Codierung bedienen können.

Wir müssen aber als Erstes tatsächlich die Schriftdateien umbenennen:

```
$ mv o004003t.afm uopr8a.afm
$ mv o004003t.pfb uopr8a.pfb
$ mv o004004t.afm uopb8a.afm
$ mv o004004t.pfb uopb8a.pfb
```

```
$ mv 0004023t.afm uopri8a.afm
$ mv 0004023t.pfb uopri8a.pfb
$ mv 0004024t.afm uopbi8a.afm
$ mv 0004024t.pfb uopbi8a.pfb
```

(Die möglicherweise vorhandenen *.pfm*-Dateien brauchen wir nicht, Sie können sie also aus dem Arbeitsverzeichnis löschen.)

## Metriken und virtuelle Schriften erzeugen

Es ist wichtig, die »offiziellen« Namen zu verwenden, damit der nächste Schritt funktioniert: die automatische Erstellung der von LaTeX benötigten TFM-Dateien und virtuellen Schriften. Dazu bedienen wir uns des `fontinst`-Pakets von Alan Jeffrey. Wir müssen nur eine einfache Datei erzeugen, die den Prozess steuert:

```
% uop-drv.tex
\input fontinst.sty
\recordtransforms{uop-rec.tex}
\latinfamily{uop}{}
\endrecordtransforms
\bye
```

Das `fontinst`-Paket hat im Wesentlichen drei Aufgaben:

- Die AFM-Dateien für die Schriften lesen und korrespondierende TFM-Dateien erzeugen, die die »rohen« Schriften in Adobe-Codierung beschreiben.
- Aus diesen TFM-Dateien neue TFM-Dateien und virtuelle Schriften erzeugen, die der TeX-Base-1- und der `T1`-Codierung entsprechen. Bei diesem Prozess fallen auch die Konfigurationsdateien für LaTeX ab.

*Tabelle 7-3: Dateien bei der Anpassung von Type-1-Schriften*

| Dateityp | Endung | Erklärung |
|---|---|---|
| Adobe-Font-Metrik | *.afm* | Beschreibt Position, Größe usw. von Zeichen in Type-1-Schriften |
| Type-1-Schriftdatei | *.pfa*, *.pfb* | Enthält Informationen über die Darstellung der Zeichen |
| TeX-Font-Metrik | *.tfm* | Beschreibt Position, Größe usw. von Zeichen für TeX |
| Property-List-Datei | *.pl* | Textorientierte Darstellung einer TFM-Datei; kann mit `pltotf` in eine TFM-Datei umgewandelt werden |
| Virtuelle Schrift | *.vf* | Stellt eine Schrift durch Bestandteile von anderen Schriften dar |
| Virtual-Property-List-Datei | *.vpl* | Textorientierte Darstellung einer virtuellen Schrift; kann mit `vptovf` in eine VF- und eine TFM-Datei umgewandelt werden |
| LaTeX-Schriftdefinition | *.fd* | Enthält Informationen über eine Schrift(familie) für das NFSS |

- Map-Dateien erzeugen, mit deren Hilfe Ausgabeprogramme wie `dvips` mit den Schriften umgehen können.

Streng genommen erzeugt `fontinst` die TFM-Dateien und virtuellen Schriften nicht direkt, da es sich dabei um komprimierte Binärdateien handelt, die TeX nicht gut schreiben kann. Stattdessen schreibt es textorientierte Formate, die mit Hilfsprogrammen aus dem TeX-Umfeld in die Binärdateien umgewandelt werden können (siehe später).

`fontinst` ist ein komplexes Paket mit sehr vielen Einstellungsmöglichkeiten, bei dem wir uns auf das absolut Notwendige beschränken (stellen Sie sich vor, Sie lernen Auto fahren und befassen sich nur mit dem ersten Gang). Das `\latinfamily`-Kommando in unserem Beispiel versucht, aus den gegebenen AFM-Dateien das meiste zu machen, was sich aus ihnen herausholen lässt, ohne dass Sie dafür ins Detail gehen müssen. Theoretisch ist es aber auch möglich, `fontinst` bis ins Kleinste vorzuschreiben, was es tun soll, und die Resultate in weiten Grenzen zu manipulieren.

Wir wenden nun TeX (nicht LaTeX) auf die eben gezeigte Datei an:

```
$ tex uop-drv
```

Dieser Programmlauf erzeugt jede Menge Bildschirmausgaben, die größtenteils unbedenklich sind. Beispielsweise wird die Abwesenheit einiger Ligaturen bemängelt:

```
Warning: \ligature for unknown slot 'ffi'.
Warning: \ligature for unknown slot 'ffl'.
Warning: \ligature for unknown slot 'ff'.
```

Da normale Type-1-Schriften diese Ligaturen nicht enthalten, ist mit diesen Warnungen zu rechnen. Gravierend sind sie nicht, da `fontinst` versucht, die fehlenden Zeichen aus existierenden Zeichen zusammenzubasteln. Außerdem gibt es eine lange Reihe von Warnungen der Form

```
Warning: missing glyph 'Gamma'.
Warning: missing glyph 'Delta'.
Warning: missing glyph 'Theta'.
...
```

Diese entstehen, weil `fontinst` außer `T1`-codierten Schriften auch solche zu erstellen versucht, die nach der »alten« Methode `OT1` mit 128 Zeichen pro Schrift codiert sind. In `OT1` sind zum Beispiel griechische Großbuchstaben enthalten, die Adobe-Standard-Schriften in der Regel ebenfalls nicht mitbringen. Ein ähnliches Problem manifestiert sich im nächsten Satz Warnungen:

```
Warning: missing glyph 'arrowleft'.
```

```
Warning: missing glyph 'arrowright'.
Warning: missing glyph 'tieaccentlowercase'.
Warning: missing glyph 'tieaccentcapital'.
```

Dabei geht es um die Zeichen der »Text Companion«-Codierung `TS1`, die einen bunten Zoo von Sonderzeichen zur Verfügung stellt. Auch hier müssen Schriften mit Adobe-Standard-Codierung meist (zumindest partiell) passen.

Etliche Seiten voll Bildschirmausgaben später können wir in Augenschein nehmen, was `fontinst`, alles für uns getan hat. Ausgehend von *uopr8a.afm* hat es zum Beispiel die folgenden Dateien erzeugt:

| | |
|---|---|
| `uopr8a.pl` | Textform der Datei *uopr8a.tfm* |
| `uopr8c.vpl` | Textform einer virtuellen Schrift für Sonderzeichen (`TS1`-Codierung) |
| `uopr8r.pl` | Textform einer TFM-Datei für TeX-Base-1-Codierung |
| `uopr8t.vpl` | Textform einer virtuellen Schrift in `T1`-Codierung |

Die virtuellen Schriften `uopr8t` und `uopr8c` verwenden Zeichen aus `uopr8r`. Die ursprüngliche Adobe-codierte Schrift `uopr8a` benutzt TeX überhaupt nicht, sondern überläßt es dem Ausgabeprogramm – `dvips`, `xdvi` oder pdfTeX –, die Abbildung von `uopr8r` nach `uopr8a` herzustellen. Außerdem gibt es noch zwei Dateien, *uopr8a.mtx* und *uopr8r.mtx*. Dabei handelt es sich um Zwischendateien, die dieselben Informationen enthalten wie die AFM-Datei, die aber für TeX leichter zu lesen sind. Diese beiden Dateien können Sie löschen. Für jede ursprünglich vorhandene AFM-Datei existieren sinngemäß dieselben neuen Dateien.

Wenn Sie genau aufgepasst haben, werden Sie feststellen, dass ein paar PL- und VPL-Dateien im Verzeichnis stehen, die im vorigen Absatz nicht erklärt wurden. Beispielsweise finden Sie *uopro8t.vpl* und *uoprc8t.vpl*. Wenn Sie in der Erklärung des Karl-Berry-Namensschemas nachschauen, sehen Sie, dass der Code »`ro`« für *roman oblique*, also »schräg gestellt«, steht, während »`rc`« als *small caps* (Kapitälchen) zu deuten ist. Auf dieses Phänomen gehen wir in **[Hack #72]** und **[Hack #73]** ein.

Wir müssen jetzt nur noch die Textformen unserer TFM- und VF-Dateien in die Binärformen umwandeln, die TeX lesen kann. Mit der unter Linux üblichen Bash-Shell geht das folgendermaßen:

```
$ for f in *.pl; do pltotf $f; done
$ for f in *.vpl; do vptovf $f; done
```

(Von den Warnungen über etwaige Rundungsfehler sollten Sie sich nicht ins Bockshorn jagen lassen. Die Unterschiede sind für das menschliche Auge nicht zu erkennen.)

*Tabelle 7-4: TeX-Dateibäume*

| Variable | Standardwert | Erklärung |
|---|---|---|
| `$TEXMFMAIN` | */usr/share/texmf* | Systemweiter Baum mit Dateien aus der Distribution |
| `$TEXMFLOCAL` | */usr/local/share/texmf* | Systemweiter Baum mit lokal installierten Dateien |
| `$TEXMFHOME` | *$HOME/texmf* | Benutzerspezifischer Baum (hieß früher `$HOMETEXMF`) |

## Schrift-Konfigurationsdateien installieren

Bevor wir die neue Schrift mit LaTeX verwenden können, müssen wir die gerade erzeugten Dateien dort installieren, wo TeX sie finden kann. Typische TeX-Installationen unterscheiden zwischen drei verschiedenen Verzeichnisbäumen: einem systemweiten Baum mit Dateien, die in der Distribution mitgeliefert wurden, einem systemweiten Baum für lokal hinzugefügte Dateien und einem benutzerspezifischen Baum, in dem Sie Ihre eigenen Dateien hinterlegen können, die dann für andere Benutzer auf Ihrem System nicht sichtbar sind. Im Detail konfiguriert wird das in einer Konfigurationsdatei, normalerweise */etc/texmf/texmf.cnf*, wo Sie auch die Priorität der einzelnen Bäume angeben können. Im Idealfall sollte zuerst der benutzerspezifische Baum durchsucht werden, dann der systemweit lokale und dann der systemweite Distributionsbaum. Auf diese Weise können Sie Dateien in der Distribution bequem durch neuere oder angepasste Versionen ersetzen, ohne tatsächlich Dateien der Distribution ändern oder löschen zu müssen – und können so bei Bedarf eine neue Version Ihrer TeX-Distribution einspielen, ohne auf Ihre lokalen Änderungen Rücksicht nehmen zu müssen.

Eine von Ihnen selbst angepasste Schrift sollte also entweder unter `$TEXMFLOCAL` oder `$TEXMFHOME` Platz finden. Die Details regelt der »TeX Directory Standard« oder TDS, der vorschlägt, in einem TeX-Dateibaum ein Verzeichnis namens *fonts* zu haben, in dem dann Unterverzeichnisse für die einzelnen Dateitypen wie *tfm*, *vf* oder *type1* stehen. (PL- und VPL-Dateien sind nur Zwischenergebnisse und müssen nicht installiert werden.) Innerhalb dieser Verzeichnisse gibt es dann Unterverzeichnisse mit den verschiedenen Schriftherstellern und darin wiederum Unterverzeichnisse mit den Familien. Dadurch könnten Sie zum Beispiel die URW-»Optima« parallel zu den Optima-Versionen von Adobe oder Bitstream installieren, da sie in verschiedenen Schriftsteller-Verzeichnissen untergebracht werden. Wir müssen also damit anfangen, die nötigen Unterverzeichnisse zu generieren, und können sie dann mit den entsprechenden Daten füllen:

```
$ T=/usr/local/share/texmf
$ mkdir -p $T/fonts/{afm,tfm,type1,vf}/urw/optima
$ mkdir -p $T/tex/latex/urw/optima
```

```
$ for s in afm tfm vf; do mv .$s $T/fonts/$s/urw/optima; done
$ mv *.pfb $T/fonts/type1/urw/optima
$ mv *.fd $T/tex/latex/urw/optima
```

(Es ist wahrscheinlich, dass Sie für eine Installation im systemweiten lokalen Baum Systemadministratorrechte benötigen. Wenn das ein Problem ist, dann setzen Sie am Anfang »`T=$HOME/texmf`« für eine Installation in Ihrem eigenen Home-Verzeichnis.)

## Map-Dateien für Ausgabeprogramme anlegen

Im Prinzip hat LaTeX jetzt alle Informationen, damit wir mit unserer neuen Schriftfamilie arbeiten können. Aber wie bereits erwähnt, tut TeX nichts, außer Rechtecke in der (nominellen) Größe der Zeichen aneinanderzusetzen. Die tatsächliche sichtbare Ausgabe wird von Programmen wie `xdvi` oder `dvips` erzeugt, und diese Programme wissen bisher noch nichts von ihrem Glück. Als letzten Schritt müssen wir also dafür sorgen, dass `dvips` & Co. tatsächlich etwas mit DVI-Dateien anfangen können, die auf unsere neuen Schriften verweisen.

Dazu benötigen wir sogenannte Map-Dateien. Diese Dateien beschreiben für ein Programm wie `dvips`, wie es zu einer gegebenen Schrift, die in einer DVI-Datei erwähnt wird, die Informationen darüber finden kann, wie die Zeichen tatsächlich aussehen. Im Falle von PostScript-Type-1-Schriften läuft das darauf hinaus, dass wir `dvips` mitteilen, in welcher PFA- oder PFB-Datei die Schrift definiert ist und wie es von der DVI-Datei (die auf Zeichenpositionen gemäß der TeX-eigenen `T1`-Codierung verweist) zu den richtigen Zeichen in der (normalerweise nach dem Adobe-Standard codierten) PostScript-Type-1-Schriftdatei findet – in der Regel über den Umweg einer TeX-Base-1-codierten Zwischenstufe.

Zur Erzeugung von Map-Dateien zieht `fontinst` die Datei *uop-rec.tex* heran, die es beim ursprünglichen Programmlauf geschrieben hat (wir hatten die Datei mit den Zeilen

```
\recordtransforms{uop-rec.tex}
...
\endrecordtransforms
```

bestellt). Diese Datei enthält Informationen darüber, welche TeX-Schriften `fontinst` aus den AFM-Dateien erzeugt hat, und kann als Eingabe für einen neuen `fontinst`-Lauf dienen, der eine Map-Datei für die Schriftfamilie liefert. Dazu brauchen wir eine weitere kleine TeX-Eingabedatei, die etwa so aussehen kann:

```
\input finstmsc.sty
\resetstr{PSfontsuffix}{.pfb}
\adddriver{dvips}{uop.map}
\input uop-rec.tex
\donedrivers
\bye
```

Mit dem \resetstr-Kommando sagen wir fontinst, dass wir mit PFB-Dateien arbeiten (der Standardfall wäre *.pfa*). Maps sind prinzipiell spezifisch für bestimmte Ausgabeprogramme, so dass wir mit dem \adddriver-Kommando eine Map-Datei für dvips bestellen (es zeigt sich, dass diese Map-Dateien auch für xdvi und pdfTEXfunktionieren). Anschließend lesen wir die Datei *uop-rec.tex* aus dem vorigen fontinst-Lauf ein. Das Kommando

```
$ tex uop-map
```

erzeugt unsere Map-Datei unter dem Namen *uop.map*. Die erste Zeile dieser Datei sieht so aus (aus Platzgründen mit einem Zeilenumbruch):

```
uopr8r URWClassico-Reg <8r.enc
    <uopr8a.pfb " TeXBase1Encoding ReEncodeFont "
```

An dieser Zeile kann dvips sehen, dass es die Schrift uopr8r finden kann, indem es die Type-1-Schrift URWClassico-Reg aus der Datei *uopr8a.pfb* liest und sie gemäß der Codierung in *8r.enc* neu codiert. uopr8r war (zu Ihrer Erinnerung) die TEX-Base-1-codierte Schrift mit allen wünschenswerten Zeichen, auf der zum Beispiel die T1-codierte »virtuelle« Schrift uopr8t aufbaut. Das wiederum ist diejenige Schrift, die LATEX anfordert, wenn Sie in einem Dokument etwas wie

```
\usepackage[T1]{fontenc}
\renewcommand*{\rmdefault}{uop}
```

schreiben (siehe Familienangelegenheiten **[Hack #67]**).

Die allerletzte Hürde, die wir jetzt noch überspringen müssen, ist die Installation der Map-Datei an der richtigen Stelle. Wie und wo diese Datei installiert werden muss, hängt von Ihrer TEX-Distribution ab. Die gängige Distribution TEXLive für Linux verwendet dazu ein geschicktes Verfahren: Map-Dateien werden in einem zentralen Verzeichnis, etwa */etc/texmf/map*, abgelegt und eine Zeile der Form

```
Map uop.map
```

in der Datei *updmap.cfg* untergebracht (normalerweise in */var/lib/texmf/web2c* zu finden). Anschließend erzeugt ein Aufruf des Programms updmap-sys angepasste Konfigurationsdateien für dvips, xdvi und so weiter.

Test of uopr8t on March 28, 2007 at 1143

| | ´0 | ´1 | ´2 | ´3 | ´4 | ´5 | ´6 | ´7 | |
|---|---|---|---|---|---|---|---|---|---|
| ´00x | ` | ´ | ˆ | ˜ | ¨ | ˝ | ˚ | ˇ | ″0x |
| ´01x | ˘ | ¯ | ˙ | ¸ | ˛ | ‚ | ‹ | › | |
| ´02x | “ | ” | „ | « | » | – | — | | ″1x |
| ´03x | ■ | ı | ȷ | ff | fi | fl | ffi | ffl | |
| ´04x | ␣ | ! | " | # | $ | % | & | ’ | ″2x |
| ´05x | ( | ) | * | + | , | - | . | / | |
| ´06x | 0 | 1 | 2 | 3 | 4 | 5 | 6 | 7 | ″3x |
| ´07x | 8 | 9 | : | ; | < | = | > | ? | |
| ´10x | @ | A | B | C | D | E | F | G | ″4x |
| ´11x | H | I | J | K | L | M | N | O | |
| ´12x | P | Q | R | S | T | U | V | W | ″5x |
| ´13x | X | Y | Z | [ | \ | ] | ^ | _ | |
| ´14x | ‘ | a | b | c | d | e | f | g | ″6x |
| ´15x | h | i | j | k | l | m | n | o | |
| ´16x | p | q | r | s | t | u | v | w | ″7x |
| ´17x | x | y | z | { | \| | } | ~ | - | |
| ´20x | Ă | Ą | Ć | Č | Ď | Ě | Ę | Ğ | ″8x |
| ´21x | Ĺ | Ľ | Ł | Ń | Ň | ■ | Ő | Ŕ | |
| ´22x | Ř | Ś | Š | Ş | Ť | Ţ | Ű | Ů | ″9x |
| ´23x | Ÿ | Ź | Ž | Ż | Ĳ | İ | đ | § | |
| ´24x | ă | ą | ć | č | ď | ě | ę | ğ | ″Ax |
| ´25x | ĺ | ľ | ł | ń | ň | ■ | ő | ŕ | |
| ´26x | ř | ś | š | ş | ť | ţ | ű | ů | ″Bx |
| ´27x | ÿ | ź | ž | ż | ĳ | ¡ | ¿ | £ | |
| ´30x | À | Á | Â | Ã | Ä | Å | Æ | Ç | ″Cx |
| ´31x | È | É | Ê | Ë | Ì | Í | Î | Ï | |
| ´32x | Ð | Ñ | Ò | Ó | Ô | Õ | Ö | Œ | ″Dx |
| ´33x | Ø | Ù | Ú | Û | Ü | Ý | Þ | SS | |
| ´34x | à | á | â | ã | ä | å | æ | ç | ″Ex |
| ´35x | è | é | ê | ë | ì | í | î | ï | |
| ´36x | ð | ñ | ò | ó | ô | õ | ö | œ | ″Fx |
| ´37x | ø | ù | ú | û | ü | ý | þ | ß | |
| | ″8 | ″9 | ″A | ″B | ″C | ″D | ″E | ″F | |

*Abbildung 7-2: testfont-Tabelle für URW Classico*

Zu guter Letzt müssen Sie noch die Dateinamensliste auf den neuesten Stand bringen, die TeX verwendet, um seine Eingabedateien schnell finden zu können. Sagen Sie (als Systemverwalter):

```
# texhash
```

## Die neuen Schriften benutzen

Sie können sich ein einfaches Bild davon machen, welche Zeichen in Ihrer neuen Schrift enthalten sind, indem Sie eine Tabelle ausgeben. Hierzu bietet TeX eine Datei namens *testfont.tex*:

```
$ tex testfont
This is TeX, Version 3.141592 (Web2C 7.5.4)
(/usr/share/texmf-tetex/tex/plain/base/testfont.tex

Name of the font to test = uopr8t
Now type a test command (\help for help):)
*\table\bye
[1]
Output written on testfont.dvi (1 page, 10948 bytes).
Transcript written on testfont.log.
```

*testfont.tex* kann diverse Testmuster für Schriften erzeugen, aber das Kommando `\table` gibt eine Zeichentabelle aus (siehe Abbildung 7-2).

Innerhalb eines Dokuments können Sie jederzeit mit

```
\fontfamily{uop}\selectfont
```

auf die URW Classico umschalten, aber wirklich bequem ist das nicht, und außerdem widerspricht es dem Gedanken, sich pro Dokument ein für alle Mal für eine Schrift zu entscheiden. In Familienangelegenheiten **[Hack #67]** haben Sie gesehen, wie Sie eine Schriftfamilie global für eine der drei LaTeX-Standardschriften Serifenschrift, serifenlose Schrift und Schreibmaschinenschrift einstellen können. Wenn Sie also zum Beispiel die KOMA-Script-Dokumentklassen verwenden, die Überschriften normalerweise in der serifenlosen Familie von LaTeX setzen, können Sie mit dem Kommando

```
\renewcommand*{\sfdefault}{uop}
```

dafür sorgen, dass alle Überschriften in Optima erscheinen – zusammen mit Palatino als »Brotschrift«, ist das vom typografischen Standpunkt aus gar keine dumme Idee. Palatino erreichen Sie einfach mit:

```
\usepackage{mathpazo}
```

Natürlich können Sie die Details der Schriftauswahl auch in einem LaTeX-Paket verstecken. Etwas wie

```
\NeedsTeXFormat{LaTeX2e}
\ProvidesPackage{sfoptima}[2007/01/17 v1.0 URW Classico als SF]
\renewcommand*{\sfdefault}{uop}
\endinput
```

sollte dafür ausreichen, so dass Sie für den eben vorgeschlagenen Effekt nur noch Folgendes schreiben müssen:

```
\usepackage{mathpazo,sfoptima}
```

## Siehe auch

- Eine gute Einführung in die Feinheiten der Anpassung von Type-1-Schriften für LaTeX ist *The Font Installation Guide* von Philipp Lehman (*http://www.ctan.org/tex-archive/info/Type1fonts/fontinstallationguide/*). Dieses über hundert Seiten starke und sehr liebevoll gesetzte Handbuch beschreibt neben den hier gezeigten Anfangsgründen zum Beispiel auch den Umgang mit sogenannten »Expertenschriften«, die zusätzliche Zeichen und Ligaturen enthalten, mit Kapitälchen, Mediävalziffern und dem Eurozeichen.
- Die Details von `fontinst` erklärt die Dokumentation des Pakets selbst. Ganz fertig ist sie (wie auch `fontinst`) aber leider noch nicht.
- Wenn Sie wissen wollen, wie die TeX-Base-1- und die `T1`-Codierung genau aussehen, können Sie in Ihrem TeX-System die Dateien *8r.enc* und *cork.enc* suchen. Diese Dateien sind relativ umfassend kommentiert.

# HACK #70 Automatisierte Schriftanpassung

**Vermeiden Sie langweilige Kommandofolgen mit einem Shell-Skript**

Die im vorigen Hack vorgestellte Prozedur ist langwierig, aber nicht besonders anspruchsvoll – ein idealer Kandidat für die Automatisierung mit einem Shell-Skript. Wir stellen Ihnen hier ein Skript namens `tex-t1font` vor, das die Aufgaben aus dem vorigen Hack weitestgehend übernimmt. Sie müssen nur noch ein Arbeitsverzeichnis anlegen und dort die PFB- und AFM-Dateien für die anzupassende Schrift mit den korrekten Namen im Karl-Berry-Stil zur Verfügung stellen. Unser Skript wird dann mit dem Familiencode der Schriftfamilie aufgerufen:

```
$ tex-t1font uop
```

Es erledigt die folgenden Schritte:

- Die (laut Konvention) korrekten Namen für Schriftanbieter und Schriftfamilie bestimmen. `tex-t1font` bedient sich dafür der Dateien *supplier.map* und *typeface.map*, die in den gängigen TeX-Distributionen enthalten sind. Sollten Sie sich an einer Schriftfamilie versuchen, die in diesen Dateien nicht auftaucht, müssen Sie den Anbieter und die Schriftfamilie explizit über die Kommando-Optionen `-s` und `-t` angeben.
- Mit `fontinst` die Metriken und virtuellen Schriften erstellen. Hier gehen wir davon aus, dass `\latinfamily` ohne weitere Tricks ausreicht, um das Nötige zu tun.

```
#!/bin/bash

suppfile=$(kpsewhich supplier.map)
typefile=$(kpsewhich typeface.map)
target=$(kpsewhich -expand-var \$TEXMFHOME)
sudo=
domaps=1
suppname=
typename=
latexfamily=rm
usage="usage: %s [-m] [-p] [-s supplier] [-t face] [-F rm|sf|tt] family"

while getopts mps:t:F: arg
do
    case $arg in
        p)  target=$(kpsewhich -expand-var \$TEXMFLOCAL)
            sudo=sudo ;;
        m)  domaps=0 ;;
        s)  suppname="$OPTARG" ;;
        t)  typename="$OPTARG" ;;
        F)  latexfamily="$OPTARG" ;;
        ?)  printf $usage $0; exit 2 ;;
    esac
done
shift $(($OPTIND - 1))
famcode=$1

if [ -z "$suppname" ]
then
    suppname=$(grep "^$(echo $famcode | cut -c1-1)" \
        $suppfile | cut -d' ' -f2)
fi
if [ -z "$typename" ]
then
    typename=$(grep "^$(echo $famcode | cut -c2-3)" \
        $typefile | cut -d' ' -f2)
fi
if [ -z "$suppname" -o -z "$typename" ]
then
    echo >&2 "supplier or typeface codes unknown"; exit 1
fi
```

*Abbildung 7-3: tex-t1font – ein Shellskript zur Anpassung von Type-1-Schriften für LaTeX (Anfang)*

```
cat <<EOF >$famcode-drv.tex
% $famcode-drv.tex
\\input fontinst.sty
\\recordtransforms{$famcode-rec.tex}
\\latinfamily{$famcode}{}
\\endrecordtransforms
\\bye
EOF
tex $famcode-drv.tex

for f in *.pl; do pltotf $f; done
for f in *.vpl; do vptovf $f; done

$sudo mkdir -p $target/fonts/{afm,tfm,type1,vf}/$suppname/$typename
for s in afm tfm vf; do
    $sudo mv *.$s $target/fonts/$s/$suppname/$typename
done
$sudo mv *.pfb $target/fonts/type1/$suppname/$typename
$sudo mkdir -p $target/tex/latex/$suppname-$typename

date=$(date +%Y/%m/%d)
cat <<EOF >$typename.sty
\NeedsTeXFormat{LaTeX2e}
\ProvidesPackage{$typename}[$date v0.1 $suppname $typename for LaTeX]
\renewcommand*{\\${latexfamily}default}{$famcode}
\endinput
EOF
$sudo mv *.fd *.sty $target/tex/latex/$suppname-$typename
rm -f *.pl *.vpl *.mtx
```

*Abbildung 7-4: tex-t1font – ein Shellskript zur Anpassung von Type-1-Schriften für LaTeX (Mitte)*

```
if [ $domaps = 1 ]
then
    cat <<EOF >$famcode-map.tex
\\input finstmsc.sty
\\resetstr{PSfontsuffix}{.pfb}
\\adddriver{dvips}{$famcode.map}
\\input $famcode-rec.tex
\\donedrivers
\\bye
EOF
    tex $famcode-map.tex

    $sudo mkdir /etc/texmf/map/dvips/$suppname
    $sudo mv $famcode.map /etc/texmf/map/dvips/$suppname
    echo "Map $famcode.map" >tmp.map
    $sudo mv tmp.map /etc/texmf/updmap.d/10$famcode.map

    $sudo update-updmap
    $sudo updmap-sys
fi

$sudo mktexlsr $target
```

*Abbildung 7-5: tex-t1font – ein Shellskript zur Anpassung von Type-1-Schriften für LaTeX (Schluss)*

- Die Resultate des `fontinst`-Laufs an ihren Platz kopieren. Standardmäßig ist das das *texmf*-Unterverzeichnis in Ihrem Home-Verzeichnis, wobei `tex-t1font` sich darum kümmert, die nötige Verzeichnishierarchie anzulegen, sofern sie noch nicht existiert. Wenn Sie die Kommando-Option `-p` (wie *public*) angeben, werden die Dateien stattdessen unter `$TEXMFLOCAL` abgelegt, so dass sie im ganzen System sichtbar sind. Hierfür sind in der Regel Administratorprivilegien nötig, die sich das Skript über `sudo` holt.
- Ein LaTeX-Paket erstellen und installieren, das eine der drei Standardfamilien auf die neue Schriftfamilie umschaltet. Normalerweise ändert das Paket den `\rmdefault`, aber über die Kommando-Option `-F` können Sie den `\sfdefault` oder `\ttdefault` wählen:

  ```
  $ tex-t1font -F sf uop
  ```

  erzeugt zum Beispiel das Paket `optima`, so wie wir es in LaTeX und PostScript-Schriften [Hack #69] vorgestellt haben, mit

```
\renewcommand*{\sfdefault}{uop}
```

- Eine Map-Datei für die Schriftfamilie erstellen und installieren. Die Installation in unserem Beispiel ist spezifisch für TEXLive unter Debian GNU/-Linux und hat den Vorteil, komplett automatisch zu funktionieren. Für andere Plattformen sind hier mitunter Änderungen nötig.

Das Skript `tex-t1font` ist natürlich nur ein Anfang (aber ein nützlicher). Zahlreiche Erweiterungen sind denkbar – zum Beispiel könnten Sie noch Kommando-Optionen einführen, um den Namen des LATEX-Pakets zu setzen. Leiten Sie die Ausgabe der einzelnen Programme in eine Datei um, um den Bildschirm nicht zuzumüllen. Wenn Sie mehr über `fontinst` wissen, können Sie auch dafür weitere Vereinfachungen schaffen. Toben Sie sich aus!

## HACK #71 Die Wahre Type

**Wie Sie TrueType-Schriften mit LATEX verwenden können**

Wenn Sie beliebige PostScript-Type-1-Schriften für LATEX verdaulich machen können **[Hack #69]**, drängt sich die nächste Frage auf: Was ist mit den TrueType-Schriften, die sich zu Dutzenden, wenn nicht Hunderten auf billigen CDs tummeln oder gar frei aus dem Internet herunterzuladen sind? Na, wenn wir mal ehrlich sind, sind viele davon die Mühe nicht wirklich wert – aber das sollte uns nicht davon abhalten, Ihnen zu zeigen, wie Sie sich diejenigen, die den Aufwand lohnen, nutzbar machen können. Betrachten wir als Beispiel mal die populäre Schrift »Comic Sans MS«, die Microsoft im Rahmen des »TrueType Core Fonts for the Web« kostenlos zur Verfügung gestellt hat. Sie eignet sich für informelle Drucksachen wie Geburtstagseinladungen und wird in dieser Funktion so gerne verwendet, dass sie fast schon etwas abgegriffen wirkt, aber sei's drum ...

Wenn Sie das Microsoft-Schriftpaket auf Ihrem Rechner installiert haben, dann suchen Sie zunächst nach den Schriftdateien. Auf dem Debian-GNU/-Linux-System des Autors ergibt sich

```
$ locate ComicSans
/var/lib/defoma/fontconfig.d/C/ComicSansMS-Bold.ttf
/var/lib/defoma/fontconfig.d/C/ComicSansMS-Regular.ttf
```

Wie in PostScript-Type-1-Schriften nutzen **[Hack #69]** vorgeschlagen, erzeugen Sie am besten ein Arbeitsverzeichnis und kopieren die Schriften dort hinein:

```
$ mkdir comicsans
$ cp $(locate ComicSans) comicsans
$ cd comicsans
```

> Wenn Sie die Microsoft-Web-Schriften nicht auf Ihrem Rechner haben, dann schauen Sie, ob Ihre Linux-Distribution ein Paket namens `msttcorefonts` anbietet. Falls nicht, laden Sie sich von *http://corefonts.sourceforge.net/* die Datei *comic32.exe* herunter und verwenden Sie das frei verfügbare `cabextract`-Programm, um die Dateien *comic.ttf* und *comicbd.ttf* aus dieser zu extrahieren.

TrueType-Schriften erschließen Sie sich für LaTeX am besten über den Umweg über Type-1-Schriften. Das frei verfügbare Programm `ttf2pt1` kann TrueType-Schriften in Type-1-Schriften konvertieren und gleich die passenden AFM-Dateien dazu anlegen. Dabei versucht es, die konvertierten Schriften an die Anforderungen des PostScript-Type-1-Formats anzupassen, Rundungsfehler zu korrigieren und diverse Fehler zu beheben, die für frei verfügbare TrueType-Schriften typisch sind. Es wird nicht garantiert, dass `ttf2pt1` immer optimale Resultate liefert, aber zumindest passable Ergebnisse müssten drin sein (notfalls mit etwas manueller Nachhilfe über Optionen). Sie finden `ttf2pt1` in gängigen Linux-Distributionen oder im Quellcode unter *http://ttf2pt1.sourceforge.net*.

> Im Gegensatz zu `dvips` kann pdfLaTeX TrueType-Schriften auch direkt verarbeiten. Darauf gehen wir aber nicht weiter ein – der hier gezeigte Ansatz ist etwas allgemeiner.

Bequemerweise benennen Sie die Schriftdateien zunächst gemäß dem Karl-Berry-Standard um. Microsoft als Schriftlieferant hat den Code »`j`« (»`m`« steht schon für »Monotype«, eine Firma, die in diesem Bereich ein ungleich höheres Gewicht hat als der Softwaregigant aus Redmond, Washington). Für »Comic Sans« hat der Standard keinen definitiven Code anzubieten (»`cs`« steht schon für »Century Schoolbook«), aber es gibt »Comic« mit dem Code »`o5`«, was für uns momentan ausreichend ist. Die Dateien erst umzubenennen und dann ins Type-1-Format umzuwandeln hat den Vorteil, dass die Ausgabedateien von `ttf2pt1` dann gleich den richtigen Namen haben:

```
$ mv ComicSansMS-Regular.ttf jo5r8a.ttf
$ mv ComicSansMS-Bold.ttf jo5b8a.ttf
```

Als Nächstes wenden Sie `ttf2pt1` auf die Schriftdateien an:

```
$ ttf2pt1 -a -b jo5r8a.ttf
$ ttf2pt1 -a -b jo5b8a.ttf
```

Die Option »`-b`« liefert uns PFB- statt PFA-Dateien, während »`-a`« dafür sorgt, dass alle Zeichen der TrueType-Schrift in die Type-1-Schrift übernommen werden. Ohne diese Option würde `ttf2pt1` nur diejenigen Zeichen übertragen, die in einer der in der TrueType-Schrift genannten Codierungen vorkommen, und andere Zeichen möglicherweise auslassen. Da die TeX-Software

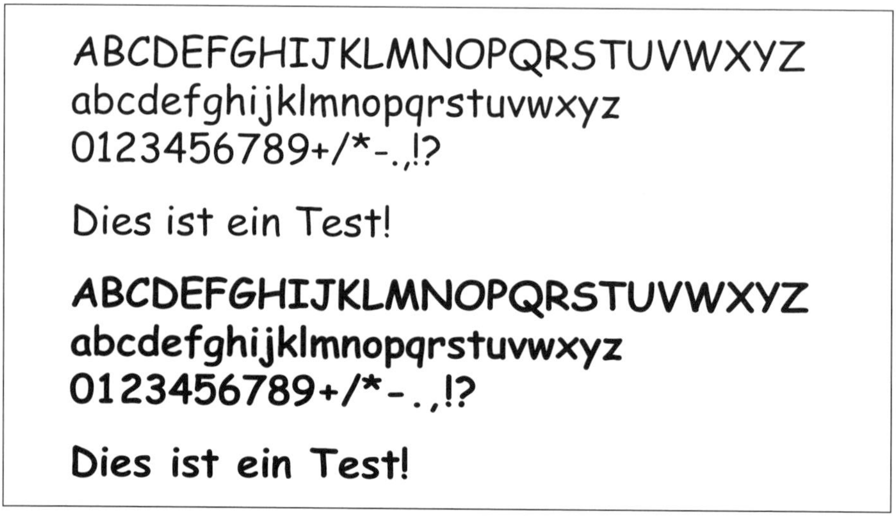


*Abbildung 7-6: LaTeX kann Comic Sans MS!*

aber ihre eigenen Codierungen verwaltet, kann sie potenziell alle Zeichen in der TrueType-Schrift nutzen, unabhängig davon, wie sie in der TrueType-Schrift aufbereitet sind.

Alles Weitere können Sie entweder manuell erledigen (wie in PostScript-Type-1-Schriften nutzen **[Hack #69]** beschrieben), oder Sie verwenden das Shell-Skript zur Schriftanpassung **[Hack #70]**. In jedem Fall können Sie anschließend beispielsweise Folgendes schreiben:

```
\documentclass{article}
\usepackage[T1]{fontenc}
\usepackage{comic}
\renewcommand*{\familydefault}{\sfdefault}
\begin{document}
  Dies ist ein Test!
\end{document}
```

Das Resultat eines etwas ausführlicheren Tests finden Sie in Abbildung 7-6.

Wenn Sie sich Abbildung 7-6 etwas genauer anschauen, können Sie sehen, dass dieser Ansatz nicht ganz perfekt ist. Einige Zeichenabstände könnten optimiert werden; zum Beispiel ist der Abstand der Zeichen »T« und »e« im Wort »Test« etwas zu groß – eine Unterschneidung (*Kerning*) wäre dort angebracht. Leider hat schon die Übersetzung der Originalschriften von TrueType nach Type-1 zur `ttf2pt1`-Meldung

*Abbildung 7-7: Palatino – schräg gestellt vs. kursiv*

```
No Kerning data
```

geführt, so dass unsere Software gar nichts dafür kann, aber ärgerlich ist es trotzdem! Prinzipiell haben Sie die Möglichkeit, mit `fontinst` die benötigten Informationen manuell nachzutragen (nach ausführlicher Experimentiererei, selbstredend) – konsultieren Sie dazu die Dokumentation des Pakets. Auf der anderen Seite können Sie auch schlussfolgern, dass anscheinend auch niemand sonst Comic Sans MS mit Unterschneidungen verwendet, und den Kopf in den Sand stecken. Auffallen würde der Unterschied vermutlich eh niemandem außer ein paar unverbesserlichen Puristen ...

## HACK #72 Kursiv oder schräg? Schmal oder fett?

**Wie Sie sich aus der Klemme helfen, wenn Sie keine kursive Schrift haben, und andere Tricks**

Ein kursiver Schnitt einer Schrift ist – zumindest wenn die Schriftfamilie gut entworfen ist – etwas ganz anderes als eine »schräg gestellte« Version des normalen Schnitts. Am meisten unterscheiden sich normalerweise Kleinbuchstaben wie »a«, »f«, »g« oder »i«. Abbildung 7-7 demonstriert das am Beispiel der Schrift Palatino, und es ist leicht zu erkennen, dass zum Beispiel das »a« in der kursiven Variante eine völlig andere Form hat. Auch »i« und »f« unterscheiden sich merklich.

Wenn Sie zu einer Schrift keinen echten kursiven Schnitt zur Verfügung haben (denken Sie an Comic Sans MS **[Hack #71]**), dann können Sie sich notfalls mit einem schräg gestellten Schnitt behelfen, den Sie sich selbst machen – PostScript

*Abbildung 7-8: Comic Sans MS – aufrecht und schräggestellt*

bzw. PDF machen es möglich, eine Scherung auf eine existierende »normale«, aufrechte Schrift anzuwenden, und `fontinst` **[Hack #69]** übernimmt dafür die Fußarbeit. Tatsächlich sorgt das `fontinst`-Kommando `\latinfamily` von sich aus dafür, zusätzlich zu einer eventuell vorhandenen echten kursiven Variante auch eine schräg gestellte Version der entsprechenden aufrechten Schrift mit zu installieren. Zur aufrechten Comic Sans MS mit dem TeX-Namen `jo5r8t` gehört die schräg gestellte Version `jo5ro8t` (»`ro`« wie »roman oblique«). Abbildung 7-8 zeigt die beiden im Vergleich. Und dasselbe gibt es natürlich noch in fett unter dem Namen `jo5bo8t`.

Natürlich können Sie selbst bestimmen, wie schräg die schräg gestellte Version Ihrer Schrift sein soll. Leider können Sie dann nicht mehr auf das bequeme `\latinfamily`-Kommando zurückgreifen, sondern müssen eine ausführlichere Treiberdatei für `fontinst` erstellen, die in etwa dieselben Dinge tut. So eine Datei könnte ungefähr folgendermaßen anfangen:

```
\input fontinst.sty
\substitutesilent{bx}{b}
\substitutesilent{m}{l}
\substitutesilent{bx}{db}
```

Nach dem Einlesen des `fontinst`-Codes definieren wir zuerst ein paar Schrift-Ersetzungen. Fettdruck wird bei LaTeX normalerweise über die *bold-extended*-Schriften der `bx`-Serie realisiert statt durch *bold*-Schriften der `b`-Serie. Aus diesem Grund machen wir die beiden äquivalent. Dasselbe gilt für die Serien *medium* und *light* sowie *bold extended* und *demibold*. (Sollten Sie von einer Schrift tatsächlich normale, helle, halbfette und fette Schnitte zur Verfügung haben, können Sie sich diese Ersetzung natürlich sparen.)

Nun zur Schrägstellung: Der Parameter

```
\setint{slant}{167}
```

definiert die »Schräge« zu 0,167, was zu verstehen ist als der Tangens des

Schrägstellungswinkels, hier etwa 9,5°. fontinst multipliziert den tatsächlichen Wert des Parameters mit 1000, so dass er als 167 angegeben wird. Sie können diesen Wert variieren, aber sollten dabei nicht übertreiben; viel mehr als 10° (fontinst-Wert 176) ist wahrscheinlich nicht mehr schön.

Als Nächstes gehen wir zu dem Teil der fontinst-Eingabedatei über, der die eigentliche Arbeit erledigt:

```
\recordtransforms{jo5-rec.tex}
\transformfont{jo5r8r}{\reencodefont{8r}{\fromafm{jo5r8a}}}
\transformfont{jo5b8r}{\reencodefont{8r}{\fromafm{jo5b8a}}}
```

Hier erzeugen wir die Schriften in TEX-Base-1-Codierung (die alle wünschenswerten Zeichen enthält) aus den Adobe-Standard- Schriften, die ttf2pt1 ausgegeben hat. Die schräg gestellten Schriften entstehen durch

```
\transformfont{jo5ro8r}{\slantfont{\int{slant}}%
  \reencodefont{8r}{\fromafm{jo5r8a}}}
\transformfont{jo5bo8r}{\slantfont{\int{slant}}%
  \reencodefont{8r}{\fromafm{jo5b8a}}}
```

Anschließend können wir tatsächlich anwendbare Schriften erzeugen:

```
\installfonts
  \installfamily{T1}{jo5}{}
  \installfont{jo5r8t}{jo5r8r,newlatin}{t1}{T1}{jo5}{m}{n}{}
  \installfont{jo5ro8t}{jo5ro8r,newlatin}{t1}{T1}{jo5}{m}{sl}{}
  \installfont{jo5b8t}{jo5b8r,newlatin}{t1}{T1}{jo5}{b}{n}{}
  \installfont{jo5bo8t}{jo5bo8r,newlatin}{t1}{T1}{jo5}{b}{sl}{}
\endinstallfonts
\endrecordtransforms
\bye
```

Die \installfont-Kommandos sagen im Wesentlichen Folgendes: »Installiere die Schrift jo5r8t (d.h. T1-codierte Comic Sans MS) auf der Basis von jo5r8r (also TEX-Base-1-codierter Comic Sans MS), indem akzentuierte Zeichen gemäß der Programme in *newlatin.mtx* zusammengesetzt und anhand des Codierungsvektors t1 in der (virtuellen) Schriftdatei platziert werden. Das Resultat kennt LATEX dann als Serie m, Form n, in der Schriftfamilie jo5 gemäß Codierung T1.«

Diese fontinst-Eingabedatei tut bei Weitem nicht alles, was \latinfamily macht: Die veraltete OT1-Codierung und die Sonderzeichen der TS1-Codierung werden links liegen gelassen und die TEX-Base-1-codierten »rohen« Schriften nicht mit installiert. Für Experimente mit dem Schrägstellungs-Parameter reicht unsere Version allerdings ohne Weiteres aus.

*Abbildung 7-9: Normale und (automatisch) komprimierte Schrift*

Wenn Sie `\latinfamily` benutzen, können Sie sich anhand der Protokolldatei von TEX ein Bild davon machen, was Sie in einer expliziten Eingabedatei hätten schreiben müssen, um dieselben Effekte zu erzielen. Betrachten Sie die Zeilen, die mit »`INFO> run`« anfangen:

```
$ grep '^INFO> run' jo5-drv.log
INFO> run \transformfont  <jo5r8r> from <jo5r8a>
INFO> run \installrawfont <jo5r8r><jo5r8r,8r><8r><8r><jo5><m><n>
INFO> run \installfont <jo5r7t><jo5r8r,newlatin><OT1><OT1><jo5><m><n>
INFO> run \installfont <jo5r8t><jo5r8r,newlatin><T1><T1><jo5><m><n>
INFO> run \installfont <jo5r8c><jo5r8r,textcomp><TS1><TS1><jo5><m><n>
...
```

## Andere Transformationen

Außer der Scherung für das Schrägstellen unterstützt `fontinst` noch andere Transformationen für Schriften. Zum Beispiel können Sie eine »komprimierte« (schmalere) Version einer Schrift erstellen, indem Sie in Ihrer `fontinst`-Eingabedatei Folgendes verwenden:

```
\setint{condensed}{750}
\transformfont{jo5r8rc}{\xscalefont{\int{condensed}}%
  \reencodefont{8r}{\fromafm{jo5r8a}}}
\installfont{jo5r8tc}{jo5r8rc,newlatin}{t1}{T1}{jo5}{c}{n}{}
```

Auch hier wurde der Parameter für die Zwecke von `fontinst` wieder mit 1000 multipliziert. Für auf 75% komprimierte Schriften sieht LATEX den Seriencode »c« (*condensed*) vor, der sich in unserem `\installfont`-Kommando befindet und den Sie auch benutzen müssen, um die Schrift in einem Dokument anzusprechen:

```
{\fontseries{c}\selectfont Dies ist komprimiert!}
```

*Abbildung 7-10: Falsche Kapitälchen für Comic Sans MS*

Eine Gegenüberstellung von »normaler« und komprimierter Schrift finden Sie in Abbildung 7-9.

HACK #73

## Aus Groß mach Klein

**Noch eine Hilfe für verzweifelte Zeiten: falsche Kapitälchen**

Eine weitere Form der Hervorhebung in Texten sind KAPITÄLCHEN, also Schriften, bei denen die Kleinbuchstaben durch verkleinerte Großbuchstaben ersetzt werden. Im Idealfall bietet der Schrifthersteller zu einer Schriftfamilie »echte« Kapitälchen an, die ein Typograf speziell für diesen Zweck entworfen hat. Oft stehen diese aber nicht zur Verfügung, so dass Sie sich anderweitig behelfen müssen.

Eine naheliegende Maßnahme besteht darin, Kapitälchen zu realisieren, indem man einfach die Großbuchstaben der Schrift um einen bestimmten Faktor verkleinert – 80% sind dabei üblich. Puristen werden hier die Nase rümpfen, und das mit Recht, denn »echte« Kapitälchen sollten dieselbe Strichstärke aufweisen wie die Originalschrift, während bei den »falschen« Kapitälchen mit der Größe der Zeichen auch die Strichstärke reduziert wird. Wenn Sie also auf Qualität bestehen, sollten Sie echte Kapitälchen fordern (und dafür notfalls auch tief in die Tasche greifen).

Wenn Sie trotzdem in die Verlegenheit kommen sollten, falsche Kapitälchen erzeugen zu müssen, ist das mit `fontinst` **[Hack #69]** leicht erledigt. Sie müssen nur ein `\installfont`-Kommando zu Ihrer Steuerdatei hinzufügen, das sich statt auf den Codierungsvektor `t1` auf `t1c` bezieht. Der Parameter `smallcapsscale` legt den Verkleinerungsfaktor fest (wie üblich multipliziert mit 1000):

```
\setint{smallcapsscale}{800}
...
\installfont{jo5rc8t}{jo5r8r,newlatin}{t1c}{T1}{jo5}{m}{sc}{}
...
```

Eine Kapitälchen-Schrift hat im Karl-Berry-Schema den Code »rc« (bzw. »bc« für fette Kapitälchen).

Die gute Nachricht ist, dass Sie sich normalerweise nicht um falsche Kapitälchen kümmern müssen. Das `\latinfamily`-Kommando von `fontinst` erzeugt sie nämlich automatisch, egal ob Sie sie brauchen oder nicht. Abbildung 7-10 zeigt ein Beispiel.

# Grafik

## Hacks #74–80

LaTeX steht zu Unrecht im Ruf, ein textlastiges Programm zu sein, das mit Grafik nicht gut zurechtkommt. Tatsache ist, dass TeX selbst sich nicht um Grafik kümmert, außer auf einer sehr elementaren Ebene – das DVI-Format unterstützt beliebige Linien, solange sie entweder vertikal oder horizontal sind[1], alles andere muss irgendwie nachgebaut werden. LaTeX kennt dazu die `picture`-Umgebung, die aus speziellen Zeichensätzen schräge Linien mit einer gewissen beschränkten Auswahl von Steigungen zusammenbasteln kann, und diverse Erweiterungen davon, die diese Einschränkung aufheben, indem sie beliebige schräge Linien aus einzelnen Punkten zusammenstückeln oder über spezielle Eigenschaften bestimmter Ausgabeprogramme realisieren. Dies erlaubt einfache Liniengrafiken, aber heutzutage ist auch die Einbindung von Fotos und anderem Halbtonmaterial gefragt, die im Falle von LaTeX eindeutig Sache der Ausgabeprogramme ist – LaTeX beschränkt sich darauf, im gesetzten Dokument eine passende freie Fläche vorzusehen und dem Ausgabeprogramm, etwa `dvips`, zu sagen, was es damit anfangen soll. Wenn Sie Ausgabe in PostScript oder PDF erzeugen, können Sie auch die Grafikkommandos dieser Sprachen aus LaTeX heraus ansprechen und auf diese Weise trickreiche Grafikpakete wie pgf und Ti*k*Z **[Hack #78]** in LaTeX selbst realisieren.

Tatsächlich schlummern unter der simplen Oberfläche von LaTeX aber ungeahnte Talente, was Grafik angeht. Getreu der Devise, dass man selber nichts können muss, wenn man nur die richtigen Leute kennt, kann LaTeX diverse erstaunliche Sachen an andere Programme oder Erweiterungspakete delegieren. Lassen Sie sich überraschen!

[1] ... ganz im Geiste von Piet Mondrian.

# HACK #74 Ein Bild sagt mehr als tausend Wörter

Integrieren Sie Grafiken in Ihre Dokumente.

Für das Einbinden von externen Grafiken in LaTeX hat sich das graphics- bzw. graphicx-Paket von David Carlisle und Sebastian Rahtz als Standard durchgesetzt. Die beiden Pakete können in etwa dasselbe – sie bieten beide ein Kommando \includegraphics an, das eine externe Grafikdatei einbindet –, aber graphicx erlaubt eine bequemere Syntax auf der Basis von Schlüssel-Wert-Paaren à la

```
\includegraphics[width=10cm,angle=90]{meinbild}
```

Benutzen Sie graphicx. Für den Rest dieses Kapitels lassen wir graphics links liegen.

Welche Grafikformate Sie benutzen können, hängt von Ihrem Ausgabeprogramm ab. dvips und xdvi erwarten Encapsulated PostScript (EPS), während pdfLaTeX mit PDF, JPEG-Dateien und PNG zurechtkommt. pdfLaTeX verdaut außerdem das restringierte EPS-artige Format, das METAPOST ausspuckt. Zum Glück gibt es verschiedene Möglichkeiten, Dateien so aufzubereiten, dass sie sowohl für »reguläres« LaTeX mit DVI-Ausgabe und Weiterbearbeitung per dvips als auch für PDF-Ausgabe mit pdfLaTeX zu gebrauchen sind. EPS-Dateien können Sie einigermaßen bequem in PDF umwandeln [Hack #76], während JPEG-Dateien (die pdfLaTeX direkt liest) mit etwas PostScript-Code davor und dahinter auch für dvips verständlich sind. Gängige Grafikprogramme wie The GIMP oder spezialisierte Konverter wie ImageMagick können PNG in EPS umwandeln, siehe dazu auch dvips und Nicht-PostScript-Dateien [Hack #75].

Zum Glück müssen Sie sich in Ihrem LaTeX-Dokument nicht auf ein spezielles Format festlegen (was bedeuten würde, dass Sie lästige Fallunterscheidungen oder gar separate Dokumente für DVI- und PDF-Ausgabe bräuchten). Wenn Sie in einem \includegraphics-Aufruf nur den eigentlichen Namen der Datei ohne die Format-Endung angeben, dann probiert graphicx die Endungen für die Formate durch, die das aktuelle System unterstützt, und sucht jeweils nach einer passenden Datei. Wenn Sie also *bild.eps* und *bild.pdf* zur Verfügung haben, wird ein einfaches

```
\includegraphics[...]{bild}
```

dafür sorgen, dass *bild.eps* eingebunden wird, wenn Sie PostScript-Ausgabe für dvips (via DVI) anstreben, und *bild.pdf*, wenn Sie mit pdfLaTeX direkt PDF ausgeben wollen. Es liegt an Ihnen, dafür zu sorgen, dass die beiden Dateien dieselbe Grafik zeigen!

> Das Programm purifyeps von Scott Pakin dient dazu, EPS-Dateien so umzuschreiben, dass sie sowohl für dvips als auch für

pdfLaTeX verdaulich sind. Es benutzt dazu (halten Sie die Luft an) das Programm pstoedit, das EPS in diverse Formate konvertieren kann, unter anderem METAPOST-Eingabe, und METAPOST selbst. Die Ausgabe von METAPOST ist »eine Art« EPS, das mit ein paar kleinen Reparaturen, die purifyeps vornimmt, von dvips wie auch pdfLaTeX gelesen werden kann. Dies funktioniert für viele EPS-Dateien, aber aufgrund von Einschränkungen von pstoedit nicht für alle. Ferner müssen Sie pdfLaTeX klar machen, dass es diese Dateien lesen kann; wie das geht, steht in der Dokumentation von purifyeps.

## HACK #75 dvips und Nicht-PostScript-Dateien

**Wie Sie LaTeX und dvips beibringen, Grafikdateien zu verdauen, die nicht im PostScript-Format sind**

Das Programm dvips, das hatten wir gesagt, versteht nur EPS-Grafiken. Mit anderen gängigen Grafikformaten, etwa PNG, kommt es nicht direkt zurecht – aber es ist auch mühselig, Pixelgrafiken, zum Beispiel Bildschirmfotos sowohl als PNG-Dateien (für pdfLaTeX) als auch als EPS-Dateien (für gewöhnliches LaTeX mit dvips) vorzuhalten. Außerdem sind EPS-Dateien, die aus PNG-Dateien erzeugt wurden, meist ungebührlich groß.

Allerdings können wir dvips dazu bringen, die benötigten EPS-Daten bei Bedarf aus einer vorhandenen PNG-Datei zu generieren. Dazu brauchen wir vor allem zwei Dinge: Ein Programm, das die Umwandlung von PNG nach EPS vornehmen kann (convert aus dem ImageMagick-Paket ist eine naheliegende Wahl für Unix- und Linux-Anwender) und eine Datei, die LaTeX lesen kann, um herauszufinden, wie viel Platz es für die Grafik einplanen muss. Die Details erledigt dann ein kleines Shellskript.

Wenn das graphicx-Paket von LaTeX darauf geeicht ist, mit dvips zusammenzuarbeiten, dann weiß es nichts über PNG-Dateien. Damit das Ganze funktioniert, müssen wir dem graphicx-Paket also sagen, wie es mit PNG-Dateien umgehen soll. Dazu definieren wir eine neue Grafikregel:

```
\DeclareGraphicsRule{.png}{eps}{.eps.bb}%
    {`convert-for-dvips #1 eps:-}
```

Diese Regel sagt, dass graphicx Dateien mit der Endung *.png* behandeln soll wie EPS-Dateien. Das klingt auf den ersten Blick merkwürdig, aber EPS-Dateien sind das Einzige, was dvips kann – uns bleibt also eigentlich kaum eine Wahl. Letzten Endes bedeutet das nur, dass die richtigen Kommandos für dvips in die DVI-Datei geschrieben werden müssen; die Hauptarbeit bleibt sowieso an dvips hängen. LaTeX muss nur wissen, wie groß die Grafik ist, damit es im Dokument angemessen Platz freilassen kann. Da es diese Information

```
#!/bin/sh
# make-epsbbfiles: Lege .eps.bb-Dateien für die als Parameter
#                  übergebenen PNG-Grafiken an
#
# Braucht ein file(1)-Kommando, das über PNG-Dateien Bescheid
# weiß, etwa das aus aktuellen Linux-Varianten.

num=’\([0-9]*\)’
prefix=’%%BoundingBox: 0 0’
for f
do
    file $f \
    | sed "s/^.*data, $num x $num,.*\$/$prefix \1 \2/" \
    > ‘basename $f .png‘.eps.bb
done
```

*Abbildung 8-1: .eps.bb-Dateien für PNG-Grafiken anlegen*

nicht direkt aus der PNG-Datei lesen kann (mit Binärdateien tut es sich nun mal schwer), sorgen wir dafür, dass für jede PNG-Datei *bild.png* eine Datei *bild.eps.bb* existiert, die die Größe der PNG-Datei in einem Format enthält, das graphicx lesen kann – soll heißen,

```
%%BoundingBox: 0 0 4711 815
```

(Wenn Sie sich mal den Anfang einer EPS-Datei anschauen, werden Sie da wahrscheinlich eine sehr ähnliche Zeile finden.) Solche Dateien lassen sich bei Bedarf leicht herstellen, Abbildung 8-1 zeigt, wie. Das dritte Argument von \DeclareGraphicsRule gibt an, dass graphicx diese Datei statt der eigentlichen Grafikdatei lesen soll, um deren Größe herauszufinden.

Das letzte Argument von \DeclareGraphicsRule schließlich wird an dvips durchgereicht, das es dazu benutzt, sich die tatsächlichen Grafikdaten zu verschaffen. Normalerweise steht hier nur ein Dateiname, aber die Konvention sagt, dass das Argument als Name eines *Kommandos* interpretiert wird, wenn es mit einem »Backtick« (Rückwärts-Apostroph, *accent grave*, was auch immer, jedenfalls das Zeichen, das Sie bekommen, wenn Sie auf einer normalen PC-Tastatur die Umschalttaste und die Taste gleich links neben der »Backspace«-Taste drücken) anfängt. Am Schluss eines Kommandos muss kein solches Zeichen stehen! Wir benutzen das, um ein Shellskript aufzurufen, das die Umwandlung vornimmt und die Daten an dvips weiterreicht.

Es versteht sich von selbst, dass DVI-Dateien, deren Verarbeitung mit dvips dazu führen kann, dass beliebige Shellkommandos gestartet werden, eine tickende Zeitbombe sind. Denken Sie an etwas wie

```
\DeclareGraphicsRule{.eps}{eps}{.eps}{‘rm -rf .* *}
```

und schaudern Sie. Aus diesem Grund weigert dvips sich normalerweise, solche Kommandos aufzurufen, wenn Sie es ihm nicht über die Kommandooption »-R0« ausdrücklich erlauben. Sie sollten das natürlich nur tun, wenn Sie die DVI-Dateien selbst gemacht haben und auch den dafür verwendeten Makros blind vertrauen. Wenn Sie sich ein Bild davon machen wollen, welche möglicherweise tückischen Grafikeinbindungskommandos in Ihren DVI-Dateien lauern, können Sie etwas ausführen wie

```
dvitype suspect.dvi | grep "xxx 'PSfile="
```

In der Ausgabe dieses Kommandos sehen Sie dann, was an dvips übergeben wird.

Als Kommando für die Umwandlung würde auch ein einfacher Aufruf von convert à la

```
convert #1 eps:-
```

```
#!/bin/sh
# convert-for-dvips: Wandle eine PNG-Datei in EPS um und
#                    cache das Ergebnis

cache=.dvips-cache

pic=$1
eps=$cache/‘echo $pic | sed 's/\.[a-z0-9]*//'‘.eps

# Erzeuge das Cache-Verzeichnis, falls es nicht existiert
[ -d $cache ] || mkdir -p $cache

# Erzeuge die EPS-Datei, wenn sie nicht existiert
# oder älter ist als die PNG-Datei
if [ ! -e $eps -o $pic -nt $eps ]
then
    convert $pic eps:$eps
fi

# Schicke die EPS-Daten an dvips
cat $eps
```

*Abbildung 8-2: Bitmap-Grafiken für dvips in EPS umwandeln, mit Cache*

reichen. (Im Kommando wird »#1« durch den Namen der Grafikdatei ersetzt, komplett mit Endung.) Allerdings würde das bei jedem dvips-Lauf die PNG-Datei erneut ins EPS-Format umwandeln, eine merkliche Zeitverschwendung. Wir verwenden darum ein Skript, das die EPS-Daten in einer Datei »cacht« und die Formatumwandlung nur anstößt, wenn die generierte EPS-Datei noch nicht existiert oder ihre letzte Modifikation länger zurückliegt als die der PNG-Datei. Das Skript finden Sie in Abbildung 8-2.

Mit diesen Erweiterungen können Sie mit dvips PNG-Dateien im Kommando \includegraphics verwenden, ganz wie sonst EPS-Dateien:

```
\includegraphics[scale=0.5]{meinbild.png}
```

Das Einzige, was Sie noch nicht können, ist die Dateiendung wegzulassen, da graphicx sie zur Verfügung haben muss, um die passende Grafikregel zu finden. Allerdings können Sie die Endung *.png* in die Liste der Endungen aufnehmen, die graphicx auf der Suche nach einer existierenden Grafikdatei aufnimmt. Dazu müssen Sie etwas sagen wie

```
\DeclareGraphicsExtensions{.png,.eps}
```

Da die von Ihnen angegebene Liste die in der graphicx-Anpassung für dvips vorgegebene überschreibt, müssen Sie alle Endungen aufzählen, die Sie in Ihrem Programm benutzen, inklusive solcher, die graphicx eigentlich schon kennt. Falls es Sie interessiert: Die vorgegebene Liste finden Sie mit einem Kommando wie

```
$ grep Gin@extensions `kpsewhich dvips.def`
```

– die graphicx-Voreinstellungen für dvips stehen in der Datei *dvips.def*, und graphicx speichert die Endungsliste intern in einem Kommando namens \Gin@extensions. Sie könnten natürlich auch etwas definieren wie

```
\newcommand*{\AddToGraphicsExtensions}[1]{%
  \edef\Gin@extensions{\Gin@extensions,\zap@space#1 \@empty}}
```

und dann

```
\AddToGraphicsExtensions{.png}
```

sagen – aber graphicx bietet dieses Kommando leider nicht von Haus aus an.

LaTeX ist übrigens nicht von sich aus in der Lage, die gecachten EPS-Dateien in *.dvips-cache* zu finden, da es nur im aktuellen Verzeichnis nach Eingabedateien sucht und nicht in Unterverzeichnissen (jedenfalls wenn Sie das nicht ausdrücklich angeben, durch das \graphicspath-Kommando von graphicx oder etwas Externes wie die Umgebungsvariable TEXINPUTS bei TeXLive). Das kann man durchaus als Vorteil empfinden, da eine Suche in Unterverzeichnissen die LaTeX-Läufe merklich verlangsamen kann und alles, was LaTeX über eine PNG-Grafikdatei wissen muss, sowieso in der *.eps.bb*-Datei steht. So wie unser Ansatz jetzt implementiert ist, ist es aus der Sicht von LaTeX völlig egal, ob die EPS-Version einer Grafikdatei im Cacheverzeichnis existiert oder nicht, und das ist vom Standpunkt der Robustheit her eine gute Sache.

> Im Übrigen macht das Skript `convert-for-dvips` keine Annahmen über die Eingabedatei. Solange Sie mit dem Kommando `\DeclareGraphicsRule` eine passende Grafikregel definiert haben und `convert` mit dem Format der Eingabedatei klarkommt, können Sie damit zum Beispiel auch JPEG-Dateien in EPS umwandeln.

## HACK #76 EPS-Dateien in PDF umwandeln

**Verwenden Sie epstopdf, um Encapsulated PostScript in PDF umzuwandeln.**

Wenn Sie Grafiken im EPS-Format haben, die Sie mit pdfLaTeX verwenden wollen, müssen Sie sie ins PDF-Format bringen, da pdfLaTeX EPS nicht direkt versteht. Dazu können Sie zum Beispiel das Programm `epstopdf` von Sebastian Rahtz verwenden, das bei gängigen TeX-Distributionen mitgeliefert ist. Ein Aufruf wie

```
$ epstopdf meinbild.eps
```

liefert die Datei *meinbild.pdf* (die Endung *.eps* wird automatisch ersetzt), die eine PDF-Version der Grafik enthält. Die Hauptarbeit dabei erledigt Ghostscript, das Sie installiert haben müssen (auf einem Linux-Rechner normalerweise kein Thema); `epstopdf` sorgt vor allem dafür, dass die Grafik so positioniert und die Papiergröße so eingestellt wird, dass die Ausgabe »formatfüllend« ist und auch aus PDF-Sicht die in der Datei angegebene Größe stimmt.

Vorbedingung dafür, dass `epstopdf` seine Arbeit machen kann, ist, dass die EPS-Datei eine korrekte *bounding box* enthält, also die Angaben über die Ausdehnung der eigentlichen Grafik in der Datei richtig sind. Die *bounding box* wird in der EPS-Datei durch einen Kommentar wie

```
%%BoundingBox: 111 222 333 444
```

angegeben. Dabei sind die ersten beiden Zahlen die $x$- und $y$-Koordinate der linken oberen und die letzten beiden die Koordinaten der rechten unteren Ecke der Grafik. Um die Dinge zu verkomplizieren, gibt es verschiedene andere Möglichkeiten, eine *bounding box* anzugeben, und `epstopdf` betrachtet diese, falls nötig, auch, wenn Sie die dafür erforderlichen Kommandooptionen angeben – siehe hierzu »`man epstopdf`«.

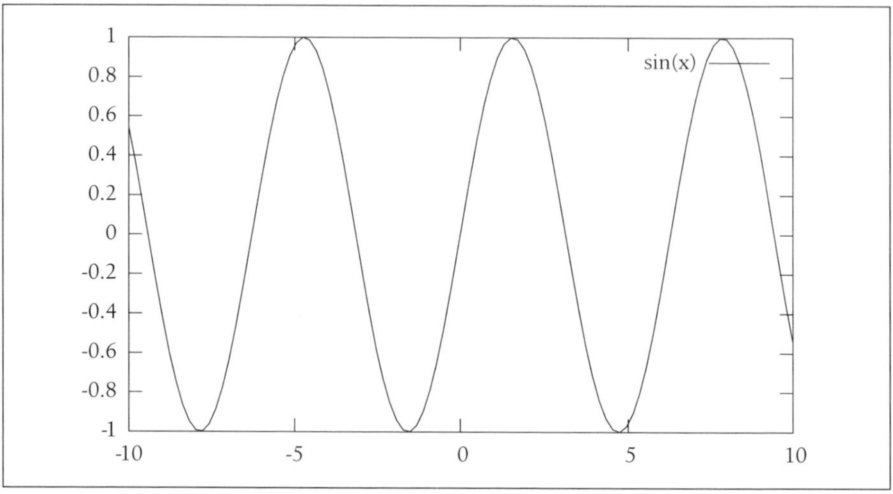


*Abbildung 8-3: Eine einfache Gnuplot-Grafik*

In der Praxis gibt es oft Probleme mit unsauberen »EPS«-Dateien, die zum Beispiel Adobe Illustrator erzeugt. Hier findet sich vor dem offiziellen Dateianfang (einer Zeile, die mit »`%!PS-Adobe`« anfängt) und nach dem offiziellen Dateiende (einer Zeile mit dem Inhalt »`%%EOF`«) Binärmüll, der Ghostscript sauer aufstoßen lässt, so dass es keine PDF-Datei anlegen kann. Wenn Sie alles vor der Anfangszeile und alles nach der Endzeile mit einem Texteditor entfernen, sollte es aber funktionieren. Als Nebeneffekt kann es sein, dass Ihre EPS-Dateien davon signifikant kleiner werden. (Dass die Firma Adobe als Erfinder des EPS-Formats anscheinend nicht in der Lage ist, Software zu schreiben, die die Formatbeschreibung einhält, lässt tief blicken.)

## HACK #77 Schaubilder und Graphen mit Gnuplot erzeugen

**Zeichnen Sie Funktionen und statistische Schaubilder mit dem populären Grafikprogramm – aus Ihrem LaTeX-Dokument heraus.**

Gnuplot (*http://www.gnuplot.info*) erfreut sich seit Jahren großer Beliebtheit, wenn mathematische Funktionen gezeichnet oder andere Daten grafisch veranschaulicht werden sollen. Es erzeugt aus einer einfachen Beschreibungssprache Grafikdaten in allen möglichen Formaten, neben gängigen Grafikformaten wie PNG auch PostScript, PDF oder LaTeX-Eingabe. Mit einem Eingabeskript wie

```
set terminal latex
set output "gnuplot1"
set size 1,0.75
```

```
set title "f(x) = sin(x*a)"
plot f(x) = sin(x*a), a = .2, f(x), a = .4, f(x)
```

erstellen Sie zum Beispiel die Grafik in Abbildung 8-3. Gnuplot ist ausführlich dokumentiert und kommt mit einem großen Fundus von Beispieldateien. Zu Ihrer Erbauung zeigt Abbildung 8-4 noch eine Grafik und Abbildung 8-5 die dafür nötige Eingabe.

Beim Schriftsatz mit LaTeX ist die Versuchung groß, einfach etwas schreiben zu wollen wie

```
\begin{figure}
  \begin{gnuplot}
    set size 1,0.75
    set title "f(x) = sin(x*a)"
    plot f(x) = sin(x*a), a = .2, f(x), a = .4, f(x)
  \end{gnuplot}
  \caption{Zwei Sinus-Kurven}
\end{figure}
```

damit an dieser Stelle im Dokument später die Gnuplot-Ausgabe erscheint. Und mit dem Handwerkszeug aus anderen Hacks in diesem Buch ist das tatsächlich kein größeres Problem: In **[Hack #14]** haben Sie gesehen, wie Sie den Inhalt einer Umgebung als Text in eine Datei schreiben können, und **[Hack #15]** erklärte Ihnen, wie Sie aus LaTeX heraus Shell-Kommandos aufrufen (mit der gebotenen Vorsicht).

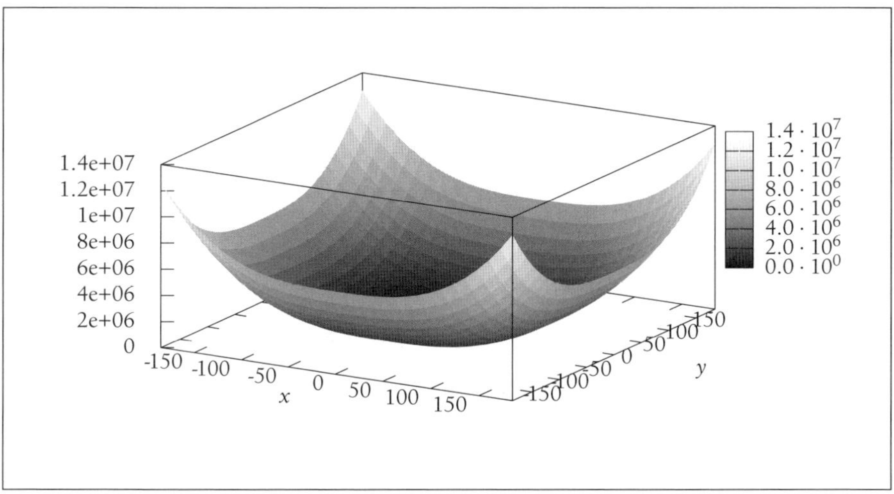


*Abbildung 8-4: Noch ein Gnuplot-Beispiel*

Gradient

```
set border 4095 lt -1 lw 1.000
set format cb "$%.01t\\cdot10^{%T}$"
set samples 31, 31
set isosamples 31, 31
unset surface
set ticslevel 0
set xlabel "$x$" 0.000000,0.000000  font ""
set xrange [ -185.000 : 185.000 ] noreverse nowriteback
set ylabel "$y$" 0.000000,0.000000  font ""
set yrange [ -185.000 : 185.000 ] noreverse nowriteback
set cblabel "Gradient" 0.000000,0.000000  font ""
set pm3d at s
set pm3d scansautomatic flush begin noftriangles nohidden3d \
         solid implicit corners2color mean
set palette positive nops_allcF maxcolors 0 gamma 1.5 gray
splot abs(x)**3+abs(y)**3
```

*Abbildung 8-5: Gnuplot-Eingabe für die Grafik in Abbildung 8-4*

Wir müssen diese Teile nur zusammensetzen. Und das könnte ungefähr so aussehen:

```
\newcounter{gp@count}
\newwrite\gp@file
\newcommand*{\gnuplot}{%
  \def\gp@fname{\jobname-gp\thegp@count}%
  \immediate\openout\gp@file=\gp@fname.gp
  \bgroup\let\do\@makeother\dospecials
  \catcode`\^^M\active
  \def\verbatim@processline{%
    \immediate\write\gp@file{\the\verbatim@line}}%
  \immediate\write\gp@file{set output "\gp@fname.eps"}%
  \immediate\write\gp@file{set terminal epslatex default}%
  \verbatim@start
}
```

Für jede Gnuplot-Grafik im Dokument erzeugen wir eine neue Datei, indem wir an den Namen des Dokuments (siehe \jobname) etwas anhängen wie »*-gp0.gp*«, »*-gp1.gp*« und so fort. In diese Datei schreiben wir ein paar Kommandos, die Gnuplot dazu bringen, LaTeX-Ausgabe zu erzeugen, und kopieren dahinter den Inhalt der gnuplot-Umgebung, also die eigentlichen Grafikkommandos. Gnuplot soll seine Ausgabe in eine Datei schreiben, die genauso heißt wie die Eingabedatei, aber die Endung *.eps* hat. Der Gnuplot-Ausgabemodus epslatex erzeugt außerdem eine LaTeX-Eingabedatei mit demselben Namen und der Endung *.tex*.

Hier ist der Code, mit dem die gnuplot-Umgebung beendet wird:

```
\def\endgnuplot{%
  \immediate\write\gp@file{set output}%
  \immediate\closeout\gp@file\relax
  \immediate\write18{gnuplot \gp@fname.gp}%
  \egroup\centering
  \input{\gp@fname}%
  \stepcounter{gp@count}%
}
```

Wir schließen die Gnuplot-Eingabedatei und rufen anschließend Gnuplot über ein \write in Kanal 18 auf. Damit das klappt, müssen Sie LaTeX natürlich mit der Option -shell-escape aufgerufen haben! Danach können wir mit \input die *tex*-Ausgabedatei von Gnuplot einlesen – die macht dann den Rest.

Wichtig sind übrigens das \egroup vor dem \centering und das dazugehörige \bgroup in der Definition von \gnuplot (finden Sie es?). Die beiden sorgen dafür, dass die \catcode-Änderungen für das Schreiben der Ausgabedatei vor dem Lesen der *tex*-Datei wieder rückgängig gemacht werden – ansonsten würde der *Inhalt* der *tex*-Datei als Kommandos ins Dokument übernommen, statt sie auszuführen und so die Grafik einzubinden.

Wenn Sie statt LaTeX lieber pdfLaTeX (Kapitel 9) verwenden: Die *eps*-Ausgabe können Sie leicht mit epstopdf in PDF umwandeln, und die dazugehörige *tex*-Datei ist so konstruiert, dass sie innerhalb von pdfLaTeX automatisch die PDF- statt der EPS-Datei einbindet. In unserer gnuplot-Umgebung können wir das bequem unterstützen, indem wir das ifpdf-Paket benutzen und hinter der Zeile mit dem Gnuplot-Aufruf einen Aufruf von epstopdf einbauen:

```
\immediate\write18{gnuplot \gp@fname.gp}%
\ifpdf\immediate\write18{epstopdf \gp@fname.eps}\fi
```

PDF wird dann nur erzeugt, wenn wir pdfLaTeX verwenden, mit dem Format also auch etwas anfangen können.

Ein weiterer Haken der epslatex-Ausgabe von Gnuplot ist, dass die Ausgabe eine feste Größe hat. Sie können mit dem Gnuplot-Kommando set size zwar das Seitenverhältnis ändern, aber nicht die absolute Größe der Grafik. Ein fundamentales Problem ist das nicht, da Sie die Grafik ja beim Einbinden in LaTeX skalieren können – etwas wie

```
\resizebox{.9\textwidth}{!}{\input{\gp@fname}}
```

würde dafür sorgen, dass die Breite der Grafik 90% der Textbreite beträgt. (Das »!« im zweiten Argument bedeutet »Höhe so anpassen, dass das Seitenverhältnis gleich bleibt«.) Am liebsten wäre uns natürlich eine Eingabe der Form

```
\begin{gnuplot}[.9\textwidth]
  ...
\end{gnuplot}
```

und das erreichen wir, indem wir das `\gnuplot`-Kommando mit einem optionalen Argument definieren:

```
\newcommand{\gnuplot}[1][.9\textwidth]{%
  \def\gp@width{#1}%
  ...
```

Das Argument wird erst im »`\end{gnuplot}`« gebraucht, und da der `\end`-Teil einer Umgebung nichts von den Argumenten des `\begin`-Teils weiß, müssen wir die gewünschte Breite (egal ob explizit übergeben oder als Ersatz) in `\gp@width` speichern, damit wir später

```
\resizebox{\gp@width}{!}{...}
```

sagen können.

Wir unternehmen hier keine Anstrengungen, Gnuplot nur dann aufzurufen, wenn die Ausgabedateien noch nicht existieren. Auf heutigen Rechnern läuft Gnuplot so schnell, dass die Mühe sich kaum lohnt, und so ist immerhin garantiert, dass die Ausgabe immer die aktuellen Eingabedaten wiedergibt.

Die Idee, Gnuplot-Kommandos in ein LaTeX-Dokument einzubinden, ist so naheliegend, dass wir natürlich nicht die ersten oder die einzigen sind, die auf diese Idee gekommen sind (auch wenn es uns im ersten Moment so vorkam). Auf CTAN finden Sie zum Beispiel das egplot-Paket von Axel Probst sowie das `gnuplottex`-Paket von Lars Kotthoff, die in etwa dasselbe tun wie unser Beispiel, auch wenn die Details voneinander abweichen.

## Siehe auch

- Aufgaben und Musterlösungen setzen **[Hack #14]**
- Shell-Kommandos ausführen **[Hack #15]**

# HACK #78 Für alle Fälle PGF

Wie Sie die moderne Grafikerweiterung für LaTeX einsetzen

Schon seit es LaTeX gibt, gibt es die Frage nach der Integration von Grafik in LaTeX-Dokumente. Die erste Antwort hierauf war die picture-Umgebung, die einen allerdings manchmal wünschen ließ, man hätte die Frage lieber nicht gestellt. Während es inzwischen einigermaßen einfach ist, mit anderen Programmen erstellte Grafiken in LaTeX zu integrieren, sind dabei oft Einschränkungen in Kauf zu nehmen, was zum Beispiel Legenden in der Grafik selbst angeht. Selbst wenn es möglich ist, im Grafikprogramm dieselben Schriften zu benutzen wie in LaTeX, dann ist nicht unbedingt garantiert, dass die Größen stimmen und dass Schriftsatztechniken, die in LaTeX selbstverständlich sind (etwa mathematische Formeln und Sonderzeichen), sich auch im Grafikprogramm realisieren lassen. Natürlich können Sie eine extern eingebundene Grafik immer mit einer picture-Umgebung überlagern, in der Sie die Textanteile unterbringen ... aber mühselig ist das doch. (Das Paket overpic von Rolf Niepraschk erleichtert das, und der epslatex-Ausgabestil von Gnuplot, den Sie in Schaubilder und Graphen mit Gnuplot erzeugen **[Hack #77]** kennen gelernt haben, arbeitet übrigens auch so.)

Es besteht also nach wie vor Interesse daran, Grafik direkt von LaTeX erzeugen zu lassen. Populär ist zum Beispiel das pstricks-Paket von Timothy Van Zandt, das es im Wesentlichen erlaubt, aus LaTeX heraus auf PostScript-Kommandos zuzugreifen und damit interessante und wundersame Ergebnisse zu erzeugen. pstricks ist relativ gut etabliert und unterstützt – gegebenenfalls über Erweiterungspakete – eine riesige Menge von Anwendungsgebieten, aber ist mit PostScript als Ausgabeformat verheiratet. PDF-Ausgabe ist nur auf dem Umweg über PostScript möglich, so dass Sie auf die Vorteile direkter PDF-Erzeugung mit pdfTeX leider verzichten müssen.

> Es gibt das Paket pdftricks von C. V. Radhakrishnan, C. V. Rajagopal und Antoine Chambert-Loir, das es erlaubt, pstricks mit pdfLaTeX zusammen zu verwenden. Dabei wird allerdings ein sehr hinterhältiger Ansatz benutzt: pdfLaTeX delegiert die Verarbeitung der pstricks-Grafiken an ein im Hintergrund aufgerufenes gewöhnliches LaTeX mit dvips und epstopdf – sozusagen die Methode aus dvips und Nicht-PostScript-Dateien **[Hack #75]** zusammen mit EPS-Dateien in PDF umwandeln **[Hack #76]** auf die Spitze getrieben.

Der neue Stern am Grafikhimmel von LaTeX ist das Paket pgf von Till Tantau. Es kann nicht ganz so viel wie pstricks, aber funktioniert auch mit PDF (und pdfTeX). Außerdem ist es mit etwas mehr Vorbedacht entworfen, so dass die Kommandostruktur mehr »aus einem Guss« ist als bei pstricks, das über die Jahre einige Algen und Muscheln angesetzt hat. pgf besteht konzeptionell aus drei Schichten, einem *Frontend*, das bequeme Benutzerkommandos implementiert, einer *Basisschicht*, die Dienste für das Frontend zur Verfügung stellt, und einer *Systemschicht*, die die Grafikoperationen der Basisschicht auf Kommandos im Ausgabeformat (PostScript, PDF oder Ähnliches) abbildet. Man kann `pgf` an ein neues Ausgabeformat anpassen, indem man die Systemschicht entsprechend ändert; umgekehrt ist es auch möglich, problemangepasste Frontends zu entwickeln, die auf der Basisschicht aufbauen. Das kanonische Frontend von `pgf` heißt Ti*k*Z, kurz für »Ti*k*Z ist kein Zeichenprogramm«, und stellt eine Eingabesprache zur Verfügung, die irgendwo in der Mitte zwischen der von `pstricks` und der des METAFONT-Systems anzusiedeln ist (ohne dass sie Ansprüche auf Kompatibilität zu einer der beiden erhebt). Der Name Ti*k*Z unterstreicht die Tatsache, dass Grafiken hier nicht mit der Maus gemalt, sondern textuell »programmiert« werden, genau wie Sie in LaTeX Ihre Dokumente »programmieren«. Ti*k*Z hat also viele der Vorteile von LaTeX (unter anderem Präzision, Programmierbarkeit und hohe Qualität), aber auch viele der Nachteile (es ist nicht ganz einfach zu lernen, man hat keine unmittelbare Rückkopplung, und kleine Änderungen können aufwendig sein). Das Handbuch für `pgf` und Ti*k*Z ist über dreihundert Seiten dick, so dass wir hier leider nur einen kleinen Einblick in die Möglichkeiten dieses Pakets geben können.

Mit Ti*k*Z können Sie Bilder entweder »direkt« mit dem Kommando `\tikz` erzeugen oder in eine `tikzpicture`-Umgebung einbetten. Das `\draw`-Kommando dient dazu, beliebige Pfade zu zeichnen. Ein Pfad ist eine Folge von aneinander stoßenden Geraden und Kurven, die von einem bestimmten Punkt ausgeht. Betrachten Sie zum Beispiel

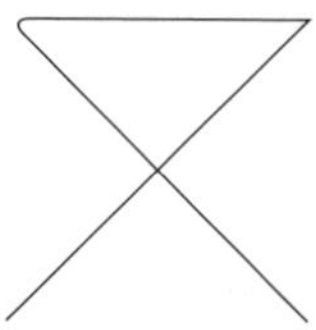

```
\tikz \draw (0,0) -- (2,2)
   [rounded corners] -- (0,2)
      -- (2,0) ;
```

In diesem Beispiel sind alle Koordinaten »absolut« angegeben. Sie können allerdings auch »relative« Koordinaten benutzen, die jeweils vom vorigen Punkt ausgehen:

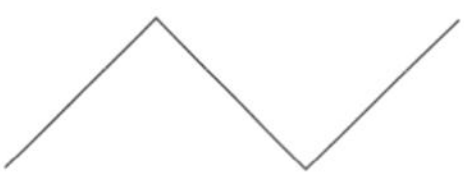

```
\tikz \draw (0,0) -- ++(1,1)
   -- ++(1,-1) -- ++(1,1) ;
```

Hier steht »`++(1,1)`« für »mache ausgehend vom letzten Punkt einen Schritt nach rechts und einen nach oben«. Die nächste relative Koordinate geht dann von diesem Punkt aus. Ti*k*Z unterstützt diverse Koordinatensysteme, zum Beispiel auch dreidimensionale oder Polarkoordinaten.

Sie können statt gerader Linien auch Kurven verwenden, müssen dann aber »Kontrollpunkte« angeben, die über die Form der Kurve entscheiden. Ti*k*Z verwendet so genannte kubische Bézier-Kurven, bei denen die Verbindung zwischen dem Anfangspunkt und dem ersten Kontrollpunkt die Richtung angibt, die die Kurve am Anfang hat. Entsprechend gibt die Verbindung zwischen dem zweiten Kontrollpunkt und dem Endpunkt der Kurve die Richtung vor, die die Kurve hat, wenn sie den Endpunkt erreicht. Der Abstand zwischen den Endpunkten der Kurve und den jeweiligen Kontrollpunkten entscheidet über die Länge der Kurve. Beide Kontrollpunkte dürfen zusammenfallen, und dann müssen Sie nur einen Kontrollpunkt angeben. Das folgende Beispiel (aus der Ti*k*Z-Dokumentation ausgeliehen) zeigt einen Pfad aus zwei Kurven, die erste mit einem und die zweite mit zwei Kontrollpunkten.

```
\begin{tikzpicture}
   \draw[line width=10pt]
     (0,0) .. controls (1,1) .. (3,0)
           .. controls (4,0) and (4,1)
           .. (3,1);
   \draw[color=gray] (0,0) -- (1,1)
        -- (3,0) -- (4,0)
        -- (4,1) -- (3,1);
\end{tikzpicture}
```

Hier sehen Sie auch, dass Sie in eckigen Klammern Parameter angeben können, die das Resultat des jeweiligen Befehls modifizieren. Beim ersten `\draw` entsteht zum Beispiel eine breite Linie, beim zweiten wird die Zeichenfarbe umgestellt. Ti*k*Z unterstützt eine große Auswahl von Parametern, die die Grafikausgabe steuern.

Sie sind nicht gezwungen, alles aus Pfaden mit expliziten Koordinaten zusammenzustückeln. Ti*k*Z macht einige grafische Formen bequem zugänglich:

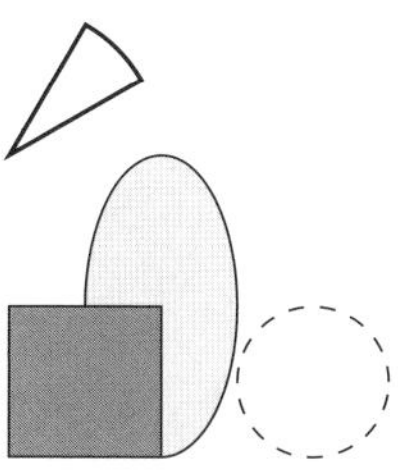

```
\begin{tikzpicture}
  \draw [style=dashed] (2,0.5) circle (0.5cm);
  \draw [fill=gray!20] (1,1)
    ellipse (.5cm and 1cm);
  \draw [fill=gray] (0,0) rectangle (1,1);
  \draw [style=thick] (0,2) -- +(30:1cm)
    arc (30:60:1cm) -- cycle;
\end{tikzpicture}
```

Das letzte Kommando zeichnet das »Tortenstück«; beachten Sie hier, dass der Anfang des Bogens in Polarkoordinaten angegeben wurde (»`+(30:1cm)`« steht für »1 cm weit in einem 30-Grad-Winkel«) und dass »`-- cycle`« den Pfad schließt, indem eine gerade Linie zum Anfangspunkt des Pfads gezogen wird.

Auch für »Präsentationsgrafiken« hält Ti*k*Z einige Hilfsmittel bereit:

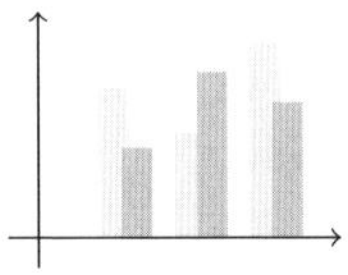

```
\begin{tikzpicture}[ycomb]
  \draw[color=gray!20,line width=2mm]
    plot coordinates{(.5,1) (1,.7) (1.5,1.3)};
  \draw[color=gray!50,line width=2mm,xshift=1.5mm]
    plot coordinates{(.5,.6) (1,1.1) (1.5,0.9)};
  \draw[->] (-.2,0) -- (2,0);
  \draw[->] (0,-.2) -- (0,1.5);
\end{tikzpicture}
```

Das »ycomb« ist eigentlich eine Option für plot, das dafür sorgt, dass die angegebenen Koordinaten über eine Linie mit der $x$-Achse verbunden werden. Das Koordinatenpaar »(.5,1)« steht also für eine Säule, ohne dass der korrespondierende Punkt (.5,0) mit spezifiziert werden muss. Beachten Sie auch, wie wir das Achsenkreuz gezeichnet haben.

Das folgende interessante Beispiel illustriert gleich mehrere neue Konzepte von Ti*k*Z:

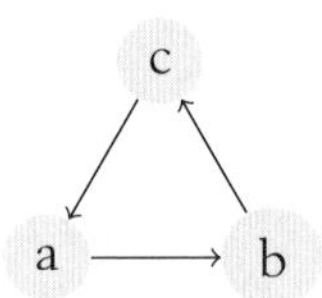


```
\begin{tikzpicture}
  \tikzstyle{every node}=[circle,fill=gray!20]
  \node (a) at (0,0) {a};
  \node (b) at +(0:1.5cm) {b};
  \node (c) at +(60:1.5cm) {c};
  \foreach \from/\to in {a/b,b/c,c/a}
    \draw [->] (\from) -- (\to);
\end{tikzpicture}
```

Mit \node können Sie ein Objekt definieren, das (unter anderem) Text enthält. Ein Kommando wie

```
\node[circle,fill=red] (x) at (0,0) {abc};
```

platziert an der angegebenen Position einen Kreis, der den Text »abc« enthält. Das so erzeugte Objekt bekommt den Namen »x«, unter dem es später angesprochen werden kann. In unserem Beispiel weist das \foreach-Kommando den »Schleifenvariablen« \from und \to nacheinander die Werte a und b, b und c sowie c und a zu und sorgt so für das Zeichnen der Verbindungspfeile. Die mit \tikzstyle{every node} vereinbarten Parameter werden so behandelt, als seien sie bei jedem \node-Kommando angegeben worden. Die Objekte b und c werden übrigens mit relativen Polarkoordinaten platziert: b landet 1,5 cm rechts von a (Winkel 0°), c im selben Abstand in einem Winkel von 60° (so wie es sich für ein gleichseitiges Dreieck gehört).

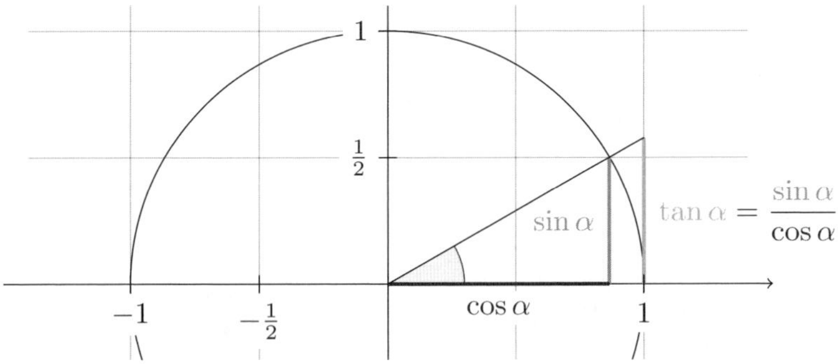


```
\begin{tikzpicture}[scale=3]
  \clip (-2,-0.3) rectangle (2,1.1);
  \draw[step=.5cm,gray,very thin] (-1.4,-1.4) grid (1.4,1.4);
  \filldraw[fill=green!20,draw=green!50!black] (0,0) -- (3mm,0mm) arc
  (0:30:3mm) -- cycle;
  \draw[->] (-1.5,0) -- (1.5,0) coordinate (x axis);
  \draw[->] (0,-1.5) -- (0,1.5) coordinate (y axis);
  \draw (0,0) circle (1cm);
  \draw[very thick,red]
    (30:1cm) -- node[left=1pt,fill=white]
      {$\sin \alpha$} (30:1cm |- x axis);
  \draw[very thick,blue]
    (30:1cm |- x axis) -- node[below=2pt,fill=white] {$\cos \alpha$} (0,0);
  \draw[very thick,orange] (1,0) -- node [right=1pt,fill=white]
    {$\displaystyle \tan \alpha \color{black}=
      \frac{{\color{red}\sin \alpha}}{\color{blue}\cos \alpha}$}
    (intersection of 0,0--30:1cm and 1,0--1,1) coordinate (t);
  \draw (0,0) -- (t);
  \foreach \x/\xtext in {-1, -0.5/-\frac{1}{2}, 1}
    \draw (\x cm,1pt) -- (\x cm,-1pt)
      node[anchor=north,fill=white] {$\xtext$};
  \foreach \y/\ytext in {-1, -0.5/-\frac{1}{2}, 0.5/\frac{1}{2}, 1}
    \draw (1pt,\y cm) -- (-1pt,\y cm)
      node[anchor=east,fill=white] {$\ytext$};
\end{tikzpicture}
```

*Abbildung 8-6: Winkelfunktionen (mit TikZ)*

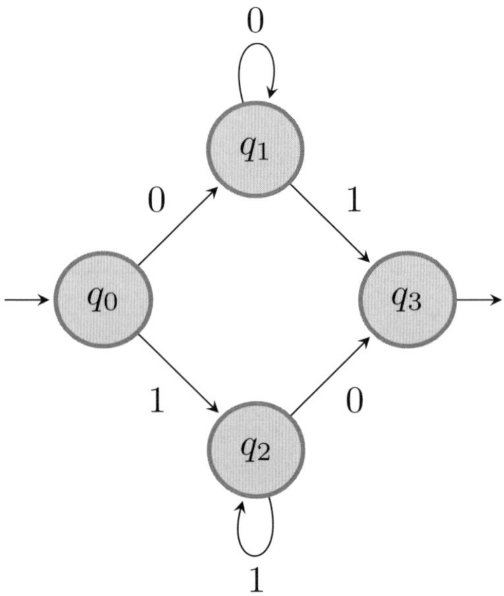


```
\usetikzlibrary{automata}
\begin{tikzpicture}
  [shorten >=1pt,node distance=2cm,>=stealth,initial text=]
  \tikzstyle{every state}=[draw=blue!50,very thick,fill=blue!20]
  \tikzstyle{accepting}=[accepting by arrow]
  \node[state,initial] (q_0)                        {$q_0$};
  \node[state]         (q_1) [above right of=q_0] {$q_1$};
  \node[state]         (q_2) [below right of=q_0] {$q_2$};
  \node[state,accepting](q_3) [below right of=q_1] {$q_3$};
  \path[->] (q_0) edge              node [above left] {0} (q_1)
                  edge              node [below left] {1} (q_2)
            (q_1) edge              node [above right] {1} (q_3)
                  edge [loop above] node             {0} ()
            (q_2) edge              node [below right] {0} (q_3)
                  edge [loop below] node             {1} ();
\end{tikzpicture}
```

*Abbildung 8-7: Ein endlicher Automat (mit TikZ)*

Ti*k*Z hat auch eine bequeme Notation für Baumstrukturen:

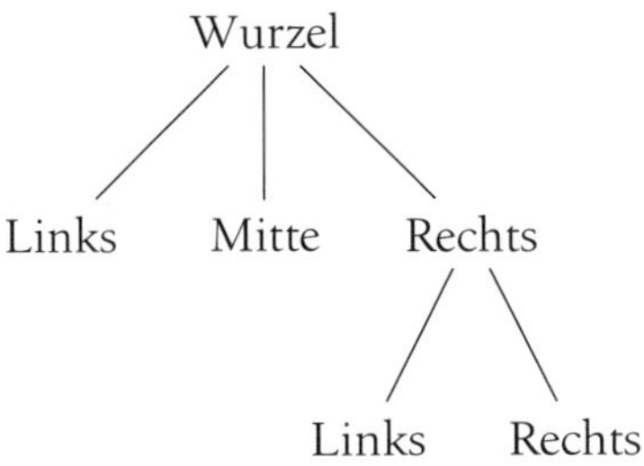


```
\begin{tikzpicture}
  \node {Wurzel}
    child {node {Links}}
    child {node {Mitte}}
    child {node {Rechts}
      child {node {Links}}
      child {node {Rechts}}
    };
\end{tikzpicture}
```

Dabei kümmert es sich selbstständig um die Positionierung der Knoten im Baum. Auch hier können Sie geometrische Objekte und Namen verwenden:

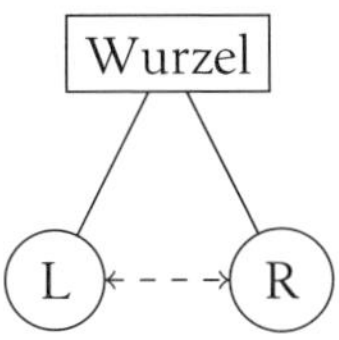


```
\begin{tikzpicture}
  \node[rectangle,draw] {Wurzel}
    child {node[circle,draw] (linke) {L}}
    child {node[circle,draw] (rechte) {R}};
  \draw[dashed,<->] (linke) -- (rechte);
\end{tikzpicture}
```

`pgf` und Ti*k*Z stellen ausgesprochen mächtige Werkzeuge dar, auf deren Feinheiten wir hier gar nicht eingehen können. Die Dokumentation des Pakets ist aber sehr ausführlich und enthält jede Menge anschauliche Beispiele, die die Eigenschaften der verschiedenen Kommandos verdeutlichen. Der riesige Leistungsumfang und die Möglichkeit, Grafiken für PDF-Ausgabe zu erzeugen, machen `pgf` zu einem Paket, das es sicherlich wert ist, genauer angeschaut zu werden. Zu Ihrer Erbauung zeigen Abbildung 8-6 und Abbildung 8-7 noch einige aus der `pgf`-Dokumentation adaptierte Grafiken, die weitere Fähigkeiten des Pakets illustrieren.

## HACK #79 Von Monat zu Monat

**Setzen Sie einen Fotokalender mit LaTeX.**

Jedes Jahr in der dritten Adventswoche oder so beginnt die Hektik: Was schenken Sie Tante Frieda, Großonkel Heribert, der Nichten und Neffen zahlloser Schar? Wie wäre es denn mit einem Fotokalender? Digitalfotos der Brut haben Sie sicherlich in Fülle. Oder Sie überraschen die Liebe Ihres Lebens mit einer Erinnerung an den letzten Bali-Urlaub. Notfalls gibt es immer noch Flickr.

Fotokalender sind natürlich etwas, was die Foto-Onlinedienste Ihnen mit Freuden und wohlfeil herstellen. Auf der anderen Seite sind die dort angebotenen Layouts im Großen und Ganzen etwas hausbacken. Wenn Sie Ihre eigenen Ideen umsetzen wollen, können Sie das natürlich mit LaTeX tun. Es folgen ein paar Anregungen dafür.

## Kalendarium

Die erste Hürde ist, sich ein Kalendarium zu verschaffen. Es gibt diverse LaTeX-Methoden, um Kalendarien zu erzeugen, die aber alle für unsere Anwendung nicht wirklich in Frage kommen. Sie sind entweder für die falsche Sorte Kalender ausgelegt – typischerweise Jahreskalender in groß (`kalender` von Jörg Söhner) oder klein (`calxxxx` von Slobodan Janković) oder große Wochen- und Monatskalender mit Platz für Notizen (`calendar` von Frank Bennett) –, oder mit der angloamerikanischen Marotte verheiratet, hart codiert den Sonntag zum ersten Tag der Woche zu erklären (`calendar_barr` von Michael Barr). Wir greifen hier wieder einmal in den Unix-Werkzeugkasten, genaugenommen den von BSD (der auch unter Linux zur Verfügung steht), und holen dort das Programm `ncal` heraus, das uns nette kleine Monatskalender etwa wie folgt beschert:

```
$ LANG=de cal -m 3 2007
     März 2007
Mo Di Mi Do Fr Sa So
          1  2  3  4
 5  6  7  8  9 10 11
12 13 14 15 16 17 18
19 20 21 22 23 24 25
26 27 28 29 30 31
```

Dass die Woche hier, so wie sich das gehört, mit dem Montag anfängt, ist eine Konsequenz der Option »-m«. Sie könnten sich natürlich darauf verlassen, die deutsche Lokalisierung eingeschaltet zu haben – was Sie sollten, wegen der deutschsprachigen Monats- und Wochentagsnamen –, aber sicher ist sicher.

Dieser Kalender ist schön, aber für uns nicht direkt verwendbar. Wir hätten gerne etwas wie

```
\begin{calmonth}{März}{2007}
  Mo&Di&Mi&Do&Fr&Sa&So\\
    &  &  & 1& 2& 3& 4\\
   5& 6& 7& 8& 9&10&11\\
  12&13&14&15&16&17&18\\
  19&20&21&22&23&24&25\\
  26&27&28&29&30&31&\\
\end{calmonth}
```

```
#!/usr/bin/perl
# make-calendar: ncal-Ausgabe für LaTeX aufbereiten

my $year = shift;

foreach my $month (1 .. 12) {
    my ($head, @cal) = `cal -m $month $year`;
    ($head) = $head =~ /(\S+)/;
    printf qq|\\begin{calmonth}{%s}{%d}\n|, $head, $year;
    foreach (@cal) {
        next unless /\S/;
        @days = unpack '(A3)7', $_;
        print join('&', @days), "\\\\\n" if @days;
    }
    print qq|\\end{calmonth}\n|;
}
```

*Abbildung 8-8: make-calendar – Kalender für LaTeX mit ncal*

und das ist eindeutig ein Job für Perl (Abbildung 8-8). Das Skript schreibt zwölf solche Monatskalender auf seine Standardausgabe, und uns fehlt nur noch ein »Rahmen« zur Formatierung der Kalenderblätter (mit Fotos!)

Wir betrachten zuerst ein einfaches Layout (Abbildung 8-9), das sich vor allem für hochkant stehende Fotos eignet und das Kalendarium rechts vom Foto hat. Die Unterkanten von Foto und Kalendarium sind auf einer Höhe. Die Eingabedatei dafür könnte ungefähr so aussehen:

```
\documentclass{photocal}
\usepackage[latin1]{inputenc}
\usepackage[T1]{fontenc}
\usepackage{comic} \renewcommand{\familydefault}{\sfdefault}
\calendarsetup{style=side}
\begin{document}
\calendar{cal2007}
\end{document}
```

Wir verwenden für die Kalender eine eigene Dokumentklasse, `photocal`, die im Wesentlichen die Kommandos `\calendarsetup` und `\calendar` zur Verfügung stellt. Mit `\calendarsetup` können Sie einen »Kalenderstil« auswählen, hier `side`, und `\calendar` liest die angegebene Datei, hier *cal2007.tex*, ein und formatiert die darin enthaltenen Kalendarien. Diese Datei haben Sie vorher natürlich mit `make-calendar` angelegt.

**Januar**

| Mo | Di | Mi | Do | Fr | Sa | So |
|---|---|---|---|---|---|---|
| 1 | 2 | 3 | 4 | 5 | 6 | 7 |
| 8 | 9 | 10 | 11 | 12 | 13 | 14 |
| 15 | 16 | 17 | 18 | 19 | 20 | 21 |
| 22 | 23 | 24 | 25 | 26 | 27 | 28 |
| 29 | 30 | 31 | | | | |

*Abbildung 8-9: Ein einfaches Kalender-Layout*

Die (relativ überschaubare) Dokumentklasse `photocal` sehen Sie in Abbildung 8-10. Die ersten Zeilen beschäftigen sich mit den üblichen Verwaltungsarbeiten. Wir verwenden die Klasse `geometry` **[Hack #31]**, um ein Papierformat einzustellen, das durch sein Seitenverhältnis von 4 : 3 dem ähnelt, was gängige Digitalkameras so von sich geben – dies mit Blick darauf, die Kalenderblätter bei einem Foto-Dienstleister wohlfeil und mit hoher Qualität ausgeben zu lassen. Die `\define@key`-Kommandos dienen dazu, über das `keyval`-Paket von David Carlisle das `\calendarsetup`-Kommando zu implementieren. (Es wäre natürlich möglich, weitere Konfigurationsschlüssel beim `\calendar`-Kommando zu akzeptieren, aber im Interesse der Übersichtlichkeit sparen wir uns das mal.) Insbesondere sorgt der `style`-Schlüssel dafür, für den konkreten Kalenderstil eine Datei zu lesen, deren Name den gewünschten Stil enthält.

Der vorher skizzierte Stil aus Abbildung 8-9 steht in der Datei *cal-side.sty*, die in Abbildung 8-11 zu sehen ist. Ihr wesentlicher Bestandteil ist die Definition der `calmonth`-Umgebung, deren Inhalt aus zwei `minipage`s besteht. Die rechte `minipage` enthält eine `tabular`-Umgebung, die wir zum Formatieren des

```
\NeedsTeXFormat{LaTeX2e}
\ProvidesClass{photocal}[2007/03/05 v0.1 Photo calendar (AL)]
\LoadClass{article}
\RequirePackage[paperwidth=18cm,paperheight=13.5cm,%
  noheadfoot,left=5mm,right=5mm,top=1cm,%
  bottom=5mm]{geometry}
\RequirePackage{color}
\RequirePackage{array}
\RequirePackage[latin1]{inputenc}
\RequirePackage{graphicx}
\RequirePackage{keyval}
\setlength{\parindent}{0pt}
\pagestyle{empty}
\newcommand*{\cal@prefix}{pic}
\define@key{Cal}{prefix}{%
  \renewcommand*{\cal@prefix}{#1}}
\define@key{Cal}{style}{\RequirePackage{cal-#1}}
\newcounter{calmonth}
\newcommand*{\calendarsetup}[1]{\setkeys{Cal}{#1}}
\newcommand*{\calendar}[1]{\input{#1}}
\endinput
```

*Abbildung 8-10: Die Dokumentklasse photocal*

Kalendariums verwenden, das ja tabellenartig den Inhalt von `calmonth` bildet. Über dem Kalendarium steht der Monatsname, das erste Argument von `\begin{calmonth}`. Den Namen des Fotos, das in der linken `minipage` steht, konstruieren wir aus dem Kommando `\cal@prefix`, das in der Dokumentklasse über den `\calendarsetup`-Schlüssel `prefix` gesetzt werden kann, und einer fortlaufenden Nummer, die die Monate zählt. Mit dem Standardwert für `\cal@prefix`, `pic`, kommen wir also auf

*pic1*, *pic2*, …, *pic12*

Die Endung hängt natürlich davon ab, welches Ausgabeprogramm wir verwenden wollen – unsere Empfehlung ist pdfLaTeX, damit wir direkt JPEG-Dateien verwenden können, so wie die Digitalkamera sie liefert. (Alternativ können Sie natürlich den Ansatz aus dvips und Nicht-PostScript-Dateien **[Hack #75]** verwenden, um `dvips` mit den JPEG-Dateien zu füttern.) Die Parameter für `\includegraphics` sorgen dafür, dass das Bild in ein Rechteck eingepasst wird, ohne dabei gestreckt oder gestaucht zu werden.

Erwähnenswert sind die Definitionen für die Kommandos \weekdays, \evenweek, \oddweek und \hd. Bevor wir diese erklären können, müssen wir eine Lüge gestehen: Die Ausgabe unseres »echten« make-calendar sieht eher aus wie

```
\begin{calmonth}{März}{2007}
  \weekday{Mo&Di&Mi&Do&Fr&Sa&So}
    &  &  & 1& 2& 3& 4\oddweek
   5& 6& 7& 8& 9&10&11\evenweek
  12&13&14&15&16&17&18\oddweek
  19&20&21&22&23&24&25\evenweek
  26&27&28&29&30&31&\oddweek
\end{calmonth}
```

Das heißt, die Zeilenenden werden nicht durch das LaTeX-übliche \\ ausgedrückt, sondern abwechselnd durch \evenweek und \oddweek, und die Wo-

```
\ProvidesPackage{cal-side}[2007/03/05 Calendar style 'side' (AL)]
\newenvironment{calmonth}[2]{%
  \stepcounter{calmonth}%
  \begin{minipage}[b]{.58\textwidth}
    \centering
    \includegraphics[width=\textwidth,height=.96\textheight,%
      keepaspectratio=true]%
      {\cal@prefix\arabic{calmonth}}
  \end{minipage}
  \hfill
  \begin{minipage}[b]{.41\textwidth} \Large
    \centering
    {\Huge\bf#1}\\[5mm]
    \begin{tabular}[b]{@{}rrrrrr>{\color{red}}r@{}}
}{%
    \end{tabular}
  \end{minipage}
  \newpage
}
\newcommand{\weekdays}[1]{#1\\}
\newcommand{\evenweek}{\\}
\newcommand{\oddweek}{\\}
\newcommand{\hd}[2][]{\textcolor{red}{#2}}
\endinput
```

*Abbildung 8-11: Der Kalenderstil* side

*Abbildung 8-12: Ein distinguierter Kalenderstil*

chentagszeile ist das Argument eines `\weekdays`-Kommandos. Naja, die betreffenden Kommandos haben alle ziemlich naheliegende Bedeutungen, und wir erklären Ihnen später, wofür diese zusätzliche Komplexität gut ist.

## Ein anderer Kalenderstil

Einen anderen, durchaus distinguierten Kalenderstil zeigt Abbildung 8-12. Hier steht das Kalendarium unterhalb des Bildes und ist »zwei Wochen breit«. Dieser Stil eignet sich besser für querformatige Fotos. Wir müssen dafür nur ein weiteres Paket, `cal-bottom`, zur Verfügung stellen, das eine entsprechende Implementierung von `calmonth` & Co. enthält. Der dazu nötige Code steht in Abbildung 8-13.

Bis auf die veränderte Positionierung unterscheidet sich die `calmonth`-Umgebung nicht nennenswert von der in `cal-side`, bis auf eine Sache: Im Tabellenkopf der `tabular`-Umgebung sehen wir die sieben Wochenspalten jetzt doppelt vor. Und so langsam dürfte Ihnen auch dämmern, warum wir den Eiertanz mit `\weekdays`, `\oddweek` und `\evenweek` gemacht haben, wenn Sie sich die ent-

```
\ProvidesPackage{cal-bottom}[2007/03/05 Calendar style 'bottom' (AL)]
\newenvironment{calmonth}[2]{%
  \stepcounter{calmonth}%
  \centering
  \includegraphics[height=.8\textheight,keepaspectratio=true]%
      {\cal@prefix\arabic{calmonth}}\par
  \vspace{2ex}
  \begin{minipage}{\textwidth}
    \centering
    {\fontsize{36pt}{40pt}\selectfont\textbf{#1}}\quad
    \begin{tabular}[b]{@{}*{2}{rrrrrr>{\color{red}}r}@{}}
}{%
    \end{tabular}
  \end{minipage}
  \newpage
}
\newcommand{\weekdays}[1]{#1&#1\\}
\newcommand{\oddweek}{&}
\newcommand{\evenweek}{\\}
\newcommand{\hd}[2][]{\textcolor{red}{#2}}%
\endinput
```

*Abbildung 8-13: Der Kalenderstil* `bottom`

sprechenden Definitionen in diesem Kalenderstil anschauen: Das ganze war nötig, um mit derselben Kalendariumsdatei die »doppelt breite« Ausgabe unterstützen zu können!

## Feiertage

Ein im wirklichen Leben wichtiges Thema haben wir bisher offen gelassen: Was ist mit den Feiertagen, die nicht auf einen Sonntag fallen? In unserem Konzept ist das die Aufgabe von `make-calendar`, unserem Perl-Skript. Tatsächlich enthält die LaTeX-Seite unseres Kalenderdruckwerks schon die nötigen Vorarbeiten: Die Kalenderstile definieren ein `\hd`-Kommando, mit dem das Perl-Programm Feiertagsdaten in der Form

```
\hd[Neujahr]{1}
```

auszeichnen kann. Der Kalenderstil kann dann entscheiden, ob er zum Beispiel das Datum rot darstellen möchte, und was er mit dem Feiertagsnamen anfangen will (wenn überhaupt). `make-calendar` muss gegenüber der simplen Form in Abbildung 8-8 etwas erweitert werden – die komplette Fas-

```
#!/usr/bin/perl

my $year = shift;

my @hd;
$hd[0] = undef; # unbenutzt
push @hd, {} foreach (1..12);
$hd[1] = { ' 1' => 'Neujahr' };
$hd[5] = { ' 1' => 'Maifeiertag' };
$hd[10] = { ' 3' => 'Einheitstag' };
$hd[12] = { '25' => 'Weihnachten', '26' => 'Weihnachten' };

# Dies sollten wir eigentlich ausrechnen.
$hd[4] = { ' 6' => 'Karfreitag', ' 8' => 'Ostersonntag',
           ' 9' => 'Ostermontag' };

foreach my $month (1 .. 12) {
    my ($head, @cal) = `cal $month $year`;
    ($head) = $head =~ /(\S+)/;
    printf qq|\\begin{calmonth}{%s}{%d}\n|, $head, $year;
    $week = 0;
    foreach (@cal) {
        next unless /\S/;
        @days = unpack '(A3)7', $_;
        my $count = 0;
        @days = map { $count++ == 6 || $hd[$month]->{$_}
                      ? sprintf "\\hd[%s]{%s}",
                        $hd[$month]->{$_}, $_,
                      : $_ } @days;
        if ($week++ == 0) {
            printf qq|\\weekdays{%s}\n|, join('&', @days);
        } else {
            print join('&', @days),
              sprintf "\\%sweek\n", $week % 2 ? "even":"odd"
        }
    }
    print qq|\\end{calmonth}\n|;
}
```

*Abbildung 8-14: make-calendar – die komplette Fassung*

sung, die auch das \oddweek/\evenweek-Manöver unterstützt, steht in Abbildung 8-14. Sie enthält einige Subtilitäten, die eher in einem Perl-Buch als in einem LaTeX-Buch erklärt werden sollten, und ist auch nicht schlau genug, um die variablen Feiertage rund um Ostern selber korrekt zu berechnen (wie gesagt, dies ist ein LaTeX-Buch). Aber man muss sich ja Steigerungsmöglichkeiten erhalten …

## Ausgabe

Das letzte Problem ist: Wie bereiten wir unseren Kalender für den freundlichen Nachbarschafts-Fotodienstleister auf? PDF-Dateien gehören dort nicht wirklich zum Programm (wobei, wenn Sie ein paar hundert Kalender für Ihre weitläufige Bekanntschaft drucken lassen wollen, würde eine richtige Druckerei sich sicher über die PDF-Dateien freuen), sondern man rechnet eher mit JPEG.

Wir müssen die PDF-Datei, die pdfLaTeX uns liefert, also in zwölf JPEG-Dateien umwandeln. Dazu enthält das `xpdf`-Paket, das Sie in Ihrer Linux-Distribution oder auf *http://www.foolabs.com/xpdf* finden, ein nettes kleines Programm namens `pdftoppm`:

```
$ pdftoppm -r 300 calendar.pdf cal
```

Eine Weile und etliche Megabyte Plattenplatz später sollten Sie dann die Dateien *cal-000001.ppm* bis *cal-000012.ppm* in Ihrem Verzeichnis finden. Mit der `-r`-Option können Sie eine Auflösung in dpi (Punkten pro Zoll) für die Ausgabedatei angeben. Diese sollte einigermaßen sinnvoll zu dem Druckformat passen, das Sie anstreben; mit dem `pdftoppm`-Standard von 150 dpi bekommen Sie bei unserer Papiergröße PPM-Dateien von 1063 auf 797 Pixel, und das ist zu klein. Mit 300 dpi sind Sie aber praktisch genau bei dem Format, das wir ursprünglich eingestellt haben (rechnen Sie's nach). Das Bild hat dann ungefähr 3,4 »Megapixel«, und das ist für ein 18-Zentimeter-Bildformat durchaus in Ordnung. Viel größere Seiten sollten Sie nur erzeugen, wenn Ihre JPEG-Kalenderbilder auch mehr Auflösung zu bieten haben.

Die PPM-Dateien müssen wir jetzt noch in JPEG-Dateien umwandeln. Hier kommt uns zum Beispiel wieder das `convert`-Programm aus dem ImageMagick-Paket zu Hilfe, das wir auch in dvips und Nicht-PostScript-Dateien **[Hack #75]** benutzt haben. Mit

```
$ for i in cal-*.ppm; do \
>     convert $i `basename $i .ppm`.jpg; done
```

bekommen Sie schöne (und nicht mehr ganz so riesige) JPEG-Dateien namens *cal-000001.jpg* usw., die Sie zum Fotodienstleister hochladen und hoffentlich bald als beeindruckende »Abzüge« in der Hand halten können. Weihnachten ist gerettet!

## Siehe auch

- Wenn Sie die Feiertage in Perl berechnen wollen, können Sie von einigen hilfreichen CPAN-Modulen ausgehen. `Date::Manip` weiß, wann Ostern ist, und hat auch genug Muckis, um die davon abhängigen Feiertage wie Pfingsten oder Rosenmontag (O'Reilly Deutschland sitzt in Köln) zu berechnen. `Date::Easter` ist um einiges leichtgewichtiger und einfacher zu verstehen, aber Sie müssen mehr Eigenleistung beisteuern.

HACK #80

# Stickvorlagen aus Grafikdateien generieren

**Für alle, die Handarbeiten schätzen: Wie Sie aus beliebigen Grafiken Stickschrift erzeugen können**

Aus dem trauten Heim ist es nicht wegzudenken: St. Bartholomä am Königssee und der Watzmann im Kreuzstich, rechts oberhalb vom Fernseher. Sicher haben Sie sich auch schon gefragt, wie Sie aus Ihren Urlaubsfotos etwas ähnlich Repräsentatives machen können, und Ihnen ist der leise Verdacht gekommen, dass Großtante Elsbeth da vielleicht eher eine Antwort drauf weiß als der freundliche Nachbarschafts-Fotodienstleister im Internet. (Der macht dafür, wenn wir ehrlich sind, schönere Mauspads und Bierseidel als Tante Elsbeth.) Wir zeigen Ihnen hier, wie Sie aus einer Grafikdatei etwas machen können, das eine des Stickens kundige Person dann in Weihnachts- und Geburtstagsgaben konvertieren könnte. Sie brauchen dazu außer LaTeX nur ein geeignetes Grafikprogramm und ein paar Zeilen Perl-Code.

Wir beginnen damit, unsere Ausgangsgrafik (Abbildung 8-15a) radikal zu verkleinern, denn selbst wenn Tante Elsbeth auch ansonsten nichts anderes zu tun zu haben scheint, wollen wir ihr doch nicht wirklich Megapixel-Bilder zumuten. Anschließend müssen wir die Anzahl der Farben im Bild ebenso radikal reduzieren, aus ähnlichen Gründen – selbst hartgesottene Stickfanatiker scheuen vor »True Color« mit 24 Bitebenen zurück. Rechts in Abbildung 8-15 sehen Sie unser Motiv auf etwa ein lineares Zehntel der Ausgangsgröße und 8 Farben reduziert, im Vergleich zum Wallfahrtskirchlein am Königssee geradezu ein Kinderspiel. Zur Verringerung der Farbenvielfalt haben wir mit unserem Grafikprogramm (The GIMP) das Bild in den »indizierten« Modus umgewandelt[2] und dabei »8 Farben« ausgewählt. Dabei sucht der GIMP sich

[2] Die Funktion finden Sie unter »Bild« im Untermenü »Modus«; dieser Modus heißt nicht so, weil er als jugendgefährdend verpönt ist, sondern weil nur eine geringe Anzahl von Farben im Bild vorkommen darf. Pro Pixel wird dann nicht mehr der tatsächliche Farbton gespeichert, sondern

(a) Original (b) Verkleinert und farbreduziert

*Abbildung 8-15: Die Ausgangsgrafik*

die Farben aus, und Sie (oder Tante Elsbeth) müssen dann in dem Körbchen mit dem Stickgarn die Bündel finden, die diesen Farben am nächsten kommen.

> Alternativ können Sie die Farbtöne im Körbchen als Farbpalette für The GIMP definieren und das Programm die Grafik an die vorhandenen Farben anpassen lassen; allerdings könnte es da passieren, dass das Bild alle bei Ihnen als Garn vorhandenen 59 Farbtöne ausnutzt, was das Sticken auch nicht gerade vereinfacht. Sie können sich natürlich ein paar schöne Farben aussuchen und den GIMP damit beauftragen, das Bild in genau diese Farben umzusetzen. Wie gut das klappt, hängt auch von Ihrem Farbempfinden ab.

Zum Schluss müssen wir das Bild noch in einem Format abspeichern, das sich bequem weiterverarbeiten lässt (wir müssen es ja noch in LaTeX konvertieren). Hier bietet sich das altehrwürdige XPM-Format an, das (wenn Sie es sich genau anschauen) nichts anderes ist als C-Code (!). Am Anfang, siehe Abbildung 8-16, sehen Sie eine »Farbtabelle«, die jedem Zeichen eine Farbe zuordnet. Diese Farbe wird als hexadezimaler RGB-Wert angegeben – die ersten beiden Stellen von `00` bis `FF` stehen für Rot (`00` ist dabei ein »rötliches« Schwarz und `FF`, alias 255, Knallrot), die zweiten für Grün und die dritten für Blau. In der anschließenden Grafik steht der Punkt (»`.`«) also für den Farbton `#0D0E08`, was wir für alle praktischen Zwecke als Tuxens schwarzen Kopf und Rücken ansehen wollen, während zum Beispiel »%« mit dem Farbton `#F7C71C`

nur noch der »Index« in die »Palette« der erlaubten Farben.

```
/* XPM */
static char * pingu_xpm[] = {
"22 26 9 1",
"  c None",
". c #0D0E08",
"+ c #735205",
"@ c #5A574C",
"# c #BA890E",
"$ c #9F9988",
"% c #F7C71C",
"& c #CCCBC3",
"* c #FAFCF9",
"          ..          ",
"        ......        ",
"        ......        ",
"       ........       ",
"       .$@.&$..       ",
"       .@@@@@@.       ",
"       .@%%#$..       ",
"       .%%%%%..       ",
"       .+%#%#@@.      ",
"       .&$#&*$..      ",
"      .@******...     ",
"      .&******$...    ",
"     ..******&$...    ",
"     .$********@...   ",
"    .@*********&...   ",
"    .$**********....  ",
"   ..&**********....  ",
"   .@&**********....  ",
"   %%+*********%...#  ",
"  %%%%.&******&%+.+%  ",
"  %%%%#.&*****$%%%%%  ",
"%%%%%%%+&*****+%%%%%%%",
"%%%%%%%%&***&@+%%%%%%%",
" %%%%%%%+@@...+%%%%%  ",
"  #%#%%%+.....+%%%#   ",
"     ###       ##     "};
```

*Abbildung 8-16: Die Grafik im XPM-Format*

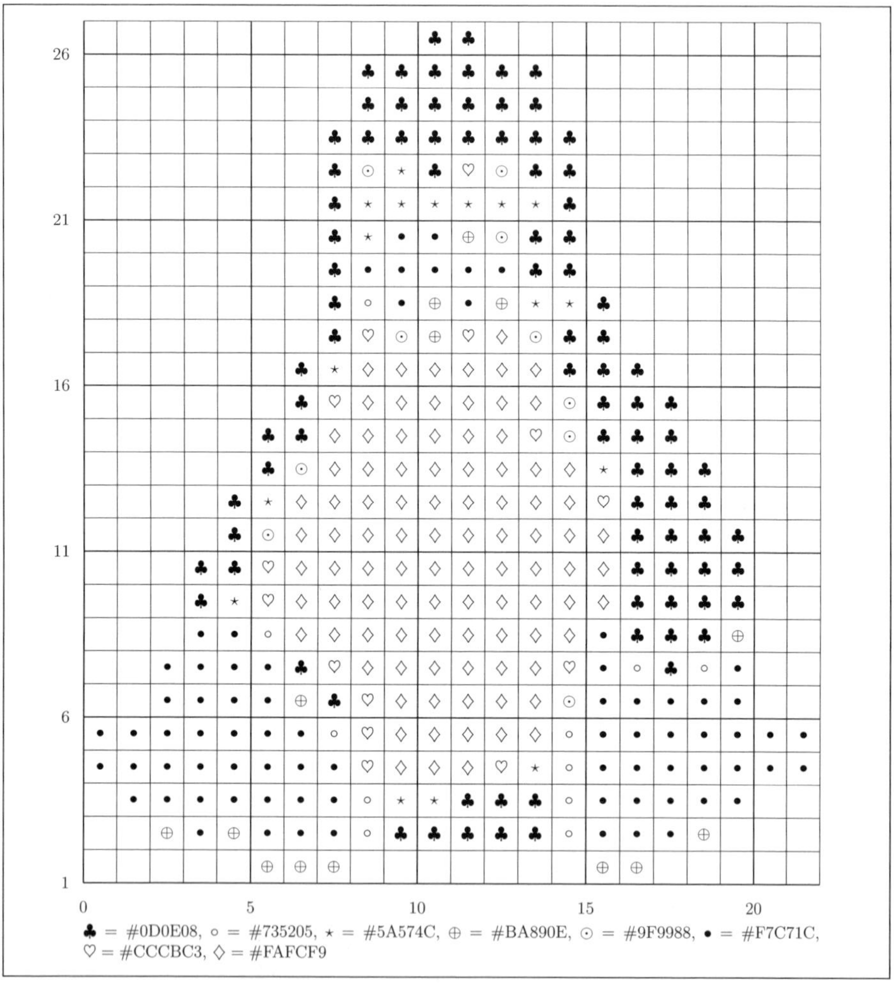


*Abbildung 8-17: Tux als Stickvorlage*

das Ockergelb der Füße wiedergibt. (Erinnern Sie sich daran, dass auf dem Computerbildschirm Rot und Grün zusammen Gelb ergeben, und in `#F7C71C` sind Rot und Grün relativ stark vertreten, aber Blau kaum.)

Abbildung 8-17 zeigt das Endergebnis, das wir uns wünschen; hier sind die einzelnen »Pixel« (oder sollten wir »Stixel« sagen?) nicht als Farben, sondern als Symbole dargestellt, was nicht nur farbige Tinte spart, sondern möglicherweise auch leichter zu lesen ist. Die Konvertierung von XPM nach LaTeX übernimmt das Perl-Programm in Abbildung 8-18. Seine Aufgabe ist es, die Farbtabelle zu lesen und zu speichern (und dabei jeder Farbe ein TeX-Symbol zu-

```
#!/usr/bin/perl
# xpmtostitch -- XPM-Datei in Stickmuster umwandeln

use strict;
my @symbols = qw/clubsuit circ star oplus odot bullet
                 heartsuit diamondsuit spadesuit cup cap div/;
my $next = 0;

my ($w, $h, $cols, @colours, %symbol);
my ($row, $column);

print <<'END';
\documentclass[12pt,a4paper]{article}
\usepackage{graphpap,calc}
\pagestyle{empty}
\usepackage[noheadfoot,left=2cm,right=1cm,%
            top=1cm,bottom=1.5cm]{geometry}
\setlength{\parindent}{0pt}
\begin{document}
END

while (<>) {
    next if m,^/* XPM */, || m,^static char,;
    if (/^"(\d+) (\d+) (\d+)/) {
        ($w, $h, $cols) = ($1, $2, $3);
        printf <<'END', 2*$w, 2*$w, 2*$h+2;
        \setlength{\unitlength}{\textwidth/%d}
        \begin{picture}(%d,%d)
END
        $row = 2*$h + 1;
        next;
    }
    if (/"(.)\s+c (\S+)",/) {
        push @colours, sprintf '$\\%s = \textrm{\\%s}$',
            $symbol{$1} = $symbols[$next++], $2 if $2 ne 'None';
    } else {
        my ($s) = /"(.*)"/;
        $column = 1;
        foreach my $c (split //, $s) {
            printf '\put(%d,%d){\makebox(0,0){$\\%s$}}',
                $column, $row, $symbol{$c} if $c ne ' ';
```

*Abbildung 8-18: xpmtostitch – XPM-Dateien zur Stickvorlage machen (Anfang)*

```
            $column += 2;
        }
        $row -= 2;
        print "\n";
    }
}

printf <<'END', $w, $w, $h, join ", ", @colours;
\setlength{\unitlength}{\textwidth/%d}
\graphpaper[1](0,1)(%d,%d)
\end{picture}
\begin{sloppypar}
%s
\end{sloppypar}
\end{document}
END
```

*Abbildung 8-19: xpmtostitch – XPM-Dateien zur Stickvorlage machen (Schluss)*

zuordnen) und anschließend die Grafik mit den eben festgelegten Symbolen auszugeben. Dazu kommt noch das Raster zur besseren Orientierung.

Für die Grafik ziehen wir die picture-Umgebung heran, die zwar zum Urgestein von LaTeX gehört, ansonsten aber wegen ihrer mangelnden Flexibilität und mühsamen Bedienung nur noch ungern verwendet wird. (Immerhin stellt sie aber keine besonderen Ansprüche an den TeX-Ausgabetreiber und funktioniert darum überall, wo es LaTeX gibt.) Für unsere Zwecke reicht sie aber allemal aus, und außerdem kommt sie mit einem netten Erweiterungspaket namens graphpap, das uns sehr bei der Erstellung des Rasters hilft: Mit

```
\begin{picture}(w,h)
  \graphpaper[1](0,0)(w,h)
\end{picture}
```

bekommen Sie ohne Mühe ein Raster von $w$ Einheiten Breite und $h$ Einheiten Höhe (die Länge einer Einheit definieren Sie vorher durch eine Zuweisung an die LaTeX-Länge \unitlength), bei dem außerdem jede fünfte Gitterlinie dick gezeichnet und am Rand nummeriert ist.

Im Perl-Programm ist dasselbe etwas verklausuliert; wir möchten mit unseren Symbolen gerne die Mitte jedes Kästchens im Raster treffen. Darum zeichnen wir das Raster in Schritten von zwei Einheiten statt einer und zeichnen das Symbol, das an Position $(x, y)$ landen soll, mit

```
\put(2x + 1,2y + 1){\makebox(0,0){Symbol}}
```

um es in der Mitte des Kästchens zu platzieren, das von $2x$ bis $2x + 2$ bzw. $2y$ bis $2y + 2$ reicht. Außerdem beginnt unser Raster nicht bei den Koordinaten $(0, 0)$, der linken unteren Ecke der Grafik, sondern etwas oberhalb, damit innerhalb der Grafik noch Platz für die Nummern der Rasterlinien ist und diese nicht mit dem Farbindex unter dem Raster kollidieren.

Die Symbole ergeben sich aus dem Perl-Array `@symbols`; dort stehen die Namen der TeX-Kommandos, die die betreffenden Symbole erzeugen, allerdings ohne das \ am Anfang. Auch verlangen alle diese Symbole den mathematischen Modus, und das Perl-Programm sorgt für die entsprechende Umschaltung. Die definierten Symbole reichen für zwölf Farben, was für normale Anwendungen mehr als genug sein dürfte, aber wenn nötig, können Sie leicht weitere Symbole hinzufügen. (Wir haben uns erlaubt, die Reihenfolge der Symbole so zu wählen, dass unser Tux auch als Stickschrift halbwegs tuxig aussieht.)

> Für den Farbindex müssen wir uns an dieser Stelle entschuldigen; wenn Tante Elsbeth nicht gerade pensionierte Informatikerin ist, wird sie Ihnen bei den RGB-Angaben sicherlich mit Recht einen Vogel zeigen. Auf der anderen Seite sollte das Programm noch ins Buch passen, und wenn Sie an einem verregneten Novembernachmittag etwas Zeit haben, sollten Sie sich keinen Zwang antun, dem Perl-Programm beizubringen, wie es die nächstgelegene benannte Farbe in *rgb.txt* (siehe Farbe in Ihre Dokumente bringen **[Hack #16]**) finden kann.

Das Programm braucht auch etwas Nacharbeit, wenn es um größere Formate von Stickbildern geht. Es passt zwar die Rasterweite an die Pixelanzahl des Bildes an, aber wenn die Auflösung zu groß wird, dann passen die Symbole nicht mehr in die Kästchen. Die Abhilfe besteht hier darin, das Muster auf mehrere Druckseiten zu verteilen.

KAPITEL NEUN

# LaTeX und PDF

## Hacks #81–89

Das *Portable Document Format*, kurz PDF, das von Adobe eingeführt wurde, hat sich als De-facto-Standard für die Verbreitung von Dokumenten etabliert. Für LaTeX-Anwender ist es deshalb interessant, Dokumente in PDF erzeugen zu können. Dafür stehen verschiedene Wege offen: Es ist möglich, die PostScript-Ausgabe von `dvips` in PDF umzuwandeln, es gibt direkte Übersetzer von DVI nach PDF, und es gibt pdfTeX, eine ursprünglich von Hàn Thế Thành entwickelte Variante von TeX, die alternativ zu DVI gleich PDF erzeugen kann. Bis auf diese Fähigkeit ist pdfTeX äquivalent zum herkömmlichen TeX, mit einer Ausnahme: Unter dem Namen »ε-TeX« kursiert ein Satz von nützlichen Erweiterungen für das traditionelle TeX, und pdfTeX unterstützt auch diese als »pdfeTeX«.

In diesem Kapitel konzentrieren wir uns auf pdfLaTeX und seine Anwendungen. Die meisten Alternativen beruhen darauf, zunächst PostScript zu erzeugen – das funktioniert, aber viele interessante Eigenschaften von PDF lassen sich so nur indirekt oder gar nicht ansprechen. pdfLaTeX ist heute Bestandteil aller namhaften TeX-Distributionen, und da es alles kann, was das normale LaTeX kann, und noch mehr, gibt es eigentlich keinen Grund, es nicht auszuprobieren.

### HACK #81 pdfLaTeX benutzen

Aus LaTeX-Dokumenten PDF erzeugen

Wenn Sie eine halbwegs aktuelle TeX-Distribution verwenden (etwa TeXLive), dann ist das Programm, das Sie unter dem Namen `tex` oder `latex` aufrufen, in Wirklichkeit schon pdfeTeX, auch wenn Sie meistens DVI-Dateien erzeugen. Einem Ausflug in die Welt des PDF steht also normalerweise nichts im Wege – Sie müssen das Programm nur als `pdftex` aufrufen, denn es ist in der Regel so installiert, dass es dann PDF statt DVI ausgibt. Alternativ können Sie das Ausgabeformat über den Parameter `\pdfoutput` einstellen:

```
\pdfoutput=1
```

sorgt dafür, dass pdfTEX PDF statt DVI erzeugt.

Dieses Kommando kann in einer Dokumentklasse, dem Dokument selbst oder auf der LATEX-Kommandozeile stehen. Beispielsweise erzwingt

```
\usepackage[pdftex]{graphicx}
```

PDF-Ausgabe, auch wenn Sie ansonsten nichts dafür tun.

pdfTEX unterstützt eine große Anzahl von Konfigurationseinstellungen, von denen die meisten vor allem für PDF-Gurus von Interesse sind. Das pdfTEX-Handbuch (in den gängigen TEX-Distributionen enthalten) enthält eine komplette Liste. Zum Beispiel können Sie den Parameter `\pdfcompresslevel` verwenden, um den Komprimierungsgrad einzustellen, den pdfTEX auf die Ausgabedatei anwendet. Dabei steht der Wert 0 für »keine Komprimierung« und der (voreingestellte) Wert 9 für »beste Komprimierung«. pdfTEX läuft mit `\pdfcompresslevel=0` natürlich einen Tick schneller, weil es weniger arbeiten muss.

Die meisten anderen Parameter müssen Sie nicht direkt manipulieren, sondern da, wo es passt, kümmern sich die entsprechenden LATEX-Pakete darum. Zum Beispiel steuern die Parameter `\pdfpagewidth` und `\pdfpageheight` die Größe der Ausgabeseite aus der Sicht von pdfTEX. LATEX kennt hierfür die Parameter `\paperwidth` und `\paperheight` (Sie wollen die Seitengröße ja auch einstellen können, wenn Sie nicht pdfTEX benutzen), und Pakete wie `geometry` und `typearea` **[Hack #31]** sorgen bei Bedarf dafür, dass `\pdfpagewidth` und `\pdfpageheight` entsprechend gesetzt werden.

## HACK #82 Immer eine gute Verbindung

### Automatische Verweise mit hyperref

Einer der Vorteile von PDF gegenüber dem TEX-Ausgabeformat DVI ist, dass PDF von Haus aus Nettigkeiten wie anklickbare Querverweise – neudeutsch *Links* – unterstützt (manche DVI-Anzeigeprogramme können das auch, aber davon können Sie im Allgemeinen nicht ausgehen). Links sind »zu Fuß« in rohem pdfTEX einigermaßen mühselig anzulegen, aber es gibt ein LATEX-Paket, `hyperref` von Sebastian Rahtz und Heiko Oberdiek, das Ihnen die allermeiste Arbeit abnimmt.[1] Im einfachsten Fall genügt ein

[1] `hyperref` kann vieles von dem, was es tut, auch mit DVI-Dateien machen, allerdings werden diese dann spezifisch für bestimmte Anzeigeprogramme, die die benötigten Eigenschaften in genau der

```
\usepackage{hyperref}
```

um viele der Eigenschaften dieses Pakets zu aktivieren. Zum Beispiel werden \ref-Verweise auf Kapitel, Abschnitte und Ähnliches sowie gleitende Bilder und Tabellen »aktiv« gemacht, so dass Sie durch einen Klick auf den Verweis an die entsprechende Stelle im Dokument springen können. Dasselbe gilt für bibliografische Zitate und – auf Wunsch – auch für Indexeinträge.

Sie sollten darauf achten, hyperref als letztes Paket zu laden, da es diverse LaTeX-Kommandos durch seine eigenen Versionen ersetzt. Später geladene Pakete finden dann möglicherweise nicht mehr das vor, womit sie rechnen, und daraus resultiert Chaos.

Wegen seiner zum Teil relativ tiefen Eingriffe in LaTeX-Interna ist hyperref auch so nicht zu 100% kompatibel mit allen denkbaren anderen LaTeX-Paketen. Sie müssen eventuell einzelne Eigenschaften von hyperref abschalten, damit sie nicht mit anderen, unter Umständen wichtigeren LaTeX-Paketen in Konflikt geraten.

hyperref kann mit Parametern im üblichen Schlüssel-Wert-Stil konfiguriert werden, die Sie im \usepackage-Aufruf mit angeben können, zum Beispiel so:

```
\usepackage[pdfpagemode=FullScreen,backref]{hyperref}
```

Oder Sie reichen sie mit dem \hypersetup-Kommando nach:

```
\hypersetup{%
  pdfpagemode=FullScreen,
  backref=true}
```

Wie gewohnt dürfen Sie bei »Schalter-Optionen«, die die Werte true oder false annehmen, das »=true« weglassen:

```
\hypersetup{pdfpagemode=FullScreen,backref}
```

hyperref prüft beim Laden außerdem, ob eine Datei namens *hyperref.cfg* existiert, und liest diese gegebenenfalls ein. Darin können Sie ein projektweites (wenn die Datei im aktuellen Verzeichnis steht) oder systemweites (wenn sie in einem allgemein für LaTeX sichtbaren Verzeichnis steht) \hypersetup-Kommando unterbringen, um Voreinstellungen zu machen.

Wenn Sie PDF-Ausgabe erzeugen, macht hyperref Verweise normalerweise kenntlich, indem es sie im Dokument farbig einrahmt. Sie brauchen keine Angst zu haben, dass Ihre Ausdrucke durch bunte Kästen verschandelt werden, denn diese erscheinen nur auf dem Bildschirm (im Gegensatz zu populären Textverarbeitungs-Programmen, die Verweise zwar anklickbar machen,

richtigen Form unterstützen. PDF ist da vermutlich der sinnvollere Weg.

sie aber dafür auch im Ausdruck blau und unterstrichen darstellen). Sie können aber auch dafür sorgen, dass die Kästen weggelassen und stattdessen die entsprechenden Verweistexte eingefärbt werden – setzen Sie dazu beim `hyperref`-Aufruf oder in einem `\hypersetup`-Kommando Folgendes:

```
colorlinks,linkcolor=blue,citecolor=blue
```

(oder was auch immer). Sie können durch eine geeignete Farbauswahl zwischen verschiedenen Arten von Verweisen (interne Verweise, Verweise auf Literatur, Verweise auf URLs usw.) differenzieren. Sie sprechen Farben an, indem Sie ihnen vorher mit `\definecolor` einen Namen geben und dann diesen Namen verwenden. Oftmals lässt sich mit `colorlinks` ein gefälligeres Design erreichen, vor allem für Dokumente, die für den Konsum am Bildschirm gedacht sind (Stichwort: e-Book). Diese Farben gelten aber auch für den Ausdruck.

## HACK #83 Vorschaubilder für PDF-Dateien erzeugen

**Betten Sie für einen schnellen Überblick in Adobe Reader verkleinerte Ansichten Ihrer Seiten in Ihr PDF-Dokument ein.**

PDF-Anzeigeprogramme wie Adobe Reader erlauben Ihnen oft, »Vorschaubilder« der Seiten, sogenannte *Thumbnails*, in Ihr PDF-Dokument zu integrieren. Adobe Reader zeigt diese, sofern vorhanden, links vom eigentlichen Dokument an und ermöglicht so den schnellen Zugriff auf bestimmte Seiten ohne umständliches Blättern in der PDF-Ausgabe. Natürlich machen die Vorschaubilder Ihr PDF-Dokument größer, und das mitunter nicht zu knapp. (Manche PDF-Anzeigeprogramme, etwa `kpdf` aus dem KDE-Projekt, können Vorschaubilder aus den eigentlichen PDF-Seiten berechnen, unabhängig davon, ob in der PDF-Datei welche stehen – das kostet ein bisschen Rechenzeit, aber vermeidet das Aufblähen der PDF-Dateien.)

Für LaTeX gibt es ein Paket, `thumbpdf` von Heiko Oberdiek, das die Erstellung von Vorschaubildern automatisiert. Dafür müssen Sie das `thumbpdf`-Paket in Ihr LaTeX-Dokument einbinden:

```
\usepackage{thumbpdf}
```

Ähnlich wie beim Erzeugen von Inhaltsverzeichnissen sind für die Erstellung von Vorschaubildern zwei LaTeX-Durchgänge nötig: Im ersten Durchgang schreibt pdfTeX das übliche PDF-Dokument. Ein Perl-Programm namens `thumbpdf` erzeugt daraus die Vorschauseiten, indem es mit Ghostscript PNG-Dateien für die einzelnen Seiten im PDF-Dokument erzeugt und diese zu einer Datei zusammenfasst, die alle Vorschaubilder enthält. Diese Datei hat die Endung *.tpt* und besteht aus TeX-Code mit den Vorschaubildern als eingebetteten PDF-Objekten. Ein weiterer LaTeX-Lauf liest die *.tpt*-Datei und prüft

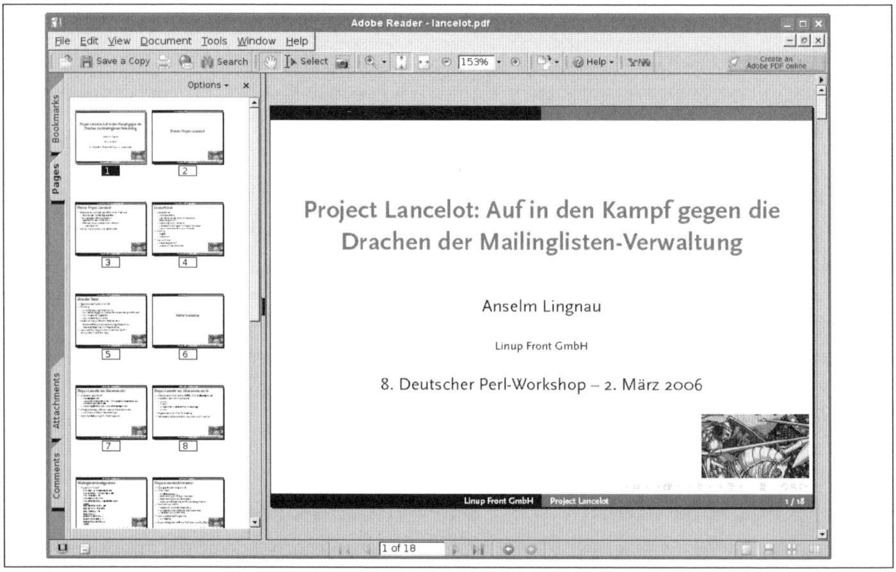


*Abbildung 9-1: Eine PDF-Präsentation mit Vorschaubildern in Adobe Reader*

für jede erzeugte Seite des PDF-Dokuments, ob dafür ein Vorschaubild zur Verfügung steht. Falls ja, hängt pdfTEX das Vorschaubild an die betreffende Seite im PDF-Dokument an, so dass Adobe Reader & Co. es finden können. Wenn am Dokument noch Änderungen vorgenommen werden, sind möglicherweise zusätzliche `thumbpdf`- und LATEX-Läufe nötig, damit sich die Inhalte der Vorschaubilder an diejenigen des tatsächlichen Dokuments annähern.

Hier ist die Vorgehensweise noch einmal »in Kommandos« beschrieben:

| | |
|---|---|
| `$ pdflatex dokument` | Erzeuge PDF-Dokument |
| `$ thumbpdf dokument` | Erzeuge Vorschauseiten |
| `$ pdflatex dokument` | Baue Vorschauseiten ein |

## HACK #84 Sehr anhänglich

**Beispieldateien, Multimediainhalte und Ähnliches in PDF-Dateien integrieren**

Wenn Sie Dokumente in elektronischer Form verbreiten – wofür sich PDF als Format eher anbietet als DVI –, ist es oft nützlich, Material, über das Sie reden, gleich ans Dokument anzuhängen. Auf diese Weise kann es nicht verloren gehen, und der Leser muss seine Zeit nicht damit verschwenden, Beispielprogramme und -dateien abzutippen. PDF und pdfLATEX unterstützen diese bequeme Vorgehensweise in Gestalt von »PDF-Attachments« (Beigaben). An-

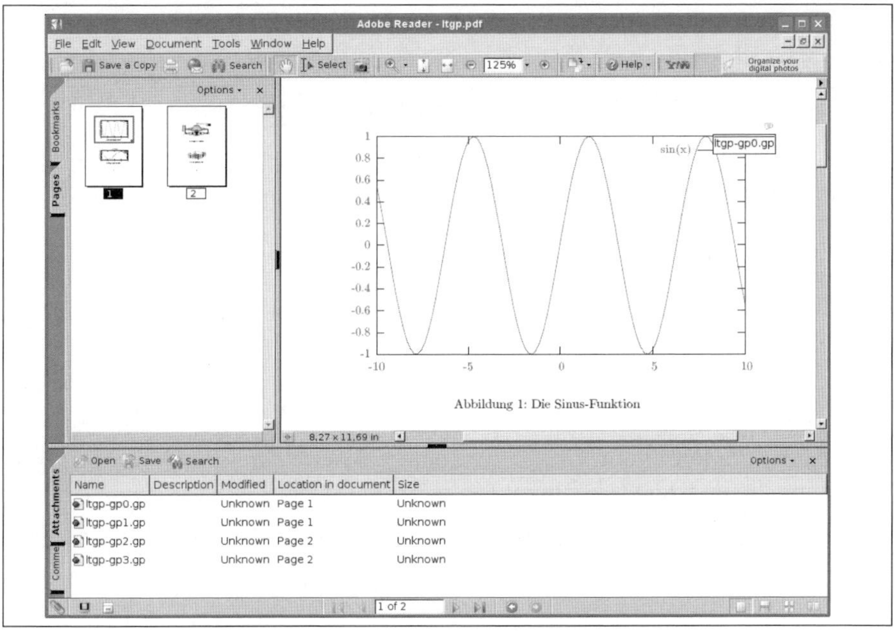


*Abbildung 9-2: Adobe Reader zeigt eine Grafik mit Attachment*

schauen und speichern können Sie Attachments zum Beispiel mit dem Adobe Reader oder mit Programmen wie `pdftk`.

Sie können Attachments wahlweise ans »Dokument insgesamt« oder an einzelne Seiten anhängen. Bei Letzterem ist es sogar möglich, auf der Seite ein anklickbares Bildchen (»Icon«) zu platzieren, das auf das Attachment verweist. Dazu dient unter pdfLaTeX das Paket `attachfile` von Scott Pakin. Im einfachsten Fall schreiben Sie etwas wie

```
\usepackage{attachfile}
...
\attachfile[icon=PushPin,%
            description={Ein Beispiel}]{example.txt}
```

und erhalten Folgendes:

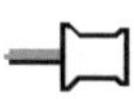

Das optionale Argument kann diverse Parameter enthalten, deren genaue Bedeutung in der Dokumentation zu `attachfile` beschrieben ist.

Mit pdfLaTeX sind Sie nicht gezwungen, eines der vordefinierten Icons zu verwenden, um auf Ihre Attachments zu verweisen. Sie können beliebiges

TeX-Material, eingebundene Grafiken oder was auch immer mit einem Attachment »hinterlegen«. Es spricht also nichts gegen

```
\textattachfile{rawdata.csv}{\includegraphics{graph}}
```

In unserem Gnuplot-Beispiel **[Hack #77]** könnten wir beispielsweise an jede Grafik im Dokument die Gnuplot-Eingabedatei anhängen. Dazu müssen wir im einfachsten Fall Folgendes angeben:

```
\def\endgnuplot{%
  ...
  \textattachfile{\gp@fname.gp}{\input{\gp@fname}}%
  ...
}
```

Das macht die komplette Grafik zu einem anklickbaren »Icon« für die Gnuplot-Eingabedatei als Attachment (siehe Abbildung 9-2).

> `\textattachfile` verhält sich zu `\attachfile` wie `\textcolor` zu `\color` oder `\textbf` zu `\bf`: Das erstere Kommando hat ein Argument, auf das es wirkt – bei `\textattachfile` das Material, an das das Attachment angehängt werden soll, bei `\textbf` der Text, der fett erscheinen soll –, während das letztere Kommando für sich steht (und gegebenenfalls Nachwirkungen hat wie `\color` oder `\bf`).

Diese Technik ist allerdings mit Vorsicht zu genießen. Im Gnuplot-Beispiel zeigt sich, dass die LaTeX-Teile der Grafik (typischerweise Legenden und Achsenbeschriftungen) als »anklickbarer Inhalt« mit der für Attachment-Icons vorgesehenen Farbe koloriert werden, und das ist, wenn Sie nichts anderes angeben, ein ziemlich bleiches Beige. In Wirklichkeit wäre also etwa Folgendes angesagt:

```
\textattachfile[color={1 0 0}]{\gp@fname.gp}{\input{\gp@fname}}
```

Die drei Parameter von `color` geben den Rot-, Blau- und Grünanteil der gewünschten Farbe als Werte zwischen 0 und 1 an.

Andere PDF-Anzeigeprogramme, etwa `kpdf`, können (noch) nicht mit Attachments umgehen. Wer keinen Adobe Reader zur Hand hat, kann aber trotzdem die Attachments aus einer PDF-Datei extrahieren, zum Beispiel mit dem frei verfügbaren Programm `pdftk` **[Hack #88]**:

```
pdftk document.pdf unpack_files output ~/dir
```

Das ist vielleicht sogar für Adobe-Benutzer interessant, da der Adobe Reader keine naheliegende Methode bietet, um alle Attachments auf einen Schlag auszupacken ... und hundert kleine Beispieldateien einzeln auf Platte zu sichern ist wohl für fast alle von uns ein Alptraum.

*Tabelle 9-1: Wichtige Einträge im* Document Information Dictionary *einer PDF-Datei*

| Schlüssel | Typ | Bedeutung |
|---|---|---|
| `Title` | Text | Titel des Dokuments |
| `Author` | Text | Autor des Dokuments |
| `Subject` | Text | Thema des Dokuments |
| `Keywords` | Text | Mit dem Dokument assoziierte Schlagwörter |
| `Creator` | Text | Wenn das Dokument aus einem anderen Format nach PDF konvertiert wurde: das Programm, mit dem das ursprüngliche Dokument angelegt wurde – bei uns in der Regel »TEX« |
| `Producer` | Text | Wenn das Dokument aus einem anderen Format nach PDF konvertiert wurde: das Programm, das die Konvertierung vorgenommen hat – in unserem Fall eine Variation von »pdfTEX« |
| `CreationDate` | Datum | Datum und Zeit, wann das Dokument angelegt wurde |
| `ModDate` | Datum | Datum und Zeit, wann das Dokument zuletzt verändert wurde |

## HACK #85 Daten und Metadaten

Die PDF-Dokumentinformationen schreiben und lesen

PDF-Dateien können in einem »Document Information Dictionary« (DID) Metadaten wie den Titel und Autor des Dokuments und andere Informationen enthalten. Sie können diese Metadaten mit typischen PDF-Anzeigeprogrammen inspizieren, etwa mit Adobe Reader unter »Dokumenteigenschaften« oder `kpdf` unter »Eigenschaften«. Tabelle 9-1 zeigt die wichtigsten Einträge des DID.

Grundsätzlich ist es nicht verboten, beliebige Daten im DID abzulegen. Allerdings ist es auch nicht direkt erwünscht, und die Programme, die das DID anschauen, interessieren sich normalerweise auch nicht besonders dafür. Allgemeine Metadaten gehören laut den Spielregeln für PDF eigentlich in einen »Metadaten-Strom« im »Document Catalog«, auf den uns pdfLATEX leider keinen direkten Zugriff gewährt. Wir müssen uns also darauf beschränken, die im DID vorhandenen Schlüssel auf kreative Weise zu gebrauchen (oder zu missbrauchen).

Prinzipiell ist es in pdfLATEX möglich, Daten über das `\pdfinfo`-Kommando ins DID zu schreiben. Die Syntax entspricht dabei dem PDF-Standard – Namen beginnen mit einem Schrägstrich und textuelle Werte (»Strings«) stehen in runden Klammern:

```
\pdfinfo{
  /Title (Mein geniales Dokument)
  /Author (Anselm Lingnau)
  ...
}
```

Wenn Sie sichergehen wollen, sollten Sie sich auf die 95 sichtbaren Zeichen des ASCII verlassen; Strings in PDF dürfen zwar beliebige Zeichen enthalten, aber es ist nicht genau festgelegt, wie Zeichen außerhalb des üblichen Bereichs interpretiert werden. Wenn Sie zum Beispiel Umlaute verwenden, könnte es passieren, dass Ihre Metadaten nicht auf jedem Rechner oder Betriebssystem identisch gelesen werden können, je nachdem, ob Sie zum Beispiel ISO Latin-1 oder UTF-8 zur Codierung heranziehen.[2]

Um die vorsichtige Formulierung aus dem vorigen Absatz mal in die harte Realität zu hieven: In der wirklichen Welt werden Sie vermutlich das `inputenc`-Paket verwenden, und eins ist mal klar: `\usepackage{inputenc}` und `\pdfinfo` vertragen sich etwa so gut wie Wasser und Natrium (rechnen Sie also mit einer ansehnlichen Explosion). Wenn Sie sich mit dem Gedanken tragen, Umlaute in Ihren PDF-Metadaten unterzubringen, dann sollten Sie unbedingt `hyperref` verwenden, und zwar so:

```
\usepackage{hyperref}
\hypersetup{%
  pdftitle={Der satanarchäolügenialkohöllische Wunschpunsch}
}
```

In diesem Fall hat nämlich `hyperref` die Chance, ein paar Dinge zu regeln, bevor Sachen ins DID geschrieben werden, und kann dafür sorgen, dass die Umlaute nicht durcheinanderkommen. Rein von der Syntax her könnten Sie Folgendes schreiben:

```
\usepackage[pdftitle={Der satan...Wunschpunsch]{hyperref}
```

aber dann werden die Umlaute durch den Wolf gedreht, bevor `hyperref` seine Magie anwenden konnte – mit fatalen Ergebnissen.

An dieser Stelle drängt sich natürlich die Frage auf, wofür das Ganze gut ist, außer dass es uns ein warmes pelziges Gefühl im Bauch verschafft, Autor und Titel im PDF-Anzeigeprogramm sehen zu können. Eine mögliche Anwendung könnte sein, Informationen aus dem Revisionskontrollsystem im PDF-Dokument unterzubringen (sofern Sie eins benutzen – siehe Subversion benutzen **[Hack #100]**). Zum Beispiel könnten Sie den Dateinamen, die aktuelle Revisionsnummer und das Datum der letzten Änderung in den `/Subject`-Eintrag im DID stecken:

```
\usepackage[nofancy,notoday]{svninfo}
\svnInfo $Id: bla.txt 123 2007-02-01 22:22:22 hugo$
\usepackage{hyperref}
\hypersetup{%
```

[2] »Das Schöne an Standards ist, dass es so viele zur Auswahl gibt.« – *Andrew S. Tanenbaum*

```
    pdftitle={Neues über Bla},
    pdfsubject={\svnInfoFile\ \svnInfoRevision\
                \svnInfoDate\ \svnInfoTime}
}
```

Wir wollen jetzt nicht darüber debattieren, ob `/Subject` dafür der richtige Platz ist; immerhin lesen Sie ein Buch namens *LaTeX Hacks*, nicht *LaTeX Offiziell Empfohlene Prozeduren*. Eine Frage ist aber erlaubt: Warum praktizieren wir das Subversion-Dateidatum nicht ins PDF-`ModDate`? Die Antwort darauf lautet: »Weil es dort nicht hingehört.« Das `ModDate` bezieht sich nämlich auf den Zeitpunkt der letzten Änderung der *PDF-Datei*, so wie Sie sie vor sich haben, und dient dazu, Programmen ihre Arbeit zu erleichtern, die zum Beispiel Kommentare in PDF-Dateien einarbeiten können (etwa die »kommerzielle« Version des Adobe Reader).

Sie können die DID-Informationen auch wieder automatisch aus dem PDF-Dokument extrahieren. Dafür gibt es viele Möglichkeiten; eine der einfacheren ist ein Programm namens `pdfinfo`, das aus dem Dunstkreis des PDF-Anzeigeprogramms `xpdf` stammt und in vielen Linux-Distributionen zu finden ist. Es liest die Metadaten aus dem DID und gibt sie zusammen mit einigen anderen interessanten Informationen über die Datei aus:

*Abbildung 9-3: Subversion-Informationen in den PDF-Metadaten*

```
$ pdfinfo bla.pdf
Title:          Neues über Bla
Subject:        bla.tex 123 2007-02-01 22:22:22
Keywords:       Bla, Blubb
Author:         Hugo Schulz
Creator:        LaTeX with hyperref package
Producer:       pdfeTeX-1.21a
CreationDate:   Thu Feb 15 21:38:53 2007
Tagged:         no
Pages:          1
Encrypted:      no
Page size:      612 x 792 pts (letter)
File size:      6015 bytes
Optimized:      no
PDF version:    1.4
```

Damit und mit ein bisschen sed bewaffnet können Sie die Subversion-Informationen in Shell-Variable praktizieren:

```
$ set $(pdfinfo bla.pdf | sed -n '/^Subject:/s/^Subject: *//p')
$ echo $1
bla.tex
$ echo $2
123
$ echo $3
2007-02-01
$ echo $4
22:22:22
```

Diese Daten könnten dann zum Beispiel in ein automatisch erstelltes Verzeichnis einfließen, das Ihre Dokumente und deren Versionsstand auflistet.

Natürlich hindert Sie niemand daran, zum Beispiel Perl zu verwenden – es gibt nette Perl-Module, die sich mit PDF befassen:

```
#!/usr/bin/perl
# getpdfsubject PDFDATEI
use PDF;
my $pdf = PDF->new($ARGV[0]);
print $pdf->GetInfo("Subject"), "\n";
```

Dieses Beispiel implementiert Folgendes:

```
$ getpdfsubject bla.pdf
bla.tex 123 2007-02-01 22:22:22
```

Ihnen fallen hierfür sicher viele interessante Anwendungen ein. PDF-Unterstützung gibt es für die meisten Programmiersprachen von Bedeutung.

## HACK #86 Russische Puppen

PDF-Dokumente in andere PDF-Dokumente integrieren

Grafiken können Sie mit pdfLaTeX ganz so einbinden wie mit gewöhnlichem LaTeX (siehe Ein Bild sagt mehr als tausend Wörter **[Hack #74]**). Die gängige Methode mit dem Kommando `\includegraphics` eignet sich aber nicht für »formatfüllendes« Material, etwa wenn Sie eine komplette DIN-A4-Seite aus einem anderen Dokument in Ihr DIN-A4 großes Dokument einbauen wollen. (Stellen Sie sich zum Beispiel vor, Sie setzen die Zeitschrift Ihres Kleintierzuchtvereins und müssen die ganzseitige Anzeige einer Wellensittichfutter-Firma unterbringen.)

Auch dabei lässt pdfLaTeX Sie zum Glück nicht im Stich: Das `pdfpages`-Paket von Andreas Matthias ist genau für diese Anwendung gedacht. Im einfachsten Fall können Sie mit etwas wie

```
\usepackage{pdfpages}
...
ist dieses Zwergkaninchen ein echter Riese.

\includepdf{anzeige}

Der Goldfisch dagegen ist im Vergleich zum Kaninchen ein ...
...
```

die erste Seite von *anzeige.pdf* an genau dieser Stelle in Ihr Dokument integrieren. Sollte die aktuelle Seite mit der Anmerkung über das Karnickel gerade halb voll sein, dann wird sie ausgeworfen, die Anzeige erscheint auf der nächsten Seite, und mit dem Goldfisch geht es auf der Seite danach weiter.

Sollten Sie diese Art von lästiger Unterbrechung nicht schätzen, hilft Ihnen zum Beispiel das `afterpage`-Paket von David Carlisle. Es dient dazu, Befehle voranzumelden, die ausgeführt werden, wenn LaTeX die aktuelle Seite ausgegeben hat und bevor es die nächste anfängt. (Eine typische Anwendung von `afterpage` besteht darin, LaTeX auf die Sprünge zu helfen, wenn Ihre gleitenden Abbildungen und Tabellen nicht so gleiten, wie sie sollen, sondern sich aufstauen und am Dokumentende als großer Klumpen ausgegeben werden: Ein `\afterpage{\clearpage}` sorgt dafür, dass nach der Seite, auf der das Kommando steht, alle anstehenden Tabellen und Abbildungen ausgegeben werden. Danach geht es dann wieder von vorne los.)

In unserem Fall erreichen wir über

```
\afterpage{\includepdf{anzeige.pdf}}
```

dass die aktuelle Seite noch komplett gefüllt wird, dann die Anzeige erscheint und es dann mit dem Artikel weitergeht, als sei nichts gewesen. Sie müssen nur darauf achten, das `\afterpage`-Kommando so zu platzieren, dass es auf der Seite *vor* derjenigen steht, wo die Anzeige gewünscht war – jedenfalls wenn eine spezielle Seite für das eingebundene Material vorgesehen ist. (Die Heftmitte ist zum Beispiel populär für eigens produzierte Extras. Denken Sie zum Beispiel an gewisse Magazine mit leicht geschürzten Damen. LaTeX ermöglicht es Ihnen bisher leider nicht, gezielt etwa `\includepdf` für die Seiten 15 und 16 eines 32-seitigen Heftchens zu sagen – Sie müssen die Seite 14 schon selber finden –, aber völlig unmöglich wäre es nicht.)

## Mehrere Seiten einbinden

Standardmäßig holt `\includepdf` immer nur die erste Seite eines Dokuments, egal wie viele Seiten das Dokument in Wirklichkeit hat. Sie können aber gezielt mehrere Seiten einbinden, indem Sie die pages-Option verwenden.

```
\includepdf[pages=1-5]{subdocument}
```

holt zum Beispiel die Seiten 1 bis 5 aus *subdocument.pdf*.

```
\includepdf[pages=3-]{subdocument}
```

holt alle Seiten ab Seite 3 bis zum Dokument-Ende,

```
\includepdf[pages=1,3,7]{subdocument}
```

nur die Seiten 1, 3 und 7, und

```
\includepdf[pages=-]{subdocument}
```

holt alle Seiten des Dokuments. Außerdem können Sie zusätzliche leere Seiten einbinden, indem Sie statt einer Seitennummer ein »`{}`« in die pages-Liste aufnehmen. (Das ist natürlich weniger interessant, wenn Sie PDF-Seiten in ein anderes Dokument einbauen wollen – `pdfpages` bildet aber auch die Basis des Programms `pdfnup` **[Hack #33]**, und dort ist diese Funktion sehr nützlich.)

## HACK #87 Vom Scanner zur PDF-Datei

Eine PDF-Datei aus einzelnen Seiten zusammensetzen – mit Inhaltsverzeichnis

Wie kommt man von einem Verzeichnis mit einzelnen gescannten Seiten zu einem PDF-Dokument, das vielleicht noch passende Verweise auf die einzelnen

Kapitel, Abschnitte und so weiter enthält? Natürlich mit pdfLaTeX (und etwas externer Schützenhilfe)! Bevor wir Ihnen aber erklären, wie das geht, müssen wir darauf hinweisen, dass diese Technik natürlich nur im Rahmen des geltenden Urheberrechts anzuwenden ist. Ansonsten wird Ihre Festplatte anfangen zu quietschen, Ihre Milch im Kühlschrank sauer werden und Ihr Goldfisch die Windpocken bekommen (und das sind nur die harmlosen Konsequenzen).

> Wir haben die hier gezeigte Technik mit Erfolg verwendet, um einige traditionelle Tanzbücher aus dem 18. und 19. Jahrhundert zusammenzusetzen, die die US-amerikanische *Library of Congress* unter dem Namen *An American Ballroom Companion – Dance Instruction Manuals ca. 1490–1920* zur Verfügung gestellt hat. Unter *http://memory.loc.gov/ammem/dihtml/dihome.html* finden Sie dort über zweihundert Tanzbücher teils im Volltext, teils nur oder auch in Form gescannter Seiten. Diese Werke sind zum allergrößten Teil gemeinfrei, so dass wir uns ohne schlechtes Gewissen damit vergnügen können (und unserem Goldfisch geht es hervorragend, vielen Dank auch).

## Die gescannten Seiten vorbereiten

Der erste Schritt besteht darin, sich die gescannten Seiten in einem geeigneten Format zu verschaffen. Wie das genau geht, können wir hier nicht allgemeingültig erklären. Unsere Experimente mit der Library of Congress involvierten die Linux-Shell, `seq` und `wget` und führten zu einem Verzeichnis voller TIFF-Dateien:

```
$ ls book-tiff
0000.tif  0024.tif ...
0001.tif  0025.tif ...
...       ...
```

Die Dateinamen ergaben sich dabei aus den URLs – Ihre Scansoftware vergibt vielleicht andere Namen. Sie sollten aber irgendeine Form von fortlaufender Nummerierung anstreben.

Die Unterstützung für TIFF-Dateien wurde leider vor ein paar Jahren aus pdfLaTeX entfernt, so dass wir noch etwas mehr Plattenplatz opfern müssen, um die Bilder in ein Format zu konvertieren, das pdfLaTeX tatsächlich lesen kann. Hier bietet sich PNG an, und wir verwenden das Programm `convert` aus dem ImageMagick-Paket:

```
$ mkdir book-png
$ for f in book-tiff/*; do
>   convert $f book-png/`basename $f .tif`.png
> done
```

Das kann ein Weilchen dauern, aber am Schluss sollten wir für jede TIFF-Seite in *book-tiff* eine entsprechende PNG-Seite in *book-png* haben.

## Die Seiten zusammensetzen

Als Nächstes müssen wir die Seiten zu einer großen PDF-Datei zusammenfassen. Wir könnten jetzt ein kleines Shell- oder Perl-Skript schreiben, das eine LaTeX-Eingabedatei mit einem Grafik-Einbindekommando pro Seite enthält, aber wir können LaTeX die Arbeit auch direkt machen lassen. Wir nutzen dabei die nicht offensichtliche Tatsache aus, dass das pdfpages-Paket **[Hack #86]** durchaus nicht nur PDF-, sondern auch PNG-Dateien »formatfüllend« einbinden kann. Das ist vermutlich eine Konsequenz des Umstands, dass `pdfpages` sich auf das übliche `\includegraphics` abstützt, das bei pdfLaTeX ja sowohl PNG- als auch PDF-Dateien lesen kann, aber wir nehmen das mit Genugtuung zur Kenntnis.

Was wir brauchen, ist eine kleine LaTeX-Schleife, die – beginnend bei einer bestimmten Seitenzahl (etwa naheliegenderweise 1) – Grafikdateien einbindet, bis alle Grafikdateien gelesen sind. Wir erzeugen einfach den jeweiligen Dateinamen auf Verdacht und prüfen, ob die Datei sich öffnen lässt; falls nicht, nehmen wir an, dass das Ende der Fahnenstange erreicht ist. Mit `ifthen` für die Ablaufkontrolle könnte das ungefähr so aussehen:

```
\setcounter{pg}{1}
\setboolean{done}{true}
\whiledo{\not\boolean{done}}{%
  # Erzeuge den Dateinamen mit Hilfe von \thepg
  # und schreibe ihn nach \filename (siehe später)
  \immediate\openin\file=\filename.png
  \ifeof\file
    \setboolean{done}{true}
  \else
    # Binde die Grafikdatei ein (siehe später)
  \fi
}
```

Dabei setzen wir `pg`, `\file` und die Boolesche Variable `done` als geeignet deklariert voraus. Im Wesentlichen sind dann noch zwei Probleme zu lösen: das tatsächliche Einbinden der Grafikdatei, das auf ein simples

```
\includepdf{\filename.png}
```

hinausläuft (wie erwähnt stört pdfLaTeX sich nicht daran, dass Sie ihm eine PNG-Datei als PDF-Datei unterschieben), sowie das Erzeugen des Dateina-

```
\ProvidesPackage{includepages}%
  [2007/02/13 v1.0 Collect scanned pages (AL)]
\RequirePackage{pdfpages}
\RequirePackage{keyval}
\RequirePackage{ifthen}
\newcounter{ipg@pg}
\newcounter{ipg@last}
\define@key{ipg}{firstpage}{\setcounter{ipg@pg}{#1}}
\define@key{ipg}{lastpage}{\setcounter{ipg@last}{#1}}
\define@key{ipg}{suffix}{\renewcommand{\ipg@suffix}{#1}}
\newcommand*{\ipg@suffix}{}
\newcommand*{\ipg@fname}{}
\newboolean{ipg@done}
\newread\ipg@file
\newcommand{\includepages}[1][]{
  \setcounter{ipg@pg}{1}
  \setcounter{ipg@last}{9999}
  \renewcommand*{\ipg@suffix}{jpg}
  \setkeys{ipg}{#1}
  \setboolean{ipg@done}{false}
  \whiledo{\not\boolean{ipg@done}}{%
    \ifthenelse{\value{ipg@pg}<10}{%
      \renewcommand*{\ipg@fname}{000\theipg@pg}}
    {\ifthenelse{\value{ipg@pg}<100}{%
        \renewcommand*{\ipg@fname}{00\theipg@pg}}
      {\ifthenelse{\value{ipg@pg}<1000}{%
          \renewcommand*{\ipg@fname}{0\theipg@pg}}
        {\renewcommand*{\ipg@fname}{\thepg}}}}
    \immediate\openin\ipg@file=\ipg@fname.png
    \ifeof\ipg@file
      \setboolean{ipg@done}{true}%
    \else\ifnum\value{ipg@pg}>\value{ipg@last}%
      \setboolean{ipg@done}{true}%
    \else
      \includepdf[fitpaper=true]{\ipg@fname.\ipg@suffix}
    \fi\fi
    \stepcounter{ipg@pg}
  }
}
```

*Abbildung 9-4: Paket includepages – eine Folge von Grafikdateien einbinden*

mens als Zahl in der Form *0001*. Der Umstand, dass LaTeX kaum über erwähnenswerte Funktionen zur Manipulation von Zeichenketten verfügt, geschweige denn etwas wie das `printf` von Programmiersprachen wie Perl oder der Shell anzubieten hätte, ist dabei keine Hilfe. Wir erledigen das auf eine extra umständliche, aber wirkungsvolle Weise:

```
\ifthenelse{\value{pg}<10}{%
  \renewcommand*{\filename}{000\thepg}}
{\ifthenelse{\value{pg}<100}{%
    \renewcommand*{\filename}{00\thepg}}
  {\ifthenelse{\value{pg}<1000}{%
      \renewcommand*{\filename}{0\thepg}}
    {\renewcommand*{\filename}{\thepg}}}}
```

Um diesen Ansatz wiederverwendbar zu machen, haben wir ihn in ein kleines LaTeX-Paket namens `includepages` gesteckt, das Sie in Abbildung 9-4 sehen können. Dabei haben wir noch ein paar Änderungen vorgenommen:

- Das Paket definiert ein Kommando namens `\includepages` (dazu später mehr).
- Alle Namen verwenden das Präfix `ipg@`, damit es hoffentlich nicht zu Kollisionen mit anderen Paketen kommt.
- Bei der Grafikeinbindung verwenden wir die Option `fitpaper` aus dem `pdfpages`-Paket. Damit wird die Papiergröße auf die Dimensionen der ersten gelesenen Seite gesetzt – ohne diese Option würden alle Dokumente im DIN-A4-Format erzeugt und die gelesenen Seiten gegebenenfalls skaliert.
- Wir benutzen das `keyval`-Paket, um Parameter wie die Startseite zu übergeben.
- Außer der ersten zu verarbeitenden Seite (`keyval`-Schlüssel `firstpage`) können Sie auch noch die letzte zu verarbeitende Seite (`lastpage`) sowie das Suffix der Grafikdateien (`suffix`) angeben – Letzteres nur für den Fall, dass Sie es mal mit JPEG-Dateien zu tun bekommen.

Sie können damit ein Dokument zusammenstellen, indem Sie einfach Folgendes schreiben:

```
\documentclass{article}
\usepackage{includepages}
\begin{document}
\includepages[firstpage=2,suffix=png]
\end{document}
```

## Inhaltsverzeichnis

Wichtig und wünschenswert gerade bei größeren Dateien (unsere Tanzbücher können durchaus mal 200 bis 300 Seiten haben) sind die Verweise auf die einzelnen Kapitel und Abschnitte, die gute PDF-Anzeigeprogramme anbieten. Natürlich finden diese Verweise nicht auf magischem Weg ihren Platz in der PDF-Datei (schön wär's), sondern müssen in Handarbeit hinzugefügt werden. Aber auch dabei hilft uns pdfLaTeX. Alles, was wir beisteuern müssen, ist eine Datei, die aussieht wie

```
>0 1 Einleitung
>1 1 Hintergrund
>1 2 Verwandte Arbeiten
>0 3 Methoden und Materialien
>0 9 Beobachtungen
>0 14 Schlussfolgerungen
>1 14 Direkte Konsequenzen
>1 16 Weitere Forschungsthemen
>0 17 Anhang
```

Dabei beginnt jede Zeile mit einem »>«, gefolgt von der Gliederungsstufe (0 ist die höchste Ebene) und dem Titel für das Kapitel oder den Abschnitt, der bis zum Zeilenende reicht. Wir machen daraus eine Datei, die wir `hyperref` für die Erzeugung der Verweise unterschieben, so als wäre sie aus `\chapter`- und `\section`-Kommandos im Dokument entstanden – diese Datei muss so heißen wie das Dokument, aber die Endung *.out* haben und so aussehen:

```
\let\WriteBookmarks\relax
\BOOKMARK[0][-]{page.1.0}{Einleitung}{}
\BOOKMARK[1][-]{page.1.1}{Hintergrund}{page.1.0}
\BOOKMARK[1][-]{page.2.1}{Verwandte Arbeiten}{page.1.0}
\BOOKMARK[0][-]{page.3.0}{Methoden und Materialien}{}
...
```

Die erste Zeile hindert `hyperref` daran, die Datei zu überschreiben, und die restlichen Zeilen definieren die tatsächlichen Verweise. Natürlich könnten Sie diese Datei auch gleich direkt schreiben, aber wirklich Spaß macht das nicht.

Wie bringen wir `includepages` jetzt bei, die Datei mit den »bequemen« Verweisen zu lesen? Die Idee ist, einen Aufruf der Form

```
\includepages[marks=bookmarks.txt,firstpage=1,suffix=png]
```

zu erlauben, bei dem der Schlüssel `marks` die Verweisdatei (hier *bookmarks.txt*) benennt. Das heißt, wir brauchen eine Definition der Form

```
\define@key{ipg}{marks}{\ipg@readmarks{#1}}
```

sowie das dazugehörige Kommando, das ungefähr so aussieht:

```
\newwrite\ipg@marks
{\catcode`\>=\active
 \gdef\ipg@readmarks#1{%
   \immediate\openout\ipg@marks=\jobname.out
   \immediate\write\ipg@marks{%
     \string\let\string\WriteBookmarks\string\relax}
   \catcode`\>=\active \let>=\ipg@getmark
   \input{#1}}}
```

Das heißt, wir öffnen die *.out*-Datei und machen das »>«-Zeichen aktiv, bevor wir die Verweisdatei mit `\input` einlesen. Die Zeilen lesen wir mit dem Kommando `\ipg@getmark`.

`\ipg@getmark` ist ein »zweistufiges« Kommando: Um den Titel des Verweises bis zum Zeilenende lesen zu können, machen wir zunächst das Zeilenende aktiv (damit es nicht nur als Leerzeichen erscheint) und lesen dann mit einem zweiten Kommando, `\ipg@getmarkEol`, die Zeile ein:

```
\newcounter{ipg@level}
\newcounter{ipg@maxlevel}
\newcommand\ipg@getmark{\begingroup\catcode`\^^M=12 %
  \ipg@getmarkEol}
{\catcode`\^^M=12 %
 \gdef\ipg@getmarkEol#1 #2 #3^^M{%
   ...}
}
```

(Beachten Sie, dass das Zeilenende (`^^M`) bei der *Definition* von `\ipg@getmarkEol` aktiv sein muss. Aus diesem Grund sind in der Definition auch alle Zeilenenden mit »%« maskiert.) Innerhalb von `\ipg@getmarkEol` stehen dann die Gliederungstiefe in `#1`, die Seitennummer in `#2` und der Verweistext in `#3` zur Verfügung.

Hier ist die Definition von `\ipg@getmarkEol`:

```
\gdef\ipg@getmarkEol#1 #2 #3^^M{%
  \def\ipg@lbl{page.#2.#1}%
  \def\ipg@parent{}%
  \ifthenelse{#1>0}%
    {\setcounter{ipg@level}{#1}%
     \addtocounter{ipg@level}{-1}%
     \edef\ipg@parent{%
```

```
      \@nameuse{ipg@last@\theipg@level}}}{}%
  \immediate\write\ipg@marks{\string\BOOKMARK%
    [#1][-]{\ipg@lbl}{#3}{\ipg@parent}}%
  \expandafter\xdef\csname%
    ipg@last@#1\endcsname{\ipg@lbl}%
  \ifthenelse{#1>\value{ipg@maxlevel}}%
    {\setcounter{ipg@maxlevel}{#1}}{}%
  \endgroup}%
```

Zuerst definieren wir in `\ipg@lbl` eine Verweismarke, die von `hyperref` verwendet wird (als drittes oder letztes Argument von `\BOOKMARK`). In diese Verweismarke gehen die Seitennummer und die Gliederungstiefe ein; wir erklären gleich, warum.

`\ipg@parent` zeigt bei Verweisen, die nicht auf der höchsten Gliederungsstufe sind, auf den übergeordneten Verweis im Baum. Dieser ist immer der letzte Verweis auf der nächsthöheren Gliederungsebene, den wir gesehen haben – wir merken uns die entsprechenden Verweismarken in Kommandos der Form `\ipg@last@0`, `\ipg@last@1` usw. (in den zwei Zeilen mit `\expandafter\xdef`) und holen sie im ersten `\ifthenelse` wieder hervor.

In Verweismarken brauchen wir die Gliederungstiefe, um Mehrdeutigkeiten zu vermeiden, wenn beispielsweise ein Kapitel und ein Abschnitt auf derselben Seite anfangen, wie in

```
\BOOKMARK[0][-]{page.1.0}{Einleitung}{}
\BOOKMARK[1][-]{page.1.1}{Hintergrund}{page.1.0}
```

Ohne die Gliederungstiefe hätten wir hier etwas wie

```
\BOOKMARK[0][-]{page.1}{Einleitung}{}
\BOOKMARK[1][-]{page.1}{Hintergrund}{page.1}
```

Es bleibt nur das Problem, beim Einbinden der Grafiken die Zielmarken für die Verweise zu setzen. Wir gehen nach dem Gießkannenprinzip vor und setzen auf *jeder* Seite Marken für *alle* benutzten Gliederungstiefen; auf diese Weise sind wir auf alles vorbereitet, was in der Verweisdatei stehen kann, und bei einer PDF-Datei aus gescannten Bildern kommt es auf ein paar Bytes mehr oder weniger nun wirklich nicht an. Das heißt, in `\includepages` schreiben wir

```
\includepdf[fitpaper=true]{\ipg@fname.\ipg@suffix}
\setcounter{ipg@i}{0}
\whiledo{\not\value{ipg@i}>\value{ipg@maxlevel}}{%
  \hypertarget{page.\theipg@pg.\theipg@i}{}%
  \stepcounter{ipg@i}%
}%
```

*Tabelle 9-2: Zugriffsrechte für PDF-Dateien mit pdftk*

| Name | Bedeutung |
|---|---|
| `Printing` | Drucken in hoher Qualität erlaubt |
| `DegradedPrinting` | Drucken in geringer Qualität erlaubt |
| `Assembly` | Seiten einfügen, rotieren oder löschen, Anlegen von Lesezeichen (*bookmarks*) oder Vorschaubildern erlaubt |
| `ModifyContents` | Inhaltsveränderungen erlaubt (beinhaltet `Assembly`) |
| `ScreenReaders` | Extrahieren von Text und Grafik, etwa für Benutzer mit Behinderungen, erlaubt |
| `CopyContents` | Extrahieren von Text und Grafik erlaubt (beinhaltet `ScreenReaders`) |
| `FillIn` | Ausfüllen existierender Formularfelder erlaubt |
| `ModifyAnnotations` | Ändern oder Hinzufügen von Anmerkungen, Ausfüllen von Formularfeldern und – wenn auch `ModifyContents` gesetzt ist – Hinzufügen oder Verändern von Formularfeldern selbst erlaubt |
| `AllFeatures` | Alle angegebenen Rechte |

wobei wir `ipg@maxlevel` in `\ipg@getmarkEol` so bestimmt haben, dass es die größte Gliederungstiefen-Angabe enthält. (Dafür war das zweite `\ifthenelse` gedacht.) Die etwas verquere Bedingung im `\whiledo` ergibt sich aus dem Umstand, dass TeX keinen „Kleiner-Gleich"-Operator hat. Und auch `ipg@i` müssen wir natürlich noch definieren.

Wie üblich braucht pdfLaTeX zwei Durchgänge durch das Dokument, bevor die Verweise korrekt in der PDF-Datei stehen.

## HACK #88 Was Recht ist …

**PDF-Dateien mit pdftk verschlüsseln und mit Rechteangaben versehen**

Ein sehr nützliches Werkzeug zur Bearbeitung von PDF-Dateien ist `pdftk` von Sid Steward. Es kann PDF-Dateien aneinanderhängen, in einzelne Seiten zerlegen, komprimieren und dekomprimieren und einiges andere mehr. Für pdfTeX-Benutzer trägt es eine Fähigkeit nach, die pdfTeX selbst nicht beherrscht, die aber hin und wieder nützlich ist, nämlich das Verschlüsseln und die Angabe von Rechten für PDF-Dateien.

Als Autor einer PDF-Datei können Sie den Lesern gewisse Aktionen untersagen. Beispielsweise können Sie angeben, dass das Dokument nur am Bildschirm betrachtet, aber nicht ausgedruckt werden darf oder dass keine Ausschnitte mit Mausaktionen herauskopiert werden dürfen. Sie sollten sich dabei allerdings vor Augen führen, dass eine Rechtevergabe in dieser Form keineswegs bedeutet, dass sich Empfänger der PDF-Datei diese Fähigkeiten nicht auf Umwegen erschleichen können. Zum Beispiel könnten findige Leute ein im Quellcode verfügbares PDF-Leseprogramm verwenden, bei dem die Funktionen deaktiviert wurden, die diese Einschränkungen durchsetzen. Manchmal reicht auch eine Konvertierung in PostScript, wie sie manche Betrachtungsprogramme anbieten, um die Einschränkungen außer Kraft zu setzen. Verlassen Sie sich also nicht allzu sehr darauf. Die Details der möglichen Einschränkungen hängen von der PDF-Version des Dokuments ab und können hier nicht ausführlich dargestellt werden (siehe Tabelle 9-2).

Mit einem Kommando wie

```
pdftk in.pdf output out.pdf owner_pw Bla,blubb!
```

können Sie die Datei *in.pdf* verschlüsseln und mit dem Eigentümer-Kennwort »`Bla,blubb!`« versehen. Die resultierende Datei *out.pdf* darf nicht gedruckt oder modifiziert werden, und es können auch keine Inhalte entnommen werden. Standardmäßig verwendet PDF zur Verschlüsselung das RC4-Verfahren, seit PDF 1.6 wird (auch) AES eingesetzt. Die Schlüssellänge beträgt in beiden Fällen 128 Bit. Die Verschlüsselung bezieht sich primär auf Textinhalte; ganzzahlige und Boolesche Werte, die oft Informationen über die Dokumentstruktur enthalten, bleiben unverschlüsselt, um eine Navigation im Dokument zu ermöglichen.

PDF unterscheidet bei verschlüsselten Dateien zwischen zwei verschiedenen Kennwörtern, dem Eigentümer-Kennwort (*owner password*) und dem Benutzer-Kennwort (*user password*). Wenn Sie ein Benutzer-Kennwort setzen, muss dieses (oder das Eigentümer-Kennwort) beim Öffnen des Dokuments angegeben werden, damit es entschlüsselt und auf dem Bildschirm angezeigt werden kann. Ob darüber hinaus noch andere Operationen, etwa das Ausdrucken, erlaubt sind, hängt von den im Dokument angegebenen Zugriffsrechten ab. Ist für ein verschlüsseltes Dokument kein Benutzer-Kennwort gesetzt, kann es auf jeden Fall geöffnet und angezeigt werden, aber auch hier entscheiden die im Dokument angegebenen Zugriffsrechte über weitere Möglichkeiten. Wer das Eigentümer-Kennwort kennt, hat Vollzugriff auf das Dokument und darf auch Zugriffsrechte und Kennwörter ändern.

Um Benutzern ohne Kennwort das Drucken zu erlauben, können Sie folgendes Kommando verwenden:

```
pdftk in.pdf output out.pdf owner_pw Bla,blubb! allow printing
```

Und um das Drucken und Herauskopieren von Inhalten zu gestatten:

```
pdftk in.pdf output out.pdf owner_pw Bla,blubb! \
    allow printing,copycontents
```

# HACK #89 Schnitt- und Passmarken erzeugen

**Wie Sie Ihr Dokument für Schneidemaschinen oder Reprografie vorbereiten können**

Die meisten von uns beschränken sich im täglichen Leben wahrscheinlich auf das Ausdrucken von Geschäftspost, Programmlistings und Ähnlichem auf DIN-A4-Papier – aus Bequemlichkeits- wie aus Kostengründen, da gängige Drucker nun mal für dieses Format gedacht sind. Trotzdem haben viele Druck-Erzeugnisse, von Büchern über Prospekte bis zu CD-Inlays, durchaus andere Größen. Wenn sie auf handelsüblichem Papier ausgedruckt werden sollen (auch das ist in der Regel eine Kostenfrage), müssen Sie die fertigen Seiten anschließend zurechtschneiden. Ebenso kommt es vor, dass Ihr Dokument vor dem Drucken erst mit einer Reprokamera fotografiert wird. In diesem Fall muss es spezielle Marken enthalten, an denen die Kamera ausgerichtet werden kann. Als weiterer Vorteil ist es möglich, über den Rand des späteren Papierformats hinaus zu drucken und damit sicherzustellen, dass Teile der Ausgabe, die bis an den Rand reichen sollen, diesen tatsächlich erreichen. Ein Beispiel dafür im vorliegenden Buch sind die grauen Rechtecke an den äußeren oberen Ecken der Seiten. Diese Anwendung ist zum Beispiel auch besonders wichtig für Registermarken in Lexika oder Wörterbüchern, wo Sie die Seiten für die einzelnen Buchstaben ausmachen können, wenn Sie von der Seite auf den geschlossenen Buchblock schauen.

> Die Methoden in diesem Hack haben nicht speziell etwas mit PDF zu tun. Sie fallen unter die generelle Rubrik »Druckvorstufe«, und da es darüber in diesem Buch kein eigenes Kapitel gibt, war dieses Kapitel noch am besten geeignet, um sie unterzubringen.

Die Abhilfe für diverse Probleme der Druckaufbereitung ist das Paket `crop` von Melchior Franz. Es kann alle möglichen Arten von Marken erzeugen und ein Dokument bei Bedarf auch spiegeln oder als Negativ ausgeben. Es ist auch möglich, Text- oder Grafikausgaben zu unterdrücken, etwa um nur die farbigen Teile eines Dokuments auf einem Farbdrucker auszugeben.

`crop` operiert unter der Annahme, dass die »logische« Seitengröße, also die Größe des späteren Druckwerks, kleiner ist als die tatsächliche Papiergröße, auf der das Werk ausgedruckt wird. Es ist also möglich, außerhalb des späteren Druckformats Marken und Erklärungen anzubringen. Damit das funktioniert, sollten Sie – unabhängig von der Papierformatangabe des Dokuments, die zum Beispiel das `geometry`-Paket **[Hack #31]** verwendet, um Größe und Position des Satzspiegels zu bestimmen – `crop` die Zielgröße des tatsächlichen Papiers für den Druck mitteilen:

```
\usepackage[a4,center]{crop}
```

*Tabelle 9-3: Verschiedene Arten von Marken mit crop*

| Typ | Beschreibung |
|---|---|
| `cam` | Ausrichtungsmarken für Reprokameras. Dies ist der Standardwert, wenn kein anderer Markentyp angegeben wurde. |
| `cross` | Schneidemarken: In jede Papierecke wird ein Kreuz gezeichnet. Diese Art von Marke sollte auf ein separates Blatt gedruckt werden, das beim Schneiden oben auf den Papierstapel gelegt wird – ansonsten könnten die Kreuze auf den späteren beschnittenen Seiten zu sehen sein. |
| `frame` | Die (logische) Seite wird eingerahmt. Dadurch können Sie sich leicht das spätere Papierformat vorstellen. |
| `off` | Es werden gar keine Marken gezeichnet. |
| `axes` | Die horizontalen und vertikalen Mittelachsen der (logischen) Seite werden außerhalb des logischen Papierformats durch kleine Striche gekennzeichnet, zum Beispiel zum Lochen. Kann mit `noaxes` ausgeschaltet werden; ist standardmäßig deaktiviert. |

Dabei stehen die gängigen Abkürzungen zur Verfügung, oder Sie können mit `width=` und `height=` irgendein Format angeben. `center` sorgt dafür, dass die »logische« Seite, also das, was LaTeX sonst liefern würde, auf dem Papier zentriert wird.

Sie sollten das Paket `crop` immer *nach* einem Paket wie `geometry` oder `typearea` einbinden. Um Verwirrung zu vermeiden, sollten Sie auch die Ausgabe-Optionen von `geometry` stilllegen, damit `crop` nicht umgangen wird:

```
...
\usepackage[dvips=false,pdftex=false,vtex=false]{geometry}
\geometry{...}
\usepackage[cam,a4,center,pdftex]{crop}
...
```

Die verfügbaren Markentypen sind in Tabelle 9-3 zusammengefasst. Abbildung 9-5 zeigt zwei Seiten mit verschiedenen Marken: Passmarken (links; erzeugt mit den Optionen »`cam,axes`«) dienen zur Kameraausrichtung, Schneidemarken (rechts; erzeugt mit »`cross,noaxes`«) zum Zurechtschneiden eines Papierstapels nach dem Druck. Nützlich beim Satz eines Dokuments ist auch die Möglichkeit, einfach einen Rahmen um die logische Seite zeichnen zu können (siehe Abbildung 9-6).

Standardmäßig gibt `crop` oben auf der Seite eine Zeile mit Informationen aus (siehe Abbildung 9-7). Darin finden Sie den Jobnamen, das Datum und die Uhrzeit des TeX-Laufs und die Seitenzahl sowohl aus der (formatierten) Sicht von LaTeX als auch in absoluter Folge (von 1 an nummeriert). Diese Daten sind hilfreich, wenn Sie sich in einem großen Papierstapel zurechtfinden müssen.

Normalerweise legen Sie die Konfiguration von `crop` fest, wenn Sie das Paket einbinden:

```
\usepackage[frame,a4,center]{crop}
```

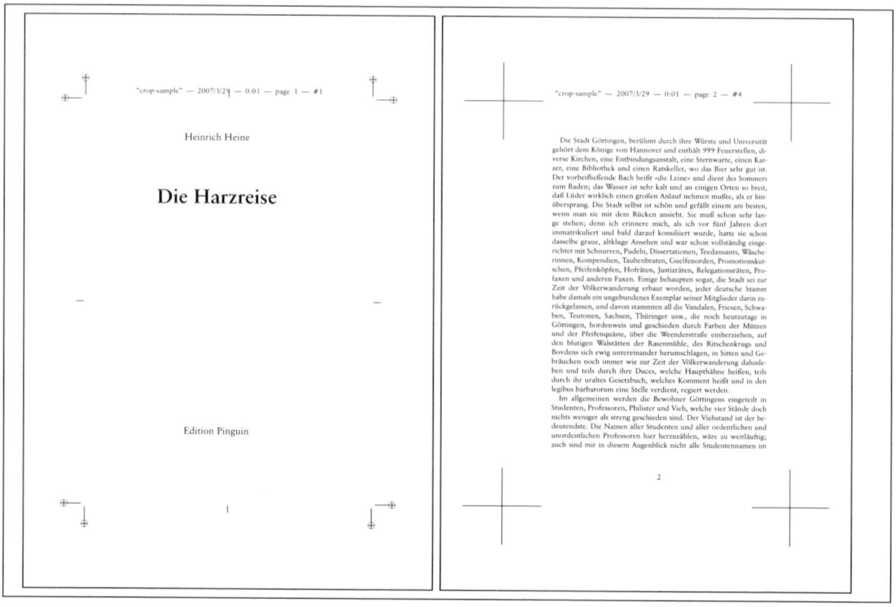


*Abbildung 9-5: Passmarken (links) und Schneidemarken (rechts) mit dem Paket crop*

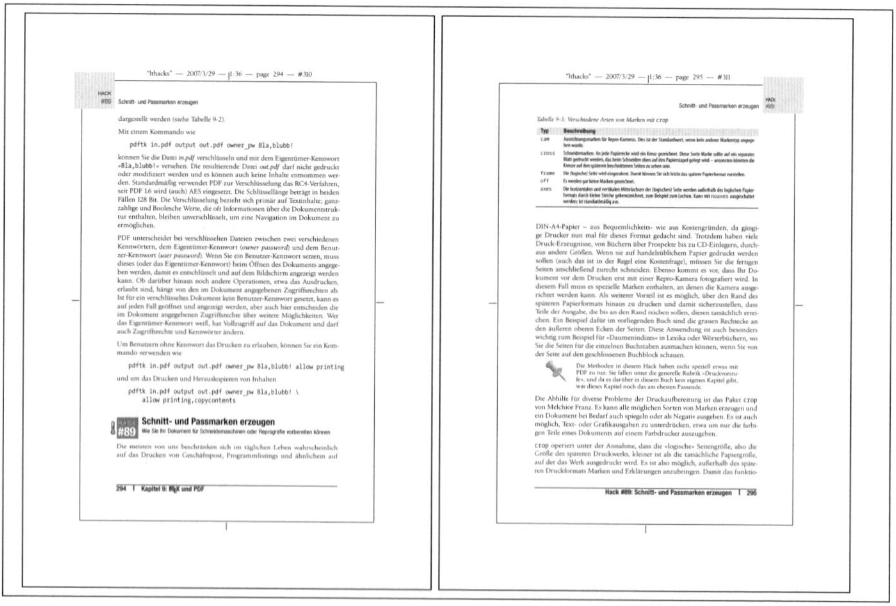

*Abbildung 9-6: Eingerahmte Seiten mit dem Paket crop*

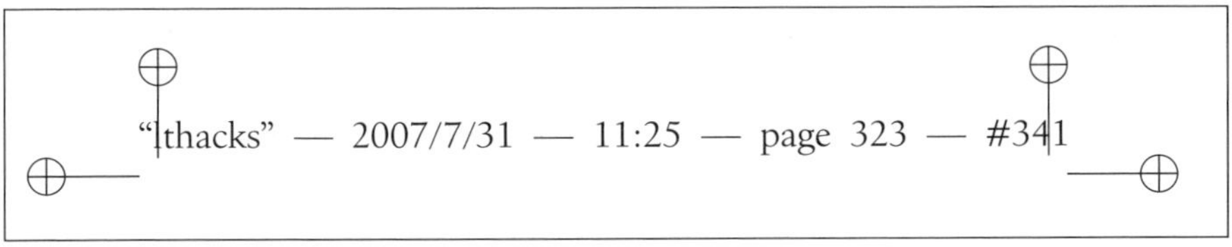


*Abbildung 9-7: Die Informationszeile von crop*

Gewisse Aspekte des Pakets, etwa die Art des Rahmens, ob die Mittelachsen-Markierungen ausgegeben werden und Ähnliches, können Sie aber auch innerhalb des Dokuments noch ändern. Geben Sie die entsprechenden Schlüssel dann als optionales Argument des `\crop`-Kommandos an:

```
\crop[cam,axes]
```

Ein `\crop` ohne Argument ist gleichbedeutend mit `\crop[cam,noaxes]`.

Hier noch ein paar Lösungsansätze für gängige Probleme:

- Wenn Ihr Farbdrucker im Betrieb ziemlich teuer ist, dann können Sie bei langen Dokumenten mit wenigen Farbgrafiken so vorgehen, dass Sie zunächst den kompletten Text Ihres Dokuments ausblenden und nur die Farbgrafiken auf dem Farbdrucker drucken:

  ```
  \crop[graphics,notext]
  ```

  (»`notext`« setzt die Textfarbe auf »Weiß« und blockiert danach alle Farbänderungen.) Anschließend können Sie mit

  ```
  \crop[nographics,text]
  ```

  auf einem schwarz-weißen Laserdrucker dafür sorgen, dass nur der Text und keine Grafik ausgegeben wird, und das (hoffentlich) wohlfeil.

- Mit `graphics` und `nographics` können Sie dafür sorgen, dass schwarz-weiße Grafiken (etwa Linienzeichnungen) immer mit dem Text ausgegeben werden. Verwenden Sie für die Grafiken folgende Konstruktion:

  ```
  {\colorgraphics
    \includegraphics[..]{...}}
  ```

  Und setzen Sie in der Präambel je nach Bedarf:

  ```
  % mit Farbgrafiken
  \newcommand*{\colorgraphics}{}
  % ohne Farbgrafiken
  \newcommand*{\colorgraphics}{\crop[nographics]}
  ```

- Im Prinzip spricht nichts dagegen, eine DIN-A4-Seite auf einer DIN-A4-Seite zu zentrieren. Natürlich sehen Sie so keine Marken, da die im Nirwana jenseits des Papiers verschwinden. Allerdings können Sie so andere angenehme und sonst schwer zu realisierende Eigenschaften von `crop` ausnutzen, etwa die Möglichkeit, Text und Grafiken im Ausdruck zu trennen (mit den Optionen `notext` bzw. `nographics`).
- Mit der Option `mirror` können Sie die komplette Ausgabe spiegeln (jedenfalls sofern Ihr Ausgabe-Treiber das `\reflectbox`-Kommando aus `graphics` unterstützt). Das ist beispielsweise nützlich, wenn Sie Bügelfolien für T-Shirts bedrucken wollen. (Wenn Sie ein Linux- oder anderes Unix-System mit CUPS verwenden, können Sie beliebige Inhalte spiegelbildlich ausgeben, indem Sie »`lpr -o mirror`« benutzen.)
- Wenn Sie wirklich Registermarken haben möchten, sollten Sie sich das Paket `thumb` (von Christian Holm) ansehen. Die KOMA-Script-Dokumentation von Markus Kohm erwähnt ein Paket namens `chapterthumb`, das Sie in inoffizieller Form auf *http://www.komascript.de/node/200* finden können.

# LaTeX-Werkzeuge

## Hacks #90–100

LaTeX steht nicht für sich allein, sondern ist Teil eines regelrechten Software-Ökosystems mit allen möglichen Werkzeugen, die beim Erstellen von LaTeX-Eingaben helfen, LaTeX-Ausgaben weiterverarbeiten oder einfach bloß nützlich sind. Ein paar dieser Kollegen haben Sie schon in früheren Kapiteln kennengelernt, und hier stellen wir Ihnen noch einige weitere Vertreter der Spezies vor. Neben nützlichen Werkzeugen für Shell-Skripten gibt es verschiedene Editoren, Hilfsprogramme für die Ausgabe nach HTML und Organisationstalente für große, kollaborativ erstellte Werke wie das Quellcodemanagementsystem Subversion.

## HACK #90 Die kpse-Werkzeuge in eigenen Shell-Skripten benutzen

**Suchen Sie nach Dateien genau wie die TeX-Programme.**

Die kanonische TeX-Implementierung unter Linux bzw. Unix, die auf der `web2c`-Infrastruktur von Karl Berry beruht, enthält eine Bibliothek namens *Kpathsea*, die sich mit dem Suchen und Finden von Dateien befasst – für TeX mit seinen Tausenden von verschiedenen Eingabedateien, Schriftendateien und so weiter ein nicht ganz unwichtiges Thema. Kpathsea wird (wie der Rest von TeX) in einer Datei namens *texmf.cnf* konfiguriert, die Sie bei gängigen Linux-Distributionen normalerweise in einem Verzeichnis wie */etc/texmf* finden können.

### Die Konfiguration von Kpathsea

Ein großer Teil von *texmf.cf* besteht aus Definitionen für Suchpfade wie den folgenden:

```
TEXMFMAIN = /usr/share/texmf
TEXMFDIST = /usr/share/texmf-{texlive;tetex}
TEXMFLOCAL = /usr/local/share/texmf
TEXMFHOME = $HOME/texmf
TEXMF = {$TEXMFHOME,!!$TEXMFLOCAL,!!$TEXMFMAIN,!!$TEXMFDIST}
TEXINPUTS = .;$TEXMF/tex//
```

(Wundern Sie sich nicht, wenn Ihre *texmf.cnf* etwas komplizierter aussieht – wir haben im Interesse der Übersichtlichkeit ein paar Feinheiten weggelassen.)

Der gezeigte Ausschnitt illustriert, dass ein installiertes TEX-System normalerweise aus einer Reihe von unabhängigen Dateibäumen besteht. Die Konfiguration verweist auf Verzeichnisse, die und deren Unterverzeichnisse dann nach Dateien durchsucht werden können:

- `TEXMFDIST` verweist auf die »Distribution« von TEX-Dateien. Unser Beispiel stammt von Debian GNU/Linux, wo sowohl teTEX als auch das umfassendere TEXLive zur Verfügung stehen, weshalb die Konfiguration auf beide Rücksicht nimmt – eine Folge von Namensbestandteilen in »`{...}`« ist äquivalent zu einer Folge von Pfaden, die sich ergibt, indem man nacheinander jeden der Namensbestandteile in den umgebenden Pfad einsetzt. Zum Beispiel:

  ```
  /usr/share/texmf-texlive;/usr/share/texmf-tetex
  ```

  Als Trennzeichen in solchen Verzeichnislisten dient dabei übrigens das Semikolon (»`;`«). Ein Doppelpunkt würde auch funktionieren, allerdings vermeidet die Standardkonfiguration ihn aus Rücksicht auf gewisse verbreitete Betriebssysteme, die keine Doppelpunkte in Dateinamen mögen.
- `TEXMFLOCAL` ist der Platz, wo Sie als »lokaler Administrator« Ihres TEX-Systems Dateien hinterlegen können, die von allen Benutzern gefunden werden.
- Jeder Benutzer kann in `TEXMFHOME` seine eigenen Dateien ablegen.
- `TEXMF` fasst die vorher definierten Pfade unter einem Namen zusammen. Das »`$TEXMF/tex//`« in `TEXINPUTS` zum Beispiel bezieht sich anschließend auf das Unterverzeichnis *tex* in irgendeinem der in `TEXMF` aufgeführten Verzeichnisse.
- Ein angehängtes »`//`« steht für »auch alle Unterverzeichnisse dieses Verzeichnisses«.

Die Verzeichnisse in einer Folge werden immer von links nach rechts abgearbeitet, und bei der Suche gewinnt immer die erste gefundene Datei.

Aus Geschwindigkeitsgründen unterstützt Kpathsea »Datenbanken« von Dateinamen in den obersten Verzeichnissen der Dateibäume. Diese können wesentlich effizienter durchsucht werden als die Verzeichnishierarchien selbst. Eine solche Datenbank ist nichts anderes als die Ausgabe von »`ls -R`« für das betreffende Verzeichnis. Sie können eine Namensdatenbank bequem mit dem Kommando `mktexlsr` (früher: `texhash`) anlegen:

```
# mktexlsr    # alle Verzeichnisse in $TEXMFDBS
# mktexlsr /usr/local/share/texmf
```

Für die systemweit zugänglichen Verzeichnisse brauchen Sie wahrscheinlich Systemverwalter-Privilegien, um die Namensdatenbank anlegen oder erneuern zu dürfen.

Normalerweise sucht Kpathsea zuerst in einer Namensdatenbank und dann, wenn der gesuchte Name dort nicht gefunden wurde, in der tatsächlichen Dateihierarchie. Wenn einem Verzeichnisnamen allerdings ein »`!!`« vorangestellt ist (betrachten Sie die obige Definition von `TEXMF`, wird *nur* in der Namensdatenbank gesucht. Das beschleunigt die Suche in großen, sich selten ändernden Dateihierarchien wie der TEX-Distribution.

Sie können die Werte der Variablen in *texmf.cnf* mit Umgebungsvariablen überschreiben. Ein Aufruf wie

```
$ export TEXINPUTS=.:~/MeinTeX:
```

in Ihrer Shell sorgt also dafür, dass TEX zuerst das aktuelle Verzeichnis und dann das Verzeichnis *MeinTeX* in Ihrem Home-Verzeichnis nach Eingabedateien durchsucht. Ein an eine Variable angehängter einzelner Doppelpunkt (oder ein Semikolon) steht übrigens für »und jetzt weiter wie in der eigentlichen Konfiguration« – in unserem Beispiel würde also gegebenenfalls in den Verzeichnissen weitergesucht, die der Wert von `TEXINPUTS` in *texmf.cnf* angibt.

Sie haben übrigens die Möglichkeit, gezielt Suchpfade für einzelne Programme aus dem TEX-Umfeld anzugeben. Die Konfiguration definiert zum Beispiel

```
TEXINPUTS.tex = .;$TEXMF/tex/{plain;generic;}//
TEXINPUTS.latex = .;$TEXMF/tex/{latex;generic;}//
```

und so weiter – das Programm `tex` durchsucht also erst *$TEXMF/tex/plain* und seine Unterverzeichnisse, dann *$TEXMF/tex/generic* und seine Unterverzeichnisse und dann *$TEXMF/tex* selbst und seine Unterverzeichnisse, während `latex` dasselbe tut, aber mit *$TEXMF/tex/latex* statt *plain* anfängt. Unter dem Strich bevorzugt `tex` also Dateien unter *plain* und `latex` Dateien unter *latex*. In der Regel ist das das, was man will.

## Kpathsea-Kommandos

Wie können wir diese nützliche Infrastruktur selbst verwenden? Kpathsea enthält eine Reihe von Kommandos, die die Bibliothek mit unterschiedlichen Parametern aufrufen können.

Das Kommando kpsewhich zum Beispiel dient dazu, eine Datei auf die gleiche Weise zu suchen wie die TEX-Programme:

```
$ kpsewhich book.cls
/usr/share/texmf-tetex/tex/latex/base/book.cls
```

Damit sind Sie in Ihren Shell-Skripten also nicht auf Raten oder hart codierte Annahmen angewiesen. kpsewhich kann auch Variable aus der Konfiguration zu ihren tatsächlichen Werten expandieren, sogar unter Berücksichtigung Ihrer Umgebungsvariablen:

```
$ kpsewhich -expand-var \$TEXMFLOCAL
/usr/local/share/texmf
$ TEXMFHOME=~/foo kpsewhich -expand-var \$TEXMFHOME
/home/anselm/foo
```

Das ist eine wichtige Zutat für Shell-Skripte wie unser Skript zur automatischen Schriftanpassung **[Hack #70]**, die auf die TEX-Verzeichnishierarchie zugreifen müssen.

Normalerweise orientiert sich kpsewhich an der Namensendung der gesuchten Datei, um festzustellen, welche Konfiguration für die Suche nach der Datei gilt – für Bibliografie-Datenbanken von BIBTEX sollte zum Beispiel BIBINPUTS beachtet werden, für allgemeine TEX-Eingabedateien dagegen TEXINPUTS. Sie können die Entscheidung von kpsewhich mit der Option »-format« übersteuern:

```
$ kpsewhich -format bib bib.tex # ziemlich sinnlos
```

Eine Liste der Formatnamen bekommen Sie mit »kpsewhich -help«.

> Mit der Option »-progname« können Sie kpsewhich dazu bringen, sich genau so zu verhalten wie das betreffende Programm. Vergleichen Sie die Ausgabe von
>
> ```
> $ kpsewhich -progname=tex -expand-var \$TEXINPUTS
> ```
>
> mit der von
>
> ```
> $ kpsewhich -progname=latex -expand-var \$TEXINPUTS
> ```

kpsewhere verallgemeinert kpsewhich, indem es in allen in TEXMF aufgeführten Dateibäumen separat sucht. Damit ist es möglich, namensgleiche Dateien in den verschiedenen Bäumen zu finden, während `kpsewhich` immer nur die erste gefundene Datei zurückliefert.

Das Programm `kpsepath` liefert den Kpathsea-Suchpfad für verschiedene Dateitypen. Eine entsprechende Liste bekommen Sie mit »`kpsepath -help`«. Hier ist ein Beispiel:

```
$ kpsepath bib
/home/anselm/texmf/bibtex/bib//:/usr/local/share/texmf/bibtex/bib//:
...
```

Beachten Sie, dass dieser Pfad nicht direkt anderweitig verwendbar ist, da er die »`//`« und »`!!`« von Kpathsea enthält. Gegebenenfalls müssen Sie etwas wie `sed` darauf anwenden, um zumindest die »`!!`« zu entfernen (Extra-Schrägstriche in Dateinamen machen nichts).

Beim ständigen Nachschlagen in LaTeX-Quellcodes fand der Autor dieser Zeilen das folgende Shell-Skript recht nützlich:

```
#!/bin/sh
# kpseless -- Datei anzeigen, die TeX finden würde

file=‘kpsewhich $1‘
[ -n $file ] && exec less $file
exit 1
```

## Siehe auch

- Für Kpathsea gibt es umfangreiche Dokumentation im Texinfo-Format, die Sie mit »`info texinfo`« aufrufen können (sollten).

HACK #91

## Seiten nach Wahl

**Wie Sie Teile Ihres Dokuments mit dviselect auswählen können**

Das *dvitools*-Paket von Dirk Grunwald enthält das Programm `dviselect` (ursprünglich geschrieben von Chris Torek), das in der Lage ist, beliebige Seiten aus einer DVI-Datei in eine neue DVI-Datei zu schreiben. Hier sind einige Beispielaufrufe:

```
$ dviselect 2:5 input.dvi output.dvi
$ dviselect 1,4,9:12 input.dvi output.dvi
$ dviselect :15 input.dvi output.dvi
```

Das erste Kommando extrahiert die Seiten 2 bis 5 aus *input.dvi* und schreibt sie nach *output.dvi*. Dabei richtet es sich nach den Seitennummern in der DVI-

Datei, so wie TEX sie schreibt. Es kann also potenziell zu Verwirrung kommen, wenn eine Seitennummer mehrmals in der Datei auftaucht – etwa wenn Sie die Nummerierung in LATEX mit `\pagenumbering` zurücksetzen.

Das zweite Kommando zeigt, dass Sie mehrere einzelne Seitenzahlen oder Bereiche angeben können, indem Sie sie durch Kommas trennen. `dviselect` extrahiert dann alle passenden Seiten. Eine weggelassene Grenze wie im dritten Kommando steht für »alles«: »`:15`« beschreibt also alle Seiten bis zur Seite 15, während »`29:`« alle Seiten von der Seite 29 bis zum Dateiende erfasst.

Es gibt auch noch ein paar Sonderformen: Mit

```
$ dviselect even input.dvi out-even.dvi
```

oder (analog) »`odd`« können Sie die Seiten mit geraden oder ungeraden Nummern extrahieren. Das ist nützlich zum »Duplexdruck für Arme« – drucken Sie zuerst alle geraden Seiten, drehen Sie den Papierstapel um und drucken Sie dann die ungeraden Seiten.

Sollten Sie tatsächlich Dateien haben, in denen sich Seitennummern wiederholen, können Sie beispielsweise mit

```
$ dviselect =3:8 input.dvi output.dvi
```

»absolute« Seitennummern verwenden. Dann richtet sich `dviselect` nicht mehr nach den von TEX geschriebenen Seitennummern, sondern nach der tatsächlichen Seitenfolge in der DVI-Datei. In unserem Beispiel werden also die dritte, vierte usw. Seite bis zur achten Seite extrahiert, egal welche Seitennummern sie haben.

Noch einmal zurück zu den TEX-Seitennummern: TEX schreibt jedes Mal, wenn es eine fertige Seite in der DVI-Datei ablegt, die Werte der ersten 10 Zahlenregister (`\count0` bis `\count9`) in die DVI-Datei. Dabei ist `\count0` laut Konvention die Seitenzahl aus der Sicht des Dokuments, also das, was LATEX als Zähler `page` führt. `dviselect` verwendet normalerweise den Wert von `\count0` als Auswahlkriterium, kann aber außerdem noch weitere der 10 Zahlenregister heranziehen. Ein Kommando wie

```
$ dviselect '*.3' input.dvi output.dvi
```

würde zum Beispiel alle Seiten extrahieren, bei denen `\count1` den Wert 3 hat, egal was der Wert von `\count0` (die Seitenzahl) ist.

Das sieht auf den ersten Blick relativ abgehoben aus, aber Sie können diese Eigenschaft zum Beispiel verwenden, um gezielt einzelne Kapitel aus Ihrem Dokument herauszuziehen. Dabei hilft das LATEX-Paket `count1to` von Martin Schröder, das strategische Zahlen wie die Kapitelnummer in die zusätzlichen

*Tabelle 10-1: count1to und die Zahlenregister*

| Zahlenregister | LaTeX-Zähler | Bedeutung |
|---|---|---|
| `\count0` | `page` | »relative« (LaTeX-)Seitennummer |
| `\count1` | – | »absolute« Seitennummer |
| `\count2` | `part` | Teil des Dokuments |
| `\count3` | `chapter` | Kapitel (0 bei `article`) |
| `\count4` | `section` | Abschnitt |
| `\count5` | `subsection` | Unterabschnitt |
| `\count6` | `subsubsection` | Unter-Unterabschnitt |
| `\count7` | `paragraph` | Paragraf |
| `\count8` | `subparagraph` | Unter-Paragraf |
| `\count9` | – | 1 für ungerade Seiten, 0 für gerade |

Zahlenregister schreibt (siehe Tabelle 10-1). Zum Beispiel schreibt es die aktuelle Kapitelnummer nach `\count3`, so dass ein Kommando wie

```
$ dviselect '*.*.*.3' input.dvi output.dvi
```

das oben gewünschte Resultat erbringt.

Voraussetzung für maximalen Erfolg mit `count1to` ist natürlich eine entsprechende Struktur des Dokuments. Das Extrahieren von Kapiteln funktioniert dann gut, wenn – wie bei den Standard-Dokumentklassen – die Kapitel immer auf neuen Seiten anfangen. Ist das nicht der Fall (beispielsweise wenn Sie mit

```
$ dviselect '*.*.*.3.2' input.dvi output.dvi
```

den zweiten Abschnitt des dritten Kapitels besorgen wollen und Abschnitte wie üblich nicht notwendigerweise auf einer neuen Seite anfangen), kann es sein, dass am Anfang oder Ende eine Seite fehlt. Beachten Sie auch, dass ein »Anhang A« wieder die Kapitelnummer 1 hat.

> `dviselect` und `count1to` funktionieren natürlich nur mit DVI-Dateien. Für PDF gibt es keinen analogen Mechanismus, aber wir zeigen ein paar Ideen in Eine Probe gefällig? **[Hack #92]**.

## HACK #92 Eine Probe gefällig?

Extrahieren Sie mit Perl und pdftk Probekapitel aus Ihren PDF-Dateien.

PDF-Dateien lassen es leider nicht wie DVI-Dateien zu, mit `count1to` Zählerwerte aus der Gliederung zur Selektion von Seiten **[Hack #91]** einzusetzen. Wenn Sie einen ähnlichen Effekt erzielen wollen – etwa um automatisch einzelne Kapitel aus Ihrem Buch zu extrahieren, um sie als »Appetithappen« ins Web zu stellen –, müssen Sie etwas mehr Aufwand betreiben. Auch hier setzen wir voraus, dass Kapitel immer auf neuen Seiten anfangen.

Sie sollten zuerst dafür sorgen, dass für jedes Kapitel gleich hinter dem Titel ein `\label` mit bekannter Struktur gesetzt wird. Sie müssen das entweder manuell mit etwas wie

```
\chapter{Wie ich meinen ersten Nobelpreis gewann}
\label{cha:nobel}
```

tun oder es zum Beispiel in eine Kapiteldefinition für titlesec **[Hack #45]** einbauen, indem Sie eine Zeile der Form

```
\if@mainmatter\label{chapter:\thechapter}\fi
```

in Ihr `\chapterformat` schreiben.

Ein `\label`, das Sie nach einer Kapitelüberschrift definieren, findet sich in der *aux*-Datei für das Dokument in folgender Form wieder:

```
\newlabel{chapter:2}{{2}{7}}
```

Dabei ist die erste Zahl die Kapitelnummer (im Namen des `\labels` haben wir sie nur, um die Marke eindeutig zu machen) und die zweite Zahl die Seitenzahl. Wenn wir von der Annahme ausgehen, dass Kapitel immer auf neuen Seiten anfangen, dann geht Kapitel $n$ im Dokument also von der in der Marke für das Kapitel angegebenen Seitenzahl bis zu der Seite unmittelbar vor der Seitenzahl aus der Marke für Kapitel $n + 1$.

Hier können wir wieder mit einem kleinen Perl-Skript ansetzen, das die *aux*-Datei des Dokuments durchsucht und die Seitenzahlen aus den `\labels` bestimmt (`find-chap`; siehe Abbildung 10-1). Zum Beispiel betrachten wir das Dokument, das die Grundlage von Abbildung 5-3 (S. 157) bildet:

```
$ find-chap 1 titletoc-1.aux
5-6
$ find-chap 2 titletoc-1.aux
7-end
```

Wir haben dabei darauf geachtet, dass wir die Ausgabe von `find-chap` direkt in `pdftk` verwenden können, um das gewünschte Kapitel zu extrahieren:

```
$ pdftk titletoc-1.pdf cat `find-chap 1 titletoc-1.aux` \
>    output titletoc-1-1.pdf
```

Unser Skript hat noch einige Macken: Ärgerlich ist, dass Sie den Namen der *aux*-Datei explizit angeben müssen. Es wäre netter, hier den »Jobnamen« (etwas wie *titletoc-1*) oder zumindest den Namen der LaTeX-Eingabedatei an-

```
#!/usr/bin/perl
# find-chap: Finde Seiten eines Kapitels anhand der AUX-Datei

my $ch = shift;
my @chapters = qw/-/;

while (<>) {
    push @chapters, $1
        if /^\\newlabel\{chapter:\d+\}\{\{\d+\}\{(\d+)\}/;
}
push @chapters, '';

my $from = $chapters[$ch];
my $to = $chapters[$ch+1] ? $chapters[$ch+1]-1 : 'end';

print "$from-$to\n";
```

*Abbildung 10-1: find-chap – finde ein Kapitel in einer PDF-Datei*

geben zu dürfen. Eine größere Macke besteht darin, dass das Skript nicht funktioniert, wenn das Dokument in mehrere Dateien aufgeteilt ist, die mit `\include` eingelesen werden – denn `\include`-Dateien haben ihre eigenen *aux*-Dateien. Wir müssen das Skript also noch ein wenig erweitern (siehe Abbildung 10-2), damit es in der Lage ist, rekursiv *aux*-Dateien zu lesen, auf die in anderen *aux*-Dateien verwiesen wird (LaTeX unterstützt zurzeit nur eine Ebene von `\include`, aber wer weiß ...).

Eine zweite große Macke wird Ihnen auffallen, wenn Sie `find-chap` auf ein Dokument anwenden, bei dem Sie die Seitennummerierung mit `\pagenumbering` zurücksetzen. Die Seitenzahlen in `\label`-Kommandos sind nämlich mal wieder aus der Sicht von LaTeX und wiederholen sich deshalb. Um dieses Problem zu lösen, müssen wir zu einer Technik greifen, die wir schon in Seite 5 von 9 **[Hack #59]** verwendet haben: Wir zählen die »absoluten« Seitennummern in einem gesonderten Zähler mit und schreiben sie als Marke in die *aux*-Datei, wo `find-chap` sie dann finden kann.

Gemäß der `book`-Klasse haben Buchmanuskripte in LaTeX die folgende Struktur:

```
\frontmatter
Vorwort und so weiter
\mainmatter
Der eigentliche Inhalt
```

```
#!/usr/bin/perl
# find-chap: Finde Seiten eines Kapitels anhand der AUX-Datei

use IO::File;

use strict;

my $ch = shift;
my @chapters = qw/-/;

sub read_chap {
    my ($filename) = $_[0];
    my ($fh) = new IO::File "$filename";
    while (<$fh>) {
        push @chapters, $1
            if /^\\newlabel\{chapter:\d+\}\{\{\d+\}\{(\d+)\}/;
        read_chap($1)
            if /^\\\@input\{(.*)\}/;
    }
    $fh->close;
}

my $filename = shift;
$filename =~ s/\..*?$//;

read_chap($filename.".aux");
push @chapters, '';

my $from = $chapters[$ch];
my $to = $chapters[$ch+1] ? $chapters[$ch+1]-1 : 'end';

print "$from-$to\n";
```

*Abbildung 10-2: find-chap – finde ein Kapitel in einer PDF-Datei (verbessert)*

```
#!/usr/bin/perl
# find-chap: Finde Seiten eines Kapitels anhand der AUX-Datei

use IO::File;

use strict;

my $ch = shift;
my @chapters = qw/-/;

my $offset = 0;

sub read_chap {
    my ($filename) = $_[0];
    my ($fh) = new IO::File "$filename";
    while (<$fh>) {
        push @chapters, $1 + $offset
            if /^\\newlabel\{chapter:\d+\}\{\{\d+\}\{(\d+)\}/;
        $offset = $1
            if /^\\newlabel\{find-chap-offset\}\{\{(\d+)\}/;
        read_chap($1)
            if /^\\\@input\{(.*)\}/;
    }
    $fh->close;
}

my $filename = shift;
$filename =~ s/\..*?$//;

read_chap($filename.".aux");
push @chapters, '';

my $from = $chapters[$ch];
my $to = $chapters[$ch+1] ? $chapters[$ch+1]-1 : 'end';

!system
   "pdftk $filename.pdf cat $from-$to output $filename-$ch.pdf";
     or die "$0: Problem mit pdftk\n";
```

*Abbildung 10-3: find-chap – finde ein Kapitel in einer PDF-Datei (endgültig)*

```
\backmatter
Anhänge und so weiter
```

Die Kapitel, die für uns interessant sind, beginnen nach dem `\mainmatter`. Mit einem Paket wie `count1to` (siehe Seiten nach Wahl **[Hack #91]**) oder `ltpage` (siehe Seite 5 von 9 **[Hack #59]**) schreibt LaTeX die »absolute« Seitennummer nach `\count1`. Wir können uns also in die Definition von `\mainmatter` einhängen und am Anfang des Hauptteils des Buchs eine Marke `find-chap-offset` setzen:

```
\makeatletter  % oder in ein Paket schreiben
\let\saved@mainmatter=\mainmatter
\renewcommand*{\mainmatter}{%
  \saved@mainmatter
  \write\@mainaux{%
    \string\newlabel{find-chap-offset}%
      {{\the\count1}{\thepage}}}%
}
```

In unserem Skript merken wir uns dann den Wert der Marke (nicht die Seitenzahl, die ist uninteressant) und addieren ihn zu den später gefundenen Seitenzahlen für Kapitelmarken:

```
my $offset = 0;
...
      push @chapters, $1 + $offset
          if /^\\newlabel\{chapter:\d+\}\{\{\d+\}\{(\d+)\}/;
      $offset = $1
          if /^\\newlabel\{find-chap-offset\}\{\{(\d+)\}/;
```

Die endgültige Version von `find-chap` sehen Sie in Abbildung 10-3. Als kleinen Bonus haben wir dort den Aufruf von `pdftk` direkt integriert.

```
$ find-chap 10 lthacks
```

liefert uns also dieses Kapitel dieses Buchs in der Datei *lthacks-10.pdf*.

## HACK #93 Welche Schriften gibt es im Dokument?

Finden Sie bequem heraus, welche Schriften in Ihren Dokumenten vorkommen – für DVI und PDF.

Wenn Sie ein Dokument weitergeben wollen, ist es vielleicht von Interesse und wichtig zu wissen, welche Schriften darin vorkommen. Das gilt vor allem für DVI-Dateien, die selber keine Schriften enthalten können, so dass alle benötigten Schriften entweder schon vorhanden sein oder mit verschickt werden müssen (was nicht immer erlaubt ist). Im Falle von PDF, wo die benutzten Schriften (oder die relevanten Teile davon) in der Regel im Dokument selbst enthalten sind, ist das weniger ein Problem, aber auch dort dürfen Sie selbstverständlich neugierig sein.

## Schriften in DVI-Dateien

Eine einfache Möglichkeit, eine Liste der in einer DVI-Datei benutzten Dateien zu erhalten, bietet das Programm dvitype, das in jeder TeX-Distribution enthalten sein sollte. dvitype ist eine Art »Disassembler« für DVI-Dateien, es zeigt also den binären Inhalt (konzeptuell Maschinensprache für eine »virtuelle Maschine«, die auf Textsatz spezialisiert ist) einer DVI-Datei an. Sie müssen sich nur die interessanten Zeilen herausgreifen:

```
$ dvitype elche.dvi | grep ^Font
Font 19: pbkli8t scaled 1200---loaded at size 786432 DVI units
Font 18: pbkd8t scaled 1728---loaded at size 1132462 DVI units
Font 16: pbkl8t scaled 1200---loaded at size 786432 DVI units
```

Um das richtig würdigen zu können, müssen Sie sich natürlich mit der Namensvergabe für Schriften auskennen – pbk ist der Code für »Adobe Bookman«. Nachschlagen können Sie das in den Dateien *supplier.map* (für den ersten Buchstaben des Namens) und *typeface.map* (für die nächsten beiden Buchstaben). Abbildung 10-4 zeigt das Perl-Skript decode-fontname, das den Nachschlagevorgang automatisiert.

Interessant ist natürlich auch noch der Rest des Schriftnamens. Das vierte Zeichen steht für das Gewicht (»l« ist *light*, »d« ist *demibold*), ein nachfolgendes »i« für *italic*, also kursiv. Sie finden mehr Details über das Namensschema in LaTeX und PostScript-Schriften **[Hack #69]**. Es wäre sicher auch möglich, diese Daten anhand von Tabellen wie *weight.map* von decode-fontname decodieren zu lassen.

Das »scaled *x*« gibt an, um wie viel Promille TeX die Schrift beim Einlesen skaliert hat. TeX hat es damit relativ einfach, da es sowieso nur auf der Basis von Rechtecken in der Größe der verschiedenen Schriftzeichen operiert. Die Hauptarbeit bleibt dem Ausgabetreiber überlassen, der in der alten Zeit auf von METAFONT vorberechnete skalierte Bitmuster zurückgreifen musste oder – heutzutage – nur noch entsprechende Skalierungsanweisungen an den PostScript- oder PDF-RIP weiterreicht. Die normale Skalierung ist 1000, bei der üblichen »Entwurfsgröße« für Schriften von 10 Punkt entspricht »scaled 1200« also einer 12-Punkt-Schrift. Da eine *DVI unit* für TeX 1/65536 Punkt beträgt, passt das also auch gerade zu den angegebenen »*786432 DVI units*«.

```
#!/usr/bin/perl

my $supplier_file = `kpsewhich supplier.map`;
my $typeface_file = `kpsewhich typeface.map`;

open F, $supplier_file or die "couldn't open: $supplier_file";
foreach (<F>) {
    chomp;
    next if /^\@c/;
    my ($code, $short, $long) = split /\s+/, $_, 3;
    $long = $1 if $long =~ /^\@r\{(.*)\}/;
    $long = 'Adobe' if $long =~ /^Adobe/;
    $supplier{$code} = $long;
}
open F, $typeface_file or die "couldn't open: $typeface_file";
foreach (<F>) {
    chomp;
    next if /^\@c/;
    my ($code, $short, $long) = split /\s+/, $_, 3;
    next if $long =~ /^\@r/;
    $long =~ s/\s+\@r.*$//;
    my (@tf) = split /\s+/, $long;
    $typeface{$code}->{name} = shift @tf;
    foreach (@tf) {
        if (/(\w):(.*)/) {
            $typeface{$code}->{supplier}->{$1} = $2;
        } else {
            push @{$typeface{$code}->{alias}}, $_;
        }
    }
}

foreach my $fn (@ARGV) {
    my ($scode, $tfcode) = $fn =~ /^(.)(..)/;
    my ($supplier) = $supplier{$scode} || '(Unbekannt)';
    my ($typeface) = $typeface{$tfcode}->{supplier}->{$scode}
                        || $typeface{$tfcode}->{name};
    print "$scode$tfcode: $supplier $typeface\n";
    print "     (Original: $typeface{$tfcode}->{name})\n"
        if $typeface ne $typeface{$tfcode}->{name};
    print "     (Alias: @{$typeface{$tfcode}->{alias}})\n"
        if @{$typeface{$tfcode}->{alias}};
}
```

*Abbildung 10-4: decode-fontname – Schrifthersteller und -name nachschlagen*

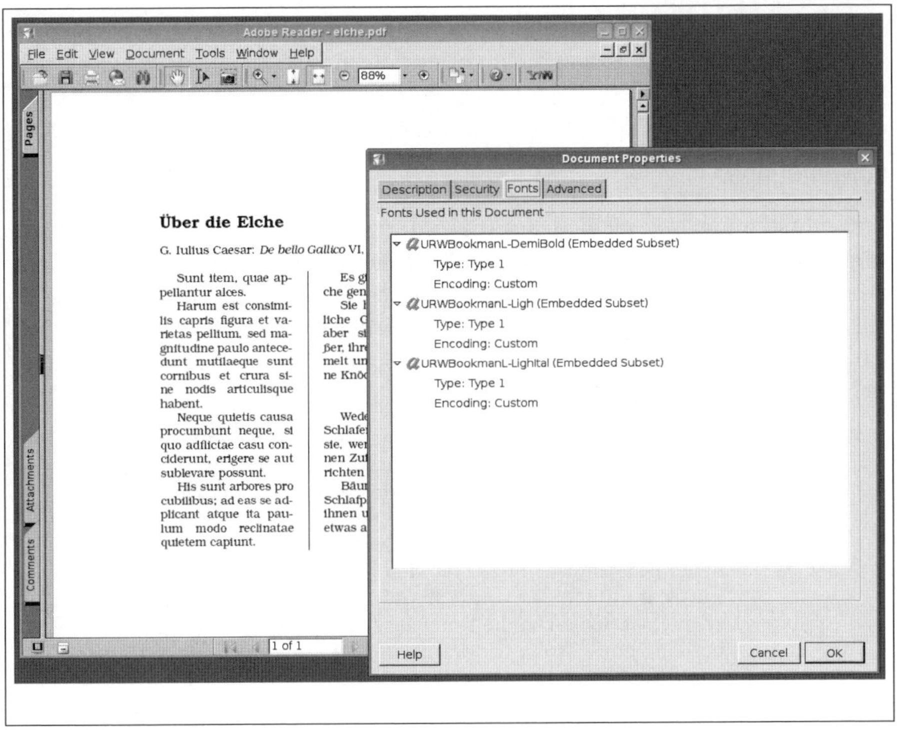


*Abbildung 10-5: Die benutzten Schriften in einer PDF-Datei, mit Adobe Reader*

## Schriften in PDF-Dateien

Die Schriften, die in einer PDF-Datei vorkommen, können Sie sich von den meisten PDF-Betrachtern auflisten lassen (Abbildung 10-5 zeigt ein Beispiel mit Adobe Reader). Allerdings ist das nicht unbedingt immer nützlich, wenn Sie die Liste anschließend weiterverarbeiten wollen. Dafür hält zum Beispiel der freie PDF-Betrachter `xpdf` ein Programm namens `pdffonts` bereit, das die Schriftenliste auf seiner Standardausgabe produziert:

```
$ pdffonts elche.pdf
name                               type   emb sub uni object ID
------------------------------------ ------ --- --- --- ---------
CLEYIP+URWBookmanL-DemiBold        Type 1 yes yes no       6  0
ZNKJEM+URWBookmanL-Ligh            Type 1 yes yes no       9  0
MWIUED+URWBookmanL-LighItal        Type 1 yes yes no      12  0
```

Dabei werden die Schriftnamen zwar durch einen eigenartigen Code verschandelt[1], aber das ist nichts, was Sie nicht notfalls mit etwas `sed` oder Perl in den Griff bekämen.

## Anwendungen

Diese Listen haben verschiedene Anwendungen. Zum einen können Sie, wie angedeutet, prüfen, welche Schriften Sie gegebenenfalls mit dem Dokument weitergeben müssen. Die Ausgabe von `pdffonts` gibt in der Spalte `emb` an, ob die Schrift in der PDF-Datei enthalten (*embedded*) ist; die Spalte `sub` gibt an, ob es sich um einen Ausschnitt (*subset*) der Schrift handelt oder die komplette Schrift.

> Wenn Sie es mit Schriften kommerzieller Anbieter wie Adobe oder Linotype zu tun bekommen, werden Sie feststellen, dass man Ihnen diese Schriften normalerweise nur unter ziemlich restriktiven Lizenzen zur Verfügung stellt. Insbesondere ist es der Horror eines kommerziellen Schriftanbieters, dass seine geheiligten Dateien irgendwie Fremden in die Hände fallen könnten. Ein Feature wie das von PDF, nur die wirklich benutzten Zeichen einer Schrift in die Datei aufnehmen zu können, spielt daher eine große Rolle für den Schutz des »geistigen Eigentums« von Schriftherstellern – selbst wenn man aus einer PDF-Datei die eingebetteten Schriften in verwendbarer Form zurückgewinnen kann, sind diese doch nicht viel wert, wenn das »Q« oder das »y« fehlen, weil sie in dem ursprünglichen Dokument aus irgendwelchen Gründen nicht vorkamen.

Die Schriftlisten sind auch nützlich dafür, festzustellen, ob sich in ein Dokument mit relativ stringenten Vorgaben über die zu verwendenden Schriften irgendwelche Irrläufer eingeschlichen haben. Spätestens wenn es um mathematische Sonderzeichen geht, ist es nämlich auch für das trainierte Auge nicht mehr sofort offensichtlich, aus welcher Schrift ein Zeichen stammt. Mit LaTeX haben Sie grundsätzlich einen Vorsprung gegenüber Benutzern beliebiger Textverarbeitungsprogramme – Sie haben eine ziemlich explizite Kontrolle darüber, welche Schriften in Ihren Dokumenten vorkommen sollten, während in den gängigen Textverarbeitungsprogrammen alle möglichen fremdartigen und wundervollen Schriften nur einen Menü-Klick entfernt sind –, aber sicher ist bekanntlich sicher.

[1] Dieser Code deutet an, dass nur eine Teilmenge der Schriftzeichen tatsächlich in der PDF-Datei vorliegt.

## Siehe auch

- Das »TeX-Guy«-Paket von Hirotsugu Kakugawa (*http://www-masu.ist.osaka-u.ac.jp/~kakugawa/TeX-Guy/*) enthält das Kommando `dvifontlist`, das eine etwas freundlichere Ausgabe produziert als `dvitype`:

```
19 pbkli8t scaled 1.2000, design size 10.000pt, scaled size 12.000pt
18 pbkd8t scaled 1.7280, design size 10.000pt, scaled size 17.280pt
16 pbkl8t scaled 1.2000, design size 10.000pt, scaled size 12.000pt
```

# HACK #94 Bequeme LaTeX-Editoren

Probieren Sie Kile und LyX aus.

Einer der großen Vorteile von LaTeX ist, dass das System Sie nicht auf einen bestimmten Editor festlegt. Sie sind also völlig frei in der Wahl des Programms, mit dem Sie bei der Arbeit mit LaTeX die meiste Zeit verbringen, und das ist mehr, als man für die meisten anderen Textprogramme sagen kann.

Es besteht also kein Grund dafür, zum Schreiben von Texten, Briefen und Büchern nicht den Editor zu benutzen, den Sie auch zum Programmieren oder Editieren von Konfigurationsdateien verwenden. Viele populäre Editoren bringen sogar spezielle Unterstützung für die Arbeit mit TeX und LaTeX mit (siehe zum Beispiel Lernfähiger Editor **[Hack #95]**).

Trotzdem haben sich auch einige Editoren etabliert, die sich vor allem die Arbeit mit TeX auf die Fahne geschrieben haben. Hier stellen wir Ihnen zwei davon vor: *Kile* aus dem KDE-Projekt und *LyX*.

## Der LaTeX-Spezialist: Kile

*Kile* präsentiert sich auf dem Bildschirm zuerst mit einem dreigeteilten Hauptfenster (siehe Abbildung 10-6). Links befindet sich (zunächst) eine Übersicht über die Dateien im aktuellen Verzeichnis, rechts oben eine Menge Platz für LaTeX-Eingabedateien und rechts unten ein Bereich für Verlaufsmeldungen, etwa vom `tex`-Programm. Der Editor kann mehrere LaTeX-Eingabedateien gleichzeitig offen halten, die dann über Karteireiter zu erreichen sind. Am oberen Rand des Fensters sind zwei Werkzeugleisten; die obere enthält diverse Operationen für die Dateiverwaltung und die Steuerung von LaTeX und den dazugehörigen Programmen, die untere erlaubt die bequeme Eingabe von LaTeX-Konstrukten in die angezeigte Datei.

Wenn Sie eine neue Datei öffnen wollen, erscheint zunächst eine Auswahl verschiedener Dokumentvorlagen (siehe Abbildung 10-7). Wählen Sie dort zum Beispiel `article`, wird das »Skelett« eines neuen Artikels als neue Datei geöff-

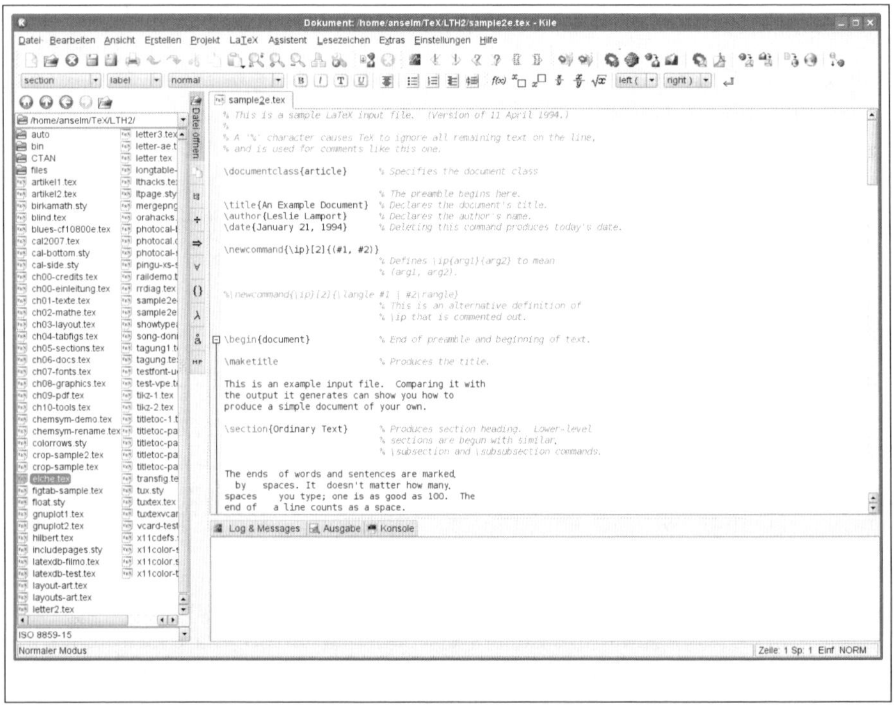


*Abbildung 10-6: Das Kile-Hauptfenster*

net (siehe Abbildung 10-8). Auf den ersten Blick sieht das sehr nützlich aus, aber für einen deutschen Text müssten Sie noch die üblichen Pakete

```
\usepackage[latin1]{inputenc}
\usepackage[T1]{fontenc}
\usepackage[ngerman]{babel}
```

hinzufügen. Deswegen ist es möglicherweise bequemer, den »Quickstart Wizard« (siehe Abbildung 10-9) zu verwenden, der es Ihnen ermöglicht, die wichtigsten Pakete über Mausklicks auszuwählen. Alternativ können Sie auch eigene Vorlagen definieren.

Anschließend können Sie Ihr Dokument eingeben. *Kile* hilft Ihnen dabei über die Werkzeugleisten und Menüs, aus denen Sie LaTeX-Konstrukte auswählen können. Nützlich ist auch die (abschaltbare) Vervollständigung von Umgebungen: Wenn Sie

```
\begin{itemize}
```

eingegeben haben und auf »Return« drücken, ergänzt *Kile* das automatisch zu

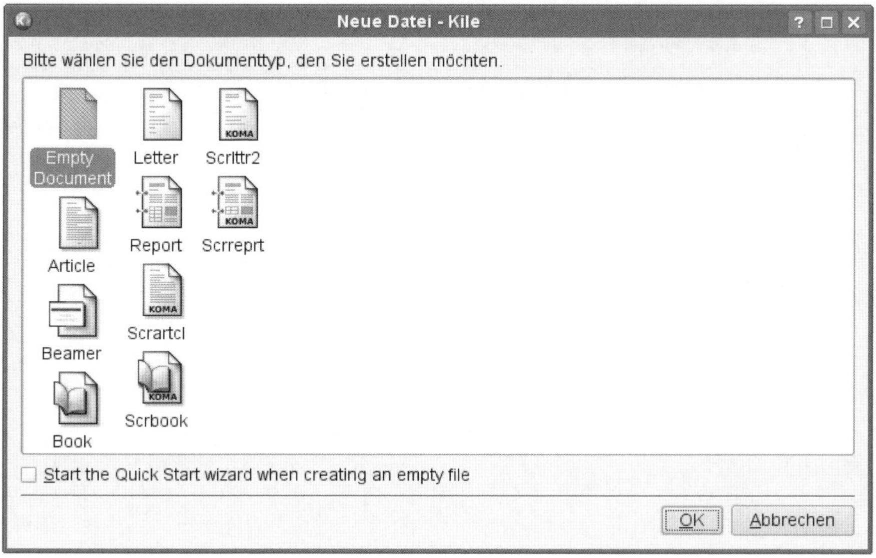


*Abbildung 10-7: Auswahl neuer Dokumente in Kile*

```
\begin{itemize}
  \item
\end{itemize}
```

und platziert den Cursor hinter dem `\item`. Noch einfacher: Geben Sie nur die beiden ersten Zeichen des Umgebungsnamens ein (»`it`« ohne `\begin`) und drücken Sie dann auf Alt-Leertaste, um die Umgebung zu starten.

Hilfreich für die Eingabe mathematischer Formeln sind die Zeichenpaletten, die sich im linken Teil des Fensters anstelle der Dateiliste aufklappen lassen. Dort sehen Sie diverse mathematische Zeichen und internationale Sonderzeichen. Wenn Sie eines davon anklicken, wird es automatisch in seiner korrekten LaTeX-Umschreibung in das Dokument eingefügt. Damit erreicht *Kile* einen brauchbaren Kompromiss zwischen der Eingabegeschwindigkeit (wer die Zeichennamen auswendig kennt, kann sie direkt eintippen) und der Bequemlichkeit im Umgang mit selten benötigten Symbolen (die ausgedruckte LaTeX-Symbolliste kann größtenteils links liegen gelassen werden).

Ebenfalls hilfreich ist die Strukturansicht, die anstelle der Dateileiste oder der Zeichenpaletten im linken Teil des Fensters angezeigt werden kann. Sie zeigt die Verschachtelung der verschiedenen LaTeX-Umgebungen sowie die Marken und ermöglicht bequeme Navigation auch in größeren Dokumenten.

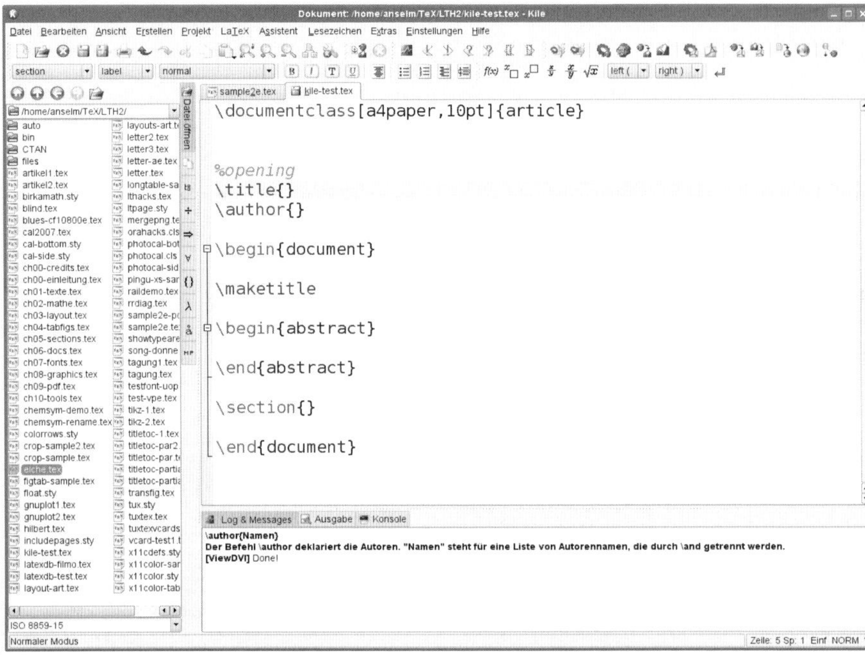


*Abbildung 10-8: Ein neuer article in Kile*

*Abbildung 10-9: Der »Quickstart Wizard« von Kile*

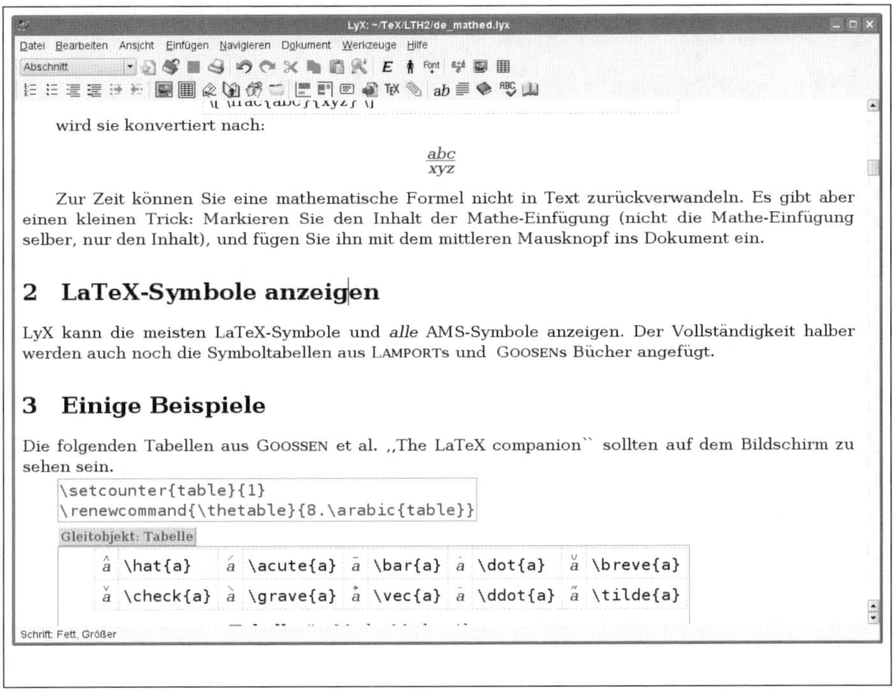


*Abbildung 10-10: Ein LyX-Fenster*

Ist der Text fertig, erlaubt *Kile* über die Icons in der Werkzeugleiste den bequemen Zugriff auf LaTeX, pdfLaTeX und die gängigen Anzeigeprogramme. *Kile* kooperiert zunächst mit dem KDE-eigenen DVI-Anzeigeprogramm KDVI, das (mit etwas zusätzlichem Konfigurationsaufwand, der in der Dokumentation von *Kile* erläutert ist) auch Vorwärts- und Rückwärtssuche **[Hack #96]** unterstützt. Eine Verwaltung für »Projekte«, also zusammengehörende Dateien, und eine kontextsensitive Hilfe mit Zugriff auf die meisten LaTeX-Kommandos runden das Paket ab.

## LyX

Im Vergleich zu *Kile*, das vor allem ein spezialisierter Editor für LaTeX-Dateien ist, verfolgt *LyX* einen etwas anderen Ansatz. Das Ziel von *LyX* ist es, den Benutzer so weit es geht von LaTeX und den damit verbundenen Arkana fernzuhalten. Die zugrunde liegende Philosophie lautet »What You See Is What You Mean« – das heißt, die Bildschirmdarstellung ist größtenteils frei von LaTeX-Kommandos, aber doch nicht im selben Umfang direkt manipulierbar wie bei Textverarbeitungsprogrammen. Es ist zum Beispiel nicht möglich, Text mit

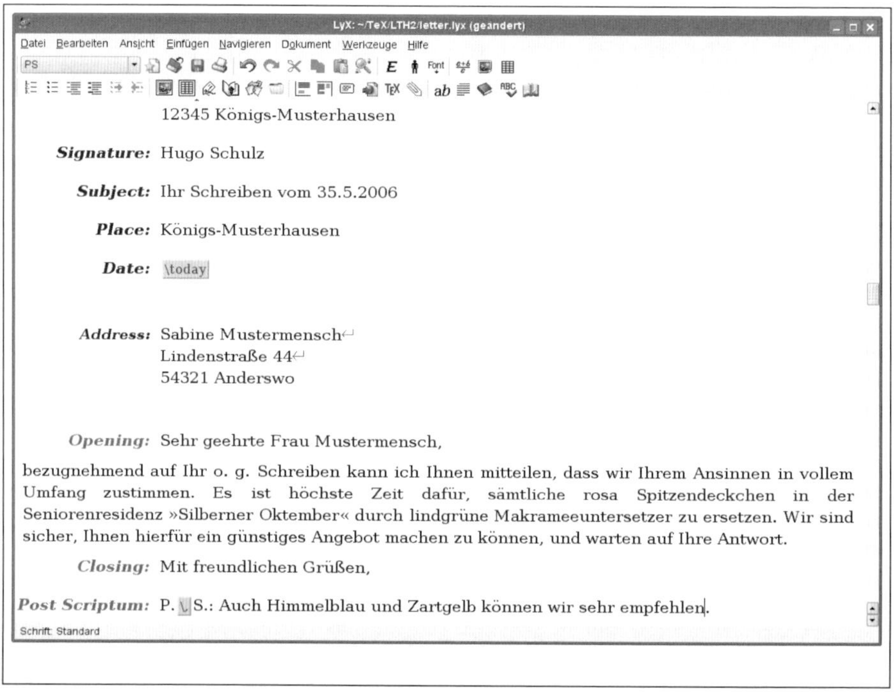


*Abbildung 10-11: scrlttr2 und LyX*

Leerzeichen einzurücken oder mit Leerzeilen vertikalen Platz zu schaffen. *LyX* ist eine Art idealisiertes Textverarbeitungsprogramm vor dem Hintergrund von LaTeX, wobei LaTeX die schwierigen Arbeiten übernimmt, nämlich publikationsreife Dokumente zu erzeugen.

Abbildung 10-10 zeigt ein Dokument, so wie *LyX* es darstellt. Beachten Sie die lose an die LaTeX-Standardklassen angelehnte Optik, die allerdings nicht das Geringste mit dem späteren Aussehen des Dokuments zu tun haben muss – denn darüber entscheidet nach wie vor LaTeX. Ihnen wird bestimmt auch auffallen, dass *LyX* LaTeX offensichtlich nicht vollkommen versteckt; in dem Kasten im unteren Drittel des Bildes stehen einige augenfällige LaTeX-Kommandos. Das beweist nur, dass Sie auf LaTeX zurückgreifen können, wenn es nicht anders geht (auch wenn das nicht unbedingt die empfohlene Vorgehensweise ist).

Ein anderer Ansatz wird in Abbildung 10-11 gezeigt: Dieses Dokument ist ein Überbau für die Klasse `scrlttr2` aus dem KOMA-Script-Paket. Ein nicht mit LaTeX vertrauter Benutzer braucht nur die benannten Felder auszufüllen und das Resultat über das *LyX*-Menü ANSICHT zum Beispiel als PDF auszugeben.

HUGO SCHULZ

Beispielstraße 53a
12345 Königs-Musterhausen
Telefon: 0011 / 222 333
E-Mail: hugo@example.com
URL: www.example.com

Hugo Schulz · Beispielstraße 53a · 12345 Königs-Musterhausen

Sabine Mustermensch
Lindenstraße 44
54321 Anderswo

Königs-Musterhausen, 30. März 2007

**Ihr Schreiben vom 35.5.2006**

Sehr geehrte Frau Mustermensch,

bezugnehmend auf Ihr o. g. Schreiben kann ich Ihnen mitteilen, dass wir Ihrem Ansinnen in vollem Umfang zustimmen. Es ist höchste Zeit dafür, sämtliche rosa Spitzendeckchen in der Seniorenresidenz »Silberner Oktember« durch lindgrüne Makrameeuntersetzer zu ersetzen. Wir sind sicher, Ihnen hierfür ein günstiges Angebot machen zu können, und warten auf Ihre Antwort.

Mit freundlichen Grüßen,

Hugo Schulz

P. S.: Auch Himmelblau und Zartgelb können wir sehr empfehlen.

Verteiler: The LyX Users

*Abbildung 10-12: scrlttr2 und LyX – die Ausgabe*

Auch direktes Drucken aus *LyX* ist möglich. Was *LyX* standardmäßig aus dem Brief macht, sehen Sie übrigens in Abbildung 10-12 – Sie können das natürlich nach Bedarf an Ihre Vorlieben anpassen.

*LyX* ist eine patente Möglichkeit, LaTeX zu verwenden, wenn man LaTeX eigentlich gar nicht verwenden möchte. In diesem Buch wird es weniger erwähnt, weil wir befürchten, dass Sie LaTeX zugunsten von *LyX* untreu werden könnten (in Hack 94 von 100 ist damit wohl kaum noch zu rechnen), sondern weil Sie es vielleicht Ihren Verwandten, Freunden und Bekannten empfehlen möchten. Wer weiß, vielleicht kommen sie ja auch noch auf den Geschmack, es mit dem echten LaTeX zu versuchen …

HACK
#95

## Benutzen Sie AUCTEX im GNU Emacs

**Wie Sie sich im textorientierten Betriebssystem mit Editorfunktionen die Arbeit mit LaTeX erleichtern**

Im Gegensatz zu Kile und LyX **[Hack #94]** ist AUCTEX kein spezieller Editor für LaTeX, sondern eine Erweiterung, die den populären GNU Emacs (oder X-Emacs) für die Arbeit mit LaTeX (und TeX, ConTeXt und Texinfo, was uns hier aber nicht weiter interessiert) fit macht. Ähnlich wie *Kile* bietet AUCTEX diverse Eingabevereinfachungen sowie die Möglichkeit, LaTeX-Dokumente aus dem Editor heraus mit LaTeX und anderen Werkzeugen aus dessen Dunstkreis zu bearbeiten. Weitere Eigenschaften von AUCTEX, die wir anderswo in diesem Buch besprechen, sind die Sofortvorschau **[Hack #97]** und das Verweissystem RefTEX **[Hack #98]**.

### Eingabe von Texten

AUCTEX enthält Abkürzungen zur Texteingabe auf einem mit *Kile* vergleichbaren Niveau. Sie können zum Beispiel Gliederungskommandos mit Hilfe der Tastenkombination »Strg+c, Strg+s« (im Emacs-Jargon »C-c C-s« vom englischsprachigen Namen der »Strg«-Taste, *Control*) eingeben. AUCTEX fragt Sie dann zuerst nach der gewünschten Gliederungsebene, dann nach dem Titel des Kapitels, Abschnitts (oder was auch immer) und schließlich nach dem Namen eines `\labels`. Für die Gliederungsebenen unterstützt AUCTEX eine Vervollständigung über die Tabulator- oder Leertaste.

Umgebungen können Sie mit »C-c C-e« eingeben; auch hier vervollständigt AUCTEX eine partielle Eingabe so gut wie möglich, und ähnlich wie in *Kile* tut auch AUCTEX das »Richtige«, wenn Sie zum Beispiel eine `itemize`-Umgebung eingeben möchten: Ein »C-c C-e it Tab Return« genügt, und in Ihrem Dokument steht

```
\begin{itemize}
\item
\end{itemize}
```

mit dem Cursor direkt hinter dem `\item`. Um am Ende des ersten Listeneintrags mit dem nächsten `\item` fortzufahren, genügt übrigens ein »C-c C-j«. Versuchen Sie mal, eine `figure` oder `table` anzulegen – AUCTEX fragt Sie nach den Details und hilft Ihnen dabei, alles richtig zu machen. Und ein »C-c C-]« schließt die innerste noch offene Umgebung.

Mit »C-c C-m« können Sie ein LATEX-Kommando eingeben. Auch hier unterstützt AUCTEX die Vervollständigung und hilft Ihnen bei etwaigen Argumenten (versuchen Sie mal, `\newtheorem` einzugeben, um einen Eindruck davon zu bekommen). »C-c C-f C-e« erlaubt die Eingabe von hervorgehobenem Text mit `\emph`, und in der AUCTEX-Dokumentation können Sie die Tastenkürzel für eine ganze Reihe anderer Schrift-Umschaltungen nachschlagen (aber denken Sie an das, was wir Ihnen über logische Auszeichnung **[Hack #56]** gesagt haben). Außerdem hilft AUCTEX Ihnen bei der Eingabe von Anführungszeichen, geschweiften Klammern und Ähnlichem, kann den aktuellen Absatz ein- und auskommentieren (»C-c %«) und verträgt sich mit dem Outline-Modus von Emacs.

## Kommandos ausführen

LATEX und alle Hilfsprogramme werden über das Kommando »C-c C-c« aufgerufen. AUCTEX rät, welches Programm jeweils am sinnvollsten ist, und macht Ihnen einen entsprechenden Vorschlag – normalerweise erst LATEX, dann ein Anzeigeprogramm. Allerdings erkennt AUCTEX auch oft, ob es an der Zeit ist, BIBTEX oder `makeindex` aufzurufen. Unfehlbar ist es dabei allerdings nicht, und es kann schon sein, dass noch ein weiterer LATEX-Durchlauf nötig ist. »C-c C-r« benimmt sich wie »C-c C-c«, schickt aber nur die gerade markierte Region durch LATEX (natürlich mit der richtigen Präambel). Möchten Sie statt DVI PDF erzeugen, können Sie mit »C-c C-t C-p« umschalten (und auch wieder zurückschalten).

Treten beim LATEX-Lauf Fehler auf, können Sie mit »C-c '« an die Stelle springen, wo der erste Fehler gefunden wurde. Die Fehlermeldung erscheint in einem anderen Emacs-Fenster. Ein weiteres »C-c '« transportiert Sie zum nächsten Fehler und so weiter.

Normalerweise startet AUCTEX LATEX so, dass es Fehler übergeht und weiterzumachen versucht. Wenn Sie möchten, dass LATEX stattdessen anhält und nach einer Eingabe fragt, können Sie mit »C-c C-t C-i« den »interaktiven Modus« ein- oder ausschalten.

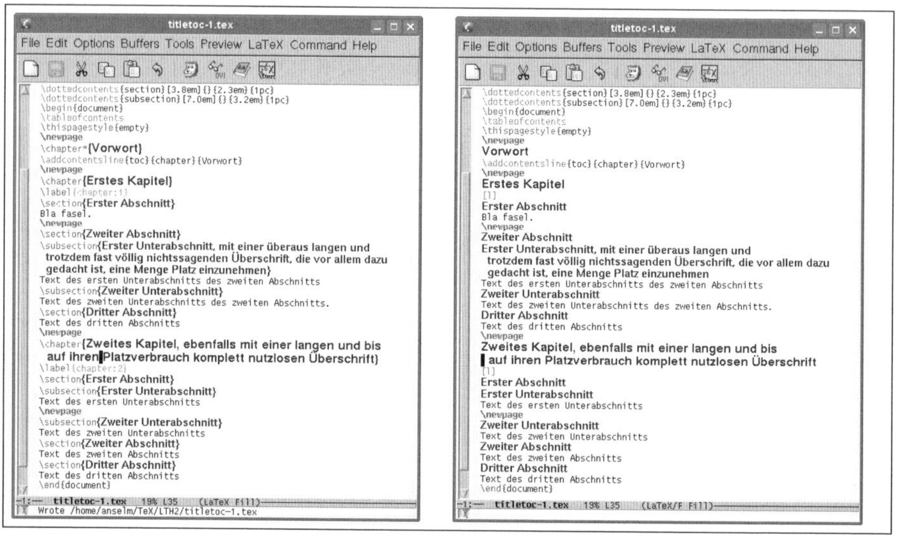


*Abbildung 10-13: Der* TeX-fold-mode *– links ausgeschaltet, rechts eingeschaltet*

## Hilfe

Mit »C-c ?« haben Sie Zugriff auf eine Übersichtsdokumentation diverser LATEX-Kommandos. Wenn Sie dieses Kommando eingeben, während der Cursor auf einem LATEX-Kommando steht, wird das betreffende Kommando als Vorschlag übernommen.

## Optik

AUCTEX versucht sich an der automatischen Syntaxhervorhebung und Einrückung Ihrer Eingabe. Das ist eine äußerst nützliche Eigenschaft, da hartnäckige Meinungsverschiedenheiten zwischen Ihnen und AUCTEX, was die Einrückung angeht, vermutlich auf irgendwo vergessene Klammern hindeuten. Die »Tab«-Taste versucht, die aktuelle Zeile passend einzurücken. Nett ist auch der *TeX-fold-mode*, mit dem schon fast LyX-Gefühle **[Hack #94]** aufkommen: Er unterdrückt in der Darstellung im Editor solche Kommandos, die den Lesefluss stören oder deren Anwesenheit schon durch die Formatierung angedeutet wird, die AUCTEX sowieso macht (siehe Abbildung 10-13). Sie können den Text aber trotzdem ändern, indem Sie ihn mit der Maus anklicken oder den Cursor seitwärts daraufbewegen. Wenn Sie einfach nur die Maus daraufbewegen, wird der eigentliche Text in einem gelben »Tooltip« angezeigt.

Sie können den *TeX-fold-mode* in einem Puffer einschalten, indem Sie das Kommando »M-x TeX-fold-mode« eingeben. »M-x« steht dabei dafür, erst

»Esc« und dann »x« zu drücken; alternativ können Sie auch die »Meta«-Taste festhalten, sofern Sie eine haben (bei Linux-Rechnern ist das gerne die linke »Windows«-Taste), und »x« drücken oder die »Menü«-Taste auf einer Windows-PC-Tastatur drücken.

Wenn Sie den *TeX-fold-mode* für alle Ihre LaTeX-Dokumente einschalten wollen, dann schreiben Sie in Ihre *$HOME/.emacs*-Datei etwas wie

```
(add-hook 'LaTeX-mode-hook
    (lambda () (TeX-fold-mode 1)))
```

Nachdem der *TeX-fold-mode* eingeschaltet wurde, müssen Sie ihn nur noch mit »C-c C-o C-b« aktivieren. Dieses Kommando versteckt alles Versteckenswerte und kann auch verwendet werden, um den aktuellen Pufferzustand zu »aktualisieren«, indem alle seit dem letzten Aufruf hinzugekommenen Makros und Umgebungen mit bearbeitet werden. »C-c C-o b« macht diese Operation rückgängig, und »C-c C-o C-o« tut »das Richtige«: Wenn Sie es aufrufen, während der Cursor auf etwas ausgefaltetem Einfaltbarem steht, wird es eingefaltet; ist es schon eingefaltet, wird es wieder ausgefaltet.

## Eigene Definitionen

Sie können AUCTeX um Ihre eigenen Definitionen für Umgebungen, Makros und Ähnliches erweitern. In den meisten Fällen ist das gar nicht nötig, da AUCTeX die Pakete liest, die eine LaTeX-Datei einbindet, und sich auf die Existenz der darin definierten Kommandos einstellt. Selber aktiv werden müssen Sie nur, wenn Sie den Benutzer bei der Eingabe von Umgebungen oder Makros nach zusätzlichen Informationen fragen wollen.

Stellen Sie sich vor, Sie haben ein Paket `greet` implementiert, das das Makro `\greeting` zur Verfügung stellt:

```
\newcommand*{\greeting}[2][Hallo]{#1 #2!}
```

Aufrufen würde man das ungefähr so:

`\greeting{Welt}` (liefert `Hallo Welt!`)
`\greeting[Huhu]{Welt}` (liefert `Huhu Welt!`)

Parallel dazu können Sie eine Datei *greet.el* zur Verfügung stellen, die ungefähr das Folgende enthält:

```
(TeX-add-style-hook "greet"
 (lambda ()
   (TeX-add-symbols
     '("greeting" [ "Grussformel" ] "Grussobjekt"))))
```

*Tabelle 10-2: Einige Eingabemöglichkeiten für Makrodefinitionen in* AUCTEX

| Parameter | Bedeutung |
|---|---|
| Zeichenkette | Eingabeaufforderung für ein Argument |
| Zahl | Fügt »Zahl« Paare von geschweiften Klammern ein, positioniert den Cursor im ersten Klammernpaar. |
| `nil` | Fügt ein leeres Klammerpaar ein. |
| `t` | Fügt ein leeres Klammerpaar ein und positioniert den Cursor darin. |
| Liste | Wenn das erste Element ein String ist: Benutze es als Eingabeaufforderung und das nächste Element als Eingabevorschlag. Wenn das erste Element etwas anderes ist: Rufe es mit dem Rest der Liste als Argumente auf. |
| Vektor | Optionales Argument. Wenn er nur ein Element hat, wird dieses Element wie sonst auch bearbeitet. Hat er mehr als ein Element, werden die Elemente als Liste bearbeitet. |
| `TeX-arg-label` | Fragt nach einem `\label` mit Vervollständigung. |
| `TeX-arg-cite` | Fragt nach einem BIBTEX-Verweis. |
| `TeX-arg-file` | Fragt nach einer Datei im aktuellen Verzeichnis und fügt den Namen ohne Endung ein. |
| `TeX-arg-define-label` | Fragt nach einem `\label` mit Vervollständigung und merkt sich das Ergebnis als bekanntes `\label`. |

Diese Datei könnten Sie zunächst in einem Unterverzeichnis *style* des aktuellen Verzeichnisses ablegen.

Wenn Sie jetzt eine neue Datei anlegen, die

```
\usepackage{greet}
```

enthält, müssen Sie diese Datei zunächst einmal abspeichern und neu laden, damit AUCTEX merkt, dass es auch die Anpassung für `greet` aus der Datei *style/greet.el* holen muss.[2] Anschließend können Sie das Kommando `\greeting` mit Vervollständigung eingeben. Wenn Sie den Vorschlag akzeptieren, fragt AUCTEX als Nächstes:

```
(Optional) Grussformel: _
```

Dort können Sie etwas eingeben wie »Aloha« und die Eingabe bestätigen. Danach erscheint

```
Grussobjekt: _
```

und dort können Sie zum Beispiel »Hawaii« schreiben. Im Dokument landet dann Folgendes

```
\greeting[Aloha]{Hawaii}
```

In solchen Definitionen können Sie auf eine Vielzahl von Eingaberoutinen zurückgreifen, die zum Beispiel die `\labels` oder Zähler Ihres Dokuments mit

[2] Alternativ können Sie auch \usepackage über »C-c C-m« eingeben und sich nach dem Paketnamen fragen lassen – dann liest AUCTEX die Anpassung sofort ein.

Vervollständigung anbieten (siehe Tabelle 10-2). Wenn Sie Emacs-Lisp können, können Sie sogar Ihre eigenen Eingaberoutinen definieren.

## HACK #96 Vor- und Rückwärtssuche benutzen

**Springen Sie zwischen dem Quelltext und der LaTeX-Ausgabe hin und her.**

In der Welt der Textverarbeitungsprogramme ist »WYSIWYG« (*What you see is what you get*) inzwischen Standard – auf dem Bildschirm erscheint schon bei der Eingabe eine ans spätere Aussehen des Dokuments angenäherte Darstellung. Die Vor- und Nachteile dieses Ansatzes lassen sich lange debattieren, aber Tatsache ist, dass LaTeX nicht so funktioniert: Sie haben die LaTeX-Eingabedatei in einem Texteditor und die LaTeX-Ausgabe (DVI oder PDF) in einem Anzeigeprogramm, und das wirft ein paar Probleme auf, die die WYSIWYG-Programme nicht haben. Stellen Sie sich vor, Sie haben gerade in Ihrer *tex*-Datei etwas geändert und möchten die entsprechende Stelle in der Ausgabe sehen. Oder Sie finden ein Problem (etwa einen Tippfehler oder eine überbreite Zeile) in der Ausgabe – wo ist die dazugehörige Stelle in der Eingabe? Die erste Frage ist ein Problem der *Vorwärtssuche*, die zweite eines der *Rückwärtssuche*.

Für beide Sucharten gibt es Lösungen, die allerdings von den verwendeten Dateiformaten, Anzeigeprogrammen und Editoren (und damit auch den zugrunde liegenden Betriebssystemen) abhängen. Alle verfügbaren Ansätze beruhen darauf, dass zusätzliche Informationen über die Eingabedateien in die DVI- bzw. PDF-Datei geschrieben werden. Im Falle von DVI-Dateien können die gängigen TeX-Implementierungen das direkt, wenn Sie sie mit der Option »`-src-specials`« aufrufen:

```
$ latex -src-specials my-book
```

Der Name »*source specials*« leitet sich dabei vom `\special`-Kommando in TeX her, das es erlaubt, spezielle Informationen in DVI-Dateien unterzubringen, die ursprünglich nicht im DVI-Format vorgesehen sind. TeX benutzt `\special` vor allem zur Grafikeinbindung und zur Unterstützung von Farben, aber auch die Zusatzinformationen zur Navigation beruhen auf dem Datenformat von `\special` – auch wenn TeX die entsprechenden Daten direkt in die DVI-Datei schreibt, ohne dafür explizite `\special`-Kommandos zu benötigen.

Die Anwesenheit dieser Zusatzinformationen ist Voraussetzung dafür, dass die gezeigten Methoden funktionieren. Wir betrachten im Rest dieses Hacks die gängigsten Anwendungsfälle.

Wenn Ihr TeX-Programm keine *source specials* unterstützt: Das LaTeX-Paket `srcltx` von Aleksander Simonic und Stefan Ulrich

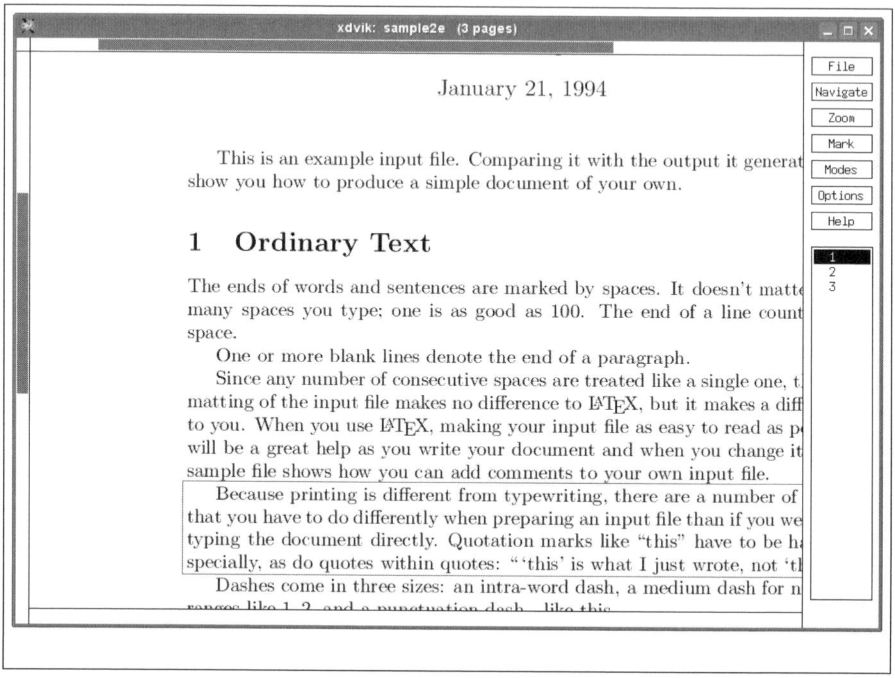


*Abbildung 10-14: Vorwärtssuche mit xdvi*

kann welche eintragen, wenn auch nicht überall da, wo TeX es direkt kann. Aber es ist besser als gar nichts.

## Vorwärts- und Rückwärtssuche in DVI-Dateien mit xdvi

Wenn `xdvi` eine DVI-Datei mit *source specials* anzeigt, können Sie ihn dazu bringen, die Position in der Ausgabe zu finden, die mit einer bestimmten Position in der Eingabe korrespondiert (Vorwärtssuche). Dazu müssen Sie nur die Option »`-sourceposition`«, gefolgt von der Zeilennummer und dem Namen der LaTeX-Datei, übergeben, etwa wie folgt:

```
$ xdvi -sourceposition "54 sample2e.tex" sample2e.dvi
```

`xdvi` zeigt dann die betreffende Seite an und rahmt den in Frage kommenden Bereich ein (siehe Abbildung 10-14). Dabei prüft das Programm, ob die fragliche DVI-Datei bereits von einem anderen `xdvi`-Prozess desselben Benutzers angezeigt wird, und bringt gegebenenfalls nur diesen Prozess dazu, sein Fenster nach oben zu holen und an die entsprechende Stelle zu springen.

Zur Integration mit Ihrem Editor müssen Sie Ihren Editor dazu bringen, auf Kommando etwas wie den oben gezeigten `xdvi`-Aufruf auszuführen. In aktuellen Versionen von AUCTeX können Sie dafür einfach den »*TeX source specials mode*« einschalten (die entsprechende Tastenkombination lautet »C-c C-s C-t«). Danach müssen Sie nur noch »C-c C-v« eingeben, und `xdvi` zeigt den Bereich der Ausgabe an, der mit der Position des Cursors in der Eingabedatei korrespondiert. Wenn Sie lieber `vim` verwenden, können Sie Folgendes ausführen:

```
:execute "!xdvi -sourceposition " . line(".") . expand("%")
   . " " . expand("%:r") . ".dvi"
```

(alles auf einer Zeile) bzw. dieses Kommando einer Taste zuweisen, indem Sie die folgende Definition in Ihre *$HOME/.vimrc*-Datei aufnehmen:

```
map <F2> :execute "!xdvi -sourceposition "
  \ . line(".") . expand("%") . " " . expand("%:r")
  \ . ".dvi"<CR><CR>
```

Damit die Rückwärtssuche funktioniert, Sie also im Editor automatisch (ungefähr) an die Stelle springen können, die mit einem Punkt in der Ausgabe korrespondiert, muss `xdvi` wissen, wie er den Editor Ihrer Wahl mit Dateiname und Zeilennummer aufrufen muss. Dazu definieren Sie mit der Option »`-editor`« ein entsprechendes Kommando oder weisen das Kommando der X11-Ressource `.editor` zu:

```
$ xdvi -editor "xterm -e vi +%l %f" sample2e.dvi
```

In dem Kommando werden »`%f`« durch den im nächstgelegenen *source special* benannten Dateinamen und »`%l`« durch die dazugehörige Zeilennummer ersetzt. Ist weder `-editor` angegeben noch die Ressource definiert, prüft `xdvi` die Umgebungsvariablen `XEDITOR`, `VISUAL` und `EDITOR`. Existiert auch von diesen keine, wird »`xterm -e vi +%l %f`« als Standardwert angenommen. Enthält das definierte Kommando kein `%f` oder `%l`, werden die fehlenden Informationen beim Aufruf einfach angehängt. Nachdem Sie diese Voreinstellung getroffen haben, können Sie die Strg-Taste festhalten und mit der linken Maustaste irgendwo in Ihre DVI-Datei klicken, damit `xdvi` versucht, den Editor mit der richtigen Datei und Position zu starten.

Beachten Sie, dass ein einfacher Editoraufruf in der Regel dazu führt, dass ein neuer Editor gestartet wird. Wenn Sie sowieso schon an der betreffenden Datei arbeiten, ist das nicht das, was Sie wollen. Die meisten Editoren bieten aber die Möglichkeit, auf einen bereits laufenden Editor zurückzugreifen. Dazu setzen Sie die Umgebungsvariable `EDITOR` beispielsweise auf

```
emacsclient --no-wait
```

wenn Sie GNU Emacs verwenden, und starten den »Emacs-Server«, indem Sie das Kommando »`M-x server-start`« ausführen oder »`(server-start)`« in Ihre *.emacs*-Datei schreiben. Auch wenn Sie den *TeX source specials mode* in AUCTeX aktivieren, wird gegebenenfalls ein Server gestartet.

Im `vim` können Sie etwas verwenden wie

```
gvim --remote
```

um an die passende Stelle in der Eingabe zu springen. Dies setzt allerdings den X11-basierten »grafischen« `vim`, den `gvim`, voraus.

Die Vorwärts- und vor allem die Rückwärtssuche funktioniert in jedem Fall nur ungefähr, da TeX nicht für jedes Zeichen in der Eingabe markiert, wo es in der Ausgabe zu stehen kommt. Schon so werden die DVI-Dateien durch die *source specials* merklich aufgebläht. Ein anderer Punkt ist, dass möglicherweise große Textstücke aus der Expansion von Makros entstehen, wo die Position des Makroaufrufs in der Eingabe nicht wirklich viel mit der Stelle in der Eingabe zu tun hat, die man ändern müsste. Trotzdem sind diese Suchmöglichkeiten eine große Hilfe bei der Dokument-Erstellung.

> Beachten Sie, dass *source specials* möglicherweise zu einer Ausgabe führen, die anders aussieht als die Ausgabe ohne Erzeugung von *source specials* – Seitenumbrüche und Abstände können anders ausfallen, und die Erzeugung von *source specials* verträgt sich auch nicht mit jedem LaTeX-Paket. Sie sollten deshalb Abstand davon nehmen, die Endfassung eines Dokuments mit *source specials* zu erzeugen. Vor allem sollten Sie die Seitenumbrüche eines Dokuments nicht optimieren, solange *source specials* eingeschaltet sind.

## Vor- und Rückwärtssuche für PDF-Dateien

Mit PDF-Dateien ist die Vor- und Rückwärtssuche aufwendiger, weil es keinen Mechanismus wie die `\special`-Kommandos von DVI gibt. Man ist noch mehr als bei DVI auf Näherungsmethoden angewiesen.

Die Vorwärtssuche in PDF-Dateien wird derzeit über ein LaTeX-Paket namens `pdfsync` realisiert. Dieses Paket legt bei der Bearbeitung einer Datei *meinedatei.tex* eine neue Datei *meinedatei.pdfsync* an, die Positionsinformationen enthält. Die *pdfsync*-Datei wird nicht von PDF-Anzeigeprogrammen ausgewertet, sondern von einer TeX-Arbeitsumgebung wie AUCTeX, die dann ein PDF-Anzeigeprogramm mit geeigneten Parametern aufruft. Damit ist zunächst keine genauere Positionierung als diejenige auf der richtigen Seite möglich (tatsächlich garantiert AUCTeX laut Dokumentation nur eine Positionierung auf die richtige Seite plus oder minus eine).

```
#!/bin/sh

[ -f $1 ] || exit 1

while true
do
    for id in `dcop | grep kpdf`
    do
doc=`dcop $id kpdf currentDocument`
if [ "`basename $doc`" = "$1" ]
then
            dcop $id kpdf goToPage $2
            dcop $id kpdf-mainwindow#1 raise
            exit 0
fi
    done
    kpdf $1 &
    sleep 3
done
```

*Abbildung 10-15: run-kpdf –* KPDF *aufrufen oder mit einem existierenden Prozess reden*

Mit einer aktuellen AUCTEX-Version (unterstützt wird pdfsync seit AUCTEX 11.83) haben Sie eigentlich schon alles, was Sie brauchen, sofern Sie das pdfsync-Paket installiert haben. Sie müssen in Ihr Dokument nur ein

```
\usepackage{pdfsync}
```

einbauen, den PDF-Modus und den *TEX source special mode* in AUCTEX einschalten und sind im Rennen. Nach einem pdfLATEX-Durchlauf sollte ein »C-c C-v« in Ihrer LATEX-Eingabedatei xpdf starten und die richtige Seite anzeigen. Wenn Sie an eine andere Stelle in Ihrem Dokument springen und wieder »C-c C-v« eingeben, blättert xpdf auf die entsprechende Seite; gegebenenfalls wird das xpdf-Fenster auch nach oben geholt.

Da die ganze Arbeit von AUCTEX erledigt wird, gibt es keinen Grund, warum Sie nicht ein anderes PDF-Anzeigeprogramm außer xpdf verwenden sollten (xpdf ist ja nicht mehr der Weisheit letzter Schluss auf diesem Gebiet). Voraussetzung ist nur, dass das Programm sich von außen sagen lässt, welche Seite es anzeigen soll, ohne jeweils wieder eine neue Instanz von sich selbst zu starten. KPDF, das PDF-Programm von KDE, unterstützt das nicht über die Kommandozeile, sondern über das Kommunikationsprotokoll DCOP. Statt also kpdf neu aufzurufen, rufen wir gegebenenfalls dcop auf, ein Shellprogramm, das

DCOP-Nachrichten an KDE-Programme schicken kann. Das entsprechende Skript (`run-kpdf`) sehen Sie in Abbildung 10-15.

Das Hauptärgernis in `run-kpdf` ist, dass es möglicherweise mehrere aktive KPDF-Prozesse in der aktuellen Sitzung gibt. Aus diesem Grund fragen wir jeden KPDF-Prozess nach dem Namen seines Dokuments und vergleichen diesen mit dem Namen der anzuzeigenden Datei. Stimmen die beiden überein, gehen wir davon aus, den richtigen KPDF gefunden zu haben, lassen ihn die gewünschte Seite ansteuern und holen das Fenster nach oben. Erklärt sich kein KPDF für zuständig, starten wir einen neuen mit der richtigen Datei.

> Die hier verwendete Technik hat eindeutig Hack-Qualität: Wenn wir beim ersten Mal keinen passenden KPDF gefunden haben, starten wir einen neuen und versuchen es noch mal, in der Hoffnung, dass sich das Programm bis zum `dcop`-Aufruf am Anfang der Schleife so weit berappelt hat, dass es vernünftig antwortet. Sollte etwas schiefgehen, könnten wir in eine Endlosschleife geraten. Betrachten Sie es als Herausforderung, `run-kpdf` zu verbessern.

Das Thema »Rückwärtssuche in PDF-Dateien« steckt ebenfalls noch ziemlich in den Kinderschuhen. Das LaTeX-Paket `vpe` von Heiko Oberdiek lässt sich von Perl dabei helfen, `\special`-ähnliche Konstrukte in die PDF-Datei einzubauen. Zumindest Adobe Reader kann dann über anklickbare Marken in der PDF-Datei ein Programm aufrufen, das wiederum den gewünschten Editor aufruft. Das Ganze steht aber noch auf relativ wackligen Füßen, da die Positionierungsinformationen von LaTeX eingefügt werden. Dafür werden alle möglichen LaTeX-Interna umdefiniert, was selbst bei einfach scheinenden Eingabedateien zu Problemen führen kann. Hier ist sicherlich noch weitere Entwicklungsarbeit angesagt.

HACK #97

## Ein Frühwarnsystem im Editor

**Verwenden Sie *preview-latex*, um Formeln und Tabellen schon bei der Eingabe zu prüfen.**

Normalerweise kann man es durchaus als Vorteil ansehen, dass LaTeX *nicht* auf der Philosophie des *What you see is what you get* beruht. So können Sie immerhin in einem Editor mit einer schönen, für den Bildschirm optimierten Schrift arbeiten – und wenn Sie sehen wollen, wie Ihr Machwerk gedeiht, gibt es ja DVI- und PDF-Anzeigeprogramme, die ein präziseres Bild vermitteln als die meisten Textverarbeitungsprogramme. Aber eben nicht sofort, und in ein paar Situationen wäre das halt doch schon mal nützlich, zum Beispiel wenn Sie komplexe Formeln und Tabellen bearbeiten und sich direkt vergewissern wollen, dass Sie sich nicht auf dem Holzweg befinden.

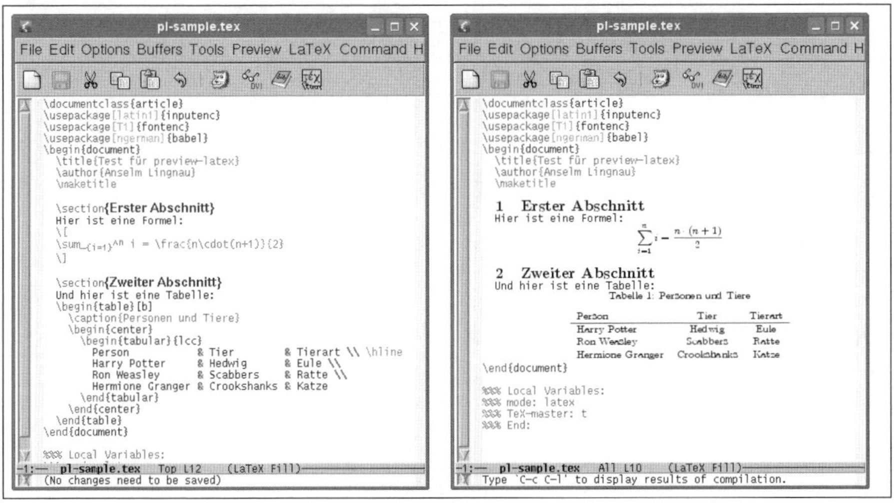

*Abbildung 10-16:* preview-latex – *links ausgeschaltet, rechts eingeschaltet*

Abhilfe schafft hier *preview-latex* von David Kastrup, eine Erweiterung für GNU Emacs ab Version 21. Die Idee hinter *preview-latex* besteht darin, gezielt einzelne Bereiche einer LaTeX-Eingabedatei durch LaTeX zu schleusen und das Ergebnis *im Editor* anzuzeigen. Damit bekommen Sie eine fast sofortige Rückmeldung über das Aussehen der entsprechenden Elemente Ihres Dokuments, ohne dabei das bequeme Arbeiten im Editor Ihrer Wahl aufgeben zu müssen (jedenfalls solange Emacs der Editor Ihrer Wahl ist).

Voraussetzung für den Einsatz von *preview-latex* ist, dass Sie AUCTeX installiert und aktiviert haben. *preview-latex* selbst aktivieren Sie, wenn Ihre Linux-Distribution das nicht für Sie erledigt, über die Zeile

```
(load "preview-latex.el" nil t t)
```

in Ihrer *$HOME/.emacs*-Datei. Nach dem nächsten Emacs-Neustart sollten Sie dann beim Editieren einer LaTeX-Eingabedatei in der Emacs-Menüleiste einen Eintrag namens PREVIEW finden.

Die Anwendung von *preview-latex* ist denkbar einfach: Mit dem Kommando »C-c C-p C-d« (Emacs-Jargon für »Strg festhalten und c drücken, p drücken und d drücken, Strg loslassen«) werden für das aktuelle Dokument alle Vorschaubilder erzeugt und eingeblendet, die *preview-latex* für sinnvoll hält. Da das eine kleine Weile dauern kann, ersetzt es die entsprechenden Stellen im Dokument zuerst durch Baustellenschilder, die dann sukzessive durch die Vorschaubilder ersetzt werden. In der Zwischenzeit können Sie in Ihrem Dokument herumnavigieren und auch Änderungen machen.

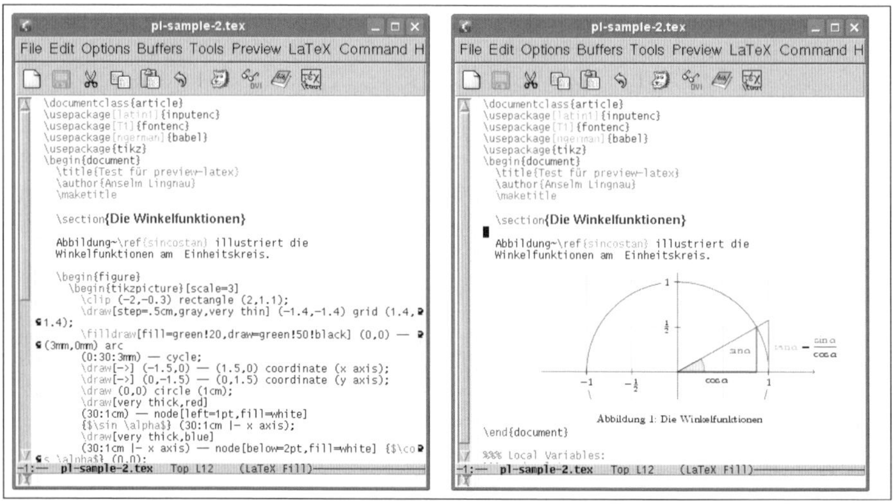


*Abbildung 10-17:* preview-latex *mit einer TikZ-Grafik*

Sie sollten es sich allerdings verkneifen, Änderungen zu machen, *bevor* die Baustellenschilder erscheinen. Ansonsten könnte es passieren, dass die Vorschaubilder nicht an der richtigen Stelle im Dokument eingefügt werden.

Abbildung 10-16 zeigt ein Beispieldokument vor und nach dem »C-c C-p C-d«. Selbst mit eingeschaltetem *preview-latex* können Sie die betreffenden Partien Ihres Dokuments ändern: Wenn Sie seitwärts mit den Pfeiltasten hineinnavigieren oder das Bild mit der mittleren Maustaste anklicken, wird der LaTeX-Quellcode angezeigt und kann geändert werden. Ein anschließendes »C-c C-p C-p« (*preview at point*) aktualisiert dann das Bild. Wie Abbildung 10-17 zeigt, funktioniert *preview-latex* auch für `figure`-Umgebungen, die zum Beispiel Grafiken in `pgf` **[Hack #78]** enthalten – eine sehr bequeme Sache.

Es gibt auch Kommandos, um ein Vorschaubild nur für die aktuelle Umgebung, den aktuellen Abschnitt oder den gerade ausgewählten Bereich zu erzeugen. Sie finden diese in der *preview-latex*-Dokumentation, die Sie sich zum Beispiel mit

```
$ info preview-latex
```

anzeigen lassen können. Sollten Sie von den Vorschaubildern genug haben, können Sie sie einfach wieder mit »C-c C-p C-c C-d« für das ganze Dokument entfernen.

*Abbildung 10-18: Die Inhaltsverzeichnis-Ansicht von* RefTEX

# HACK #98 Referenzen mit Pfiff

Verwenden Sie RefTEX, um in Ihrem Buch den Überblick zu behalten.

Beim Schreiben eines längeren Dokuments, insbesondere eines Dokuments mit vielen Verweisen und Literaturangaben (denken Sie an eine Examens- oder Doktorarbeit), kann es schwierig werden, den Überblick zu behalten. Abhilfe schafft hier RefTEX von Carsten Dominik, eine weitere Emacs-Erweiterung, die ebenfalls mit AUCTEX harmoniert. RefTEX wird seit einiger Zeit mit GNU Emacs mitgeliefert und kann leicht aktiviert werden, indem Sie die folgenden Zeilen in Ihre *$HOME/.emacs*-Datei aufnehmen:

```
(add-hook 'LaTeX-mode-hook 'turn-on-reftex)
(setq reftex-plug-into-AUCTeX t)
(setq reftex-use-external-file-finders t)
(setq reftex-external-file-finders
  '(("tex" . "kpsewhich -format=.tex %f")
    ("bib" . "kpsewhich -format=.bib %f"))
```

(Die letzten vier Zeilen sorgen für eine bessere Integration ins eigentliche TEX-System.) Wenn Sie das gemacht und Emacs neu gestartet haben, sollte in der Menüleiste ein Eintrag namens REF erscheinen, wenn Sie eine LATEX-Eingabedatei bearbeiten.

## Inhaltsverzeichnis

Die erste nützliche Eigenschaft von RefTEX ist eine Inhaltsverzeichnis-Ansicht (siehe Abbildung 10-18), die Sie bekommen, indem Sie in einer LATEX-Eingabedatei »C-c =« eingeben (also »Strg festhalten, c drücken, Strg loslassen, =

drücken«). Sie können in dieser Ansicht mit den Pfeiltasten navigieren. Ein Leerzeichen zeigt die betreffende Stelle im Dokument, ohne das Inhaltsverzeichnis zu verlassen, ein »Tab« springt an die Stelle im Dokument, lässt aber das Fenster mit dem Inhaltsverzeichnis geöffnet, während ein »Return« an die Stelle im Dokument springt und das Fenster mit dem Inhaltsverzeichnis schließt. Mit »l« werden `\labels` und mit »i« Indexeinträge ein- und wieder ausgeblendet. Es gibt zahlreiche andere Kommandos, die Sie am besten der Dokumentation entnehmen.

## Querverweise

Mit RefTeX können Sie einfach `\labels` zu Ihrem Dokument hinzufügen, indem Sie an der entsprechenden Stelle »C-c (« eingeben. RefTeX fragt Sie dann nach dem Namen, den das `\label` haben soll, und macht dafür einen halbwegs intelligenten Vorschlag. Steht etwa

```
\chapter{Erstes Kapitel}
```

unmittelbar vor dem Punkt, wo Sie das `\label` haben möchten, so dass es sich auf diese Kapitelüberschrift bezieht, antwortet RefTeX im Emacs-Minibuffer mit:

```
Label: cha:erstes-kapitel
```

Sie müssen jetzt nur noch »Return« drücken, um diesen Namen zu bestätigen. (Natürlich können Sie auch einen völlig anderen Namen wählen.)

> Von Marken, die Sie »manuell« eingeben, indem Sie das `\label`-Kommando selber tippen, bekommt RefTeX erst einmal nichts mit. Es findet sie erst, wenn Sie das Dokument erneut durchsuchen, etwa über Parse Document im Ref-Menü.

Bezüge auf Querverweise erzeugen Sie ebenso einfach mit »C-c )«. RefTeX antwortet dann mit der etwas kryptischen Zeile

```
Label type: [ efinNst]   (?=Help)
```

und fordert Sie damit auf, einen »Markentyp« auszuwählen. Die Leertaste steht dabei für »irgendeine Marke«, »s« für Gliederungsmarken und so weiter (die Hilfe, die Sie mit »?« erhalten, zeigt das genauer an). Nachdem Sie sich entschieden haben, zeigt RefTeX Ihnen eine Gliederungsansicht Ihres Dokuments mitsamt den definierten `\labels` des entsprechenden Typs, wo Sie sich bequem das Ziel Ihres Querverweises aussuchen können (siehe Abbildung 10-19). Sie müssen übrigens nicht raten: Ein Druck auf die Leertaste zeigt Ihnen in einem anderen Fenster den »Kontext« des betreffenden `\labels`, und mit »f« können Sie den *follow mode* ein- und ausschalten, der Ihnen beim

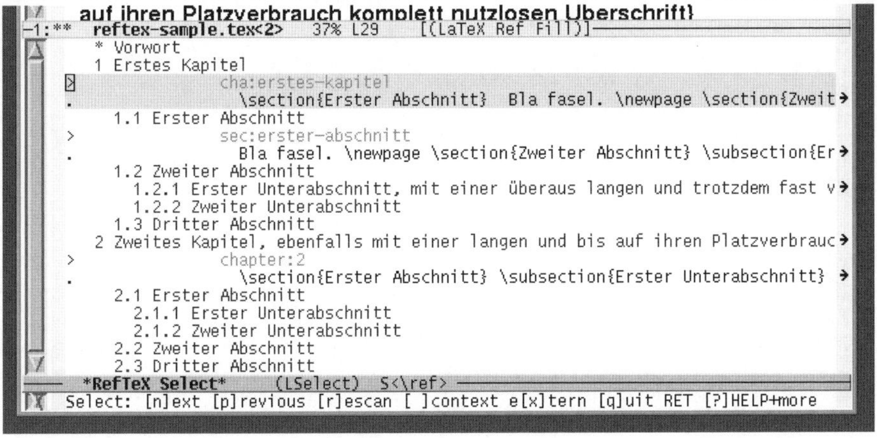


*Abbildung 10-19: Markenauswahl mit* RefTEX

Blättern durch die `\labels` in der Gliederungsansicht immer den betreffenden Kontext zeigt.

## Literaturverweise

RefTEX unterstützt auch Literaturverweise. Dabei läuft es zu besonderer Form auf, wenn Sie BibTEX verwenden, um Ihre Zitate zu verwalten. Notfalls kommt es auch mit einer `thebibliography`-Umgebung im Dokument selbst zurecht, aber das ist dann nicht so komfortabel.

Mit »C-c [« fragt RefTEX Sie nach einem regulären Ausdruck, der anschließend in den *bib*-Dateien gesucht wird, die Ihr Dokument verwendet (RefTEX orientiert sich dabei am Argument eines `\bibliography`-Kommandos). Sie können auch ein »logisches Und« verwenden: Ein Eintrag wie

```
Stevens&&TCP
```

sucht nach Zitaten, die von einem Autor namens »Stevens« verfasst wurden und »TCP« enthalten.[3] RefTEX schlägt das Wort vor dem Cursor als Suchbegriff vor – oftmals liegt es da gar nicht falsch, etwa bei Konstruktionen wie

```
Laut Stevens _
```

Das Suchergebnis erscheint in einem neuen Emacs-Fenster, in dem Sie ähnlich wie in der Markenauswahl navigieren können, um den Eintrag zu finden, den

[3] RefTEX ist da ziemlich tolerant: Der umgekehrte Fall – ein Werk, das von einem Autor namens »TCP« verfasst wurde und »Stevens« im Titel hat – würde auch gefunden ... Sie wissen schon.

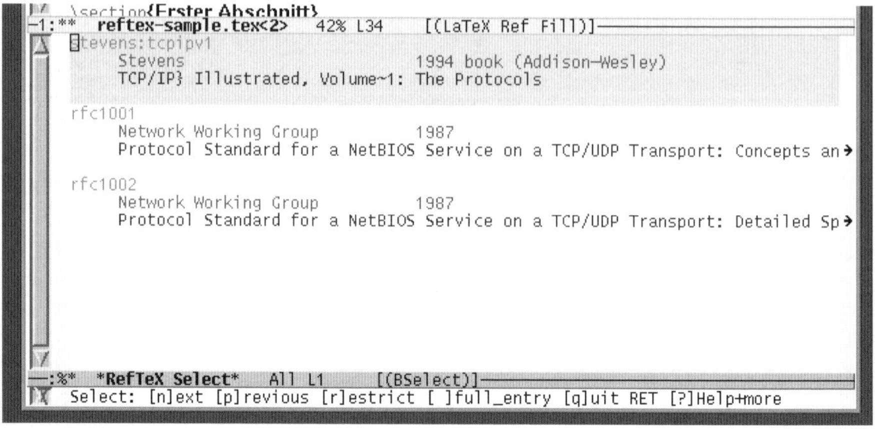


*Abbildung 10-20: Literaturverweise mit* RefTEX

Sie eigentlich haben wollen. Sie können mehrere Werke auf einmal zitieren, indem Sie sie mit »m« markieren. Die Leertaste zeigt in einem anderen Fenster den kompletten BIBTEX-Datenbankeintrag für das aktuelle Werk, und auch hier aktiviert »f« einen *follow mode*, der beim Suchen in den gefundenen Einträgen immer den betreffenden Eintrag im anderen Fenster zeigt. Wie üblich bietet RefTEX viel mehr, als wir hier diskutieren können – schlagen Sie in der Dokumentation nach!

RefTEX kommt mit diversen Zitiermethoden zurecht. Wenn Sie eins der Autor-Jahr-Pakete wie `natbib`, `harvard` oder `jurabib` benutzen, stellt es Ihnen beim Einfügen des Literaturverweises ein Menü von Kommandos zur Verfügung, die in Frage kommen. Es gestattet auch die Eingabe von optionalen Zusätzen der Form

```
\cite[Kap.~3]{stevens}
```

Eine nützliche Funktion von RefTEX besteht darin, eine BIBTEX-Datenbank zu erzeugen, die nur die Einträge für die im aktuellen Dokument zitierten Werke enthält. Das entsprechende Kommando lautet »M-x reftex-create-bibtex-file«.

## Wer verweist auf mich?

Wenn Sie den Cursor auf das Argument eines Makros stellen, das mit Quer- oder Literaturverweisen zu tun hat – normalerweise `\label`, `\ref` oder `\cite` –, und »C-c &« eingeben, zeigt RefTEX Ihnen in einem anderen Fenster die Stellen, die am »anderen Ende« des Verweises stehen: Bei `\ref` bekommen Sie das entsprechende `\label` gezeigt, bei `\label` können Sie mit wiederholten

Eingaben von »C-c &« alle Stellen durchlaufen, die auf die betreffende Marke verweisen.

HACK #99

## Von LaTeX zu HTML

**Benutzen Sie plasTeX, um aus Ihrem LaTeX-Dokument HTML zu erzeugen.**

DVI und PDF sind nicht immer die bequemsten Zielformate für ein Dokument – im Zeitalter des Internet kann es durchaus sein, dass Sie ein Dokument auch im HTML-Format ins Netz stellen wollen. Natürlich wäre es mehr als ärgerlich, Ihr schönes LaTeX-Dokument mit der Hand zu etwas vergewaltigen zu müssen, was ein Webbrowser anzeigen kann. Eigentlich sollte das automatisch gehen.

Die LaTeX-Szene stellt eine ganze Reihe von Programmen zur Verfügung, die LaTeX nach HTML konvertieren. Der Haken ist dabei normalerweise die Mathematik, die in HTML nicht direkt abgebildet werden kann (allen entsprechenden Versuchen, dafür einen Standard zu etablieren, zum Trotz). Der gängige Trick besteht darin, alles, was irgendwie nach komplizierter Mathematik aussieht, als Grafik darzustellen. Man kann sich natürlich darüber streiten, ob das eine gute Idee ist – es treibt den Aufwand für das Laden der entsprechenden Seiten in die Höhe und macht es nahezu unmöglich, sie ohne spezielle Software lokal abzuspeichern oder zu durchsuchen –, aber wenn die Alternative darin besteht, Formeln entweder als rohen LaTeX-Code oder aber gar nicht anzuzeigen, ist die Lage relativ klar.

Vergleicht man »traditionelle« Dokumente (etwa Monografien oder Bücher) und Dokumente im World Wide Web, werden einige Unterschiede offensichtlich. Traditionelle Dokumente sind in der Regel fortlaufend mit einer sich aufdrängenden Lesereihenfolge (das vorliegende Buch bildet da zum Beispiel eine Ausnahme), während Dokumente im World Wide Web, wie der Name schon sagt, einen »vernetzten« Charakter haben, bei dem nicht notwendigerweise eine bestimmte Lesereihenfolge vorgegeben ist (auch wenn das natürlich im Einzelfall vorkommen kann). Diese Beobachtung hat naheliegende Konsequenzen für die Übersetzung von LaTeX nach HTML – wenn ein Übersetzungsprogramm schon nicht aus einem »linear« geschriebenen Text automatisch einen Hypertext im Sinne von Ted Nelson machen kann, dann kann es doch zumindest dafür sorgen, dass das resultierende Dokument aus einer Menge von überschaubaren Häppchen mit bequemen Navigationsmöglichkeiten besteht statt aus einer einzigen kilometerlangen HTML-Seite.

Das Urgestein auf dem Gebiet der LaTeX-nach-HTML-Konverter ist das Programm LaTeX2HTML, ursprünglich von Nikos Drakos und zuletzt gewartet von Ross Moore. Andere ähnliche Programme sind im Umlauf, etwa TeX4ht von Eitan Gurari, aber die meisten haben die Eigenschaft gemeinsam, dass sich seit Jahren niemand mehr um sie kümmert (warum auch immer). Wir zeigen hier ein modernes System namens »plasTeX« von Kevin Smith, das zumindest den Eindruck erweckt, als wäre es noch am Leben. Außerdem verfolgt es den interessanten Ansatz, die Analyse des LaTeX-Dokuments und die Erzeugung der HTML-Ausgabe so weit wie möglich zu trennen. Das macht es möglich, statt HTML auch ganz andere Ausgabeformen zu erzeugen (etwa Braille) oder die Ausgabe ganz anders zu strukturieren als die Eingabe (es gibt also noch Hoffnung für Mr. Nelson). plasTeX ist ein Python-Programm, und Sie finden es unter *http://plastex.sourceforge.net*.

## plasTeX-Installation

Wenn Sie mit plasTeX HTML-Seiten erzeugen wollen (die Hauptanwendung), brauchen Sie neben Python die Python Imaging Library (alles zu finden unter *http://www.python.org/*), eine LaTeX-Distribution (sollten Sie bereits haben) sowie entweder Ghostscript oder besser `dvi2bitmap` oder `dvipng`. Letzteres ist auch für *preview-latex* nötig, so dass sich die Installation lohnt. Gut sortierte Linux-Distributionen wie Debian GNU/Linux enthalten diese Software in Form vorgefertigter Pakete, so dass Sie sich nur plasTeX besorgen und installieren müssen. Sind alle Vorbedingungen erfüllt, geht das einfach mit folgender Angabe im plasTeX-Distributionsverzeichnis:

```
# python setup.py install
```

## HTML erzeugen

Im einfachsten Fall rufen Sie plasTeX mit dem Namen der zu konvertierenden Datei als Parameter auf:

```
$ plastex sample2e.tex
```

plasTeX erzeugt dann eine HTML-Version der Datei in einem Unterverzeichnis, das so heißt wie die Datei selbst, aber ohne die Endung *.tex*:

```
$ ls sample2e
icons   index.html   __init__.pyc   sect0002.html
images  __init__.py  sect0001.html  styles
```

Dabei ist *index.html* die »Hauptseite« des Dokuments, die normalerweise ein Inhaltsverzeichnis enthält. Die zwei Abschnitte des ursprünglichen Textes korrespondieren mit den Dateien *sect0001.html* und *sect0002.html*. Im Unterverzeichnis *icons* befinden sich grafische Elemente für die Navigation, und in *images* stehen Bilddateien für alles, was plasTeX nicht in HTML umsetzen

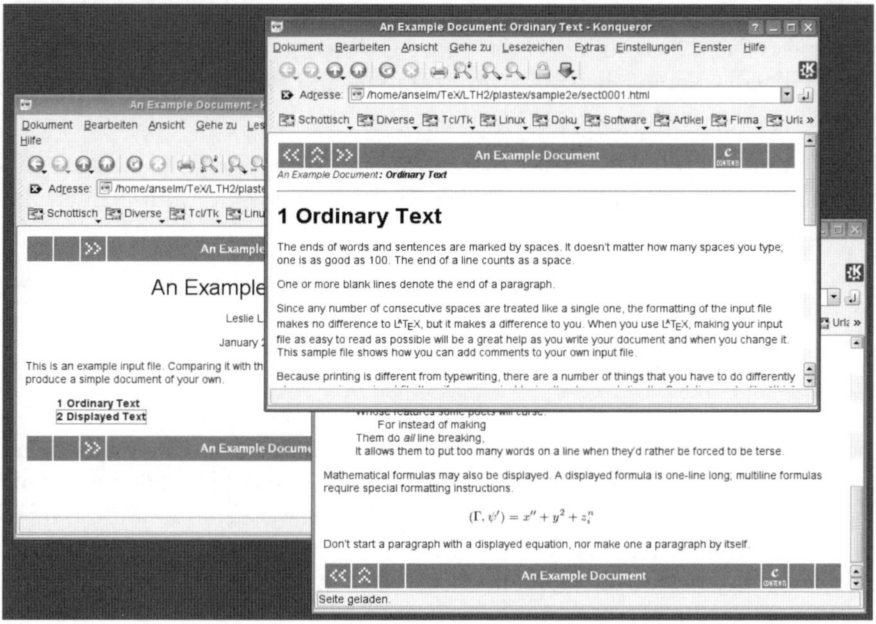


*Abbildung 10-21:* sample2e.tex *als HTML-Dokument, mit plasTEX konvertiert*

konnte (normalerweise mathematische Formeln). Das Unterverzeichnis *styles* enthält Stylesheets, die plasTEX automatisch erzeugt hat. Sie können diese Dateien anpassen, um das Aussehen der HTML-Version Ihres Dokuments zu ändern.

Mit einem Webbrowser betrachtet sieht das Dokument aus wie in Abbildung 10-21. Beachten Sie die Navigationselemente und die abgesetzte Formel im Fenster rechts unten.

Sie können das Verhalten von plasTEX über Kommandooptionen steuern. Zum Beispiel erzeugt

```
$ plastex --theme=python sample2e.tex
```

Navigationselemente, die an die Online-Python-Dokumentation angelehnt sind; das Thema `plain` dagegen erzeugt schlichte textbasierte Navigationselemente.

Mit der Option »`--split-level`« können Sie steuern, wie die Ausgabe in Dateien aufgeteilt wird. Der Parameter ist eine LaTeX-Hierarchiestufe (siehe Tabelle 5-1), und für jedes Objekt auf einer Hierarchiestufe kleiner oder gleich dem hier angegebenen Wert wird eine neue Datei angegeben. Der Standardwert 2 führt also dazu, dass außer für das ganze Dokument (*index.html*) auch für jeden Teil, jedes Kapitel, jeden Abschnitt und jeden Unterabschnitt eine eigene Datei angelegt wird.

Die Option »`--dir`« (oder »`-d`«) dient dazu, das Verzeichnis für die Ausgabedateien festzulegen. Der Standardwert wird (wie erwähnt) vom Namen der Eingabedatei abgeleitet.

Tatsächlich unterstützt plasTeX noch zahlreiche andere Kommandooptionen. Die plasTeX-Dokumentation enthält eine komplette Liste.

## Interna

Beim Einlesen konvertiert plasTeX das LaTeX-Dokument in eine interne Darstellung, die dem DOM einer XML-Datei ähnelt. Tatsächlich können Sie als Python-Programmierer XML-DOM-Methoden verwenden, um auf die interne Darstellung zuzugreifen, sie zu verändern, Dinge zu löschen oder einzufügen – aber das würde für dieses Buch zu weit führen.

plasTeX kann LaTeX-Kommandos und -Pakete verstehen und als solche verarbeiten. Allerdings können Sie auch »Implementierungen« von Kommandos und Paketen in Python zur Verfügung stellen, die besondere Dinge tun. Damit haben Sie die volle Kontrolle darüber, was in die Ausgabe geschrieben wird, und können Fälle bequemer behandeln, die für plasTeX zu kompliziert wären, wenn sie in primitive TeX-Kommandos expandiert werden. Insbesondere können Sie die Expansion verhindern, wenn das Programm, das die Ausgabe für plasTeX erzeugt, mit der unexpandierten Eingabe mehr anfangen kann.

Im einfachsten Fall können Sie plasTeX daran hindern, sich Dinge anzusehen, die für seinen kleinen Kopf zu kompliziert sind. plasTeX definiert beim Lesen einer LaTeX-Datei ein internes TeX-Kommando `\ifplastex`, das immer auf »wahr« gesetzt ist. Sie müssen nur dafür sorgen, dass LaTeX es als »falsch« interpretiert – etwas wie

```
\newif\ifplastex \plastexfalse
```

genügt (tatsächlich sind neu angelegte `\if...`-Kommandos immer »falsch«, aber sicher ist sicher). Sie können dann dafür sorgen, dass plasTeX komplizierte Kommandos nicht zu sehen bekommt:

```
\ifplastex
  \newenvironment{complicated}{}{}
\else
  \newenvironment{complicated}{%
```

```
      % Etwas sehr Kompliziertes
    }{
      % Noch etwas sehr Kompliziertes
    }
  \fi
```

Oder Sie können ein Kommando implementieren, das sich für LaTeX und plasTeX unterschiedlich auswirkt:

```
\newcommand{\bla}[1]{%
  \ifplastex\else\addvspace{1cm}\fi
  \textbf{\Large #1}
  \ifplastex\else\vspace*{1cm}\fi
}
```

In Python werden sowohl Kommandos als auch Umgebungen als Klassen definiert. plasTeX bringt dafür die Basisklassen Command und Environment mit. Beide haben ein Attribut args, mit dem Sie vorgeben können, wie das Kommando bzw. das \begin der Umgebung mit Argumenten umgeht. Hier ist ein Beispiel aus der plasTeX-Dokumentation:

```
from plasTeX import Command

class framebox(Command):
    """ \framebox[width][pos]{text} """
    args = '[ width ] [ pos ] text'
```

Stößt plasTeX beim Verarbeiten der Eingabe auf das \framebox-Kommando, erzeugt es ein Python-framebox-Objekt und schreibt die drei Argumente (soweit vorhanden) in das Attribut attributes, ein Dictionary. Sie können auf die Werte dann über Konstrukte wie

```
self.attributes['width']
```

zugreifen. Nicht tatsächlich vorhandene optionale Argumente haben in Python den Wert none. Es ist auch möglich, Datentypen anzugeben (die plasTeX-Dokumentation geht hier mehr ins Detail):

```
class framebox(Command):
    """ \framebox[width][pos]{text} """
    args = '[ width:dimen ] [ pos:chr ] text'
```

Damit weiß Python, dass das erste Argument eine Länge ist und das zweite ein Text, der sich möglicherweise noch aus Kommandoexpansion ergibt.

Die eigentliche Arbeit für ein Kommando oder eine Umgebung erledigt eine Methode namens invoke. Sie kümmert sich darum, die Argumente zu analysieren, etwaige Zähler zu erhöhen und so weiter, und in den meisten Fällen müssen Sie sich nicht gezielt darum kümmern, solange Sie die Basisklassen von plasTeX verwenden. Hier sehen Sie (wiederum angelehnt an die plasTeX-Dokumentation), wie Sie eine Umgebung `colored` definieren können, die ihren Inhalt in einer bestimmten Farbe darstellt. In HTML regeln wir das über das `style`-Attribut eines `colored`-Objekts, das bei der HTML-Ausgabe als Inline-CSS verwendet wird:

```
from plasTeX import Environment

def htmlcolor(arg):
    if ',' in arg:
        # RGB-Farbe
        red, green, blue = [float(x) for x in arg.split(',')]
        red = min(int(red * 255), 255)
        green = min(int(green * 255), 255)
        blue = min(int(blue * 255), 255)
    else:
        try:
            # Graustufe?
            red = green = blue = float(arg)
        except ValueError:
            # Benannte Farbe (ob das wohl gut geht?)
            return arg.strip()
    return '#%.2X%.2X%.2X' % (red, green, blue)

class colored(Environment):
    args = 'color:str'
    def invoke(self, tex):
        a = Environment.invoke(tex)
        self.style['color'] = htmlcolor(a['color'])
```

Auch hier geht die plasTeX-Dokumentation weit mehr ins Detail.

In Python definierte plasTeX-Pakete werden von plasTeX geladen wie andere Python-Module auch, wenn in der Eingabe ein entsprechendes `\usepackage` oder `\RequirePackage` vorkommt. Wenn das Python-Modul für eine Klasse eine Funktion namens `ProcessOptions` enthält, wird diese Funktion mit zwei Argumenten aufgerufen, nämlich einem Dictionary, das die Optionen aus dem `\usepackage` enthält, und einem »Dokumentobjekt«, das plasTeX verwendet, um den Lesevorgang zu steuern. Es ist auch möglich, direkt im Dokumentobjekt neue Kommandos und Umgebungen zu definieren, wenn diese so einfach sind, dass es sich nicht lohnt, dafür extra eine Python-Klasse zu definieren.

Die dafür nötige Vorgehensweise ist in der plasTEX-Dokumentation in mehr Detail beschrieben.

plasTEX ist ein durchaus vielversprechender Ansatz für die automatische Verarbeitung von LaTeX-Code – die HTML-Erzeugung ist, wie erwähnt, nur eine Anwendung. Man könnte zum Beispiel daran denken, DocBook-XML oder OpenDocument zu generieren. Die saubere Trennung von Einlese- und Erzeugungsvorgang sowie die überschaubare objektorientierte Basis mit DOM sind sicherlich Vorteile gegenüber älteren Programmen wie LaTeX2HTML oder TEX4ht.

## HACK #100 Ganz subversiv

Verwenden Sie das Revisionskontrollsystem Subversion.

Die wenigsten Dokumente fallen völlig fertig vom Himmel. Stattdessen ergeben sie sich über einen längeren Zeitraum hinweg in einem mehr oder weniger anstrengenden und chaotischen Prozess, der sich potenziert, je mehr Autoren an ihrer Erstellung beteiligt sind.[4] In so einer Situation den Überblick zu behalten ist genauso lebenswichtig wie kompliziert.

Viele Textverarbeitungsprogramme haben eine Funktion »Änderungen sichtbar machen«, mit der Löschungen und Hinzufügungen zwischen verschiedenen Versionen eines Dokuments angezeigt werden können. LaTeX macht das nicht selbst, sondern erlaubt – da es ja so etwas ist wie eine Programmiersprache – die Anwendung sogenannter *Revisionskontrollsysteme*, die sonst benutzt werden, um Ordnung in große Programmierprojekte zu bringen. Das heißt einerseits, dass Sie noch ein externes Werkzeug auswählen und lernen müssen; andererseits gehen die Fähigkeiten gängiger Revisionskontrollsysteme weit über das hinaus, was Textverarbeitungsprogramme so zu bieten haben, und eventuell benutzen Sie ja schon ein solches System zum Programmieren, so dass es keinen Grund gibt, für Ihre Dokumente etwas anderes zu verwenden.

Das Feld der frei verfügbaren Revisionskontrollsysteme ist weit und wird von diversen Projekten mit großem Elan bestellt. Wir zeigen Ihnen hier die Anfangsgründe von Subversion, einem vergleichsweise einfachen, aber weitverbreiteten Revisionskontrollsystem. Wenn Sie mehr über Subversion erfahren wollen, können Sie zum Beispiel das Buch *Versionskontrolle mit Subversion* von Ben Collins-Sussman, Brian W. Fitzpatrick und C. Michael Pilato lesen, das bei O'Reilly erschienen ist (ISBN 978-3-89721-460-6).

[4] Dabei denken wir an Robert A. Heinleins Beobachtung: »Ein Komitee ist eine Lebensform mit sechs oder mehr Beinen und ohne Gehirn.«

## Grundbegriffe von Subversion

Subversion beruht auf der Idee eines zentralen *Repository* (hierzulande müsste man wohl »Lager« sagen, wenn das englische Wort noch keinen Eingang ins »Neudeutsche« gefunden hätte), in dem die »offiziellen« Versionen aller Dateien eines Projekts abgelegt sind. Benutzer können sich *Arbeitskopien* von Dateien im Repository holen, sie ändern und die Arbeitskopie dann wieder ins Repository zurückschreiben, wodurch sich eine neue Version des Repository ergibt. Subversion sorgt dafür, dass es keine Probleme gibt, wenn mehrere Benutzer gleichzeitig dieselbe Datei geändert haben: Entweder überlappen die Änderungen sich nicht, dann kann Subversion sie automatisch unter einen Hut bringen, oder sie überlappen sich, dann weigert Subversion sich, die späteren Änderungen ins Repository zu übernehmen, solange die Benutzer nicht dafür gesorgt haben, dass sich die Änderungen nicht widersprechen.

## Arbeit mit Subversion

Sie können mit Subversion folgendermaßen ein neues Repository anlegen:

```
$ svnadmin create /home/hugo/project
```

Dadurch wird im Verzeichnis */home/hugo/project* ein neues Repository angelegt.

Wir gehen hier erst einmal davon aus, dass Sie der einzige Benutzer des Repository sind. Wenn Sie im Team arbeiten, sollten Sie das Repository an einer Stelle unterbringen, wo die anderen Teammitglieder auch darauf zugreifen können (etwa auf einer Platte in einem Netzwerkserver), oder es über das Netz zugänglich machen (mit Apache oder dem Subversion-eigenen Dateiserver). Diese Themen sind für diese Einführung aber zu abgehoben.

Anschließend können Sie sich eine (leere) Arbeitskopie holen:

```
$ mkdir work; cd work
$ svn checkout file:///home/hugo/project
Ausgecheckt, Revision 0.
$ cd work/project
```

In dieser Arbeitskopie können Sie jetzt Ihr Dokument neu anlegen oder Dateien aus einem anderen Verzeichnis kopieren. Anschließend müssen Sie diese Dateien bei Subversion anmelden, bevor Sie die aktuelle Version amtlich machen:

```
$ svn add buch.tex kapitel1.tex kapitel2.tex
A         buch.tex
```

```
A        kapitel1.tex
A        kapitel2.tex
$ svn commit -m "Neu angefangen"
Hinzufügen     buch.tex
Hinzufügen     kapitel1.tex
Hinzufügen     kapitel2.tex
Übertrage Daten ...
Revision 1 übertragen.
```

Subversion hat den aktuellen Status Ihrer Dateien als Revision 1 gespeichert. Mit »svn log« können Sie sich ein Bild davon machen, welche Revisionen im Repository existieren:

```
$ svn log 0:HEAD
------------------------------------------------------------------
r1 | anselm | 2007-03-31 00:45:49 +0200 (Sa, 31 Mär 2007) | 1 line

Neu angefangen
------------------------------------------------------------------
```

(HEAD bezieht sich immer auf die neueste Version im Repository.) Die Meldung hier ist das, was Sie beim »svn commit« mit der Option »-m« eingegeben haben. Diese Methode eignet sich gut für kurze Meldungen; wenn Sie keine solche Option angeben, dann startet Subversion einen Editor, in dem Sie eine Meldung eingeben können.

Anschließend können Sie die Dateien in Ihrer Arbeitskopie beliebig verändern. Mit »svn status« können Sie abfragen, wie sich Ihre Arbeitskopie gegenüber der letzten Revision verhält, die Sie vom Repository geholt oder dorthin geschickt haben – Sie sehen also, welche Änderungen Sie in Ihrer Arbeitskopie gemacht haben:

```
$ svn status
?      kapitel3.tex
M      kapitel1.tex
```

Hier haben wir *kapitel1.tex* geändert (»M« wie *modified*), und *kapitel3.tex* ist neu dazugekommen – Subversion kennt die Datei noch nicht. Wenn wir sie hinzufügen und »svn commit« ausführen, werden alle Änderungen amtlich gemacht:

```
$ svn add kapitel3.tex
A      kapitel3.tex
$ svn status
M      kapitel1.tex
```

```
A       kapitel3.tex
$ svn commit
Sende           kapitel1.tex
Hinzufügen      kapitel3.tex
Übertrage Daten ...
Revision 2 übertragen.
```

Sie können auch Dateien kopieren, umbenennen oder löschen; statt der üblichen Kommandos `cp`, `mv` und `rm` sollten Sie aber »`svn copy`«, »`svn move`« und »`svn delete`« verwenden, damit Subversion die Änderungen protokollieren kann.

Wenn Sie in der Arbeitskopie etwas geändert haben, können Sie sich mit »`svn diff`« die Unterschiede zwischen Ihren aktuellen Dateien und der letzten mit dem Repository abgeglichenen Fassung anzeigen lassen:

```
$ vi kapitel2.tex
# Hack, hack ...
$ svn diff
Index: kapitel2.tex
===================================================================
--- kapitel2.tex        (Revision 1)
+++ kapitel2.tex        (Arbeitskopie)
@@ -2,7 +2,9 @@

 \section{Erster Abschnitt des zweiten Kapitels}

-Bla fasel.
+Bla fasel blubb.
+Zweite Zeile.
+Letzte Zeile.

 \section{Zweiter Abschnitt des zweiten Kapitels}
```

Das erste Zeichen jeder Zeile gibt an, was mit der betreffenden Zeile passiert: Zeilen mit »-« fallen weg, Zeilen mit »+« am Anfang kommen neu dazu. Änderungen in einer Zeile führen dazu, dass die alte Zeile wegfällt und die geänderte Zeile dazukommt. Zeilen mit einem Leerzeichen am Anfang sind noch so, wie sie waren, werden aber mit angezeigt, um einen »Kontext« zu etablieren.

Sie können beliebige alte Revisionen Ihres Dokuments rekonstruieren:

```
$ svn checkout -r1              # Hole Version 1 zurück
$ svn checkout -r {2007-03-29} # Version mit Datum
```

Ebenso können Sie die Unterschiede zwischen zwei beliebigen Revisionen bestimmen:

```
$ svn diff -r1:HEAD
```

Sollten Sie sich mal schlimm vertan haben, ist es einfach, eine Datei auf den Stand vom letzten Repository-Abgleich zurückzubringen:

```
$ svn revert kapitel2.tex
Rückgängig gemacht: »kapitel2.tex«
```

Das gilt übrigens nicht nur für inhaltliche Änderungen, sondern auch für Änderungen des Status vis-à-vis Subversion. Zum Beispiel können Sie damit ein »svn add« oder »svn delete« stornieren.

## Branches

Interessant wird es, wenn mehrere Versionen Ihres Dokuments parallel existieren. Stellen Sie sich vor, ein paar Kapitel Ihres Buchs werden gerade von einem Korrektor in die Mangel genommen, der in den LaTeX-Dateien diverse Tipp-, Rechtschreib- und Kommafehler geraderückt. In der Zwischenzeit machen Sie aber auch noch die eine oder andere kleine Änderung an den Dateien. Ihre Aufgabe ist später, diese Korrekturen wieder unter einen Hut zu bringen.

Für diese Anwendung empfiehlt sich eine leicht veränderte Organisation Ihres Repository. Statt eines einzigen Verzeichnisses (*project*) sollten Sie zwei Verzeichnisse (*project/trunk* und *project/branches*) einrichten. Das ist auch nachträglich möglich (wenn auch nicht so schön):

```
$ svn mkdir trunk
A         trunk
$ for f in *.tex; do svn move $f trunk; done
A         trunk/buch.tex
sD         buch.tex
A         trunk/kapitel1.tex
svD        kapitel1.tex
...
$ svn mkdir branches
A         branches
$ svn commit -m "Verzeichnisstruktur geändert"
```

Sie können jetzt einen Status Ihres Projekts »festnageln«, indem Sie ihn in ein Unterverzeichnis von *project/branches* kopieren:

```
$ svn copy file:///home/hugo/project/trunk \
>   file:///home/hugo/project/branches/korr \
```

```
>     -m "Branch für Korrektor angelegt"

Revision 4 übertragen.
$ svn update
A     branches/korr
A     branches/korr/buch.tex
...
Aktualisiert zu Revision 4.
```

(Das »svn update« am Schluss bringt die Arbeitskopie auf den neuesten Stand gegenüber dem Repository – das ist nötig, weil wir die Kopieroperation nur im Repository durchgeführt haben, nicht in der Arbeitskopie.)

Anschließend können Sie die Dateien unterhalb von *branches/korr* an den Korrektor schicken. Wenn Sie das Resultat (oder ein Zwischenergebnis) zurückbekommen haben, stellen Sie es wieder in *branches/korr* und machen es amtlich:

```
$ cd branches/korr
# Dateien vom Korrektor hierhin kopieren
$ svn commit
```

In Ihrem Repository gibt es damit zwei unabhängige »Entwicklungslinien« – Ihre eigene in *trunk* und die des Korrektors in *branches/korr*. Ihre Aufgabe ist als Nächstes, die Änderungen des Korrektors in Ihre eigene (möglicherweise auch geänderte) Entwicklungslinie einfließen zu lassen. Das heißt, Subversion bestimmt die Unterschiede zwischen der aktuellen Revision auf *branches/korr* und der Revision, die durch den Kopiervorgang von *trunk* nach *branches/korr* entstanden ist, und versucht diese Unterschiede in die letzte Version auf *trunk* zu integrieren:

```
$ cd $HOME/project/trunk
$ svn log --stop-on-copy \
>     file:///home/hugo/project/branches/korr
...
r4 | anselm | 2007-03-31 01:24:24 +0200 (Sa, 31 Mär 2007) | 1 line

Branch für Korrektor angelegt
------------------------------------------------------------------
$ svn update      # Zur Sicherheit!
Revision 6.
$ svn merge -r 4:HEAD \
>     file:///home/hugo/project/branches/korr
U     kapitel1.tex
U     kapitel2.tex
```

```
U    kapitel3.tex
$ svn commit -m "Änderungen vom Korrektor (-r4:6) integriert"
```

Mit »svn log« können Sie herausfinden, wo genau die Korrektorversion erzeugt wurde (falls Ihr Gedächtnis so schlecht ist wie unseres). Das »svn merge« integriert die Änderungen, die in *branches/korr* von dieser Version bis zum HEAD vorgenommen wurden, in die aktuellen Dateien in *trunk*, und mit »svn commit« werden diese Änderungen in der Hauptversion amtlich gemacht. Sie sollten auf jeden Fall protokollieren, welchen Bereich von Änderungen Sie integriert haben, da Subversion das nicht für Sie übernimmt und es zu Problemen kommen kann, wenn Sie dieselben Änderungen mehrmals übertragen wollen.

## Ausblick

Das beschließt unseren kleinen Subversion-Crashkurs. Sie können jetzt Änderungen an Ihren Dokumenten sauber verfolgen und sogar verschiedene Quellen von Änderungen auseinanderhalten und verwalten. Mit dem Branches-Mechanismus können Sie auch eine »Entwicklungs«- und eine »stabile« Version Ihres Dokuments parallel führen. Dafür und für vieles andere mehr, etwa wie Sie sich ein Repository zu mehreren Autoren teilen können, verweisen wir Sie allerdings auf die entsprechende Literatur, zum Beispiel das oben genannte Subversion-Buch.

# Index

## Symbole



## A

## D



## E

## F

# I



# J



# K

## L

## O



## P

## Q



## R

## S

## U



## V

## W



## X



## Y



## Z

# Kolophon

Bei dem Metallwerkzeug, das auf dem Cover von *LaTeX Hacks* zu sehen ist, handelt es sich um einen Winkelhaken. Ein Winkelhaken wurde von Schriftsetzern beim Zusammensetzen einer Zeile aus Drucktypen für den Buch- oder Hochdruck eingesetzt. In der Fach- und Umgangssprache der Setzer wurde der Winkelhaken »Kelle« genannt. Er wurde bereits von Johannes Gutenberg entwickelt, jedoch durch die Einführung der Setzmaschine aus den Druckwerkstätten verdrängt. Das Druckerwerkzeug ist eine winkelförmige Schiene, die meist aus einer Nickel-Kupfer-Zink-Legierung gefertigt wurde. Es verfügt über einen feststehenden und einen verschieb- und feststellbaren Anschlag (»Frosch«), wobei der Abstand zwischen diesen Anschlägen der gewünschten Zeilenlänge entspricht. Je nach Verwendungszweck gab es unterschiedlich lange Winkelhaken. Durch Verwendung des Winkelhakens wurde sichergestellt, dass alle Zeilen exakt die gleiche Länge hatten und ein so genannter »geschlossener Satz« erstellt werden konnte.

Der Umschlagsentwurf dieses Buches basiert auf dem Reihenlayout von Edie Freedman und stammt von Hanna Dyer. Das Coverlayout der deutschen Ausgabe wurde von Hanna Dyer mit Quark XPress 4.1 unter Verwendung der Schriftarten Helvetica Neue und ITC Garamond von Adobe erstellt. Das Buch selbst hat Anselm Lingnau in LaTeX gesetzt. Als Textschrift verwenden wir die Linotype Birka, die Überschriftenschrift ist die Adobe Helvetica Neue Condensed, und die Nichtproportionalschrift für Code ist TheSans Mono Condensed von LucasFont.